Edith Oppens

Bretagne

PRESTEL VERLAG

MÜNCHEN

© Prestel-Verlag München 1986
2. Auflage 1988
Passavia Druckerei GmbH Passau
ISBN 3-7913-0758-4

INHALT

EINFÜHRUNG

Von Armor und Argoat der Kelten
zur Bretagne von heute 9

AM EINGANG ZUR BRETAGNE

Rennes – Zentrum der Haute Bretagne 56
Historischer Stadtbummel 57
Vergangenheit in moderner Präsentation 62
Vitré – Vision des Mittelalters 65
Das Schloß der Marquise de Sévigné 68
Fougères – Festung als Kunstwerk 71
Zwei Romanciers finden Stoff 74

DER NORDEN

Dol-de-Bretagne, der erste Bistumssitz
Die Kathedrale Saint-Samson 78
›Freilandmuseen‹ 81
Gesamtkunstwerk Mont-Saint-Michel
Im Kreuzfeuer der Geschichte 84
Die Klosterburg im Auf- und Grundriß 86
Schwalbennest Dinan 92
Unter Laubengängen 93
Saint-Sauveur und ein berühmtes Kenotaph 94
Promenade am Mauerring 98
Chateaubriands Schloß Combourg 99
Meerumspültes Saint-Malo
Das Grab auf Brand Bé 103
Mönchische Gründung 104
Entdecker und Korsaren 105
Wälle und Ville close 108
Badeplätze und Hafenanlagen 112
Die Smaragdküste 113
Städte und Stätten landeinwärts
Alte Residenz Lamballe 119
Saint-Brieuc 120
Guingamp und die Schwarze Madonna 121
Knotenpunkt Lannion 123
Kapelle und Ruine im Tal des Léguer 125

INHALT

Die rosa Granitküste 127

Zwischen Saint-Brieuc und Tréguier

Der rätselhafte Tempel von Lanleff 134
Kirche des Totentanzes 136
Paimpol, durch Literatur bekannt 137
Tréguier und der heilige Yves 144

DAS WESTLICHE LANDESENDE

Der Landstrich der Calvaires 152

Ausgangspunkt Morlaix 156
Saint-Thégonnec 157
Guimiliau 177
Lampaul-Guimiliau 182
Bodilis und La Roche-Maurice 184
Landerneau 187
Pencran 188
La Martyre 189

Das Léon – Land hinter Klippen

Brest – Hafen- und Universitätsstadt 192
Wallfahrtsort Le Folgoët 196
Saint-Pol-de-Léon 199
Roscoff 203
Auf Westkurs zur Aber-Küste 205
Le Conquet und die Pointe de Saint-Mathieu 209
Ile d'Ouessant 210

Die Halbinseln Plougastel und Crozon

Fraises de Plougastel 213
Ein steinernes Pestgelübde 214
Daoulas – Zwei Morde oder zwei Täler? 217
Blick vom Ménez-Hom 221
Die Kapelle des Ménez-Hom 223
Die uralte Abtei Landévennec 226
Der Schnitzaltar von Crozon 228
Morgat und seine Grotten 229
Aussichtspunkte 231

In den Monts d'Arrée

Bretonische Schauersagen 234
Das geköpfte Gebirge 236
Das Felsenmeer von Huelgoat 239
Krallenfuß, Triumphpforte und Prunkaltäre 240
Pleyben, einem burgundischen Heiligen geweiht 243

INHALT

Die Montagnes Noires

Schieferbrüche und Wald	249
Der Aulne-Kanal	250
Park und Schloß Trévarez	251
Die Glasfenster von Notre-Dame-du-Crann	252
Die Engel von Cléden-Poher	254
Der Blaubart von Carhaix	254
›Amerikaner-Häuser‹ in Gourin	256

Die Halbinsel Cornouaille

Kathedralenstadt Quimper	257
Locmaria	263
Der heilige Ronan von Locronan	265
Sainte-Anne-la-Palud	272
Douarnenez und die versunkene Stadt Is	297
Die Fassade von Pont-Croix	299
Berüchtigte Pointe du Raz	301
Ile de Sein	303

Das Pays Bigouden

Schlichte Romanik in Loctudy	305
Penmarc'h – Schauplätze bretonischer Sagen	307
Wahrzeichen an Fels und Meer	311
Der Calvaire von Tronoën	312

IM SÜDEN DER BRETAGNE

Entlang der Sonnenküste	318
Romanisches und Verwunschenes in Fouesnant	319
Concarneau – Im Zeichen der Fische	320

Gauguin und die Schule von Pont-Aven

Der Stolz der Pont-Avenois	325
Die Wiege des Synthetismus	326
Das Ende der Künstlergemeinschaft	330
Gauguins bretonische Motive	331

Kirchenkunst im Landesinnern

Das heilige Kreuz von Quimperlé	333
Die Landkapellen von Le Faouët	336

Von Auray bis zur Belle-Ile

Ein Blick auf Auray	342
Zwei schicksalhafte Schlachten	343
Der ›letzte Chouan‹	346
Wallfahrtsort Sainte-Anne-d'Auray	347

INHALT

Die Halbinsel Quiberon	348
Belle-Ile-en-Mer	349

Carnac

Rätselhafte Steinmale	352
Der Fürstenhügel Saint-Michel	358
Der heilige Cornély von Carnac	359

Der Golf von Morbihan

Traditionsreiches Vannes	361
Schiffsrundfahrt im zauberhaften Golf	369
Tumulus, Cromlech und Gigant	372
Die Halbinsel Rhuys	375

Land unter Wasser: Die Halbinsel Guérande — 382

La Baule und Le Croisic	383
Glitzernde Salzsümpfe	385
Die Ville close von Guérande	386
Unter Naturschutz: La Grande Brière	388
Hafenstadt Saint-Nazaire	389

Nantes – Metropole am Rand der Bretagne — 391

Saint-Pierre-et-Saint-Paul	394
Le Château des Ducs	398
Streifzug durch die neuere Altstadt	403

DAS ÖSTLICHE BINNENLAND

Die Dokumentensammlung von Redon	408
Schloß Josselin	413
Brocéliande – Schauplatz der Artus-Legende	419

ANHANG

Quellennachweis 423 – Bildnachweis 424
Register 425 – Übersichtskarte am Buchende

Von Armor und Argoat der Kelten
zur Bretagne von heute

Landschaft und Vorgeschichte

Wer sich mit Veröffentlichungen über die Bretagne beschäftigt, stößt unfehlbar auf zwei Begriffe, die den Doppelcharakter der Halbinsel bezeichnen: Armor und Argoat. Armor bedeutet das Land am Meer, Argoat das Waldland. Es sind
wohlklingende Namen keltischen Ursprungs. Armor ist für
viele Besucher Inbegriff der Bretagne überhaupt geworden,
vom Argoat, dem Waldland, ist allerdings so gut wie nichts
übriggeblieben. In der ersten Hälfte des 12. Jahrhunderts
gingen die Mönche von Saint-Gildas-de-Rhuys in Urwäldern
auf Bärenjagd, und noch die Gegner der Revolution von 1789
fanden im Guerillakrieg in dichten Wäldern Unterschlupf.
Jetzt bestimmen durch Hecken und Mäuerchen aufgeteilte
Felder und ausgedehnte Weiden das Bild.

Als ein riesiger Block sehr alter und harter Gesteinsarten
stülpt sich die Bretagne als westlicher Ausläufer des armorikanischen Massivs in den Atlantik vor. Dieses Massiv mit
einer Oberfläche von rund 350 000 Quadratkilometern ist
keineswegs auf die Bretagne beschränkt, sondern umfaßt auch
Teile der Normandie, von Maine und Anjou und im Süden
ein Gebiet jenseits der Loire. Die Halbinsel besteht zum
großen Teil aus Granit. Wenn die Wissenschaft auch nach-
weist, daß Schiefer mindestens ebenso weit verbreitet ist und
daß die absonderlichen Felszacken in den Monts d'Arrée aus
Sandstein mit Quarz bestehen, so herrscht doch der Eindruck
von grauem Granit in jeder Naturform und als bearbeitetes
Material vor.

An den Küsten drängen sich selbst dem an Geologie wenig
interessierten Besucher Fragen auf. Hier hat er den Einfluß
der Erosion und die Folgen des ständigen Aufpralls der See
auf das Land vor Augen. Vielleicht regt ihn der extreme

Wechsel von Ebbe und Flut als kleines Beispiel zum Nach-
denken an. Wie mag es hier ausgesehen haben, als erdge-
schichtliche Vorgänge lange vor der ersten historisch zu er-
fassenden Epoche das Verhältnis von Festland und Meer bestimmten? Durch die Forschung sind Landbrücken von
kaum vorstellbarem Ausmaß erwiesen, wie sie sich bei
niedrigstem Wasserstand heutzutage noch bis zum Horizont
erstrecken. Vereinfacht gesagt, hat ein steigender Meeresspiegel bei einem zum Teil absinkenden Festlandssockel die
Wandlung verursacht.

An der Küste des Ärmelkanals im Norden und an den
Atlantikküsten im Westen und Süden liegen größere und
kleine Häfen aufgereiht. Auch ganz binnenländisch wirkende
Städte an Flußmündungen waren in der Periode ihrer wirtschaftlichen Entwicklung mit Ein- und Ausfuhr zum Meer
hin ausgerichtet. Morlaix, Dinan, Auray, Redon, Saint-
Brieuc und andere gehören dazu. In ihren alten Hafenbecken
liegen jetzt die weißen Yachten und Motorboote Bord an
Bord; allenfalls dümpeln in der Nachbarschaft noch ein paar
kleine Fischerboote.

Dagegen hat Argoat, das Binnenland, eher an Bedeutung
gewonnen. Bei fortschreitender Rodung war der karge Boden
seit dem Mittelalter bestellt worden. Allerdings ergaben Un-
kenntnis und lange bewahrte primitive Methoden der Be-
wirtschaftung nur geringen Ertrag. Außer Naturdünger verwendete man Seetang, ließ die erschöpften Böden lange als
Brachland liegen und begnügte sich mit Kleinstsiedlungen in
weiter Streuung. Städte erhielten Bedeutung als Marktplatz,
aber es fehlte an allem, was man heute Infrastruktur nennt.
Ein Blick auf die Karte zeigt, wie sparsam städtische Schwerpunkte noch jetzt im Binnenland verteilt sind. Zwischen ein
paar fettgedruckten Städtenamen wie Carhaix, Pontivy, Ploërmel, Loudéac und anderen gibt es ein Netz kleingedruckter
Bezeichnungen für Weiler und Gehöfte. Zahlreiche Landwege schlängeln sich zwischen diesen Siedlungen, die dem
flüchtigen Besucher zum Verwechseln ähnlich vorkommen.
Heute hat kultiviertes Land weitgehend das ehemals ausgedehnte Ödland verdrängt, das als ›landes‹ bezeichnet wird.

SIEDLUNGSGESCHICHTE

Die Zukunft der lange vernachlässigten Bretagne liegt stärker im Binnenland als an der Küste, stärker beim Anbau von Frühgemüse, bei Weidewirtschaft und Geflügelzucht als beim Fischfang, so bedeutend er auch noch sein mag.

Wie andernorts auch erhellt Namensgeschichte in der Bretagne die Siedlungsgeschichte. Sich wiederholende Vorsilben sind in außergewöhnlicher Fülle vorhanden. Orte mit ›Plou‹ am Anfang gehen auf kirchliche Gründung zurück, ebenfalls die mit ›Tré‹ beginnenden. ›Ker‹ besagt einfach Siedlung oder Haus. ›Loc‹ wiederum deutet auf geistlichen, wenn nicht gar heiligen Ursprung, und auch ›Lann‹ verweist auf die Kirche. Wie man sieht, beruht die Siedlungsgeschichte weitgehend auf klerikaler Grundlage durch Missionstätigkeit keltischer Mönche. Die bretonische Sprache, im Schwinden begriffen, behauptet in diesen Namen ihre Eigenständigkeit gegenüber dem Französischen.

Armor und Argoat bieten sich also an den Küsten wie im Binnenland oftmals noch in ihrer Urgestalt dar. Zur Enttäuschung mancher Besucher ist der erhoffte Zauber von Wildnis und Einsamkeit der Bretagne jedoch gebrochen. Zunehmende Industrialisierung rings um die Städte mit Hochhäusern für die arbeitende Bevölkerung, Kolonien von Sommerhäusern an malerischen Punkten, moderne Bauten als Zeugnis eines steigenden Wohlstands mischen sich mit der alten Substanz. Der schnell zunehmende Tourismus, immerhin eine wertvolle Einnahmequelle, bringt unvermeidliche Banalisierung mit sich.

Für die Entwicklungsgeschichte europäischer Menschheit im Norden und Westen bietet die Bretagne ein ideales Panorama. Auf der ganzen Halbinsel findet man Steinmale aus der Vorzeit. Sie sind im Südwesten an der Atlantikküste so mannigfaltig und so stark konzentriert, daß man diesen Teil des Département Morbihan mit Recht zu einem riesigen Freiluftmuseum erklärt hat, das zu jeder Tageszeit zugänglich ist. Die Funde aus Grabmalen und Grabungen sind allerdings in verschiedene Museen gewandert, nach Rennes und Vannes vor allem, aber auch nach Carnac und Saint-Guénolé.

Die Forschung auf diesem Gebiet bedient sich einer Nomenklatur, die weitgehend der bretonischen Sprache entnommen ist. Lediglich aus dem Griechischen stammt der Ausdruck ›Megalith‹ für große Steine überhaupt, aus dem Lateinischen das Wort ›Tumulus‹ für Grabhügel. Die Megalithkultur, wie sie uns in der Bretagne begegnet, beruht auf Grabkammern und aufgerichteten Steinen, isoliert oder im Verbund. So unterschiedlich die Meinungen der Forscher im einzelnen sein mögen, so stimmen sie doch alle darin überein, daß die Megalithkultur aufs engste mit dem Totenkult zusammenhängt. Wir werden bei der späteren Beschreibung von Carnac noch ausführlicher auf die Forschungsgeschichte eingehen.

Richard Pittioni schreibt in seinem Bericht ›Der urgeschichtliche Horizont der historischen Zeit‹ von 1961 die Entstehung der westeuropäischen Steinmale dem Neolithikum zu. Zum Totenkult bemerkt er: »Schließlich ist es ein ganz natürlicher Vorgang, daß man dort, wo es die Boden- und Naturverhältnisse gestatten, den Toten mit Steinen umstellt, um ihn entsprechend schützen zu können.« Da es überdies in der Bretagne mit ihrem Granitsockel nicht leicht war, Gräber auszuheben, zog man die Bestattung zu ebener Erde vor. In der einfachsten Form umgab man die Stätte mit vier großen Steinen und schloß das Ganze mit einer Deckplatte ab. So entstand der Dolmen, ein schlichter Steintisch.

Pittioni fährt fort: »Wollte man mehrere Tote in einem mit so viel Mühe errichteten Grab bestatten, dann ergab sich wieder wie von selbst eine Vergrößerung des Grabraums, zu dem man durch einen verhältnismäßig schmalen Zugang gelangen konnte. Das Ganggrab war geschaffen. Überdeckt man es mit Erde, so ergab sich ein eindrucksvolles Totendenkmal.«

Mit diesen knappen Formulierungen sind schon die wichtigsten Grabtypen der Bretagne dargestellt. Das Gebilde aus Stützsteinen mit Deckplatte trägt die bretonische Bezeichnung Dolmen, zusammengesetzt aus ›taol‹ gleich Tisch und ›men‹ gleich Stein. Vermutlich haben die meisten Gräber ursprünglich unter künstlichen Hügeln geruht. Wenn die

MEGALITHKULTUR

Kuppe über der Grabkammer erhalten ist, spricht man von
einem Tumulus, auch Cairn oder Galgal, je nach Zusammen-
setzung der deckenden Schichten. Die Bedeutung bestimmter
Langgräber oder ›allées couvertes‹, nämlich ebenerdiger Dolmen mit einer Doppelreihe von Steinen unter abschließenden
Platten, bleibt offen. Man fragt sich, ob es ebenfalls Grabstätten waren oder ob diese steinernen Alleen von beträcht-
licher Höhe anderen Zwecken dienten. Sie liegen vor allem in
der mittleren und nördlichen Bretagne. Daß etwa ein Drittel
von ihnen keine Grabbeigaben oder Knochenreste enthielten,
wird auf Plünderung zurückgeführt.

Der einzelne aufgerichtete Stein heißt Menhir. Wenn
Menhire kreisförmig oder halbkreisförmig angeordnet sind,
spricht man von einem Cromlech, zu Linien aufgereiht bilden
die Menhire ›alignements‹, für die Carnac besonders berühmt ist. Solche Grundtypen finden sich isoliert oder
kombiniert in vielfacher Abwandlung über die ganze Bretagne verstreut. Man muß immer darauf gefaßt sein, irgendwo im Gelände auf einen dieser rätselhaften Steine zu stoßen.

Selbst im Vergleich mit so großartigen Megalithdenk-
mälern wie Stonehenge im südlichen England oder mit den
vorgeschichtlichen Stätten in Irland und auf Malta bewahrt
Carnac seinen hohen Rang. Pittioni nennt diesen Platz mit
seinen Malen beispielhaft für Westeuropa. »Ihren geistigen
Hintergrund zu beschreiben, ist allerdings kaum möglich.
Denn wer kann beweisen, daß es sich bei den Steinsäulen um
Erinnerungssteine für Verstorbene, um Götterbilder oder
um Wahrzeichen anderer Art handelt?«

Die Kelten

René de Chateaubriand geht bei der Charakterisierung der
bretonischen Mentalität auf frühgeschichtliche Zeit zurück.
Er schreibt: »Für den primitiven Kelten begann die Realität
jenseits der Erscheinungsformen und der Worte. Er weigerte
sich, sein Trachten und Streben genau festzulegen, sondern
beließ es im Ungewissen und auf das Unendliche ausgerichtet ... Sein nicht zu greifender Traum vom Glück entsprach

vollkommen der Schönheit und den Gefahren einer wilden Natur: dem Meer, dem Ödland, dem Wald. Und auf diesem Boden Armorikas riefen ihm die Steine die Erinnerung an Ur-Ur-Ahnen hervor.«

Ernest Renan, der tiefsinnigste Deuter seiner bretonischen Heimat, verfolgt denselben Gedanken bis zum Extrem. »Lacht nicht über uns Kelten! ... Wir senken unsere Hände in das Innerste des Menschen, und gleich den Hexen des Macbeth ziehen wir sie mit den Mysterien des Unendlichen angefüllt wieder heraus ... Im Herzen unseres bretonischen Volkes schlummert ein ewiger Quell des Wahnsinns. Sein Reich, das königliche Feenreich, ist das schönste auf Erden.«

Die Keltenschwärmerei der Bretonen, aber auch ausländischer Geschichtsforscher und Enthusiasten des Nebulösen, hat zweifellos zu Übertreibungen und vor allem zu dem Mißverständnis geführt, als habe man es tatsächlich mit einer rätselhaften Rasse aus Renans Feenreich zu tun. Man hielt die Kelten sogar für die Erbauer der Steinmale von Carnac. Dem widerspricht die exakte geschichtliche Überlieferung. Die große keltische Wanderung ging in der älteren Eisenzeit, etwa ab 400 v. Chr. vor sich, die Errichtung der Megalithen aber in der jüngeren Steinzeit.

Welche Ursache die Kelten zur Wanderung veranlaßte, ist unbekannt. Man vermutet, daß sie es unter dem Druck zunehmender Bevölkerung auf der Suche nach Ackerland taten. Die Entstehung des Keltentums überhaupt liegt im dunkeln. Sie gehörten zur indogermanischen Völkerfamilie, als Heimat dürfte das Gebiet an der oberen Donau und am Rhein in Frage kommen. Im Lauf des 6. bis 4. Jahrhunderts v. Chr. breitete sich die Wanderungsbewegung über fast ganz Europa aus. Im Norden wurden Britannien und Irland erobert. Über Gallien gelangten Kelten bis nach Spanien, in Südosteuropa zum Balkan. Im mittleren Italien setzten sie durch die Schlacht bei der Allia und die Plünderung Roms unter dem Gallier Brennus 387 v. Chr. ein Fanal des Schreckens. Das Schlachtenglück wechselte jedoch. Die Keltenkriege endeten schließlich ein halbes Jahrhundert vor unserer Zeitrechnung, als Julius Cäsar Prokonsul in Gallien wurde.

Seine genaue und nüchterne Schilderung der Befriedung in ›De Bello Gallico‹ ist die wertvollste Quelle zur Erhellung der keltischen Spätzeit, aus der bis heute geschöpft wird. Auf die Dauer konnten sich die Kelten als selbständiger Stamm im Zentrum Europas nicht halten. Pittioni schreibt dazu: »Die Tragik der keltischen Wanderung beruht auf zwei Tatsachen: daß auf den ersten Ansturm kein nennenswerter Nachschub aus dem Heimatgebiet folgt, und daß die keltischen Wanderer nicht über jene innere Spannkraft verfügen, die ihnen gestattet hätte, den unterworfenen Völkern in geschlossener Form zu widerstehen.«

In Armorika siedelten die Kelten zunächst als Bauern in offenen Dörfern, von den Römern ›vicus‹ genannt, oder in Einzelgehöften, den ›aedificia‹. Im Gegensatz dazu nennt Cäsar Fluchtstätten, die später befestigt wurden und meist hochgelegen waren, ›oppida‹, als städtischen Zusammenschluß der Einwohner. Sie wurden zu Zentren für Handel, Handwerk und Verwaltung.

Die Römer fanden in Gallien eine entwickelte Kultur unter geistlicher Führung vor, die Cäsar bewußt von den primitiveren Germanen absetzt. Die Priesterschaft der Druiden war eine Kaste von höchstem Einfluß. Der Aufstieg zu dieser Elite war unter jungen Kelten sehr begehrt. Die Druiden waren gelehrte, im Rechtswesen und in der Geschichte erfahrene Männer mit einem fabelhaften Gedächtnis, da keine Schriftsprache existierte. Die Kultstätten lagen in Wäldern, an denen Armorika so reich war. Laut Plinius spielten Misteln, von den Druiden angeblich mit Sicheln aus dem Geäst geholt, als allesheilende Pflanzen für den Kult eine große Rolle. Es gab auch weibliche Priester. Daran erinnert unter anderem Bellinis Oper ›Norma‹, in der vor dem Hintergrund gallischrömischer Auseinandersetzung um 100 n.Chr. die Titelheldin eine gallische Priesterin ist.

In der keltischen Religion nahmen Naturverehrung und Fruchtbarkeitskult einen wichtigen Platz ein. Männliche Gottheiten und weibliche mit urmütterlichen Kräften wurden verehrt. In der vergöttlichten Natur hatte das Wasser, hatten Quellen und Brunnen einen hohen Rang. Zu den Gottheiten zählen in latinisierter Form ein Herkules und ein Merkur, wahrscheinlich als Kulturbringer. Ein Gottvater in der Jupiter-Rolle heißt Dis. Der Lichtgott ist Belenos. Unter den Tiergottheiten ragt Epona als Pferdegöttin hervor. Das Volk teilte mit seinen Druiden den Glauben an Unsterblichkeit. Die seefahrenden Bretonen hatten die Vorstellung, daß ein Totenreich auf einer Insel im Westmeer liege, wo die Sonne untergeht. Daß in der Bretagne so viele magische Überlieferungen nachwirkten, mag mit der visionären Gabe des Druidentums zusammenhängen, die die Abgrenzung von Diesseits und Jenseits und die Abfolge der Zeiten aufhob. Manche dieser Riten und Vorstellungen wurden auch nach der Christianisierung aufrechterhalten oder verschmolzen mit dem christlichen Glauben.

Das Keltentum hatte sich an den Rändern Nordeuropas am längsten erhalten, in Britannien, Schottland und Irland und in ›Klein-Britannien‹, nämlich der Bretagne. Für diesen Teil Galliens gibt es den merkwürdigen geschichtlichen Vorgang einer Rückwanderung von Kelten aus dem Norden über den Ärmelkanal. Zu den Alt-Kelten, die wir aus dem ›Bellum Gallicum‹ kennen, stießen zur Zeit der Völkerwanderung Neu-Kelten aus Irland und Britannien, die dem Druck der Angeln und Sachsen wichen. Unterdes hatte die Romanisierung Galliens auch den Norden erfaßt. Es gab einen Verschmelzungsprozeß, in dem sich jedoch das Keltentum unvermischt, wenn auch langsam vermindert, behauptete.

Die keltisch-bretonische Sprache

Das Bretonische ist kein Dialekt des Französischen, sondern steht in der legitimen Nachkommenschaft einer keltischen Ursprache. Der Besucher hat wenig Gelegenheit, Bretonisch zu hören. In der Basse Bretagne und im Innern des Landes sprechen ältere Leute es noch unter sich, beherrschen aber alle das Französische als offizielle Sprache. Wo sich Bretonisch erhalten hat oder wo es von jungen Vorkämpfern für regionale Selbständigkeit wieder gepflegt wird, haftet dieser schwer dahinrollenden Sprache etwas Museales an. Wenn der

SPRACHGRENZEN

Pfarrer auf der winzigen Insel Sein nach der Messe das Meer
auf bretonisch segnet, so wirkt das auf den Besucher wie
Folklore, auf den Einheimischen wie eine Erinnerung. Die
junge Generation versteht die alten bretonischen ›cantiques‹
nicht mehr.

Linguisten unterteilen die keltische Ursprache aus indo-
europäischer Wurzel in unterschiedliche Zweige, die sich im
Großbritannien von heute und in Frankreichs Nordwesten
erhalten haben. Im ersten nachchristlichen Jahrhundert
konnte man sich noch mühelos diesseits und jenseits des
Ärmelkanals verständigen, vor allem mit der Bevölkerung von
Wales und Cornwall. Vom alten Bretonisch, das bis zum
8. Jahrhundert unserer Zeitrechnung gesprochen wurde, gibt
es kaum Spuren, dagegen ist das mittlere Bretonisch, dessen
Gebrauch etwa im 12. Jahrhundert einsetzte, reichlich belegt. Für juristische Dokumente war es allerdings seit 1539
untersagt. Einzelne Begriffe des Bretonischen sind aus dem
Lateinischen, Griechischen und Germanischen übernommen,
andere sind in die französische Sprache eingegangen. Das
Bretonische holt sich das moderne Vokabular so gut es geht
aus dem eigenen Sprachschatz, aber es gibt Ausnahmen.
Eine Métro ist eine Métro, auch wenn man in Quimper davon
spricht.

Die Sprachgrenze zwischen Französisch und Bretonisch
hat sich im Lauf der Jahrhunderte verschoben. Heute verläuft sie nordsüdlich etwa von Paimpol nach Vannes. Im
9. Jahrhundert war das Bretonische weit nach Osten vorgedrungen, erreichte aber nie Rennes und Nantes. Eine Region,
in der nur Bretonisch gesprochen wurde, bezeichnete man als
›bretonnant‹, im Gegensatz zum ›pays gallo‹. Diese Aus-
drücke sind noch heute gebräuchlich. Allerdings gibt es keine
strenge Trennung mehr. Auch in alter Zeit war die Sprachgrenze nie starr. So östlich gelegene Städte wie Dol im Norden
und Saint-Nazaire im Süden überraschten als ›bretonnantes‹.

Die Orthographie des Bretonischen ist uneinheitlich und
so kompliziert, daß nach dem Urteil aus Fachkreisen zur Zeit
etwa 95 Prozent aller Bretonisch sprechenden Leute nicht
korrekt schreiben können. Das Bretonische wird als eine ge-

schmeidige Sprache bezeichnet, was vor allem die Syntax betrifft. Das Subjekt muß nicht unbedingt den Satz einleiten. Eine andere Eigenart dieser keltischen Sprache ist die Mutation der Konsonanten vor Substantiven oder Verben, je nach der Begriffsdeutung. So kann die Bezeichnung für Vater ›zad‹ oder ›dad‹ heißen, wenn ›mein‹ oder ›dein‹ vorangegangen ist. Daß eine ›fête de nuit‹, ein typisches nächtliches Tanzvergnügen, mit ›fez noz‹ angezeigt wird, mag dem Besucher noch verständlich vorkommen, aber Bezeichnungen wie Mezheven, Gouere, Gwengolo, Kerzu für Juni, Juli, September, Dezember steht er hilflos gegenüber.

Die Römerzeit

Die Unterwerfung Armorikas 56 v. Chr. geschah im zweiten Jahr des gallischen Feldzugs, der sich über acht Jahre erstrecken sollte. Was Cäsar dazu veranlaßte, die aufsässigen armorikanischen Veneter von der See her und nicht wie üblich zu Lande anzugreifen, hat er ausführlich im dritten Buch des ›Bellum Gallicum‹ dargelegt. Es ist ein wichtiger Beitrag zur Geschichte der Küstenbewohner. Danach hatten die Veneter ihre Siedlungen fast alle an der Spitze von Landzungen erbaut. So waren sie bei Flut auf drei Seiten geschützt, bei Ebbe bestand für das feindliche Schiff die Gefahr, auf dem Trockenen aufzusitzen. Wenn dennoch Eroberung von der Landseite her drohte, schifften sich die Veneter mit Hab und Gut ein, gaben die Siedlung preis und begaben sich einfach in die nächste Stadt.

Die ausführliche Schilderung der venetischen Schiffe, die dem Kampf gegen Wind und Wetter mit ihren Segeln aus Häuten oder dünn gewalktem Leder vorzüglich angepaßt waren, ist voller Anerkennung für die seemännische Tüchtigkeit. Welche Folgen der Sieg der Römer nach einem Gemetzel von Bord zu Bord für die Atlantikküste hatte, wird äußerst knapp dargestellt. Die dem Unheil Entkommenen konnten nicht mehr zur See fliehen, noch waren sie für eine Verteidigung zu Lande gerüstet. Das Schicksal der Cäsars Gnade Ausgelieferten umfaßt im lateinischen Text nur sieben Worte.

ROMANISIERUNG

Die Elite getötet – Cäsar nennt sie den Senat – die anderen verkauft! Nun herrschte an den Küsten nördlich und südlich der Loire-Mündung Ruhe.

Napoleon, der auf Sankt Helena die ›Kommentare‹ fachmännisch studierte, fand die Rache Cäsars an den Würdenträgern der Veneter schändlich und den Mißbrauch des Siegs empörend. Er räumt ein, daß die Veneter am Ausbruch des Krieges nicht ganz unschuldig gewesen seien. Diese hatten nämlich zwei Abgesandte der Römer zunächst zurückgehalten in der Hoffnung, auf diese Art eigene an die Römer ausgelieferte Geiseln zu befreien. Cäsar hatte also einen Anlaß zum Eingreifen, aber laut Napoleon hätte er das Völkerrecht nicht so gröblich verletzen dürfen. Solches Verfahren sei ungerecht und auch dumm, denn es verbittere nur die unterlegenen Völker. Im übrigen wunderte sich der Kaiser darüber, daß sich die schwer zugängliche Bretagne so leicht habe erobern lassen. Wahrscheinlich, so folgert er, habe es den gallischen Stämmen von ehemals am Willen zum Zusammenschluß gefehlt.

Eine gründliche Romanisierung Armorikas fand erst während der Regierung des Kaisers Claudius von 41 bis 54 n.Chr. statt. Er setzte sich für eine Politik der Assimilierung unterworfener Völker ein. Diese Politik erreichte einen Höhepunkt im Jahr 212 durch das Edikt seines Nachfolgers, des Kaisers Caracalla. Darin wurden alle Einwohner des Kaiserreichs vor dem Recht gleichgestellt, was nun auch für die fünf Stämme im wilden Westen Galliens galt.

Was Napoleon vermutet hatte, stimmte. Die keltischen Stämme in Armorika hatten Schwerpunkte, bildeten aber keine Einheit. Vielmehr überwachten sie den Nachbarn mißtrauisch und waren ständig zu Feindseligkeiten geneigt. Das Gebiet der Veneter umfaßte etwa das heutige Département Morbihan. Ihre Nachbarn im Nordwesten waren die Osismi. Sie siedelten dort, wo sich jetzt das Département Finistère samt der Westhälfte von Côtes-du-Nord erstreckt. Carhaix im Binnenland war ihr Hauptort. Zur Römerzeit hieß er Vorgium oder Vorganium. Bei Brest hatten die Osismi eine Zitadelle. Die Coriosolites am Ärmelkanal hatten Corseul nordwestlich von Dinan zum Hauptort, und nur Corseul hat seinen alten Namen behalten. Die Redones mit dem Hauptort Condate Redonum, heute Rennes, bildeten den am weitesten nach Osten vorgeschobenen Stamm. Im Südosten, an der Mündung der Loire, hatten die Namnetes mit unternehmendem Händlergeist gesiedelt.

Schon am Ende des ersten nachchristlichen Jahrhunderts hatten die Römer ein Straßennetz mit einer Nordsüdachse, zwei Ostwestachsen und Nebenstraßen angelegt, das die Halbinsel erschließen sollte. Man findet noch Spuren, ohne jedoch den gesamten Verlauf der Strecken festlegen zu können. Rennes liegt am Schnittpunkt einer Nordsüd- mit einer Ostwestachse, ebenso Carhaix, nur mit stärker diagonal verlaufenden Straßen. Die Nordsüdachse begann etwa bei Dinan und endete bei Nantes. Im Westen erreichte eine Straße Quimper, im Nordwesten eine andere sogar die wilde Aber-Küste im Léon. Das bezeugt einer der gut erhaltenen Meilensteine, die die Straßen säumten. Er trägt den Namen des Tiberius Claudius Drusus. Die Strecke war also auf Veranlassung dieses Kaisers erbaut oder verbessert worden. Viele Meilensteine sind mit Angaben über Entfernungen oder mit den Namen römischer Generale versehen, die sich gegen Ende des dritten nachchristlichen Jahrhunderts selbstherrlich zu Kaisern gemacht hatten.

In den eroberten Gebieten taten sich die Römer in erster Linie als Straßenbauer und Städtegründer hervor. Das Leben außerhalb der Städte konzentrierte sich auf isolierte Parzellen von mehreren Hektar für landwirtschaftliche Nutzung mit einer ›villa‹ im Mittelpunkt. Ausgrabungen haben ergeben, daß die Wohnhäuser in der Regel von einer Galerie umgeben waren, auf die alle Räume in paralleler Anordnung mündeten. Die ›villa‹ war mit Ziegeln gedeckt. Alles in allem handelte es sich um Anlagen mediterranen Stils, die mit Heizanlagen und Bädern ausgestattet waren. Primitive Häuser aus früher Zeit wurden im zweiten und dritten nachchristlichen Jahrhundert beträchtlich erweitert und verschönt. Vermutlich zogen zu dieser Zeit etliche römische oder gallo-römische Städter das ständige Leben auf dem Land vor.

GALLO-RÖMISCHES LANDLEBEN

Im Vergleich zu anderen Regionen Frankreichs ist die Bretagne an Zeugnissen römischer Vergangenheit arm. Bei Corseul hat man Ausgrabungen gemacht und die Funde in einem kleinen Museum ausgestellt. Fast alle beziehen sich auf das Landleben. Als bemerkenswertes, wenn auch ganz verfallenes Denkmal, vermutlich aus der Zeit des Kaisers Augustus, gilt der achteckige ›Mars-Tempel‹ bei Corseul. Ob dieser Turm von Haut-Bécherel tatsächlich eine Kultstätte des Kriegsgottes in der Form einer ›cella‹ war, steht nicht fest. Auffällig sind größere, eckige Öffnungen zwischen den Steinen der Ruine. Sie sollen der Verankerung des Baugerüstes gedient haben. Als ein Schwerpunkt römischer Siedlung im Norden verlor Corseul am Ende des 3. Jahrhunderts an Bedeutung, da die hauptstädtischen Funktionen nach Aleth verlegt wurden, dem Ort des Ursprungs von Saint-Malo.

Funde beweisen, daß einige Götter und Halbgötter der Römer von den Kelten Armorikas leicht verwandelt aufgenommen wurden. Merkur und Herkules sind besonders häufig dargestellt worden. Im Musée de Bretagne in Rennes sieht man Merkur als anmutigen nackten Jüngling aus Bronze mit angedeuteten Flügeln auf der Kopfbedeckung. Das Museum von Corseul bewahrt eine plumpe, kopflose Statue des Merkur mit einem Wehrgehänge und dem Schlangenstab. Die Ausgrabungen von Tronoën haben Statuetten einer weiblichen Gottheit in Serienfertigung zutage gefördert. Venus oder eine Muttergottheit? Eine solche findet man im Museum von Quimper, mit Hochfrisur und zwei Säuglingen in den Armen. Der Kult der Muttergottheit hatte sich bei den Kelten im Norden länger erhalten als im mediterranen Raum.

Scherben von Tongefäßen fanden sich im Überfluß. Dabei gibt es einheimische Produkte und aus Italien importierte. Die Kelten hatten Bronze zu schlichten Gefäßen verarbeitet, aber mit den Römern kam die feinere Lebensart. Aus der ersten Epoche der Eroberung stammen importierte, mit Reliefdekors verzierte Gefäße aus Ton. Später verlegten sich gallische Werkstätten auf die Herstellung und überschwemmten zur Zeit des Kaisers Claudius den armorikanischen Markt mit ihren Produkten.

22   EINFÜHRUNG

Das Museum in Rennes besitzt einen Schatz an römischen
Münzen in vorzüglicher Darbietung. 1881 entdeckte man im
Garten des Präfekten von Rennes bei Bauarbeiten zwei
schlichte Amphoren. Sie enthielten mehr als 16000 Münzen
verschiedener Epochen. Bis zur claudinischen Zeit waren nur
keltische Münzen im Umlauf gewesen. Jeder Stamm schlug
seine eigenen. In Rennes sieht man kostbare Goldstücke mit
dem Motiv einhersprengender Pferde mit Menschenköpfen.
Der ›Schatz des Präfekten‹ aus den Amphoren läßt die Frage
offen, ob es sich um verstecktes Geld vor einer Flucht oder
um den Hort eines Sammlers gehandelt hat.

Unter der Dynastie der Severer begann der Verfall stabiler
Verhältnisse in der gallischen Provinz. Das war etwa in der
Mitte des dritten nachchristlichen Jahrhunderts. Die Armeen
neigten dazu, ihren General zum Kaiser zu proklamieren. Es
gab Kaiser und Gegenkaiser, deren Namen man auf den
Meilensteinen findet. An den Küsten des Ärmelkanals ver-
wüsteten sächsische Horden keltisch-römische Siedlungen.
Landsitze fielen Plünderungen zum Opfer, verschwanden
oder wurden im 4. Jahrhundert wieder bewohnt, aber ohne
landwirtschaftliche Nutzung. Früher offene Städte schützten
sich nun durch Mauernbau, der in größerem Umfang in der
Mitte des 3. Jahrhunderts begann.

Mit Ausnahme von Carhaix hat man die Reste der Römer-
mauern rund um den Kern der großen Städte entdeckt. Dabei machten die Archäologen seltsame Funde. In Nantes hatte
man drei Meilensteine mit noch lesbarer Inschrift als Material
benutzt. 1957 förderten Ausgrabungen der Stadtmauer in
Rennes außer drei Meilensteinen auch Basen von Statuen,
Gesimse und andere Reste bearbeiteter Steine zutage. In
Brest hatte man keine Mauer gebaut, sondern das römische
Schloß befestigt. Die Küsten verteidigen zu können, war das
wichtigste Anliegen dieser Zeit. Auch Städte wie Morlaix
und Aleth wurden gesichert und untereinander durch eine
Straße nahe der Küste verbunden.

Wie lange das alte, keltische Armorika von Roms hoch ent-
wickelter verwaltungstechnischer Kultur und von seinen
wehrtechnischen Erfahrungen beeinflußt blieb, ist kaum zu

VERFALL DES IMPERIUMS 23

ermitteln. Fest steht, daß der wilde Nordwesten für die Römer weder strategisch noch kommerziell interessant war. Die Durchdringung war langsam erfolgt und mag verhältnismäßig tolerant vor sich gegangen sein. Auf religiösem Gebiet legten die Römer den Druiden das Handwerk, aber wohl weniger wegen des Kultes als wegen der Führungsrolle dieser Kaste. Als die Kraft des Imperiums erschöpft war, schuf das Christentum eine neue und diesmal dauerhafte Kultur.

Das Mittelalter

Der Wandel der Halbinsel Armorika zur Bretagne hängt mit der Geschichte der Kelten in Nordeuropa zusammen. Britannien und Irland waren verhältnismäßig früh christianisiert worden. Fromme Männer mit einem Hang zum Mönchsleben und zum Einsiedlertum hatten sich als geistliche und weitgehend auch weltliche Führer an die Spitze ihres ›clan‹ gestellt. Nach dem Einbruch der heidnischen, barbarischen Sachsen in Britannien begann die Auswanderung christlicher ›clans‹ über den Kanal, die eine Re-Keltisierung der Bretagne mit sich brachte. In unregelmäßigen Schüben, die sich ab dem 5. Jahrhundert ungefähr über zwei Jahrhunderte erstreckten, kamen die Gruppen aus Irland und dem Südwesten Britanniens auf dem Festland an.

Wie groß ihre Zahl war, entzieht sich der Schätzung. Ihre geistlichen Führer übernahmen weitgehend die Rolle von Organisatoren. Es ist die Epoche der Gründerväter, die ein dankbares Volk zu Heiligen machte, auch die Epoche eines sich ständig wiederholenden Siedlungsschemas. Die Namensgebung entspricht dem Hergang. Die ›Bretagne‹ wird von ›Britannien‹ aus christianisiert und entsprechend kultiviert. Die bretonische Region ›Cornouaille‹ im Westen unterscheidet sich nur durch ein ›S‹ am Schluß von ›Cornouailles‹, der französischen Bezeichnung für Cornwall. Der Kontakt war eng und hielt lange an. Das beweisen die Legenden von König Artus und seiner Tafelrunde, von König Marke, Tristan und Isolde, die teils in der Inselwelt, teils auf der Halbinsel angesiedelt sind.

Die Erschließung der Bretagne erfolgte schrittweise von der Nord- und Westküste her, fast immer in der gleichen Art, wie es das Gemisch von Historie und Legende bezeugt: Ein Mönch landet allein oder mit Anhängern auf dem Festland. Seine Autorität ist so groß, daß er anerkannt und verehrt wird, vielleicht erst jetzt Anhängerschaft gewinnt. Alles drängt zur Klostergründung, aber das Land ist in der Hand weltlicher Machthaber. Das können Herren verschiedenen Ranges sein, bis hinauf zu König Gradlon. Fast immer findet sich ein Grundbesitzer, der dem bereits von Heiligkeit umwehten Einwanderer und seinen Anhängern ein geeignetes Terrain für eine Abtei zur Verfügung stellt. Ausnahmsweise wird Grund und Boden auch gekauft.

Die Abteien und die Pfarreien als Unterabteilung wurden zu Kernpunkten bretonischer Entwicklung. Der Pfarrer hieß ›recteur‹, war also ein Mann, der leitet und dirigiert. Der Einfluß der Kirche war von Anfang an groß, aber auch die weltliche Macht in den Städten und bei den adeligen Geschlechtern erstarkte. Es gab keine Sklaverei mehr wie noch zur Römerzeit. Die Ansässigen und Zugewanderten waren freie Leute. Man ließ sich nieder, wo man das Terrain für geeignet hielt. Das erklärt die außergewöhnliche Streuung isolierter Höfe und ländlicher Weiler, die noch heute für die Bretagne typisch ist. Diese Siedlungsweise begünstigte die Bewahrung von Sprache und Sitte.

Politisch hatte die Bretagne in jenen Jahrhunderten ihre größte Ausdehnung erreicht. Die eingewanderten Kelten waren im Süden bis zur Atlantikküste vorgedrungen. Dort, wie an den Grenzen zur Normandie und zu Anjou, wurden die Gallo-Römer zeitweilig zurückgedrängt. Aber das besagte wenig über die wahren Machtverhältnisse. Bei der völlig konfusen innenpolitischen Lage blieb nichts stabil; ethnisch gesehen folgte dem Fluß ein Rückfluß. Im Norden und Westen der Bretagne bildeten sich unabhängige Fürstentümer, im Osten und Süden blieben jedoch die wichtigen Grafschaften Rennes, Nantes und Vannes fränkische Enklaven. Insgesamt nahm der Druck der Franken zu, und das keltische Element wurde zurückgedrängt.

In der Karolingerzeit verstärkte sich der fränkische Machtanspruch und erreichte 799 unter Charlemagne einen Höhepunkt. Er unterwarf die ganze Bretagne und gründete zur
Sicherung an der gallo-bretonischen Grenze eine auf Militär
gestützte Mark. Seinen treuen Gefolgsmann Roland ernannte
er zum Markgrafen der Bretagne. Ein erster Widerstand regte
sich zur Zeit der Nachfolger. Hier taucht der Name eines
bretonischen Nationalhelden auf: Nominoë, Graf von Vannes,
trat nach dem Tod Ludwigs des Frommen zum Kampf gegen
das Herrscherhaus der Karolinger an. 845 besiegte er Karl den
Kahlen bei Redon, eroberte Anjou, Maine, das Vendômois
und das Land Retz südlich von Nantes, rundete also das
bretonische Reich gewaltig nach Osten ab. 851 mußten die
Franken im Vertrag von Angers ein unabhängiges Königreich der Bretagne anerkennen. Den Königstitel hatte Erispoë,
der Sohn des Nominoë, angenommen. Die Herrschaft dieses
Geschlechts behauptete sich etwa hundert Jahre. Auf das
Königreich folgte das Herzogtum.

Während dieser Periode, im 9. und 10. Jahrhundert, litt die
Bretagne schwer unter den Überfällen räuberischer Normannen. Immer wieder stößt man in der Geschichte der Klöster
und Pfarreien auf die Schilderung des gleichen Vorgangs.
Rechtzeitig gewarnt, flüchten die Mönche und nehmen ihren
größten Schatz, die Reliquien eines Heiligen, mit. Die kirchlichen Gebäude werden geplündert, in Brand gesteckt oder
auf andere Weise zerstört. Meist kehren die Mönche zurück
und bauen die Abteien wieder auf, aber dazwischen liegen
lange Jahre, in denen die auf geistlicher Kultur gründenden
Sitten verwilderten. Die Normannen griffen auch Städte an,
setzten zum Beispiel Nantes in Brand. 939 gelang es dem
letzten König der Bretagne, Alain Barbe-Torte, das Land
durch mehrfache Siege von dieser Plage zu befreien.

Die Zeit der Herzöge

Ein durch den Widerstand gegen die Normannen gestärktes
Selbstgefühl der großen Herren auf ihren festen Sitzen führte
in den folgenden Jahrhunderten zum innerbretonischen

Streit um die Führungsrolle. Die Grafen von Rennes und Nantes rangen um die Vorherrschaft. Die Einigung wurde durch den Zwiespalt zwischen dem keltisch-bretonischen und dem französierten Teil der Bevölkerung erschwert, wobei letzterer sich mehr und mehr durchsetzte. Vollends kompliziert wurde die Lage am Ende des 12. und im 13. Jahrhundert, als das englische Herrscherhaus der Plantagenet Erbansprüche an Frankreich stellte, die durch Versippung entstanden waren. Das führte 1364 beim endgültigen Austrag der innerbretonischen Kämpfe um die Führungsrolle bei Auray zu der grotesken Situation, daß Jean de Montfort als Verbündeter der Engländer über Charles de Blois siegte, der auf der französischen Seite stand. Die erste Phase des Hundertjährigen Krieges zwischen England und Frankreich fiel nämlich mit dem bretonischen Erbfolgekrieg zusammen.

Vor dem Hintergrund jener wirren Zeit endloser Kleinkriege zeichnen sich einzelne Gestalten und Episoden ab, die beispielhaft für ritterliches Heldentum sind, wie man es seinerzeit verstand. Da ist vor allem der Connétable Bertrand Du Guesclin. Auf den Namen dieses Kronfeldherrn stößt man überall in der Bretagne; Straßen, Plätze, Hotels, Gaststätten sind nach ihm benannt. Er hatte an der Seite von Charles de Blois bretonische Städte zurückerobert, mußte nach der Niederlage von Auray im Erbfolgekrieg zwar in Gefangenschaft gehen, wurde aber entsprechend seinem Rang und Wert ausgelöst. Der Stolz der Bretonen auf ihren Landsmann ist groß, obgleich er zum Ruhm seiner engeren Heimat wenig beigetragen hat. Feldherrnkunst war im 14. Jahrhundert eine Sache an sich, die man dem einen oder anderen Souverän zur Verfügung stellte.

Der sogenannte ›Kampf der Dreißig‹ aus derselben Epoche ist Abbild oder Zerrbild ritterlicher Tapferkeit, die bewundert und erstrebt wurde. In der Endphase des Erbfolgekrieges hielt Jean de Beaumanoir, Herr auf Josselin, zur französischen Seite unter Charles de Blois, während die Engländer im nahen Ploërmel den Prätendenten Jean de Montfort unterstützten. Um allen Scharmützeln ein Ende zu setzen, traten am 27. März 1351 dreißig Verfechter der englischen Sache unter ihrem

KAMPF DER DREISSIG 27

Kommandanten Bemborough gegen dreißig Franzosen auf einem Platz zwischen Josselin und Ploërmel an. Im großen Abschlachten erschöpften sich die Gegner, bis die Partei des Beaumanoir überlegen war. Die englische Gruppe hatte aus zwanzig Engländern, sechs Deutschen und vier Bretonen bestanden. Bemborough fiel, der Rest seiner Leute geriet in Gefangenschaft. Dreizehn Jahre später gewann Montfort mit Hilfe der Engländer bei der besagten Schlacht von Auray die Herzogswürde.

Zu den großen Feudalherren, die sich alles erlauben durften, gehört die abenteuerliche Gestalt des Gilles de Rais aus dem Land Rais oder Retz im Südosten der Bretagne. Er wird zu den bösen Dämonen gerechnet, mit denen das Land durch seinen keltischen Ursprung wohl versehen war. Gilles, der scheußlichste sadistische Kindermörder aller Zeiten, war in seiner gesellschaftlichen und beruflichen Existenz das Urbild eines tapferen, reichen und eleganten Ritters. König Karl VII. ernannte den knapp 25jährigen Sproß einer hochadeligen Familie zum Marschall von Frankreich. Gilles hatte sich 1429 am Hof aufgehalten und war Jeanne d'Arc als Waffengefährte zugeteilt worden. Auch nach der Eroberung von Orléans zeichnete er sich durch weitere Waffentaten aus. 1440 wurde ein Prozeß gegen ihn eingeleitet. Der Grund: Er war bewaffnet in eine Kirche eingedrungen, hatte einen ihm mißliebigen Geistlichen herausgezerrt und gefangengesetzt. Das war ein Verbrechen, das geahndet werden mußte. Was aber dann während des Prozesses enthüllt wurde, ließ selbst die an jede Art von Grausamkeit gewöhnten Richter schaudern. Der vorbildliche Ritter aus hochadeligem Geschlecht hatte nach eigenem Geständnis mehr als hundert Kinder geschändet und umgebracht.

Die Besitztümer des Angeklagten lagen zum großen Teil in dem Raum, der unter die Jurisdiktion des Bischofs von Nantes und des Parlaments der Bretagne fiel. Bischof Jean de Malestroit veranlaßte den Prozeß, dessen Akten erhalten sind. Pierre de l'Hospital, oberster Richter der Bretagne, verhängte das Todesurteil. Als es vollstreckt wurde, machte Gilles de Rais aus dem Gang zum Galgen eine erbauliche Schau. Er bereute und wollte als bußfertiger Christ sterben. Die Zuschauer feierten ihn begeistert.

Seine Taten und seine Gestalt wurden bald zur Legende. Sie ist mit der des Comorre, Urbild des ›Blaubart‹, verschmolzen. George Bernard Shaw läßt Gilles in seinem Schauspiel ›Die heilige Johanna‹ die Rolle des versteckten Dauphin übernehmen, als Johanna am Hof in Chinon ankommt. Sie redet ihn sofort mit ›Blaubart‹ an. Shaw verleiht dem Dandy einen blau gefärbten Bart. 1891 veröffentlichte Joris-Karl Huysmans seinen Roman ›Là-bas‹. Darin wird die Geschichte des Gilles de Rais mit einer modernen, von schwarzer Magie gesättigten Handlung gekoppelt. Die Mischung in diesem abartigen Charakter hat die Nachwelt gefesselt. Gilles war fromm, wollte um nichts in der Welt exkommuniziert werden. Daß der halb legendäre Frauenmörder Comorre und der historische Kindermörder Gilles aus der Bretagne stammen, ist ein Zufall und hat nichts mit der oft geäußerten Meinung zu tun, daß die Nachkommen einer keltischen Urbevölkerung einen Zug zum Unheimlichen und Grausamen haben.

Nach Sicherung der Erbfolge durch das Haus Montfort wird das ausklingende Mittelalter im bretonischen Raum im allgemeinen als ein Zeitabschnitt der innenpolitischen Ruhe bezeichnet, auch als eine Periode der kulturellen Entfaltung unter mächtigen und prunkliebenden Herzögen. Jean V., mit dem Beinamen ›der Weise‹ (1399-1442), hielt sich klug aus dem weiter schwelenden Konflikt zwischen England und Frankreich heraus und stellte seinen Bretonen frei, ob sie unter dem Lilienbanner der Valois dienen wollten. Seine Nachfolger bemühten sich ebenfalls um Neutralität, bis es unter François II. (1428-1488) in der Auseinandersetzung mit Frankreich zum Eklat kam.

Dieser Herzog war der erbitterte Feind des Königs Ludwig XI. Er übertrug den Haß auf dessen Tochter Anne de Beaujeu, die nach dem Tod des Königs 1483 für ihren jüngeren Bruder Karl die Regentschaft führte. Der bretonische Hof in Nantes wurde zum Mittelpunkt hochadeliger Verschwörer. Sie lehnten sich gegen die Regentin auf, deren Befugnis um-

ANNE DE BRETAGNE

stritten war. Die Schlacht, die sie 1488 bei Saint-Aubin den königlichen Truppen lieferten, wurde François zum Verhängnis. Besiegt und mittellos mußte er Karl VIII., der inzwischen zum König gekrönt worden war, seine Unterwerfung anbieten.

Im Vertrag von Verger anerkannte er seine Lehenspflicht dem Haus Valois gegenüber, während die Herzöge vorher weitgehend souverän regiert hatten. Auch durfte seine Tochter und Erbin nur mit Einwilligung des französischen Königs heiraten. Der gebrochene Herzog starb bald darauf. Seine elfjährige Tochter Anne de Bretagne wurde zur begehrtesten Partie Frankreichs. Unter ihren zahlreichen Bewerbern war auch Kaiser Maximilian von Österreich. Anne de Beaujeu, die nach wie vor auf ihren Bruder großen Einfluß hatte, schickte ihn als Bewerber nach Rennes. Im Dezember 1491 kam die Ehe zwischen der Erbin und Karl VIII. zustande, die die Bretagne endgültig an Frankreich bringen sollte.

Die französischen Könige residierten damals mit Vorliebe an der Loire. Anne und Karl heirateten in Langeais an der unteren Loire. Der Ehevertrag enthielt eine merkwürdige Klausel. Falls Madame Anne verwitwete, dürfe sie als zweiten Gatten nur den König von Frankreich oder einen seiner Verwandten heiraten, der die Krone erben würde. Damit waren die Weichen gestellt, und der Besitz der wichtigen Bretagne für das Haus Valois gesichert.

Karl VIII. starb 1498. Im Schloßpark von Amboise wird die Stelle gezeigt, wo er nach einem Ballspiel durch Aufprall mit dem Kopf auf nie ganz geklärte Weise umkam. Anne heiratete 1499 seinen Nachfolger und Vetter Ludwig XII., diesmal in Nantes. Keines der Kinder aus ihrer ersten Ehe hatte überlebt. Noch wahrte sie ihre Rechte als bretonische Herzogin. Endgültig kam die Bretagne erst nach der Heirat ihrer ältesten Tochter Claude aus zweiter Ehe mit König Franz I. unter die Krone Frankreichs.

Anne, 1477 in Nantes geboren, wurde 38 Jahre alt. Sie ist die bei weitem populärste Herrschergestalt der ganzen bretonischen Geschichte. Zäh erhielt sich die Legende, daß die rührende, kleine Herzogin, mit heimischen Holzpantoffeln

angetan, den Herrschern Frankreichs die Bretagne wie ein
Geschenk darbrachte. In Wahrheit wurde sie durch Kombi-
nationen und Verträge wie eine Schachfigur hin- und her-
geschoben. Worauf die Liebe und Verehrung der Bretonen
eigentlich beruht, ist schwer zu erklären. Anne blieb tugend-
haft und fromm in einer völlig zügellosen höfischen Gesellschaft. Das war gewiß verdienstvoll, aber doch wohl nicht
ausreichend. Den Chroniken nach bewies sie Intelligenz und
Energie, so weit das nötig war. Das bekamen die Bretonen zu
spüren, als sie in der kurzen Zeit zwischen den beiden Ehen
in der Bretagne regierte. In Saint-Malo erinnert der Turm
Qui-qu'en-groigne an ihren Durchsetzungswillen. Wenn auch
unter Zwang, hatte sie immerhin das Herzogtum ihrer Vor-
väter an Frankreich ausgeliefert. Das war ein politischer Akt,
der keine allgemeine Zustimmung fand. Dennoch hat sich um
Annes Gestalt eine Art Heiligenschein gelegt: Ein Beispiel für
das irrationale Bedürfnis des Volkes, sich Symbolfiguren zu
schaffen.

Die Bretagne war fortan einem Gouverneur unterstellt. Die
Provinzialstände, États genannt, wachten über die Bewahrung
alter Privilegien und stimmten über Steuern ab. Die Stände
setzten sich aus Adeligen, Bürgern und Geistlichen zusammen, wobei die Adeligen in der Überzahl waren. Seit 1554
verkörperte das Parlament in Rennes die höchste Instanz,
während in Nantes ein oberstes Finanzgericht und ein Kon-
sulat mit der Funktion einer Handelskammer ihren Sitz
hatten. Diese Art der Verwaltung blieb bis zur Revolution
bestehen.

Die großen Ereignisse der französischen Geschichte bis
zum Schicksalsjahr 1789 fanden wechselnden, im allgemeinen
jedoch geringen Widerhall in der entlegenen westlichen Provinz. Mit Ausnahme der Religionskriege, meist Hugenottenkriege genannt, die die Bretagne tief aufwühlten! Über die
Köpfe katholischer oder calvinistischer Untertanen hinweg
arteten sie bald zu politischen Machtkämpfen aus. Dabei
ging es, vereinfacht gesagt, um eine Auflehnung gegen die
verbündete Autorität von Thron und Altar.

Die Landbevölkerung und auch das Bürgertum in den

HUGENOTTENKRIEGE 31

Städten hingen überwiegend dem Katholizismus an. Im
Hochadel gab es Gegenströmungen. Die Familie Coligny
d'Andelot mit dem Sitz Vitré bietet dafür ein Beispiel, das
Geschlecht der Rohan ein weiteres. Deren Schloß Blain bei
Nantes diente den Reformierten etwa ab 1560 als Haupt-
quartier. In der Basse Bretagne bot die Familie Quelennec
bei Pont l'Abbé den Hugenotten Schutz. Schwerpunkte des
Calvinismus gab es also in großer Streuung.

Dem entgegen stand die mächtige und ehrgeizige Persönlichkeit des Herzogs Philippe Emmanuel de Mercœur
(1558-1602), seit 1582 Gouverneur der Bretagne. Mercœur
stammte aus Lothringen, wie das Geschlecht der Guise, das
sich an die Spitze der Heiligen Liga zur Bekämpfung der
Hugenotten gestellt hatte. Als Führer dieser Liga in der
Bretagne verfolgte Mercœur seine eigenen Pläne. Sein Stützpunkt war Nantes, wo er überaus beliebt war. Er erwog sogar
die Möglichkeit, eine unabhängige Bretagne mit Nantes als
Hauptstadt zu schaffen. Für die Sache der Liga nahm er ausländische Hilfe in Anspruch. Siebentausend spanische Soldaten trafen zu seiner Unterstützung ein, aber auch Heinrich IV.
erhielt Hilfstruppen, die sich in Paimpol ausschifften. Elisabeth von England hatte sie dem noch nicht konvertierten
Hugenottenführer gesandt. Anhänger beider Seiten nutzten
die wirre Lage für Raubzüge und Plünderungen. Unter
Mercœur blieb die Bretagne die letzte und stärkste Bastion
des Widerstandes gegen Heinrich IV., selbst noch nach der
›Messe‹ von Paris.

Im 17. Jahrhundert flammten die Hugenottenkriege noch-
mals auf. Auf der katholischen Seite führte Ludwigs XIII.
Staatslenker Richelieu. Unter den Gegnern fochten Herzog
Henri II. de Rohan und sein Bruder Benjamin de Rohan-
Soubise für die protestantische Sache. Soubise beteiligte sich
an dem Versuch, die belagerte hugenottische Hochburg La
Rochelle zu befreien. Nach der Kapitulation der ausgehun-
gerten Stadt 1628 ging er nach England.

Sein Bruder Henri II. (1579-1638) ist eine faszinierende
Gestalt: tapfer, klug, diplomatisch geschickt, als Gegner be-
achtlich. Conrad Ferdinand Meyer hat ihn in seiner Novelle

>Jürg Jenatsch‹, bei Wahrung historischer Daten, als »guten Herzog Heinrich« einseitig verherrlicht. Damals hatte sich Rohan als Vertreter Frankreichs in den sogenannten Veltliner Wirren gegen die Spanier durchgesetzt. Nach dem Tod Heinrichs IV. übernahm Rohan die Führung der Hugenotten. Er kämpfte für ihre Rechte in Südwestfrankreich und unterstützte die Calvinisten, die sich im Béarn gegen die Rekatholisierung auflehnten. Als die politische Macht der Hugenotten nach der Einnahme von La Rochelle gebrochen war und Richelieu die Türme des Rohan-Schlosses Josselin hatte schleifen lassen, konnte Henri II. den Kampf nur im Ausland fortsetzen. Nach einer diplomatischen Mission schlug er sich im Dreißigjährigen Krieg zum protestantischen Herzog Bernhard von Sachsen-Weimar und fiel im Kampf.

Während der Epoche des Absolutismus und der Zentralisierung der Macht in Paris zeigten sich die Bretonen keineswegs als gefügige Hinterwäldler. Wenn die Ausbeutung zu hart wurde, rebellierten sie, natürlich vergebens. Die ›Stempelpapier-Revolte‹ von 1675 ist ein Beispiel dafür. Wir werden mehr darüber aus den drastischen Briefen der Madame de Sévigné erfahren. In der Mitte des 18. Jahrhunderts protestierte das Parlament gegen ungerechtfertigte Geldforderungen, damit letzten Endes gegen die königliche Gewalt, und Ludwig XV. war sehr erbost über die Anmaßung der Herren in der Bretagne. Die Befugnisse des Parlaments wurden vorübergehend geschmälert.

Während der Französischen Revolution von 1789 zeigte sich der rebellische Geist der Bretonen noch einmal mit dem ganzen Fanatismus, dessen Bauern unter Führung von Aristokraten fähig waren. Im Aufstand der Royalisten, der ›Chouannerie‹, offenbart sich der Volkscharakter mit seiner Zähigkeit, seinem Mut, seiner Fähigkeit zur Aufopferung. Wir gehen bei der Schilderung von Fougères und anderer Schauplätze darauf ein. Die Ächtung der Kirche durch die Revolutionäre und der Königsmord von 1793 rührten die fromme und konservative Bevölkerung zutiefst auf.

Für den Terror, der sich in der Provinz austobte, mag der Name Jean Baptiste Carrier (1756-1794) stellvertretend stehen. Allein in Nantes, das immerhin überwiegend republikanisch gesinnt war, wurden durch den Beauftragten des Konvents im Verlauf von drei Monaten dreizehntausend wahre oder angebliche Gegner der Revolution hingerichtet. Da die Guillotine nicht schnell genug arbeitete, ließ Carrier die Opfer in der Loire ertränken. Man warf die Gefesselten in Boote mit versenkbarem Boden. Bei Paaren, die mit dem Rücken aneinandergefesselt waren, sprach man zynisch von ›Republikanischer Hochzeit‹. Die ›noyades‹ von Nantes wurden so berüchtigt, daß Carrier vor den Konvent zitiert und 1794 zum Tode verurteilt wurde.

Daß sich die Mehrzahl der Bretonen während des Konsulats und zur Kaiserzeit an Napoleon anschlossen, hängt unter anderem mit dem Konkordat zusammen, das die freie Glaubensausübung wieder ermöglichte. 1808 besuchte der Kaiser Nantes und wurde mit großer Sympathie empfangen. Allerdings war die Rekrutierung für seine Feldzüge verhaßt, und viele junge Bretonen versteckten sich auf dem Land. Das 19. Jahrhundert brachte der Bretagne eine langsame Entwicklung in der Landwirtschaft und Fischerei, aber bis auf wenige Ausnahmen noch keine industrielle. Es war das Jahrhundert der beginnenden bretonischen Auswanderung aus einer Region, die ihre Landeskinder nicht ernähren konnte. Die entscheidende Wende setzte erst nach dem Zweiten Weltkrieg ein; von ihr wird später noch zu berichten sein.

Helden und Heilige

Die Ritter der Tafelrunde sind tot. Der Zauberer Merlin schlummert unter einem riesigen Stein im Wald von Brocéliande. König Artus ist im Kampf schwer verwundet und von hilfreichen Feen zur mythischen Insel Avalun gebracht worden. Seitdem ist das Unglück über die Bretagne hereingebrochen. Die Söhne dieses Landes sind in alle Winde zerstreut, mußten fliehen oder sich der Niederlage beugen.

Aber ihr Elend wird nicht ewig dauern. Schon ist der Tag vorbestimmt, an dem ein Held den Zauberer aus seinem Grab erwecken wird. Merlin wird drei Akkorde auf seiner goldenen

Harfe anschlagen. Das ist das Zeichen für die Rückkehr König Artus'. Die Kelten aus Armorika, aus Cornwall und Wales werden sich gleichzeitig erheben und sich zum Heerbann des Königs schlagen. Die Bretagne wird zu vergangener Größe auferstehen. Die Armee des Königs wird sogar gen London ziehen und es von den Sachsen befreien.

In dieser Legende sind verschiedene Elemente vereinigt. Da ist einmal der Traum von ruhmvoller Wiedererweckung eines gedemütigten Volkes, da mischt sich druidischer Zauber mit der Erinnerung an die Kunst harfenspielender Barden, da klingt das Thema der Insel der Seligen oder Toten im westlichen Meer an. Schließlich macht sich strahlendes Rittertum unter der Führung eines Königs zum Sieg über die Barbaren auf. An dieser Stelle überschneidet sich die Legende mit der Geschichte. Die Sachsen hatten tatsächlich Südengland besetzt, und Artus ist sehr wahrscheinlich eine historische Person gewesen.

In knapper Form preist diese krause Volkserzählung die Gemeinsamkeit des Keltentums über die Landesgrenzen hinaus. Daß die Bretonen niemals so unterdrückt und gedemütigt waren, wie berichtet wird, ist unwichtig und dient nur als düstere Kontrastfarbe zu vergangener Herrlichkeit. Artus, Merlin, die Ritter der Tafelrunde werden genannt, durch den Wald von Brocéliande ist eine Ortsbestimmung gegeben. Der Besucher der Bretagne stößt nicht nur dort, sondern auch im Wald von Huelgoat auf die Spuren des sagenhaften Königs und seines Hofs, dazu an den Küsten auf die Erinnerung an Tristan, Isolde und König Marke. Im ganzen Sagenkreis mit der unendlichen Vielfalt seiner Abenteuer wechseln die Helden mühelos vom Südwesten Britanniens zu Schauplätzen in Armorika. Bei einzelnen unter ihnen, so Tristan, wird die bretonische Abstammung hervorgehoben. Das keltische Element verbindet alle.

Die historische Existenz von König Artus ist umstritten. Als Kämpfer gegen die Sachsen wird er in der ›Historia Brittonum‹ erwähnt, einem Werk des Nennius aus der ersten Hälfte des 9. Jahrhunderts, dessen Authentizität ebenfalls umstritten ist. Er könnte ein britischer Heerführer gewesen

MATIÈRE DE BRETAGNE

sein, der gegen 500 lebte. In Britannien blieb jedenfalls eine
Erinnerung an ihn lebendig. In einer Chronik aus Wales aus
dem 10. Jahrhundert beziehen sich zwei Einträge auf ihn.
Im 12. Jahrhundert schließlich ersteht Artus im vollen Glanz
als musterhafter König im Werk des Geoffrey of Monmouth:
›Historia regum Britanniae‹. Es ist eine Mischung aus Historie
und dichterischer Erfindung, in der auch dem Zauberer
Merlin eine ›Vita‹ gewidmet ist. Was bei Geoffrey keltischer
Überlieferung entstammt, bleibt ungewiß.

Überhaupt ist die ganze, sehr komplizierte Quellenfor-
schung des Sagenkreises ein Thema, das bis heute die Angli-
sten, Romanisten und Germanisten beschäftigt. Geoffreys
Stoff wurde durch den Anglo-Normannen Robert Wace
(1100-1175) übernommen und umgestaltet. Im 15. Jahrhundert gab Thomas Malory eine umfassende Darstellung. Für
die Deutschen ist die dichterische Übernahme des Stoffes
durch Chrétien de Troyes (etwa 1130-1190) wichtig. Aus
seinem Werk schöpften Hartmann von Aue, Wolfram von
Eschenbach und Gottfried von Straßburg.

In der Literaturwissenschaft umfaßt die ›Matière de Bretagne‹ den Artus-Zyklus, den Tristan-Roman und die Legende
vom Gral, die alle kunstvoll miteinander verknüpft sind. Die
zugrundeliegende keltische Überlieferung, vermischt mit
Idealbegriffen christlichen Rittertums, angereichert mit zeit-
genössischer, höfischer Sitte und Frauendienst, hatte einen
Zauber, der bis heute nachwirkt. Die ›Matière de Bretagne‹
blieb nicht auf England, Frankreich und Deutschland beschränkt. Sie gelangte auch nach Spanien und Italien, nach
Skandinavien und bis zu den slawischen Völkern. Immer
wieder aufgegriffen, abgewandelt, in verschiedene dichterische Formen gepreßt, scheint sie unerschöpflich.

Lanzelot vom See, im Herzen der Bretagne aufgezogen, ist
ein bevorzugter bretonischer Held des Zyklus. Tristan ist ein
zweiter, wenn er todwund in Carhaix ruht oder auf den
Klippen von Penmarc'h nach dem ersehnten weißen Segel
Ausschau hält. Eine Legende im fünften Buch des Malory
beweist, wie unbefangen die Elemente gemischt wurden. In
dieser Legende kommt ein Bauer zu König Artus und erzählt

ihm von einem menschenfressenden Riesen an der Grenze der Bretagne zur Normandie. Der Unhold hat bereits die Herzogin der Bretagne vergewaltigt und getötet. Artus, sowieso im Aufbruch zu kriegerischer Unternehmung nach Gallien, besteigt den Sankt Michaelsberg und überwältigt dort den Riesen. Danach befiehlt er seinem Vetter, auf dem ›Mont-Saint-Michel‹ eine Kapelle zu bauen.

Vom keltischen Ursprung der ›Matière de Bretagne‹ zeugen geheimnisvolle Zwitterwesen neben den Helden und ihren Damen. Merlin steht an erster Stelle. Er entstammt angeblich der Verbindung zwischen einer Nonne und dem Satan, der ihm seine Zauberkünste vererbt. Merlin ist der Freund und Berater König Artus' und Stifter der Tafelrunde. Seine schicksalhafte Begegnung mit der Fee Viviane im Wald von Brocéliande lenkt jedoch den Zauberer mehr und mehr vom Dienst bei Artus ab. Er gibt sich ganz seiner Liebe zur Fee hin, die ihrerseits den Geliebten für immer bewahren will. Als sie ihm alle Zauberkünste abgelauscht hat, bannt sie ihn unter einem Stein zum ewigen Schlummer.

Viviane ist eine Wasserfee. Ihr Schloß im See, in dem sie Lanzelot erzieht, erhält sich durch Merlins Zauberkraft im feuchten Element. Die Quelle von Barenton im Wald von Brocéliande, wo Viviane den künftigen Geliebten erwartet, war den Druiden heilig. Der Platz wurde später durch Exorzismus christianisiert. Morgane, Artus' Schwester oder Halbschwester, gehört als Zwitterwesen zu den düsteren Feen. Im Val-sans-retour übt sie Waldzauber als Rache für verratene Liebe. Aber auch Morgane ist eine Wassergottheit, die unter verschiedenen Namen zaubert, verführt und verführt wird. Als Melusine ist sie Ahnherrin des Geschlechts der Lusignan, die über Fougères herrschten, als Dahès oder Dahud ist sie König Gradlons unselige Tochter und Teufelsbuhle, die in den Fluten umkommt. In einer anderen Sage erfährt sie als Herrin über die Toteninsel Avalun eine Verkörperung als urmütterliche Gottheit.

Die Neigung der Bretonen zum Übersinnlichen hat dazu beigetragen, die Grenze zwischen Lebenden und Toten, zwischen Helden und Heiligen zu verwischen. Märchen,

DIE SIEBEN HEILIGEN 37

Sage und christliche Heilsgeschichte werden vermengt,
phantasievoll ausgeschmückt und von Generation zu Generation weitergegeben. Zwerge, ›Korrigans‹ genannt, treiben
als Nachfahren unterirdischer Gottheiten helfend oder stra-
fend ihr Wesen; immer wieder bricht Urzeitliches durch.
Bestimmte Motive herrschen vor und wiederholen sich, etwa
der Kampf mit dem Drachen, der den Sieg des Christentums
über das Böse symbolisiert. Man hat die aus der Vorzeit über-
kommenen Gottheiten und Zwitterwesen als polymorph bezeichnet. Häufig überblenden sich Personen und Orte wie im
Traum.

Man darf sich das Volk, auf das die Römer stießen, jedoch
nicht als schwermütig und in Magie verstrickt vorstellen. Der
Gallier, mit dem dicken Halsring als einzigem Schmuck, war
ein stolzer und tapferer Krieger. Nach römischer Aussage
fürchtete er den Tod nicht. Die Druiden hatten ja Unsterblichkeit versprochen.

Es lag nahe, die Clanführer von jenseits des Ärmelkanals als
Heilige zu verehren, denn sie vereinten Frömmigkeit als
höchste Tugend mit Umsicht und Führungsqualitäten zum
Nutzen ihrer Gefolgschaft. Unter diesen frommen Männern
wählten die Bretonen sieben als Gründer von Bistümern aus.
Für alle liegen historische Daten vor. Saint-Samson, Gründer
des Bistums Dol, starb 565, der Evangelisator Saint-Malo 640,
Saint-Brieuc aus Britannien 465. Saint-Tugdual, Patron der
Kathedrale von Tréguier, lebte gegen 540. Für Saint-Pol
Aurélien, Evangelisator von Léon, wird etwa 450 als Geburts-
jahr angenommen. Der Eremit Saint-Corentin, Freund des
Königs Gradlon und Bischof von Quimper, hat vermutlich
im 6. Jahrhundert gelebt. Der Bischof von Vannes schließlich,
Saint-Patern, wurde 461 für sein hohes Amt geweiht.

Diese sieben Geistlichen nennt man die ›Heiligen Gründer
der Bretagne‹ oder auch ›Väter des Vaterlandes‹. In der bretonischen Geschichtsforschung stoßen die Wissenschaftler auf
sehr altes, weit verzweigtes Wurzelgeflecht. Zum Beispiel
glaubten die Spanier vor der Entdeckung Amerikas, daß
sieben von den Mauren vertriebene Bischöfe auf einer sagen-

haften Insel Antilia sieben Städte gegründet hätten. In der Bretagne selbst taucht diese magische Zahl ebenfalls im Zusammenhang mit anderen heiligmäßigen Gestalten auf. Die sieben Gründer werden auch häufig als ›Brüder‹ bezeichnet, sind also ganz von der Legende aufgesogen worden. Die ihnen gewidmete Pilgerfahrt besonderer Art wird ›Tro Breiz‹ genannt, was etwa ›Rundreise um die Bretagne‹ bedeutet. Alle Bretonen fühlten sich dazu verpflichtet. Diese nationale Wallfahrt führte in halber Ellipse um die ganze Halbinsel. Die Stationen waren Vannes, Quimper, Saint-Pol-de-Léon, Tréguier, Saint-Brieuc, Saint-Malo und Dol. Die Gläubigen konnten die Reise an einem beliebigen Ort beginnen, mußten nur alle sieben Gräber der Heiligen an ihren Stationen verehren. Die ganze Strecke betrug 109 bretonische Meilen; eine solche Meile ist 4,8 Kilometer lang. Die Pilger legten etwa zwanzig Kilometer am Tag zurück und brauchten so für die ganze Wallfahrt mehr oder minder einen Monat. Man wanderte meist in Gruppen und unter Führung eines Geistlichen.

Die Straßen, die sie benutzten, stammten zum Teil aus der Römerzeit. Kreuze und Kapellen am Weg mahnten zu Rast und Gebet. Gegen Überfälle standen die frommen Wanderer unter dem Schutz der Templer, bis der Orden aufgelöst wurde. Die Wallfahrt erreichte im 14. Jahrhundert einen Höhepunkt und hielt sich bis zur Zeit der Religionskriege am Ende des 16. Jahrhunderts. Gegenwärtig bewahrt der Pardon von Locronan, die große ›Troménie‹, am ehesten die Erinnerung an Tro Breiz.

Die Zahl der bretonischen Heiligen insgesamt ist unüberschaubar, die Angaben schwanken zwischen fünfhundert und 777. Davon erfreut sich nur ein kleiner Teil der Anerkennung Roms, viele haben einen weniger offiziellen als offiziösen Status, wiederum andere sind nur in ihrer Pfarrei anerkannt. Von allen zeugen alte, oft rührend naive Statuen aus bemaltem Holz in Kirchen und Kapellen oder steinerne Abbilder an Portalen. Über die Identität dieser Einsiedler und Mönche sowie einiger frommer Frauen weiß man wenig. Wie die sieben Bistumsgründer zählten sie vermutlich zu den Einwanderern im 5. und 6. Jahrhundert. Ihre Führer verwalteten

DIE HEILIGE ANNA 39

unter dem Kreuzeszeichen das moralische Erbe der Druiden. Es gab in Britannien so etwas wie klösterliche Ausbildungs- stätten für Missionare aus dem Holz, aus dem man Heilige schnitzt. Der berühmteste Lehrmeister war Saint-Ildut, der zweifellos einige Zeit in der Bretagne verbrachte. Nicht nur die Helden der Artus-Sage, auch die Heilskünder reisten oft zwischen dem Festland, Britannien und Irland hin und her.

Der Heiligen, die vermutlich aus der Reihe der Clanführer stammten, bemächtigte sich die Legende und machte sie zu markanten christlichen Persönlichkeiten. Gelegentlich blie- ben allerdings heidnische Züge haften. Saint-Telo aus Wales wurde durch einen puren Gleichklang seines Namens für den Nachfolger eines Sonnengottes gehalten. Die Mutter des blinden Eremiten Saint-Hervé zeigt deutlich Ähnlichkeit mit den Feen Melusine und Morgane. Sogar die Herkunft der Schutzpatronin des Landes, der heiligen Anna, ist nach einer Hypothese als irländische Fruchtbarkeits- oder Todesgottheit Ana in heidnische Dämmerung gehüllt.

Gwenc'hlan Le Scouëzec berichtet im ›Guide de la Bre- tagne mystérieuse‹, daß die »Großmutter Christi und der Bretonen« der Legende nach aus Armorika stammte und die Gattin eines Adeligen war. Verwitwet begab sie sich nach Judäa und heiratete dort zum zweiten Mal. Dann zog es sie zurück in die Heimat. Hier wurde sie von Jesus besucht, als dieser in Begleitung Petri eine Reise in den fernen Norden machte. Bald darauf starb Anna in Plonévez-Porzay, in der Nähe von Douarnenez. An jenem Ort soll die erste Kapelle Sainte-Anne-la-Palud gestanden haben, die später vom Dünensand verschüttet wurde.

Unter den allgemein anerkannten Heiligen haben die Bre- tonen zu Sankt Michael ein enges Verhältnis und es grämt sie, daß der Mont-Saint-Michel schon wenige Kilometer jenseits der Landesgrenze in der Normandie liegt. Wenn die ältesten Heiligen noch eine homogene Gruppe bildeten, so gesellten sich im Lauf der Jahrhunderte einheimische, verehrungs- würdige Gestalten in verschiedenen Graden der Heiligkeit hinzu. Unter ihnen ragt Yves Hélori aus Tréguier als Anwalt der Armen hervor. Heilige Heiler, die man bei Krankheiten anruft, gibt es in Hülle und Fülle und mit weit gefächerter Spezialisierung. Es kommt auch vor, daß derselbe Heilige an verschiedenen Orten für diese oder jene Krankheit zuständig ist. Hier hilft Saint-Cado gegen Taubheit, dort gegen Skrofeln. Bäuerliche Viehzüchter im Binnenland stellten seit je ihre Tiere unter den Schutz ›heiliger Veterinäre‹ wie Saint-Cornély oder Saint-Herbot in Carnac. Daß die Gläubigen mit ihren Heiligen gelegentlich rücksichtslos umgingen, sie zum Beispiel in die Nase stachen, wie die heiratslustigen Mädchen von Ploumanac'h, trifft nicht nur für die Bretagne zu. Man wollte ja nur zur Hilfeleistung ermuntern.

Als typisch keltisches Erbe schält sich aus dem Wust von Glauben und Aberglauben die Verehrung der Gewässer heraus. Es gibt unzählige heilige Brunnen, an denen schon die Druiden geopfert und geheilt haben mögen. Viele sind verschlammt oder versickert, andere wurden so kunstvoll gefaßt und verziert, daß sie zum Charme der Landschaft beitragen.

Die Zahl der Wallfahrten oder ›pardons‹ in der Bretagne ist nicht weniger beeindruckend als die der Heiligen. Entsprechende Listen in den Reiseführern nennen 31 zwischen dem Himmelfahrtstag und dem 4. Dezember. Die meisten finden im Sommer statt, mehrere im September, einer im Dezember. Besonders berühmt sind zwei Wallfahrten, die der Muttergottes gewidmet sind: die schon erwähnte Troménie von Locronan und der Pardon des heiligen Yves in Tréguier. Für den Zuschauer haben diese Pardons einen hohen Reiz, da die Bretonen im Schmuck ihrer Trachten über Land ziehen und alte, köstlich bestickte Banner mitführen. Für die Einheimischen bedeuten diese Pardons mit den anschließenden volkstümlichen Vergnügungen indes mehr als eine Folkloreveranstaltung im kirchlichen Rahmen. Mit Recht sind sie stolz auf eine Tradition, die ihren Glauben stärkt und die innige Beziehung zu einem Heiligen erneuert.

Tänze, Trachten und Tradition

›Fez-noz‹ in Châteauneuf-du-Faou, einem Städtchen am Nordhang der Montagnes Noires. Das Tanzvergnügen in

REIGENTÄNZE 41

einer riesigen Halle beginnt am Nachmittag und dauert bis
zwei Uhr nachts. Überall dienen ausgeräumte Scheunen und
ähnliche Räumlichkeiten als Schauplatz, soweit nur der Fußboden fest genug ist. Auf einer Tribüne mit Lautsprecher sind
die Musiker und Sänger postiert. Es können vier oder auch
nur zwei Sänger sein. Hier sind es zwei ältere Männer mit
Mützen auf dem Kopf. Sie haben sich eingehakt und wiederholen schwitzend und stampfend in monotonem Rhythmus
ihre Texte, wobei sie sich mit Dudelsackpfeifern und Flöten-
bläsern abwechseln. Der grelle Klang ihrer Instrumente
dringt bis in den hintersten Winkel der Halle.

Alle Tänze sind Reigentänze, wenn auch manche paarweise
beginnen. In die Kreise oder Halbkreise, die sich schlängelnd
fortbewegen, kann sich jeder einreihen, auch Kinder machen
mit. Man hält sich an der Hand oder hakt sich unter. Die
Figuren entwickeln sich aus dem Schrittwechsel. Der Rhythmus steigert sich, wird schneller und schneller. Wenn ›die
Hacken an den Hintern schlagen‹, wie man hierzulande sagt,
ist die Tanzfreude auf einem Höhepunkt. Die rhythmische
Monotonie kann bis zur Ekstase führen. Vom Tanz erschöpft,
vom Bier eingeschläfert, liegt zu später Stunde mancher am
Boden. Die meisten Tänzer bleiben jedoch nüchtern, tasten
sich auf stockdunkler Straße zu ihren Wagen und fahren ver-
gnügt heim – bis zum nächsten Fez-noz.

Der beliebteste Reigentanz hat den altmodischen Namen
Gavotte. Die Figuren variieren von Region zu Region. Der
temperamentvolle Jabadao, auch Teufelstanz genannt, kann
so ausarten, daß die Geistlichkeit ein scharfes Auge darauf
hat, vor allem früher hatte. Er wurde zeitweise verboten. Mit
endgültigem Verbot wurden alle Tänze belegt, die der Kirche
als wüstes keltisches Erbe verdächtig waren. Früher hatte sich
jede Region auf ein oder zwei Tänze spezialisiert. Sie sind
nämlich gar nicht so einfach auszuführen, wie es den An-
schein hat. Neuerdings gibt es eine Art von Grundschema,
das jede Gruppe ändern und erweitern kann.

Die beiden tonangebenden Instrumente, Dudelsack und
Flöte, ›biniou‹ und ›bombarde‹, sind urkeltisch. Es gibt sie in
verschiedener Ausführung. Wenn Dudelsackpfeifer in Grup-

pen musizieren, werden sie häufig von Trommlern begleitet.
Gelegentlich findet sich ein Harfenspieler ein. Die Harfe, eher
wie eine Leier in der Hand gehalten, war das Instrument der
Druiden und Barden. Auch die Gitarre ist, ohne folkloristi-
sche Skrupel, in die Reihe der typischen Instrumente aufgenommen.

Die Fez-noz oder Festou-noz sowie festliche Massenver-
anstaltungen mit Musik, Tanz und Trachtenschau überhaupt
haben seit dem Zweiten Weltkrieg eine Wiederbelebung erfahren. Im Verlauf von etwa zehn Jahren entstanden Hun-
derte von ›Cercles celtiques‹, um an eine Tradition anzu-
knüpfen, die weitgehend verlorengegangen war. Diese noch
andauernde Bewegung wird von der Jugend getragen. Man
lernt nicht nur die alten Tänze neu, sondern läßt sich auch
von erfahrenen ›sonneurs‹ im Umgang mit Flöte und Dudelsack unterweisen. Im Unterschied zu anderen nostalgischen
Modeströmungen zeichnet sich diese Bewegung zusätzlich
durch ein Selbstbewußtsein aus, das kulturell und politisch
auf Eigenständigkeit pocht. Der ›Celtisme‹ läßt nicht nur
heimische Bräuche wieder aufleben, sondern greift über
Frankreichs Grenzen hinaus. Auf die ›Grandes Fêtes de
Cornouailles‹, 1948 in Quimper gegründet, folgte bald das
›Festival des Cornemuses‹ in Brest und später die hochsom-
merliche Folklore-Veranstaltung von Lorient. Sie werden
von internationalen Musik- und Tanzgruppen beschickt. Zu
den Angelsachsen haben sich Spanier aus Galicien gesellt,
deren Vorfahren ebenfalls Kelten waren. Das ›Fest der blauen
Netze‹ in Concarneau sowie das ›Fest des Stechginsters‹ in
Pont-Aven sind zwar auch weithin bekannt, haben aber eher
lokalen Charakter.

Die Trachten, die noch bei diesen Festen, bei Wallfahrten und
familiären Anlässen getragen werden, sind überraschend jung,
sie stammen nämlich aus dem 16. Jahrhundert. Ihre Vielfalt
läßt sich auf das Clanwesen zurückführen, das sich lange
erhalten hat: Man wollte sich von der Nachbargemeinde
unterscheiden, sie möglichst übertreffen. Der 1914 geborene
Schriftsteller Pierre-Jacez Hélias aus dem Bigoudenland be-

STICKEREIEN UND HAUBEN

schreibt seine Heimat in seinem literarischen Werk weitschweifig, aber dabei mit soviel Schalkhaftigkeit, daß diese unschätzbare Quelle bretonischen Brauchtums und bretonischer Mentalität hochgerühmt wird. Zu den Trachten bemerkt er, daß der Beruf des Stickers noch im ersten Drittel unseres Jahrhunderts ausgeübt wurde. Die Westen von Männern und Frauen, auch die Schürzen, wurden reich, sogar mit Goldfaden bestickt. Erst in den dreißiger Jahren begann die bäuerliche Bevölkerung im konservativen Bigouden auf billigere Fertigkonfektion auszuweichen. Männer verzichten zugunsten der Mütze auf den runden, mit schwarzem Samt garnierten Hut, dessen Bänder nach hinten fallen. Frauen dagegen bewahrten noch lange ihre ›coiffe‹, die Haube, an der ein Kenner sofort auf die regionale Herkunft der Trägerin schließen konnte.

Den besten Überblick über die bretonischen Kopfbedekkungen kann man sich im Musée d'Art populaire régional in Nantes verschaffen. In einer wertvollen, aber leider wenig attraktiv dargebotenen Sammlung sieht man phantasievolle Gebilde aus Tüll, Spitze und Stickerei für Erwachsene und sogar für Kinder. Zum Teil sind sie mit Bändern versehen oder mit weit ausladenden Kragen verbunden. Die berühmten ›Ofenrohre‹ auf den Köpfen der Frauen im Bigouden, die man gelegentlich noch heute sieht, stammen aus dem 19. Jahrhundert. Hélias beschreibt in seinen Erinnerungen ›Le cheval d'orgueil‹, wie seine Mutter sich nie ohne Haube sehen ließ und den ›Unterbau‹ bereits herstellte, ehe sie noch das Herdfeuer in aller Frühe entzündete. Um die hohe Haube zu tragen, muß die Frau nämlich ihr langes Haar kunstvoll mit Haarnadeln hochstecken und es oben mit einem gestützten ›Dutt‹ krönen, auf dem die Haube aufsitzt. Das tadellose, im Lauf der Zeit immer mehr in die Höhe gewachsene Gebilde gehörte an erster Stelle zum Prestige der Hausfrau.

Das bescheidene Mobiliar aus alten Fischer- und Bauernhäusern wird vielfach noch in den Familien bewahrt, aber zu anderen Zwecken gebraucht. Ausgewählte Stücke kommen in die Heimatmuseen. Eine Schrankwand aus mehreren Einzelteilen zu errichten, war gebräuchlich. Dazu gehörte ein Kleider- und Leinenschrank und ein Geschirrschrank mit einem Aufbau, um besonders prächtige Teller zu präsentieren. Darin waren die Bretonen wenig originell, aber ihr ›lit clos‹ läßt sich nicht mit dem bäuerlichen Inventar anderer Regionen vergleichen. Dieses ›geschlossene Bett‹ ist das Prunkstück des Raums, der beim ärmlichen Teil der Bevölkerung zum Wohnen, Essen und Schlafen diente. Die Schrankbetten sind auffällig hoch und kurz. Wer groß war, mußte halb aufgerichtet schlafen. Unterhalb der Schiebetür ist eine Bank vorgebaut. Auf ihr kniend, schlüpfte der Benutzer ins Innere, auf ihr landete er beim Aussteigen zuerst mit den Füßen. Der vordere Teil des Lit clos war reich und filigran geschnitzt, also auch durchlässig für Luft. Der kleine Pierre-Jacez, der mit einem Onkel zusammenschlief, lugte morgens immer durch die Schleife eines S. Der Tischler hatte nämlich dort ein ›JHS‹ ins Holz geschnitzt, ›Jesus Hominum Salvator‹. Man schlief nackt auf Strohschütten, die aber mit Bettwäsche überzogen waren.

Wenn ein Familienmitglied starb, wurde das Lit clos zum Paradebett des Toten. Pierre-Jacez erinnert sich als alter Mann an die Zeremonie, die er als Kind beobachtet hat. Man hielt die Standuhr an, ein Prachtstück, auf das die bäuerliche Familie stolz war. Alle glitzernden Gegenstände und sogar die gerahmten Fotografien wurden entfernt. Nur ein Kruzifix und fromme Bilder entsprachen der Würde der Stunde. Das Innere des Lit clos wurde mit Tüchern verhängt, so daß eine ›weiße Kapelle‹ entstand. Auf der Bank vor dem Bett enthielt ein weißer, tiefer Teller das Weihwasser mit einem Zweiglein als Wedel. Der Tote war von Kopf bis Fuß mit seinen besten Kleidungsstücken angezogen. Den Männern fehlte nur der Hut, aber auch den ließen sich einige durch vorsorgliche Verfügung mit in den Sarg legen. Die Haube der Frauen saß vorschriftsmäßig bis zur letzten Haarnadel auf dem sorgfältig gesteckten Haar. So empfingen die Dahingeschiedenen ihre Besucher in Ehren.

Diese kamen in Scharen, den Rosenkranz in der Hand. Der Tod versöhnte alle Gegensätze, die in einer so kleinen, isolier-

DAS ›LIT CLOS‹ 45

ten Gemeinschaft nicht ausbleiben konnten. Bis zur Beerdi-
gung, etwa zwei bis drei Tage lang, übernahmen Nachbarin-
nen die Führung des Haushalts. Die Familie sollte sich ungestört dem Totengedenken überlassen. Männer in Trauerkleidung machten sich auf und verbreiteten die Kunde bei
allen noch so entfernten Verwandten in der Umgegend. In der
›weißen Kapelle‹ herrschte ein ständiges Kommen und Gehen. Keiner wollte sich ausgeschlossen fühlen, denn das hätte
gegen die Familienehre verstoßen. Um dieser Ehre willen
legten auch Alte und Schwache großen Wert darauf, dem
Leichenzug zum Friedhof zu folgen, selbst wenn der Weg
dorthin weit war. Die Feier in der Kirche wurde auf Latein
zelebriert, die Ansagen des Geistlichen auf Bretonisch ver-
lesen.

Die Zahl der Totenmessen und ihre Spender interessierten
die Trauergemeinde lebhaft, denn hier ging es um das Prestige
der einzelnen Familienmitglieder. Pierre-Jacez läßt überhaupt
keinen Zweifel darüber aufkommen, daß die ganze streng
zeremonielle und äußerst umständliche Totenfeier trotz tiefer
Frömmigkeit und echter Erschütterung nicht zuletzt eine aus-
geklügelte Demonstration dessen war, was sich in diesem gesellschaftlichen Milieu gehörte und man der Tradition schul-
dete. So war es zu Großvaters Zeiten, aber alteingesessene,
bäuerliche Familien begehen auch jetzt noch die Gedenktage
ihrer Toten andächtig und feierlich. Wenn irgend möglich,
reisen die nächsten Verwandten dafür an, sogar aus dem
fernen Paris. Auch hat sich die Sitte erhalten, nach dem Gottesdienst dem Familiengrab einen Besuch abzustatten, ehe
Männer und Frauen sich in Gruppen zusammenschließen,
um die Tagesereignisse zu besprechen.

Bretonische Gastronomie

Die Bretagne gehört nicht zu jenen Provinzen Frankreichs,
die der Gourmet wegen berühmter gastronomischer Lecker-
bissen aufsucht. Mit einer Ausnahme: Fische und Meeres-
früchte. Es gibt sie als Eigenart der Halbinsel in solcher Hülle
und Fülle, daß viele dem Besucher aus dem Ausland nicht

einmal dem Namen nach bekannt sind. In jeder größeren
Stadt findet man außer den Fischmärkten kleine Fischläden
mit Behältern voller verschiedenartiger Muscheln und selt-
samer Krustentiere. Hier kaufen die Hausfrauen kundig ein.
Es erübrigt sich an dieser Stelle, alle Fischarten aus dem
Ärmelkanal und Atlantik aufzuzählen. Sie sind stets vorzüglich angerichtet und vor allem frisch. Bei vielen kleinen, eher
primitiven Hafenrestaurants wird draußen auf einer Tafel
vermerkt, welche Fangbeute eingetroffen ist.

Unter den Krebsen und Krustentieren sind uns Hummer
und Langusten vertraut, aber wenn sie festlich geschmückt
auf einem Bett von Algen zelebriert werden, entdeckt man sie
neu. Zum Besteck gehören Hummergabeln und Kneifzangen.
Knackend und schlürfend erobert sich der Gast in geduldiger
Kleinarbeit ein winziges Stückchen Fleisch vom Seeigel oder
einem anderen Krustentier. Vielleicht zieht er es statt dessen
vor, den überbackenen Inhalt einer Jakobsmuschel mit der
Gabel aus der Schale zu holen oder sich eine Fischsuppe
servieren zu lassen.

Unter der Vielzahl großer und kleiner Muscheln sind die
bretonischen Austern berühmt. Sie werden an der Kanal-
küste, vor allem aber im Süden an den Küsten und auch an
Flüssen kultiviert. Auf der Strecke von Pont-Aven nach Le
Pouldu führt die Straße durch eines jener bewaldeten Fluß-
tälchen, die überraschen und entzücken. Es ist das Tal des
Belon, wo eine der feinsten großen Austernarten in Süß-
wasserkulturen gedeihen. Im idyllisch am Fluß gelegenen
Ort Belon lädt eine ›Dégustation‹ zur Probe ein. Außer Belon-
Austern sind die flachen Cancale-Austern aus der Bucht von
Saint-Michel bei Kennern beliebt. Im allgemeinen werden
Austern auf Eis und mit Zitrone serviert, oft mit dunklem
Brot als Zugabe, aber leider ohne das Wasserschälchen, um
sich die Finger zu reinigen.

Eine Spezialität, für die es nur in der Bretagne eigene Gaststätten gibt, sind die ›galettes‹ und ›crêpes‹, Fladen und
Pfannkuchen. Diese alte Volksspeise ist noch jetzt in ländlichen Haushalten ein wichtiges Nahrungsmittel. Der Teig
für die Galette aus ›blé noir‹, dem dunklen Buchweizenmehl,

KREBSE UND CRÊPES

wird mit Wasser, Milch und Salz angerührt und auf runder,
heißer Eisenplatte dünn ausgestrichen gebacken. Diesen
Fladen bestreicht der Bretone leicht mit Butter, rollt ihn und
tunkt ihn zum ersten Frühstück in den Kaffee. Auch dient er
den Männern, die vom Feld oder aus den Ställen kommen,
als Zwischenmahlzeit. Zur Galette bestellt man in der Crêperie
Aufschnitt aller Art, Käse, Pilze oder Muscheln als Füllung,
jedenfalls nichts Süßes. Die Crêpes werden aus weißem
Mehl mit Milch, Wasser, Eiern, einem Zusatz geschmolzener
Butter, Zucker und Salz hergestellt. Sie gleichen also unseren
Eierpfannkuchen, werden aber durch hauchdünne Verteilung
auf der Heizplatte zur Delikatesse. Die ›Crêpes-dentelles‹
sind so zart durchlöchert, daß sie die Bezeichnung ›Spitze‹
verdienen. Die Crêpes werden mit süß schmeckenden Zutaten gefüllt, auch mit feinem Alkohol aromatisiert oder
flambiert. Sie eignen sich zum Dessert, sofern man nicht als
Nationalspeise einen ›far‹ vorzieht. In den süßen, weichen
Teig dieses Kuchens sind Pflaumen eingebacken.

Zu Galettes und Crêpes trinkt man gern den erfrischenden,
nur mit drei Prozent alkoholisierten Cidre, den Apfelsaft der
Bretagne. Zu Fisch- und Muschelgerichten wird Muscadet
angeboten. Dieser gehaltvolle, trockene Weißwein kommt aus
der Umgegend von Nantes, wo sich das mildere Klima des
Loire-Tals auswirkt.

Wer auf besonders kräftig schmeckendes Fleisch vom
Schaf erpicht ist, wird sich im Restaurant eine Hammel- oder
Lammkeule jener Tiere bestellen, die auf den vom Salzwasser getränkten Böden der ›prés salés‹ an den Küsten geweidet haben. Im übrigen bietet die gepflegte Gastronomie
fast alles, was die französische Küche berühmt macht, zum
Teil mit regionalen Varianten. Wer durch den ›Goldenen
Gürtel‹ an der Kanalküste mit den unermeßlichen Feldern
für Artischocken und Blumenkohl fährt oder die Verschiffung
von Frühgemüsen in den Häfen beobachtet, wird sich auch
im Restaurant von der Qualität dieser Gemüse überzeugen.
Sie sind jedoch in erster Linie für den Export bestimmt und
spielen im gastronomischen Angebot keine hervorragende
Rolle.

I
Paul Gauguin

Bauernhaus in der Bretagne, 1894
Öl auf Leinwand, 72,4 x 90,5 cm
New York, The Metropolitan Museum of Art,
Bequest of Margaret S. Lewisohn
Copyright © 1983
By the Metropolitan Museum of Art

Autonomiebestreben und Wirtschaftsreformen

Die Forderung nach Eigenständigkeit der Bretagne nimmt verschiedene Formen an. Das Wiederaufleben alter Bräuche mit Musik und Tanz ist harmlos und die Veranstaltungen verlaufen friedlich, der Kampf um die bretonische Sprache wird dagegen aggressiv geführt, und in jüngerer Zeit sogar mit einigem Erfolg. Er richtet sich gegen einen zentralistisch verwalteten Staat, der föderalistischen Tendenzen nach wie vor mißtraut.

Der Zwang zur sprachlichen Gleichschaltung ist alt. Schon 1793 drohte der Konvent jedem Staatsangestellten mit Entlassung und sechs Monaten Gefängnis, falls dieser sich bei Ausübung seines Berufes nicht der französischen Sprache bediente. Später nahm die Unterdrückung der Minoritätensprache zeitweise groteske Formen an. Im ersten Drittel unseres Jahrhunderts wurden Schulkinder bestraft und lächerlich gemacht, wenn sie ihr einheimisches Bretonisch redeten, und das sogar, wenn sie es unter sich in den Pausen taten. An einigen Schulen wurde ihnen zur Strafe ein Stückchen Holz oder Schiefer als Symbol der ›Dummheit‹ am Bindfaden um den Hals gehängt. Pierre-Jacez Hélias schildert stellvertretend für alle Dorfkinder die enorme Schwierigkeit, korrektes Französisch zu lernen. Wenn sie sich sträubten, setzte es oft bei den Eltern Schläge. Selbst wenn diese kein Wort Französisch verstanden, waren sie doch mit Recht davon überzeugt, daß ihre Kinder nur durch Beherrschung dieser Sprache vorankommen könnten.

So bitter die erzwungene Französierung war, so notwendig erwies sie sich für die Integration. Die ungewöhnlich hohen Verlustzahlen der bretonischen Männer aus dem Ersten Weltkrieg liefern dafür ein erschütterndes Beispiel. Da die meisten der jungen Bretonen gar nicht oder nur mangelhaft Französisch sprachen, konnte man sie bei technisch komplizierten Waffengattungen nicht einsetzen. Man schickte sie in die Schützengräben. 240000 von ihnen fielen.

Extremisten verlangen, daß das Bretonische zur offiziellen Sprache erklärt wird und bezeichnen die Verweigerung sogar als kulturellen Völkermord. Gemäßigte Befürworter wollen Zweisprachigkeit und fördern die Einrichtung von Kindergärten und Privatschulen, in denen Bretonisch gesprochen wird. Bei der Regierung zeichnet sich neuerdings größere Flexibilität ab. Bretonisch wird als Wahlfach für das Abitur anerkannt und in Kursen für jedermann gratis angeboten. Der Rundfunk verbreitet Sendungen in dieser Sprache. In der Bretagne selbst trifft man auf doppelte Ortsbezeichnungen und bretonische Straßennamen. Das Sprachproblem aller Minoritäten ist jedoch ein Generationenproblem. Es fragt sich, wie wichtig das Selbstbestimmungsrecht für die bretonische Jugend in Zukunft sein wird.

Im Jahre 1911 wurde die erste Partei mit Bestrebungen zur Autonomie gegründet. Es war die ›Parti Nationaliste Breton‹. Unter den nachfolgenden Organisationen mit dem gleichen Ziel scheute die ›Front de libération de la Bretagne‹ nicht vor Gewalttaten zurück. Sie wurde 1969 verboten. Aber auch später züngelte eine bretonische Revolution weiter. Solche separatistischen Tendenzen haben jedoch nichts mit jenen Demonstrationen zu tun, die einer wirtschaftlichen Notlage entstammen und die man nicht nur bei den Bauern der Bretagne kennt. Nicht zuletzt geben Bestimmungen der Europäischen Gemeinschaft den Anlaß.

Die Parti Nationaliste Breton hat dem Land eine neue Fahne beschert. Aus dem alten Wappen der Herzöge wurde ein Feld für das Emblem der stilisierten Hermeline beibehalten. Ehemals trug es die Devise: Potius mori quam foedari. Der Spruch »Eher sterben als sich beflecken« geht angeblich auf Anne de Bretagne zurück, obgleich die Devise viel älter ist. Das kümmert die Legende wenig. Eines Tages, so heißt es, beobachtete die Herzogin, wie ein weißes Hermelin gejagt wurde. Ringsum umstellt, war es eher bereit zu sterben als in ein schlammiges Gelände zu flüchten und sich dabei zu beflecken. Die gerührte Herzogin barg nicht nur das Hermelin, sondern machte es zu seinem Wappentier und ersann den stolzen Spruch.

Die modernisierte Fahne wurde kurz vor 1939 geschaffen und war zunächst heftig umstritten. Heute ist sie allgemein angenommen. Das Hermelinemblem links oben wird von fünf schwarzen und vier weißen horizontal verlaufenden Streifen gerahmt. Die schwarzen repräsentieren die alten Diözesen französischer Sprache, die weißen die Diözesen bretonischer Sprache. Die Fahne ist nur in schwarz und weiß gehalten und hat an der Spitze der Stange ein ringförmiges Symbol für die Einheit der keltischen Welt.

Die Bezeichnung ›Armenhaus Frankreichs‹ für die Bretagne stimmt nicht mehr. Nach dem Zweiten Weltkrieg setzte eine planmäßige und vielseitige Förderung durch die Regierung ein. Dadurch wurde die Abwanderung gemindert, wenn auch nicht gestoppt. Sie ging in ungleichmäßigem Rhythmus weiter vor sich, nach wie vor als Binnenwanderung zur Hauptstadt und ihrer Umgebung. Wer in Paris an der Gare de Montparnasse ankommt und in Richtung der Rue de Rennes geht oder fährt, liest von den Schildern der Läden, Gaststätten und Hotels fast nur bretonische Namen ab. Zur Zeit leben mehr als eine Million Bretonen in Paris. Die Jahre 1984 bis 1986 haben erneut einen starken Zustrom gebracht.

Seit den siebziger Jahren setzt die Regierung in der Bretagne-Politik Prioritäten. Sie umfassen im wesentlichen Verbesserungen der technischen Ausbildung, der Fischerei, des Gesundheitswesens, der kulturellen Einrichtungen, des Tourismus und innerhalb der Infrastruktur den Ausbau von Straßen. Versäumnisse auf dem Gebiet des Transportwesens, die die Bretagne beim Absatz der landwirtschaftlichen Produkte benachteiligt haben, sind bereinigt worden. Solchen Vorteilen steht die Abtrennung der Region von Nantes zugunsten von Loire-Atlantique als negativer Faktor gegenüber. Durch die Ausgliederung verlor die Bretagne etwa 900 000 Einwohner, rund ein Viertel seiner Gesamtbevölkerung, und etwa vierzig Prozent seiner industriellen Kapazität.

Fassen wir einmal in einem kurzen Überblick die wichtigsten Neuerungen in Landwirtschaft und Industrie zusammen, die zum Wandel der Bretagne beigetragen haben, ohne jedoch ihre Eigenart zu zerstören. In der Landwirtschaft hatten die Bauern gegen karge Böden und unzureichende Transport-

LANDWIRTSCHAFT UND INDUSTRIE

bedingungen zu kämpfen. Sie führten dennoch schon in der Mitte des 19. Jahrhunderts neue Kulturen ein, legten den ›Gemüsegürtel‹ im Norden an, exportierten Frühgemüse und Kartoffeln nach England. Sie hielten und verbesserten ihren guten Ruf als Züchter von Schweinen und Rindvieh. Aber noch herrschte für Feld- und Weidewirtschaft das ›bocage‹ mit der Aufteilung in kleine, von Hecken und Böschungen eingehegte Anbauflächen vor.

Das änderte sich etwa ab 1955. Es erwies sich als vorteilhaft, das Puzzle des ›bocage‹ mit seiner Unterteilung weitgehend durch großzügigere Bodennutzung, ›open field‹ benannt, zu ersetzen. Traktoren, Bulldozer und Melkmaschinen wurden vor allem im Finistère anstelle veralteter Techniken und Geräte eingesetzt. Reformen solcher Art drangen vom Léon und Trégor ins Binnenland und auch in die Ebene von Rennes, langsamer jedoch in den Süden.

Eine weitere Reform in den sechziger Jahren machte die Bretagne zu einem der wichtigsten landwirtschaftlichen Produzenten Frankreichs, obgleich sich noch immer eine überwiegende Aufteilung des Bodens in Kleinbesitz hemmend auswirkte. Man operiert mit stolzen Zahlen. Bretonische Molkereien liefern etwa ein Fünftel aller Milcherzeugnisse. Die stark industrialisierte Produktion von Schweinefleisch beträgt sogar 45 Prozent. Besonders ertragreich hat sich die Geflügelzucht entwickelt, die sich auch in Kleinbetrieben lohnt. Sie macht fast ein Drittel der nationalen Produktion aus. Mit 70 Prozent der gesamten französischen Produktion schlagen die Artischocken alle Rekorde.

Das vorrangige Ziel, Arbeitsplätze in der Bretagne zu schaffen, und eine allgemeine Tendenz zur Dezentralisation haben zu einer um Jahrzehnte verspäteten Industrialisierung im Nordwesten geführt. Häufig wird sie von der alten Generation beklagt, obgleich man zugeben muß, daß sich die Verschandelung des Landes in Grenzen hält. Dabei geht es im Grunde um mehr, nämlich um die Sorge, der bretonische Individualismus könne Einbuße erleiden.

Die drei hervorragenden Anlagen, die wir auch an Ort und Stelle erwähnen werden, sind das Gezeitenkraftwerk der

Rance bei Saint-Malo, das Kernkraftwerk von Brennilis in den Monts d'Arrée und die Station für Telekommunikation in Pleumeur-Bodou bei Lannion. In dieser Stadt wurde 1962 ein ›Centre national d'Études des Télécommunications‹ errichtet, wie überhaupt die Tendenz dahin geht, den Nachwuchs an Spezialinstituten zu schulen und Forschung zu betreiben. Elektronische Industrie ist in mehreren Städten angesiedelt, mit Schwerpunkten in Rennes und Brest. Es geht nicht nur um die neuesten Techniken, sondern auch um Dezentralisation. So besitzt der Autohersteller Citroën zwei Werke in Rennes. In Brest wird der Petroleumhafen modernisiert und ausgebaut, in Saint-Nazaire erweitert man die ›Chantiers de l'Atlantique‹, die zu den bedeutendsten Werften Frankreichs zählen. Außer in Brest spielt die Bauindustrie in Saint-Brieuc eine große Rolle. Unter allen Städten kann man Saint-Brieuc beispielhaft für die schnelle Entwicklung einer Industriestadt rings um einen kleinen, alten Kern nennen.

Insgesamt ergibt sich ein reich variiertes Bild, zu dem die ganze Skala älterer, traditioneller Unternehmen beiträgt. Hier sei die Lebensmittel- und Konservenindustrie an erster Stelle genannt. Die Anstrengungen sind groß, aber nicht alle führen zum Erfolg und bewahren auch nicht vor Arbeitslosigkeit. Neuerdings ist der ständig wachsende Tourismus zu einer modernen Industrie besonderer Art geworden. Hier muß allerdings bei der Beherbergung noch viel nachgeholt werden. Auf eine gepflegte Gastronomie kann sich der Besucher jedoch überall verlassen. Auch in abgelegenen Orten erwartet ihn im kleinen Hotel ein festlich gedeckter Tisch zum Abendessen.

Am Eingang zur Bretagne

Rennes – Zentrum der Haute Bretagne

RENNES ist die bedeutendste Eingangspforte zur Bretagne. Ein Blick auf die Karte bezeugt es. Die Stadt liegt wie eine Spinne im Netz der großen Verkehrsstraßen. Eine Autobahn verbindet sie mit Paris, eine Schnellstraße mit dem Westen der Halbinsel. In etwa drei Stunden sausen die orangefarbenen Züge zwischen der Hauptstadt Frankreichs und der Hauptstadt der Bretagne hin und her.

Nach Nantes im äußersten Südosten ist Rennes die einzige Großstadt. Sie verdient es, gründlicher erforscht zu werden. Allerdings mag sich der Reisende bei seinen Spaziergängen durch die helle, gut durchlüftete Stadt zunächst leicht verwundert fragen, was hier denn eigentlich bretonisch sei?

Nichts, falls man sich von der Bretagne das Bild einer rauhen, nebligen, in der Entwicklung zurückgebliebenen Region macht und die Hauptstadt in diese einseitige Vorstellung einbezieht. Dieses Klischee, zusammen mit anderen, wird ohnedies beim Kennenlernen bald hinfällig. Das vielleicht enttäuschend nüchterne Stadtbild von Rennes ist zudem durch einen besonderen Umstand zu erklären. Eine Brandkatastrophe hatte 1720 mehr als 850 Häuser in der noch mittelalterlich verwinkelten Stadt zerstört. Beim Wiederaufbau entstanden Achsen, gerade und breite Straßen, zum großen Teil gesäumt von vornehmen, etwas kühl wirkenden Fassaden aus dem 18. Jahrhundert. Der Kontrast zu den wenigen erhaltenen Fachwerkhäusern ist kraß. In dieser Hinsicht zeigt Rennes nicht das schöne Gewachsensein von einer Bauperiode zur nächsten, das andere bretonische Städte auszeichnet.

Bretonisch ist Rennes also kaum durch sein Stadtbild, aber um so mehr durch seine Geschichte. Sie ist durch die geographische Lage im Osten, also nahe der Grenze zum Frankreich von damals, gekennzeichnet. Die große Auseinandersetzung

NÜCHTERNES STADTBILD

um Selbständigkeit, Abhängigkeit oder völlige Eingliederung, die nie ganz erloschen ist, hatte hier einen besonderen Schwerpunkt. Im flachen Becken des heutigen Département Ille-et-Vilaine hatten schon die Römer gesiedelt. Um den Rang einer Hauptstadt der Bretagne zur Zeit der Herzöge mußte sich Rennes lange mit Nantes streiten. Nachdem die Bretagne zu Frankreich gekommen war, erhielt das Parlament ab 1561 in Rennes seinen ständigen Sitz. Dadurch war der Stadt die Superiorität gesichert.

Während das mächtige und reiche Nantes an der Loire-Mündung als Stadt des Handels und der Schiffahrt Aufschwung nahm, blieb Rennes bescheidener und binnenländisch. Hier war der Treffpunkt des Landadels, der Fachleute für Verwaltung, der einflußreichen Juristen. Ein gebildetes Bürgertum französischer Sprache prägte die Kultur der Stadt. Die Mentalität blieb aufsässig. Das selbstbewußte Parlament machte den französischen Königen bis zur Zeit Ludwigs XV. oft zu schaffen.

In Abgrenzung gegen die Basse Bretagne hat die Haute Bretagne hier ihr Zentrum. Diese Einteilung schließt den unterschiedlichen Sprachgebrauch von Französisch und Bretonisch ein, der wiederum mit Sitte und Lebenshaltung zusammenhängt. Stets war die Basse Bretagne rückständiger, frommer, unbeholfener, durch die Sprache behindert. Durch die rasch zunehmende Modernisierung und Nivellierung, vor allem aber durch den Schwund der bretonischen Sprache, hat diese Unterteilung jedoch an Bedeutung verloren.

Historischer Stadtbummel

Abgesehen vom Kern der Altstadt ist Rennes im wesentlichen durch Achsen gegliedert. Eine lange und breite Ostwestachse trennt den älteren Teil im Norden vom jüngeren im Süden. Sie folgt dem Flußlauf der Vilaine, die zum Teil überbaut ist. Zwei Nordsüdachsen führen aus dem tiefer gelegenen südlichen Teil hinauf zu Plätzen und Straßen, an denen die bedeutendsten Gebäude liegen. Hier hat man Fußgängerzonen geschaffen und kann in Einkaufsstraßen mit gepflegten Spezialgeschäften promenieren. Wer bei einer Stadtbesichtigung gern dem Ablauf der historischen Entwicklung folgt, sollte in der Altstadt bei der *Porte Mordelaise*, gegenüber der Kathedrale, beginnen.

Es ist ein durch Häuser rechts und links eingeengtes, verwahrlostes Befestigungstor aus dem 15. Jahrhundert. Durch diese schmale Öffnung bewegte sich der Zug des Herzogs, der in Nantes residierte, aber in der Kathedrale von Rennes zeremoniös den Kronreif erhielt. Noch ehe der Souverän durch die Porte Mordelaise ritt, hatte er geschworen, die Rechte des Herzogtums zu wahren und die Kirche zu schützen.

Bei der *Kathedrale Saint-Pierre* handelt es sich nicht mehr um die Stätte, an der die Herzöge die Nacht vor der Krönung im Gebet verbrachten. Es ist vielmehr der dritte Kirchenbau

ALTSTADT

an dieser Stelle. Obgleich bei den Türmen und Seiteneingängen noch alte Bauteile erhalten sind, ist die Fassade überwiegend neoklassizistisch. Man hat von 1787 bis 1844 am Wiederaufbau gearbeitet. Die zweite Kirche war 1762 eingestürzt.

In dem von Tonnen überwölbten Innenraum ist die halbkreisförmige Apsis im Stil von Ravenna ausgemalt. Trotz reicher Verwendung von Stuck und Vergoldung wirkt das Innere von Saint-Pierre insgesamt melancholisch und eher düster. Zu schönen Einzelheiten gehört ein flandrischer Schnitzaltar vom ehemaligen Hauptaltar. Auf ihm sind Szenen aus dem Marienleben mit zahlreichen heiligen Figuren lebhaft und eindringlich dargestellt.

Unter den Kirchen von Rennes mag man noch *Saint-Melaine* im Nordosten, an höchster Stelle der Stadt, erwähnen. Sie verdankt ihren Namen einem Bischof Melaine, der hier im 6. Jahrhundert eine Abtei gegründet hatte. Zur Kirche führt eine imposante Freitreppe empor. Die Innenausstattung entstammt unterschiedlichen Stilepochen. An der Nordseite der Kirche hat man im Freien vor einigen Jahren ein stimmungsvolles Ensemble um einen rechteckigen Grasplatz mit Ziehbrunnen komponiert. Ein Teil des Kreuzgangs der ehemaligen Abtei begrenzt die eine Seite, ein Portal des alten Collège Saint-Vincent und schlichte Bogenreste eines Cloître des Carmes aus dem 15. Jahrhundert säumen die anderen Seiten. Da dieses Ensemble überdies in unmittelbarer Nähe des prächtigen Bischofspalastes aus dem 17. und 18. Jahrhundert liegt, spürt man etwas vom Nachklang geistlicher Atmosphäre am Rande einer stark modernisierten und industrialisierten Stadt.

Auf den Spuren der alten Zeit sollte man auch die *Place des Lices* im Kern der Altstadt besichtigen. Ehemals fanden hier Turniere statt, jetzt bedecken Markthallen das Gelände. Auf der oberen Rampe sind einige stattliche Adelspaläste erhalten geblieben. Auf diesem Platz erwarb sich der junge Bertrand Du Guesclin anonym im Jahr 1337 hohen Ruhm im Turnier. Wir werden diesem Bretonen, der einer der berühmtesten Feldherren Frankreichs wurde, wieder begegnen. In Rennes erinnert das schönste Fachwerkgebäude der Stadt an ihn. Das

Haus *Ti Koz* aus dem 16. Jahrhundert mit den witzigen, geschnitzten Konsolfiguren steht dort, wo sich angeblich das Fundament des Hauses von Du Guesclin befand.

Das bemerkenswerteste Gebäude der Stadt, der *Justizpalast* (Palais de Justice), wurde von der Feuersbrunst verschont. Nachdem die Bretagne durch die Heirat der Herzogin Anne de Bretagne mit dem französischen König zum Machtbereich Frankreichs gehörte, waren dem Parlament als oberste Instanz wichtige Aufgaben zugefallen. Wir wiesen schon in der Einleitung darauf hin. Hier wurden nicht nur regionale politische Interessen vertreten, wie es der heutigen Auffassung von einem Parlament entspricht, sondern das Parlament war auch der oberste Gerichtshof. Die Deputierten, die dort in regelmäßigen Abständen tagten, mußten zwischen den eigenen Ansprüchen und denen der Krone eine Schaukelpolitik betreiben.

Eine so wichtige Organisation wurde ihrer Bedeutung entsprechend untergebracht. So liegt der Justizpalast auf hohem Gelände im Herzen der Stadt. Sein Schöpfer war Salomon de Brosse. Das Palais du Luxembourg in Paris, das er für Maria von Medici schuf, wird als sein Meisterwerk gerühmt. Wie beim Palais du Luxembourg sind auch beim schlichteren Bau in Rennes, der 1655 entstand, Einflüsse der florentiner Renaissance zu spüren. Breit hingelagert bietet seine symmetrisch aufgeteilte Fassade den wuchtigen Abschluß einer Achse. Die tiefer gelegene Anlage davor wird von gleichartigen Häusern aus dem 18. Jahrhundert stilvoll, aber etwas monoton gerahmt.

Den Palast bedeckt ein Schieferdach, über dessen ganzen First sich schwarze und vergoldete Motive ziehen. Auf dem einen der vorgezogenen Eckflügel reckt sich ein Bewaffneter mit einer Standarte, auf dem anderen erhebt sich ein Engel mit einer Posaune. Wenn die stilisierten Motive auf dem First und diese vergoldeten Figuren in der Sonne blitzen, bietet das einen wahrhaft festlichen Anblick.

Einige Prunkräume sind zur Besichtigung freigegeben, im übrigen kann man sich im Gebäude umsehen. Vielleicht erhascht man einen Blick in einen Gerichtssaal, wo in einem im

JUSTIZPALAST 61

Zeitgeschmack des Sonnenkönigs überdekorierten Rahmen nüchtern verhandelt wird. Auch bieten Herren im Talar einen merkwürdigen Anblick, wenn sie von Verhandlung zu Verhandlung eilen und vor der Tür von historischen Prunkräumen ihre Zigarette im hochbeinigen Ständer ausdrücken. Als Höhepunkt der Führung gilt die Grand'Chambre. In dieser :großen Kammer‹ tagte das Parlament. Jetzt wird sie nur noch bei zeremoniellen Anlässen benutzt. Die Dekoration an der Kassettendecke und den Wänden erdrückt. Kein Fleckchen ist freigeblieben. Es ist der schwere, üppige Stil einer übersteigerten Selbstverherrlichung, gestützt auf Allegorien, mit einem Gewimmel von Göttern und Genien. Auf riesigen Wandteppichen in blassen Farben werden historische Szenen dargestellt. Zwei vergoldete Logen kleben geradezu unter der Decke, hoch über den Sitzen der Deputierten; sie waren für Zuhörer bestimmt. Zu ihnen gehörte die große Briefschriftstellerin Madame de Sévigné, wenn sie ihren Witwensitz bei Vitré gelegentlich verließ. Sie war eng mit der Frau des damaligen Gouverneurs der Bretagne, Madame de Chaulnes, befreundet. Angeregt durch diese nahm sie von Zeit zu Zeit an offiziellen Anlässen teil.

Die Wanderung durch die Innenstadt führt uns zu einer weiteren großen Achse. Sie beginnt beim prunkvollen Palais du Commerce mit der Hauptpost und erweitert sich auf halber Höhe zu der eindrucksvollen *Place de la Mairie*. Das Rathaus liegt auf ihrer einen Seite, das Theater gegenüber auf der anderen. Dieser Platz innerhalb der Fußgängerzone ist außerordentlich belebt, vor allem von jungen Leuten. Mit seinen beiden Universitäten und verschiedenen Hochschulen hat ja Rennes viel Jugend an sich gezogen.

Das *Hôtel de Ville* wurde von Meisterhand entworfen. Der große Jacques Gabriel, dem Paris Bauten aus der Louisquinze-Epoche verdankt, schuf 1734 bis 1762 ein elegantes, verhältnismäßig niedriges Gebäude mit zwei seitlichen Pavillons und einem zurückgenommenen Mittelteil. Dieser wird von einem Uhrturm mit zierlicher, vergoldeter Kuppel geschmückt. Die große Nische unten im Mittelteil ist leer. Hier stand ehemals eine Gruppe, die die Vereinigung der Bretagne mit Frankreich verherrlichte. Sie wurde im August 1932 von radikalen Anhängern der Autonomie in die Luft gesprengt. Dem noblen Rathaus bietet das *Theater* von 1856 mit einem gewölbten Vorbau ein Gegenüber, das sich sehen lassen kann. Insgesamt ist die Place de la Mairie ein schön gefaßter, vom Verkehr befreiter, von Menschen durchfluteter Platz, wie er sein soll.

Gönnen wir auch dem modernen Rennes einen Blick, zumindest im Hochhausviertel *Colombier* beim Bahnhof. Es ist noch im Ausbau begriffen. Auf unterschiedlichem Niveau sind Passagen, Betriebe aller Art, Läden, Gaststätten, Kino, ein Hotel, ein Wohnbereich zusammengefaßt. Solche funktionalen Gebilde sind zur Entlastung alter Städte mit einem schnell gewachsenen Industriegürtel nötig, aber das Beispiel von Rennes betrübt. Nach dem Zweiten Weltkrieg wurde allzu schnell modernisiert. Was an Zweckbauten nachgeholt werden mußte, hatte keine Zeit, sich organisch zu entwickeln.

Jedem Besucher der Stadt ist eine Erholungspause im *Park von Thabor* anzuraten. Er liegt auf der Höhe von Saint-Melaine und schließt die Kirche mit ein. Das Gelände der ehemaligen Benediktiner-Abtei ist elf Hektar groß, bewegt im Gefälle und zu einer äußerst gepflegten Parkanlage umgestaltet. Zwanglos gehen Partien im strengen französischen Stil zu Rasenflächen mit Baumgruppen im englischen Stil über. Zum rund angelegten Botanischen Garten gehört ein berühmtes Rosarium. Im Frühjahr blühen vielfarbige Rhododendren im Halbschatten alter Bäume. Eine luftige Volière umgibt die Taubenschlag-Pagode. Über allem liegt altmodischer Charme.

Vergangenheit in moderner Präsentation

Im neueren Teil der Stadt, am Quai Zola südlich der Vilaine, liegt das *Palais des Musées*. In diesem stattlichen Gebäude mit einem großen Innenhof sind zwei Museen untergebracht. Im Erdgeschoß vermittelt das Musée de Bretagne einen Querschnitt durch die Geschichte der Region, im Obergeschoß ist die Gemäldegalerie des Musée des Beaux-Arts sehenswert.

PALAIS DES MUSÉES 63

Im *Musée de Bretagne* sind die Objekte sparsam und geschickt ausgesucht. Im Unterschied zu den Schätzen in den Museen von Quimper und Nantes werden sie nach allen Regeln der modernen Ausstellungskunst präsentiert. Modelle und Fotos ergänzen und erklären die Schaustücke, Punktbeleuchtung hebt sie hervor.

Zunächst begibt man sich ins Dunkle, um die beleuchteten Steinmale der Vorgeschichte zu studieren. Hier wird der Besucher in eine schwierige Materie eingeführt, deren Grundzüge wir bereits in der Einführung darlegten. Ausführlicher wird davon bei der Beschreibung von Carnac die Rede sein. Die gallo-römische Epoche wird unter anderem durch beschriftete Meilensteine längs der Römerstraßen belegt. Unter den figürlichen Funden entzückt das Bronzeköpfchen der Göttin von Menez-Hom aus dem ersten vorchristlichen Jahrhundert mit den verdrossen herabgezogenen Mundwinkeln und der phantastischen Zier des zurückgeschobenen Helms. In der Abteilung Mittelalter fallen Kapitelle aus alten Abteien von Rennes im Stil des 12. Jahrhunderts als Beispiele kirchlicher Bildhauerkunst auf. Zu den Objekten aus der Zeit der Herzöge gehört ein erlesenes Porträt der Anne de Bretagne, fein gezeichnet und leicht getönt in Holbein-Manier. Wie auf den Profilmünzen erkennt man ihr kluges, etwas muffiges Gesicht mit der überhöhten Stirn.

Die Entwicklung des Bürgertums bis zur Revolution 1789 wird durch alte Stiche und Dokumente in Vitrinen erläutert. Eine Zusammenstellung der berühmtesten Bretonen bildet den Abschluß. Da findet man sie durch ihre Herkunft vereint: den Romantiker René de Chateaubriand (1768-1848), den Religionswissenschaftler Ernest Renan (1823-1892), den streitbaren Abbé Hugues Félicité Robert Lamennais (1782 bis 1854), den Heimatdichter Auguste Brizeux (1806-1858), den Herausgeber einer bretonischen Liedersammlung Hersart de la Villemarqué (1815-1895) und den Poeten und Maler Max Jacob aus Quimper (1867-1944).

Die Abteilung für Brauchtum, Arbeitsgeräte, Trachten, typisch bretonisches Mobiliar fällt durch ihre Übersichtlichkeit angenehm auf. Den Abschluß bildet hier ein Raum mit einer Anlage für Tonbildschauen. Auf Hockern sitzend und mit Kopfhörern ausgerüstet, orientiert sich der Besucher über die wichtigsten Belange der modernen Bretagne, über Wandel in Landwirtschaft und Fischerei, immer vor dem Hintergrund der sozialen Problematik.

Im *Musée des Beaux-Arts* zeichnet sich die kleine, qualitätvolle Gemäldesammlung durch gute Hängung aus. Den Besucher aus dem Ausland werden vor allem die Räume für Malerei der Bretagne im 19. und 20. Jahrhundert und für die Schule von Pont-Aven interessieren. Für diese Abteilung liegen ausgezeichnete Informationsblätter vor. Gauguin, Führergestalt der Schule von Pont-Aven, ist mit zwei Stilleben vertreten. ›L'arbre jaune‹ (Der gelbe Baum) des jungen Emile Bernard ist ein beispielhaftes Bild für die Schule von Pont-Aven, auf die wir noch an Ort und Stelle zu sprechen kommen.

Vitré – Vision des Mittelalters

RENNES bietet sich günstig als Ausgangspunkt für Tagesausflüge an. Im Osten erstreckt sich das alte Grenzgebiet gegen Frankreich mit den befestigten Städten Vitré und Fougères sowie mit der weiter im Südosten gelegenen Grenzbefestigung Châteaubriant mit einem dominierenden Schloß. Im Norden liegt die Kathedralenstadt Dol, im Nordwesten das mittelalterliche Dinan. Mit Ausnahme von Saint-Malo am Ärmelkanal ist dieser Teil der Haute Bretagne weniger bekannt als der landschaftlich wild aufgerissene Westen. Freilich ist hier das Land flach und wenig dramatisch, aber die charaktervollen Siedlungen sind beladen mit Geschichte.

Vitré, etwa 36 Kilometer östlich von Rennes, bietet ein Ensemble, das es an Geschlossenheit mit dem berühmten Locronan im westlichen Cornouaille aufnehmen kann. Man wird zuerst die *Festung* nahe an der Bahnlinie besichtigen. Fahrgäste im Schnellzug zwischen Paris und Rennes erfassen staunend blitzartig ein Gebilde, das wie eine Illustration der Ritterzeit in einem Jugendbuch wirkt. Wer im Auto von Rennes kommt, erkennt unverstellt in der Ferne die Türme mit den spitzen, grauen Kegeldächern. Wenn man in der Abenddämmerung vor der Burg steht, zeigt die Fassade verschwommene Farbtöne, die Silhouette aber zeichnet sich scharf im Umriß vor dem Himmel ab. Dann ist die schöne, die bedrohliche Vision aus dem Mittelalter vollkommen.

Die Burg wurde nicht auf dem höchsten Punkt erbaut, wie man erwarten könnte, sondern als Endpunkt einer zur Stadt hin ansteigenden Befestigungsanlage auf Fels. Man geht über die Zugbrücke und durchschreitet das Tor mit den beiden flankierenden Türmen, um in den großen dreieckigen Hof mit Wehrumgang zu gelangen. Innerhalb der Anlage ist das Rathaus von Vitré untergebracht. Eine Freitreppe führt zu seinem neugotischen Portal. Es lohnt sich, den mächtigsten der vier Türme, Saint-Laurent, über seine endlose Wendeltreppe zu besteigen. Bei Ausblicken gewahrt man tief unten die Satteldächer aus grauem Schiefer der dicht aneinandergedrängten, schmalen Häuschen, die typisch für diese Stadt sind. Der Turm enthält museale Ausstellungsstücke, darunter einen prächtigen Kamin von 1583 mit reichem szenischem Figurenschmuck, vor allem Musiker und Tänzer. Im obersten Stock wird der Besucher durch eine Tonbildschau auf die Geschichte des Château hingewiesen. Man erfährt, daß die im Burghof freigelegten Reste eines romanischen Bauwerks zur Vorgeschichte des späteren Wehrbaus gehören.

Die Festung hatte mehrfach den Besitzer gewechselt. Zur Zeit der Religionskriege war sie in der Hand der Familie Coligny d'Andelot. Unter den vier Söhnen eines Maréchal de Châtillon hatte François de Coligny, Seigneur d'Andelot, als erster dieser Familie den Calvinismus angenommen und dafür im Felde gekämpft. Der berühmte Gaspard II. de Coligny, genannt der Admiral (1519-1572), war sein Bruder. Während seiner spanischen Gefangenschaft trat auch er zum Calvinismus über und wurde später der hervorragende Führer der Hugenotten. Da er großen Einfluß auf den jungen König Karl IX. gewann, zog er den Haß der Königinmutter Katharina von Medici auf sich. Sein tragisches Ende in der Bartholomäusnacht am 22. August 1572 ist bekannt. Die hugenottische Gemeinde von Vitré stand zu jener Zeit unter dem Schutz des mächtigen Geschlechts.

Die Kirche *Notre-Dame* auf dem höchsten Punkt der Stadt ist als Bauwerk beispielhaft für den spätgotischen Stil in der Bretagne, den man in vielfacher Abwandlung überall vorfindet. Am auffälligsten ist die harmonische vertikale Gliederung der Seitenwände durch Fenster, Giebel und Strebepfeiler mit Fialen. An der Südseite ist eine zierliche Außenkanzel angebracht. Es heißt, daß auf ihr die Kleriker gegen die Anhänger Calvins wetterten. Nach einer anderen Erklärung war sie schlicht für Predigten im Freien gedacht.

Alles ist spitz: Die Fenster sind von Spitzbogen überwölbt, die Giebel laufen schmal und spitz zu, die Strebepfeiler ver-

FESTUNG UND KIRCHE

jüngen sich in den Fialen nach oben. Besonders in den Krabben äußert sich Spielfreude in Stein, ganz abgesehen vom edlen Maßwerk der Fenster. Aus einiger Entfernung sieht die Kirche Notre-Dame in Vitré genauso aus, wie ein Kind es einmal beschrieb: »Sie ist pickelig.«

Mächtige Wälle umziehen einen Teil der Oberstadt. An ihrem Fuß führt eine Promenade entlang. Auf der einen Seite wuchten die Mauern empor, auf der anderen fällt das Gelände steil zum lieblichen Tal der Vilaine ab. Man sieht auf Gärtnereien herab und entdeckt jenseits des Flusses neue Teile von Vitré. Vom Jardin des Bénédictions aus, einem kleinen Park neben der Kirche, ist die Aussicht auf das grüne Umland noch lohnender. Hier sind immer Gruppen von Boule-Spielern eifrig beim Sport und lassen ebenso fröhlich wie fachmännisch die Kugel rollen.

Vitré ist eine jener gewachsenen Städte, ungefährdet durch Disharmonie der sich ablösenden Baustile. In der Altstadt bildet die *Rue Baudrairie*, wo die ›boudroyeurs‹ das Leder bearbeiteten, ein Musterbeispiel des noch völlig geschlossenen mittelalterlichen Stadtbildes. Die Fachwerkhäuser haben die für Frankreich typischen dunkel abgesetzten Vertikalstreifen aus Holz. Das Obergeschoß kragt vor und ruht gelegentlich auf Stützbalken aus Stein oder Holz. Das Erdgeschoß ist gemauert. Diesen Haustyp findet man auch anderswo in der Bretagne, prächtiger sogar, aber nicht immer so stimmig in die Umgebung passend.

Das Schloß der Marquise de Sévigné

IN DER RUE DE SÉVIGNÉ liegt ›La Tour Sévigné‹, ein Haus aus dem 17. Jahrhundert. Hier wohnte die Marquise, wenn sie nach Vitré kam und sich dort in das gesellige Leben stürzte, um dann erschöpft und mit zunehmender Dankbarkeit in ihr Schloß *Les Rochers* zurückzukehren. Folgen wir ihr von Vitré aus in südlicher Richtung auf kurzer Strecke durch stilles Bauernland, bis die blanke, graue, in den Himmel stechende Turmspitze ihres Château auftaucht.

Vergeblich sieht man sich nach den Felsen um, die dem Schloß den Namen gegeben haben. Das Umland ist flach und wird landwirtschaftlich genutzt. Laubwald erstreckt sich nur hinter dem Schloßpark, der nach Plänen von Le Nôtre angelegt wurde. Es ist das Wäldchen, in dem die Marquise etliche Alleen mit beziehungsreichen Namen taufte, zum Beispiel ›La Solitaire‹, ›La Royale‹, ›L'Humeur de ma fille‹.

Das Schloß beherrscht die ganze Anlage. Ein langgezogenes Nebengebäude, zwei kleine Gartenhäuser für die Orangerie und Arbeitsgerät, die runde Kapelle und der Park gehören dazu. Dem alten Flügel aus dem 15. Jahrhundert mit dem Turm wurde im 17. Jahrhundert ein zweiter, niedrigerer Wohnbau rechtwinklig angefügt. Die Kapelle steht isoliert. Les Rochers kann sich nicht mit anderen stolzen Schlössern der Bretagne vergleichen, hat aber einen intimen Charme.

Das Schloß ist noch heute in Privatbesitz. Die Führung beschränkt sich auf die Kapelle und zwei Räume im Turm. Das enttäuscht, zumal die Räume dürftig und lieblos ausgestattet sind. Die Kapelle ließ der geliebte Onkel der Marquise, der ›gute Abbé de Coulanges‹, zu privater Erbauung der Familie errichten und 1671 weihen. Noch sieht man das alte Mobiliar, die Sessel für die Damen, die bezogenen Bänke und ebenfalls bezogenen niedrigen Betbänke für die Herren.

LES ROCHERS

Das düstere Grüne Kabinett im Erdgeschoß des Turms heißt so nach seiner verschossenen Tapete. Den mächtigen Kamin zieren die Initialen der Schloßherrin Marie de Rabutin-Chantal. Zwei Porträts zeigen die pummelige, nach der Zeitmode stark dekolletierte Dame, deren rund 1500 Briefe aus Paris und der Bretagne uns ein unschätzbar wertvolles Bild aus der Zeit Ludwigs XIV. hinterlassen haben. Im Cabinet vert liegen Aufzeichnungen über die Schloßverwaltung in ihrer Handschrift aus, dazu allerlei Krimskrams des Haushalts. Der obere, helle Raum im Turm enthält Bilder, Tisch und Sessel, darunter einen mit handgesticktem Bezug der Comtesse de Grignan. An diese vergötterte Tochter richtete die Marquise die meisten Briefe aus der Provinz.

Marie de Rabutin-Chantal (1626-1696) stammte aus Burgund. 1644 heiratete sie den Marquis Henri de Sévigné aus Vitré. Er starb im Duell, nach einer Ehe von nur acht Jahren. Der Sohn Charles, in Les Rochers geboren, heiratete die Tochter eines hohen Verwaltungsbeamten in Rennes. Mit ihm erlosch der älteste Zweig des Geschlechts. Weit besser kennen wir aus den Briefen der Marquise die Tochter Françoise-Marguérite, die mit ihrem Gatten, dem Comte de Grignan, in die Provence zog. 1677 bezog Madame de Sévigné in Paris das Hôtel Carnavalet im Marais, das sie gemietet hatte. Jetzt beherbergt es das Museum der Stadt Paris.

Immer häufiger aber zog sich die Marquise nach Les Rochers zurück, in erster Linie, um zu sparen. Auf dem Land konnte sie die Pächter überprüfen und die Produkte ihres Guts nutzen. Für die Reise von Paris nach Les Rochers in der Karosse brauchte sie acht bis neun Tage – heute legt man die Strecke im Zug oder Wagen in knapp drei Stunden zurück.

Ihren Leuten gegenüber war sie eine energische Landedelfrau, nicht ohne Anwandlungen von Güte. Sie schrieb: »Ich bin nur von Menschen umgeben, die mir Geld schulden, die kaum Brot haben, auf Stroh schlafen und weinen.« Wenn sie in solchem Fall von Rückzahlung absah, fand sie sich großmütig. Im allgemeinen war ihr Verhältnis zur Bevölkerung durch ein Gemisch aus Sympathie, Verständnislosigkeit und Spottlust gekennzeichnet. Daß die bretonische Sprache bis nach Vitré vorgedrungen war, fand die Marquise riesig komisch. Ihre Spottlust bezog sich aber vor allem auf den Adel, mit dem sie ausschließlich verkehrte. Dessen ungeheuerliche Tafelfreuden hat sie amüsant beschrieben. So nach einem Festmahl zum Abschluß der Versammlung der Landstände in Vitré: »Die ganze Bretagne war an diesem Tag besoffen.«

In den Briefen der Sévigné aus Les Rochers und Paris im Jahr 1675 spiegelt sich ein tragisches Ereignis. Der unter dem Namen ›Stempelpapier-Revolte‹ bekannte Aufstand gegen eine Verfügung Colberts endete mit einer schrecklichen Strafexpedition zur Züchtigung der ungehorsamen Provinz. Die Bretonen hatten sich gegen die Einführung von Stempelpapier und neuen Steuern auf Zinngeschirr und Tabak erhoben. Es kam zu Plünderungen, Massenaufständen, Mord. Der Gouverneur de Chaulnes nahm im Oktober 1675 die Strafexpedition in die Hand. Madame de Sévigné berichtete ihrer Tochter:

»Wie ich erfahre, tun sich unsere armen Bretonen aus der Basse Bretagne zu Gruppen von 40 oder 50 auf den Feldern zusammen. Sobald sie Soldaten sehen, werfen sie sich auf die Knie und sagen Mea culpa. Das ist die einzige französische Redensart, die sie kennen.« Trotzdem hängt man sie auf. Sie bitten um einen Trank und Tabak und daß man es schnell machen möge.

In Rennes beginnt »bien de la penderie«, das große Aufknüpfen der verhafteten Männer. »Man hat die Bewohner einer ganzen großen Straße verjagt und verbannt ... Man konnte alle diese Elendsgestalten, Greise, gerade erst niedergekommene Frauen, Kinder, weinend herumirren sehen. Sie verließen die Stadt ohne zu wissen wohin, ohne Nahrung, ohne Unterkunft.« Da die Aufständischen unter anderem den Gouverneur als »dickes Schwein« beschimpft hatten, fand die Marquise die harte Strafe als warnendes Beispiel gerechtfertigt. Man muß die Obrigkeit respektieren. Da man in Paris glaubte, daß das Parlament den Aufstand gefördert habe, belegte man die Stadt mit hohem Tribut und schickte das Parlament vorübergehend in die Verbannung.

Fougères – Festung als Kunstwerk

FOUGÈRES ist die nördlichste der Grenzfestungen. Sie beherrschte ehemals die Straße zur Normandie, wie Vitré die Straße nach Paris. Beide Festungen hatten also großen strategischen Wert, soweit man dieses Wort für die zahlreichen Fehden beschränkten Umfangs und beschränkter Ziele verwenden kann. Große Herren waren ständig darin verwickelt. Die Lage in der Bretagne wurde zusätzlich durch den Umstand kompliziert, daß diese Region zeitweise unter die Herrschaft des englischen Königshauses Plantagenet geriet.

Die Lage der Burg verblüfft. Der gewaltige Bau, viel größer und drohender als das Château von Vitré, liegt unten im Flußtal des Nançon, die Stadt dagegen oben, an und auf einem Steilhang. Die Burg stand mit der Oberstadt durch Wälle in Verbindung. Wie die gegenseitige Verteidigung funktionierte, ist allerdings schwer vorstellbar.

Die Wucht der Mauern, Bastionen und Wehrgänge erweckt im Beschauer den Eindruck, daß die Burg uneinnehmbar war. Die Festungsbauer hatten zusätzlich noch ein Kunststück vollbracht: Geschickt hatten sie den geschlängelten Nançon so umgeleitet, daß er den Schloßgraben füllte. Um so erstaunlicher ist es, daß dieses Wunderwerk an Festungsbau mehrfach in die Hände der Feinde fiel.

Besuchen wir zunächst die Oberstadt. Sie bedeckt beide Flanken des Höhenrückens. Zur Ostflanke hin senken sich Straßen mit neueren Häusern. Hier war die Stätte der Schuhfabrikation, der die Stadt im 19. Jahrhundert einen wirtschaftlichen Aufschwung verdankte. Wie in vielen anderen bretonischen Städten war die Bevölkerung in früherer Zeit durch Tuchweberei, speziell für Segel, wohlhabend geworden. Dieses Handwerk starb mit dem Aufkommen der Dampfschifffahrt aus.

In Fougères fertigte man vor allem Damenschuhe an, und zwar mit der Hand. Im letzten Drittel des vorigen Jahrhunderts lohnte sich diese Art der Fertigung nicht mehr, sie war zu teuer. Nun entstanden Schuhfabriken, doch sind heute nur wenige davon übriggeblieben. Die ausländische Konkurrenz wurde immer stärker. Aber noch klingt der alte Ruhm nach, wenn sich etwa ein Ballett-Star die Tanzschuhe nur aus Fougères kommen läßt.

Um sich ein Bild dieser seltsam angelegten Stadt zu machen, sollte man den Rundgang oben beginnen. Dort öffnet sich zwischen der spätgotischen Kirche *Saint-Léonard* und dem Rathaus am Ende des hier steil abfallenden Höhenrückens der Eingang zum Stadtgarten (Jardin public). Dieser Park besteht aus Terrassen über dem Tal des Nançon. Die oberste Terrasse verläuft an der Südseite von Saint-Léonard. Hier sitzen alte Leute auf Steinbänken und sonnen sich. Alle Wege des anmutig bepflanzten Gartens senken sich zu einer geschwungenen Promenade unter Bäumen, die von einer Balustrade begrenzt wird. Hier ist die berühmte *Place aux Arbres*. An die Balustrade gelehnt, genießt man einen überwältigenden Blick über die Wehranlage und hat sogar so viel Aufsicht, daß man Bäume und Sträucher in den Innenhöfen entdeckt. Die äußerst steilen Terrassen setzen sich noch unterhalb der Place aux Arbres fort.

Man kann von hier aus auf Zickzackpfaden zum Fluß hinabsteigen. Unten überquert man ein Brückchen mit Blick auf eine alte Waschanlage. Im malerischen *Marchix-Viertel* biegt man in die Rue de la Providence ein. Plötzlich steht man am Fuß der gewaltigen Mauern mit den gerundeten Bastionen. Sie spiegeln sich im stillen, klaren Wasser des Grabens. Wenn man die ganze Burg auf Fußpfaden umkreist, bezaubert einen diese ›Kulisse‹ immer von neuem. Bei der *Porte Notre-Dame*, einem die Straße überwölbenden Durchgangstor, schießt das abgeleitete Wasser des Nançon in einem kräftigen Strahl zwischen den Mauerwänden hervor und betreibt ein Mühlrad. Die in und über Frankreich hinaus bewunderte Militärarchitektur unbekannter Festungsbauer ist von großem ästhetischen Reiz.

BEZAUBERNDE KULISSE

Im *Innern der Festung* gelangt man über Wehrgänge zu den Türmen. Den besten Überblick bietet der dreißig Meter hohe Melusinen-Turm. Er verdankt seinen poetischen Namen dem Geschlecht der Lusignan. Dieser Adelsfamilie aus dem Poitou war Fougères im 13. Jahrhundert zugefallen. Angeblich stammte das Geschlecht von der Fee Melusine ab, einer Dame mit Fischschwanz. Am Südportal der spätgotischen, reizvoll beim Château gelegenen Kirche Saint-Sulpice trifft man auf eine Darstellung dieser geheimnisvollen Wasserfee, die sich das lange Haar kämmt. Der Turm Gobelin leitet seinen Namen nicht von der Herstellungsstätte für Wandteppiche her, sondern von einem normannischen Ausdruck für Kobold. Im Bretonischen wurde aus dem ›gobelin‹ ein ›korrigan‹, und ›korrigans‹ in Zwerggestalt sind in vielen Legenden am Werk.

Von den Wehrgängen und vom Turm aus versucht der Besucher, die raffinierte, dreifach gestaffelte Verteidigungsanlage im Innern des Mauerrings zu begreifen. Vom ehemaligen Wohntrakt, der Kapelle, dem Brunnen, ist nichts übriggeblieben, aber die dreizehn Türme sind noch erhalten. Zwei südliche Türme aus dem 17. Jahrhundert waren sogar imstande, mit Mauern von sieben Metern Dicke dem Artilleriebeschuß zu trotzen. Die ältesten Teile im Komplex stammen aus der Zeit vor 1166. In diesem Jahr hatte Heinrich II. Plantagenet die Burg erobert und schleifen lassen. Der Verteidiger, Raoul II., ein bretonischer Patriot, ging sofort an den Wiederaufbau aus den Trümmern.

Zwei Romanciers finden Stoff

VICTOR HUGO war von Fougères entzückt, als er die Stadt 1836 besuchte. Acht Jahre zuvor hatte sich Honoré de Balzac hier bei einem alten Freund seiner Familie, dem Général de Pommereul, einquartiert mit dem Zweck, sich an Ort und Stelle für einen geplanten historischen Roman zu orientieren. Er würde später ›Le dernier Chouan‹ (Der letzte Chouan) heißen. Victor Hugo hatte auf einer Reise die Geburtsstätte seiner Geliebten, Juliette Drouet, kennengelernt und sich mit dem Stoff für seinen Roman ›1793‹, sein spätes Meisterwerk, vertraut gemacht. Beide Schriftsteller behandeln dasselbe Thema, Hugo einen frühen Zeitpunkt der Ereignisse, Balzac einen späteren. Sie seien hier kurz dargelegt.

Die Bretagne war Schauplatz der Widerstandskämpfe der Königstreuen gegen die Republik. Sie bereiteten sich lange vor, fanden 1793 einen ersten Höhepunkt und zogen sich, mit Unterbrechungen, über rund zehn Jahre hin. Im allgemeinen sind sie unter dem Namen ›Vendée‹ bekannt, einer Region südlich der Loire-Mündung. In der Vendée-Bewegung straffte sich der Widerstand gegen Paris zu militärischen Angriffen. In der bretonischen ›Chouannerie‹ handelte es sich dagegen um einen Guerillakrieg. ›Vendée‹ und ›Chouannerie‹, die zeitweise gemeinsam vorgingen, waren zum Untergang bestimmt. Ihre republikanischen Gegner, nach ihrer Uniform die ›Blauen‹ genannt, ließen die verbissene Anhängerschaft an Thron und Altar in einem erbarmungslosen Bürgerkrieg ausbluten.

Der seltsame Name ›Chouan‹ ahmt lautmalend den Ruf des Käuzchens (la chouette) nach. Er diente den aufsässigen Waldmenschen als Signal. Bei Ausbruch der Revolution hatte sich die Mehrzahl der bäuerlichen Bevölkerung auf die Seite der Republikaner gestellt. Auch die Bourgeoisie in den Städ-

ten sympathisierte mit den ›Brüdern‹ vom Land. Viele Aristokraten waren nach England emigriert. Einige kehrten später
zurück und stellten sich an die Spitze der Chouans.

Die Republik brachte den Bauern einige Erleichterung,
verbesserte ihre ärmliche wirtschaftliche Lage jedoch kaum.
Es waren vor allem zwei Gründe, die 1793 zum offenen Auf-
ruhr der Enttäuschten führten. Einer betraf den Klerus, der
andere die Armee. Die frommen bretonischen Bauern und
ihre noch frommeren Frauen duldeten jene Priester nicht, die
den Eid auf die neue republikanische Verfassung geleistet
hatten. Im Gegenschlag gingen die ›Blauen‹ mit wachsendem
Vandalismus gegen Kirchen und kirchliche Einrichtungen
vor. Bei der Besichtigung von Kirchen und Kapellen stößt der
Besucher immer wieder auf den Vermerk: »In der Revolution
zerstört«. Den Ausschlag gab dann der Befehl des Konvents
vom 24. Februar 1793, dreihunderttausend Mann für die ge-
schrumpfte Armee zu rekrutieren. Vertreter der Verwaltung
und Gerichte waren ausgenommen.

Das empörte die bäuerliche Bevölkerung aufs tiefste. Mit
Ausnahme des Westens brach der Aufstand auf der ganzen
Halbinsel los. Ungeordnet übersprang er weite Strecken, um
irgendwo aufzulodern. Vitré und Fougères wurden im März
1793 von den Chouans genommen, die das rote Herz Christi
auf dem Wams aufgenäht trugen. Schrecken stand gegen
Schrecken, der weiße Terror der Chouans gegen den republikanischen. Auf alten Illustrationen sieht man, wie der unver-
eidigte Priester die Insurgenten segnet. Meist spielt sich die
Szene im Freien vor einem Steinkreuz ab, wie es sie überall in
der Bretagne gibt. Frauen mit weißen Hauben knien andächtig. Der Chouan mit dem seitlich aufgeklappten Hut, den
Pluderhosen der Bauern, dem Christus-Symbol auf dem
Wams und dem Rosenkranz, stützt sich auf seine Flinte. Diesen finsteren, todesmutigen Gestalten kam im Buschkrieg
ihre Ortskenntnis zugute. Es gab im Wald Höhlen, unterirdische Gänge und alte Steingräber als Unterschlupf.

Die sogenannte erste Chouannerie legte sich im Frühjahr
1795, ohne jedoch ganz zu erlöschen. Sie flackerte vor allem
im Gebiet um Rennes und die Grenzfestungen immer wieder

auf. Die zweite Chouannerie erledigte sich 1796 durch den Sieg des republikanischen Generals Hoche bei Quiberon. Wir werden an anderer Stelle darauf zu sprechen kommen.

Victor Hugo läßt in seinem Roman ›1793‹ den Marquis de Lantenac, einen emigrierten bretonischen Fürsten, heimlich an der Bucht von Saint-Michel landen. Er übernimmt die Führung der zerstreuten Gruppen im Buschkrieg gegen die ›Blauen‹. Die Gegend um Fougères als Schauplatz war damals noch dicht bewaldet. Nach hochdramatischem Hin und Her mit scharf akzentuierten Gestalten auf beiden Seiten endet die Handlung im Wald von Fougères. Dort wird das Schloß des Marquis gestürmt, er entkommt jedoch, gleichsam als ewiges Urbild des Widerstands.

In Balzacs Roman ›Le dernier Chouan‹ von 1828, den er später überarbeitete, begibt sich Marie de Verneuil nach Fougères, das in der Hand der ›Blauen‹ ist. Sie hat von der Regierung in Paris den Auftrag, den Marquis de Montauran in sich verliebt zu machen und dann auszuliefern. Der nach England emigrierte Marquis ist nach Frankreich zurückgekehrt und hat sich an die Spitze der Chouans gestellt. Zwischen ihm und Marie entbrennt Liebe. Nach endlosem Intrigenspiel und blutigen Scharmützeln zwischen den ›Blauen‹ und den Chouans finden die Liebenden endlich zueinander. Der Marquis gerät jedoch in eine Falle, die Marie ihm unwissentlich gestellt hatte, und wird am Morgen nach der Hochzeit erschossen. Auch Marie stirbt.

Balzac hat die komplizierte Handlung mit großer Akribie in den historischen Rahmen gestellt und lokalisiert. Er schildert Fougères und die Umgegend so genau, daß man einen Plan danach zeichnen könnte. Auch die bretonischen Bauern werden in ihrer Erscheinung, in ihrer Brutalität und unerhörten Tapferkeit anschaulich beschrieben. Nur so viel Vergleichendes sei gesagt, daß Balzac die historischen Tatsachen genau festhält, während Hugo nicht nur sie, sondern auch seine Gestalten dämonisiert. Durch Pathos und Übertreibung vermittelt er dem Leser die Ideen, die die Aufständischen beseelten, während Balzac spannende Episoden liefert, aber eher an der Oberfläche bleibt.

Der Norden

Dol-de-Bretagne, der erste Bistumssitz

DAS DÉPARTEMENT Ille-et-Vilaine, nach zwei Flüssen benannt, wird im nördlichen Teil von den meisten Touristen mit dem Ziel Saint-Malo eilig durchfahren. Es scheint wenig Interessantes zu bieten. Die Landschaft zeigt in der Tat ein Bild, das sich von dem anderer bretonischer Regionen unterscheidet. Es gibt keine Flußtäler zwischen Laubwald und kaum durch Hecken gegliedertes Ackerland. Endlos erstrecken sich Grasflächen mit schwarz-weiß gefleckten Kühen darauf. Vor weiten Horizonten zeichnen sich Reihen von Bäumen ab, Pappeln und Weiden vor allem. Je mehr man sich der Küste des Ärmelkanals nähert, desto karger wird die Vegetation.

Aus dem Flachland erhebt sich eine weithin sichtbare Anhöhe mit den düsteren Massen einer Kathedrale als Wahrzeichen. Es ist der ehemalige Bischofssitz Dol-de-Bretagne. In der Altstadt gibt es sehenswerte Profanbauten, sogar aus der romanischen Epoche. An der Hauptstraße, *Grande Rue des Stuarts*, häufen sie sich und sind vielfach mit Namen und Entstehungsdaten versehen. Den Besucher überrascht es immer wieder, wieviel Leben in solchen alten Quartieren herrscht. Auch Häuser, die man bei uns zum Abbruch bestimmt oder allenfalls einer gründlichen Modernisierung unterworfen hätte, sind hier selbstverständlich im Gebrauch geblieben, nur zu anderem Zweck als vor Hunderten von Jahren. So findet man modernste Artikel jeder Art unter gotischen oder noch älteren Gewölben angeboten.

Die Kathedrale Saint-Samson

Aber man wird Dol kaum wegen der alten Häuser oder der Promenade des Douves, einer Baumallee auf den alten Wällen, aufsuchen, sondern wegen der *Kathedrale Saint-Samson*. Der

DER HEILIGE SAMSON

heilige Samson, dem das freistehende Bauwerk geweiht ist, gehört zu den sieben heiligen Gründern der Bretagne. Wie die meisten Missionare war er aus Britannien gekommen. Etwa im Jahr 500 n. Chr. gründete er eine Abtei auf dem Höhenrücken. Angeblich hatte ihm ein großer Herr aus der Gegend das Gelände geschenkt, und zwar aus Dankbarkeit. Samson hatte nämlich dessen Frau von Lepra geheilt und der Tochter den Teufel ausgetrieben.

Als Bischof von Dol kümmerte sich Samson nicht nur um kirchliche Angelegenheiten, sondern auch um die Händel dieser Welt. So setzte er sich für Judual ein, den Sohn eines Unholds aus der inneren Bretagne. Dieser Judual hatte sich vor seinem Vater zum Frankenkönig Childebert geflüchtet. Von dessen Hof wollte Samson ihn zurückholen und begab sich also dorthin. Aber da griff ein böses Weib ein. Die Frankenkönigin Ultrogoth hatte sich in den schmucken Judual verliebt und wollte ihn nicht ziehen lassen. Um Samson zu töten, reichte sie ihm einen Becher mit vergiftetem Wein, hetzte ein wildes Pferd und schließlich einen hungrigen Löwen auf ihn. Aber es war bestimmt in Gottes Rat, daß der Becher zerbrach, das Pferd sich beruhigte und der Löwe tot umfiel. Die böse Königin starb an einem Blutsturz.

Doch das alles bleibt im Dunkel des Legendären. Das Licht der Geschichte fällt dagegen auf Nominoë, den ersten Herzog der Bretagne. Über seine Auseinandersetzung mit den Karolingern berichteten wir kurz in der Einführung. Gegen den Widerstand des Papstes beanspruchte dieser eigenmächtige Herrscher die geistliche Oberhoheit des Bistums Dol über die ganze Bretagne. Es war gleichzeitig eine Herausforderung an die Karolinger, denn in ihrem Reich war Tours die kirchliche Metropole, der alles unterstand. Auch später, als dieser Konflikt nicht mehr bestand, blieb Dol ein wichtiger Bischofssitz, wenn auch nur in beschränktem Umkreis. Während der Revolution wurde er aufgehoben und auch durch das napoleonische Konkordat von 1801 nicht erneuert.

Die Fassade der Kathedrale Saint-Samson ist so massig und düster, als handele es sich um den Zugang zu einer Festung. Der plumpe linke Turm blieb unvollendet, dem rechten ist im 17. Jahrhundert ein schlanker Glockenturm mit Laterne angegliedert worden. Hinter den Türmen erstreckt sich ein ungewöhnlich langes Schiff von über hundert Metern. Der monotone Ablauf der Südfassade wird durch eine eigenartige gotische Vorhalle mit rechteckigem Grundriß aufgelockert. Dieser Grand Porche am südlichen Ende des Querschiffs hat ein Flachdach mit umlaufender Balustrade. Die im unteren Teil zugemauerten Seitenwände besitzen oberhalb schön gearbeitetes Maßwerk. Diese Vorhalle stammt aus dem 14. Jahrhundert; der kleine, zierliche Petit Porche aus dem 13. und 15. Jahrhundert, ebenfalls an der Südseite, öffnet sich mit zwei Arkaden. Insgesamt stammt die gotische Kathedrale aus dem 13. Jahrhundert mit Erweiterungen bis zum 16. Jahrhundert. Sie wird laufend restauriert und ist daher nicht stets in allen Teilen zugänglich.

Der Innenraum ist majestätisch. Durch das hohe, steile Schiff in reiner Gotik wird der Blick sofort zum riesigen, neuneinhalb Meter hohen Chorfenster gezogen. Dieses mehrfach restaurierte Fenster vom Ende des 13. Jahrhunderts enthält in acht vertikalen Reihen je sechs Medaillons mit figürlichen Darstellungen aus dem Alten und Neuen Testament und der Geschichte der Heiligen. Die winzigen Szenen sind kaum zu erkennen, aber das Farbenspiel in überwiegend rötlichen und bläulichen Tönen ist märchenhaft. Die Medaillons von Dol gelten als das älteste Beispiel kirchlicher Glasmalerei in der Bretagne. Es entging der Vernichtung durch die Französische Revolution, der viele Kirchenfenster zum Opfer fielen.

In einer Nische des linken Seitenschiffs erschüttert eine ungewöhnliche Darstellung des ›Christus in Banden‹. Die große, fast nackte, schwärzliche Gestalt hockt auf einem Untersatz, die Hände sind mit einem dicken Strick gefesselt. Auf das Haupt drückt die schlangenartige Dornenkrone. Der Heiland blickt seitwärts. Die Lippen sind wie zu einer stummen Klage geöffnet.

›Freilandmuseen‹

Die Kathedrale des heiligen Samson beherrscht mit ihrer Silhouette die sich nach Norden ausdehnende Ebene bis zur Küste. Es ist ein Sumpfgebiet, ›le Marais de Dol‹. Hier soll sich der legendäre Wald von Scissy ausgebreitet haben. Samt seiner Weiler versank er während einer Sturmflut 709 n. Chr. Eine neuerliche Springflut kam 881 n. Chr. hinzu. Die Gewässer hatten nach ihrem Rückfluß eine lehmhaltige Erdschicht von etwa 3,30 Metern Dicke hinterlassen. Forschungen ergaben, daß das Meer etwa vierhundert Jahre lang die Ebene zugedeckt hat. Vom 12. Jahrhundert ab wurde dann die sumpfige Erde, ›le marais‹, unter mönchischer Anleitung trockengelegt und landwirtschaftlich genutzt. Der Schlamm erwies sich als fruchtbar. Heute gedeihen auf einem Gebiet von 15000 Hektar Getreidesorten und Gemüse. Auf der Strecke nach Saint-Malo oder zum Mont-Saint-Michel lohnt es sich für den Besucher, am Rand dieses Gebiets einen Abstecher zum Champ Dolent und zum Mont Dol zu machen.

Auf dem *Champ Dolent* erhebt sich der schönste Menhir der Bretagne. Man erreicht den Platz auf Feldwegen, kurz vor der steilen Auffahrt zum Mont Dol. Der Menhir ist mit seinen 9,30 Metern nicht der höchste, aber der edelste dieser vorgeschichtlichen Steinmale, von denen wir schon in der Einführung sprachen. Er erhebt sich auf locker eingezäuntem Grasland. Man hat hölzerne Tische und Bänke für Rast und Picknick seitwärts aufgestellt. Nebenan rattern Traktoren auf bestellten Feldern. Diese schlichte, ländliche Umgebung macht den Menhir nur noch merkwürdiger. Der grau-grünliche Ton des Steins wird durch weiße Rillen belebt. In seiner schlanken Verjüngung ist dieser Koloß ein vollkommenes Gebilde.

Man glaubt, den Namen Champ Dolent erklären zu können, indem man ihn auf das Lateinische zurückführt. Auf dem ›Campus doloris‹, dem Feld der Schmerzen, soll eine Schlacht zwischen zwei Brüdern und ihrem Gefolge stattgefunden haben. Sie war so grimmig, daß sich ein Strom von Blut talwärts ergoß. Da hatte der Himmel ein Einsehen und ließ einen riesigen Brocken herunterfallen, der die Kämpfer trennte. So erklärt sich der Ursprung des Menhirs an dieser Stelle. Eine andere Legende berichtet, daß er in jedem Jahrhundert um eine Daumenbreite tiefer in die Erde versinkt. Wenn er ganz versunken ist, steht das Ende der Welt bevor.

Der *Mont Dol* ist nur 65 Meter hoch, wirkt aber durch den steilen Abfall und die Lage im Flachland höher. Er besteht aus angeschwemmten Schichten von Granit und Schiefer. 1872 entdeckte man an einem Hang im Südosten eine vorgeschichtliche Ablagerung von Knochen. Sie stammen von Tieren wie dem Mammut, dem Rhinozeros und anderen Geschöpfen der Altsteinzeit. Der Hügel ist reich an Geschichte. Er soll eine heilige Stätte der Druiden gewesen sein. Zur gallo-römischen Zeit verehrte man hier die Jagdgöttin Diana. Später barg sich der Missionar Saint-Magloire als Eremit zwischen Buschwerk und unter Bäumen. Seine Reliquien werden neben denen des Saint-Samson in der Kathedrale von Dol aufbewahrt.

Aus mittelalterlicher Zeit stammen Reste von Wehranlagen. Das grasige Plateau ist teilweise mit mächtigen, alten Edelkastanien und Zedern bedeckt. Auf einem Buckel im Osten erhebt sich die kleine Kapelle Notre-Dame-de-l'Espérance im Gedenken an die Soldaten und Matrosen des Ersten Weltkriegs. Ein Telegraphenturm, nahe der Kapelle, wurde 1802 errichtet.

Der Buckel, mit Resten von Steinbrocken, soll Schauplatz eines denkwürdigen Ringkampfs zwischen dem heiligen Michael und dem Teufel gewesen sein. Mit einiger Mühe kann man noch jetzt Abdrücke im Stein entdecken, die der Fuß des heiligen Michael hinterlassen hat. Unter Michaels Griff war der Höllenfürst so heftig zu Boden gestürzt, daß man noch heute sieht, wo er sich ankrallte und wo er mit dem Hinterteil auf die Klippe stieß. Um den Widersacher endgültig zu erledigen, grub der heilige Michael mit seinem Schwert ein Loch in den Fels und versenkte ihn darin. Wie der Teufel dennoch auf den etwa dreißig Kilometer entfernten Mont-Saint-Michel gelangen konnte, bleibt unerklärlich. Jedenfalls brauchte Michael, um ihm zu folgen, soviel

MONT DOL

Schwungkraft beim Abheben, daß seine Fußspur unvergäng-
lich blieb.

Der Blick vom Plateau in Richtung Küste umfaßt eine
nutzbar gemachte Polderlandschaft. Zusätzlich zu der einstigen Entwässerung des Sumpflands hat man in jüngerer Zeit
dem Meer durch Deiche und Gräben noch viel Neuland ab-
gewonnen. Diese Polder erstrecken sich um einen großen Teil
der Bucht von Saint-Michel. Als Victor Hugo in seinem
Roman ›1793‹ hier den Marquis de Lantenac landen ließ und
die Umgebung genau beschrieb, lag der Landungsplatz weiter
im Binnenland. Das ist fast zweihundert Jahre her. Man wird
an Holland erinnert, wenn man an dieser Stelle die geduldige
Arbeit des Menschen im Kampf mit dem Meer bedenkt.

Geamtkunstwerk Mont-Saint-Michel

DIE ERWÄHNTE NATURKATASTROPHE vom Anfang des 8. Jahrhunderts, die zunächst riesige Wälder ertränkt und dann, bei rückflutendem Wasser, das Sumpfland zwischen Dol und der Küste hinterlassen hatte, bewirkte noch eine andere Verwandlung. Eine pyramidenförmige Festlandsklippe wurde zur Insel, dem Mont-Saint-Michel. Bei Flut ist er vom Meer umspült, bei Ebbe spiegeln Priele zwischen Flächen feinen, grauen Sandes den Himmel. In alter Zeit zogen barfüßige Pilger eilig vom Festland aus über den tückischen Treibsand, um das Heiligtum des Erzengels Michael auf der Spitze des Hügels zu erreichen. Wie der Mont Dol war der 78 Meter hohe Mont-Saint-Michel schon in heidnischer Zeit eine Kultstätte gewesen. Vielleicht ist die Legende vom Kampf Satans mit dem Erzengel auf dem Gipfel des Mont Dol entstanden, um die Ablösung keltischer und römischer Gottheiten durch den christlichen Drachentöter zu versinnbildlichen.

Der Mont-Saint-Michel gehört nicht zur Bretagne, sondern zur Normandie. Der Fluß Couesnon bildet die Grenze. Wer im Wagen von Rennes kommt, erblickt am Straßenrand ein Schild mit Wappen und dem Vermerk ›Hier beginnt die Normandie‹. Aber was hat diese geographisch festgelegte Trennung schon zu besagen, wenn es sich um ein mittelalterliches Heiligtum handelt, dem sich die ganze europäische Christenheit in Liebe und Verehrung zuwandte?

Im Kreuzfeuer der Geschichte

Michael, der Fürst der Himmlischen Heerscharen, war den Gläubigen zuerst 491 auf dem Monte Gargano in Süditalien erschienen. Der Überlieferung zufolge suchte er etwa zweihundert Jahre später dreimal den Bischof Aubert von Avran-

GOTTESBURG

85

ches heim und befahl ihm, eine Stätte der Anbetung auf dem Felsgipfel zu errichten. Aubert gehorchte, ließ eine Stiftskirche bauen, siedelte dort zwölf Chorherren an und stattete sie mit Einkünften aus den Weilern des Festlandes aus. Er starb 725 und wurde auf der Insel beigesetzt. Aubert wird als Gründer verehrt, aber zum eigentlichen Schöpfer der berühmtesten Abtei des Nordens wurde viel später ein Laie, nämlich Richard I., Herzog der Normandie. 966 ersetzte er die Chorherren durch Mönche, die der Regel der Benediktiner gehorchten.

Die Geschichte des Mont-Saint-Michel kompliziert sich durch die Tatsache, daß die Könige von England, in der Verfolgung ihrer Erbansprüche auf französischem Boden, den strategisch wichtigen Fels für sich beanspruchten und auch bis zur Mitte des 13. Jahrhunderts hielten. Nach vergeblicher Belagerung des inzwischen stark befestigten Platzes durch die Franzosen kam das Kloster mitsamt dem Fischerstädtchen zu seinen Füßen 1259 jedoch endgültig in den Besitz der französischen Könige. Die schätzten dieses Kleinod hoch und besuchten es bald als fromme Pilger, bald in der Rolle des noblen Gönners. Unter der Leitung bedeutender Äbte entwickelte sich ein geistlich hervorragendes Gemeinwesen, das seine Verknüpfung mit den Großen der Welt prunkvoll zu repräsentieren verstand. Die Baugeschichte der Abtei zeugt davon.

Im Hundertjährigen Krieg um den Erbanspruch jenseits des Ärmelkanals wurde der Klosterberg wieder von den Engländern heftig begehrt. Die Verteidiger verstärkten daraufhin die Befestigungsanlagen am Sockel sowie unterhalb der Abtei. Dieser Maßnahme verdankt der Mont-Saint-Michel viel von seinem romantischen Doppelgesicht einer Gottesburg. Die Äbte wurden nun Festungskommandanten, zur geistlichen Zucht gesellte sich wohl oder übel die soldatische Disziplin einer Garnison. Bis 1420 bot der Berg indes so viel Sicherheit, daß der bretonische Connétable Du Guesclin seine Frau Tiphaine von 1365 bis 1374 in die Obhut des Klosters gab.

Die Lage spitzte sich in jenem Zeitraum zu, als sich die kindliche Jeanne d'Arc von den himmlischen Stimmen zur Befreiung des besetzten Nordfrankreich aufgerufen fühlte.

Robert Jolivet, seit 1410 Abt auf dem Mont-Saint-Michel, hatte sich den Engländern unterworfen, wurde also abtrünnig und unterstützte sogar einen allerdings vergeblichen Angriff des Feindes auf seine Abtei. Bei einem zweiten Versuch wurden die englischen Schiffe in der Bucht durch eine bretonische Flotille aus Saint-Malo zur Umkehr gezwungen. 1434 gelangte der Feind bei einem dritten Angriff bis unter die Mauern der Abtei, mußte dann aber aufgeben. Danach wurde kein Versuch mehr unternommen. Der Verräter Robert Jolivet hatte sich nach Rouen abgesetzt, das in der Hand der Engländer war. Dort nahm er am Prozeß gegen Jeanne d'Arc als einer der Richter teil.

Die Benediktiner vom Mont-Saint-Michel waren dem französischen Königshaus treu geblieben, aber der lange Belagerungszustand hatte den geistlichen Impuls aus der Blütezeit mittelalterlichen Klosterlebens geschwächt. Die Zucht ließ nach, die Zahl der Pilger verringerte sich. Im 17. Jahrhundert war die Verweltlichung der Mönche soweit gediehen, daß ein Regime strengerer Observanz eingeführt wurde. Die Revolution bereitete schließlich dem klösterlichen Leben ein Ende, der Mont-Saint-Michel wurde zum Gefängnis. So blieb es bis 1863. Danach setzten umfangreiche Restaurierungsarbeiten an und in den heruntergekommenen Bauwerken ein. Die Abtei und die Befestigungsanlagen wurden 1874 zu ›Monuments historiques‹ erklärt.

Die Klosterburg im Auf- und Grundriß

Seit der Zeit ist der Mont-Saint-Michel auch durch einen langen Damm mit dem Festland verbunden. Riesige Parkplätze erstrecken sich heute bis an den Fuß des Felskegels. Etwa von April bis Oktober sind sie so überfüllt, daß man sie zeitweise sperren muß. In der einzigen engen und steilen Zugangsstraße zur Abtei drängen sich die Besucher. Es gibt keine Möglichkeit auszuweichen. Die Grande-Rue, die sich bogenförmig dem Bergsockel anschmiegt, wird zu beiden Seiten von Andenkenläden und Restaurants gesäumt. Bei der Besichtigung des Klosters verschiebt sich unablässig die

MITTELALTERLICHE BAUKUNST 87

Menschenmenge. Unter solchen Umständen fragt sich der Kunstfreund, ob er der Desillusion standhalten oder verzichten soll.

Leider trifft eine Entwertung dieser Art für viele Stätten zu, die Zeugen des sublimen gestalterischen Ausdrucks europäischen Geistes im Laufe der Geschichte sind. Ein Schloß an der Loire kann das aber vielleicht noch eher vertragen als ein Kloster. Man sollte jedoch auf jeden Fall die Silhouette des Mont-Saint-Michel auf sich wirken lassen, sei es bei der Anreise zur Bretagne oder bei der Rückkehr. Sie ist immer wieder und nicht zu Unrecht überschwenglich gepriesen worden. Der schwer zu beschreibende Zauber liegt im Zusammenwirken von Himmel, Meer, Fels und Architektur. Zu jeder Tageszeit, und manchmal von Stunde zu Stunde, wechselt die Stimmung. Am märchenhaftesten ist der Mont-Saint-Michel, wenn sich das aufgipfelnde Gebilde aus zartem Nebel löst.

Baulich verkörpert die Abtei ein Gesamtkunstwerk, das sich von unten nach oben entfaltet. Was mittelalterliche Ingenieurkunst hier geleistet hat, ist unfaßbar. Allerdings waren die Baumeister nicht immer den Problemen der Statik gewachsen. Das zeigte sich vor allem beim Kirchenbau auf dem höchsten Felsabsatz, der keinen planen Untergrund bot. 1103 stürzte die Nordseite der Kirche ein, 1421 der Chor. An die Erneuerung mußte man vom tiefen Fels her gehen.

Die vertikale Staffelung der ganzen Anlage bringt es mit sich, daß der Besucher zur genauen Orientierung auf ausgestellte Modelle und Grundrißzeichnungen angewiesen ist. Dennoch bleibt es schwierig, sich von der Zuordnung der einzelnen Komplexe zueinander ein Bild zu machen. Hier soll versucht werden, wenigstens die bedeutendsten Räume innerhalb der verwirrenden Vielfalt einer in ›Stockwerken‹ gegliederten Abtei darzustellen.

In der *Krypta der dicken Pfeiler* zeigt es sich, daß eine rein technische Konstruktion in ihrer Klarheit und Kraft höchst eindrucksvoll sein kann. Nach dem Einsturz des Kirchenchors machte man sich im Jahre 1446 daran, dem künftigen Chor neue und stärkere Stützen zu geben. Um das Gewicht des Chors aufzufangen, stemmen sich in der Krypta zehn Pfeiler empor, jeder von fünf Metern Umfang. Junge Leute unter den Besuchern umkreisen gern diese Pfeiler mit fünf großen Schritten und stellen dann befriedigt fest, daß der angegebene Umfang stimmt. Die schmucklosen runden Stützen aus rötlichem Granit imponieren allein durch ihre Masse. Die rein zweckmäßige Anordnung in einer Rotunde wirkt darüber hinaus feierlich.

Unter den riesigen, jetzt kahlen Sälen war der *Saal der Gäste* für erlauchte Besucher bestimmt. Er entstand am Anfang des 13. Jahrhunderts und zeichnet sich durch seine schlanken, eleganten Säulen aus, die den Saal in der Mitte unterteilen. Ihre nervigen, grünlichen Rippen gliedern das Gewölbe. Der Raum empfängt eine Lichtfülle durch schmale, hohe Fenster. Hier tafelten geehrte Gäste in Gesellschaft des Abtes. Die Mahlzeiten wurden in den beiden großen Kaminen zubereitet. Hinter Tapisserien am Ende der Halle verbargen sich diskret die Latrinen.

Der angrenzende Saal mit unregelmäßigem Grundriß und Gurtgewölbe mit Kreuzrippen verdankt seinen Namen als *Saal der Ritter* einer Zeremonie. Hier soll Ludwig XI. den Ritterorden des heiligen Michael gegründet haben. Der Raum diente dann allerdings anderen Zwecken. Zwischen der Doppelreihe wuchtiger Säulen mit schmuckvollen Kapitellen standen die Arbeitstische der Mönche. Hier saßen die Kopisten von Manuskripten und die Buchmaler, die die Handschriften verzierten, sowie verschiedene andere Kunsthandwerker. Steinerne Kamine sorgten für die nötige Wärme im sogenannten Scriptorium. Tapisserien unterteilten den jetzt schmucklosen Raum in kleine Arbeitszellen.

Der Saal der Gäste wie der Saal der Ritter gehören zu jenem Trakt, der ›la Merveille‹ genannt wird. Mit einem Wunder hat man es hier tatsächlich zu tun, denn nirgends tritt beim Gesamtkunstwerk des Mont-Saint-Michel die kühne, himmelstrebende Konstruktion so überwältigend zutage wie in diesem Teil. Zu ›la Merveille‹ gehört im unteren Stockwerk ›l'Aumônerie‹, der Almosensaal, wo unbemittelte Pilger schliefen und sich aufhielten. Oberhalb von Rittersaal und Scriptorium findet dieser Block in der hohen Zeit der Gotik

EINMALIGES REFEKTORIUM

mit dem Kirchenchor, dem Refektorium und dem Kreuzgang seine Vollendung.

Das *Refektorium* auf dem obersten Niveau wird von vielen Besuchern als der schönste Raum der ganzen Abtei betrachtet, auf jeden Fall ist er in seiner Eigenart unvergleichlich. Das Gewicht des Tonnengewölbes aus braunen Holzschindeln ruht einzig auf den flankierenden Mauern der riesigen Halle. Die nördliche Mauer blieb massiv erhalten, ist sogar von Zinnen gekrönt, denn ›la Merveille‹ gehört zum Festungsgürtel der Insel. Im Innern ist diese Mauer durch Blendarkaden mit Säulen gegliedert. Der schlichte, unendlich würdige Raum erfährt seine Verzauberung durch den Lichteinfall. Zwei Fenster an der Schmalseite des Refektoriums genügten nicht zur Erhellung. Die Baumeister gliederten die ganze südliche Mauer durch sechsundfünfzig schmale, tief in die Wand eingelassene Fensterschlitze. Jeder wird von zwei schlanken Säulen mit zierlichen Kapitellen gerahmt, die den Blendarkaden gegenüber entsprechen. Da die Schlitze eng gereiht sind, erfaßt der Beschauer zunächst gar nicht den Ursprung der Lichtstreifen, die über den Fußboden spielen und Tische und Bänke mit hellen Flecken übersäen. Hier lauschten die speisenden Mönche den frommen Texten des Vorlesers, dessen erhöhter Sitz in die Mauer eingelassen ist.

Das Refektorium darf nicht betreten werden. Um einen Blick in die Halle zu tun, stauen sich die Besucher im Kreuzgang. ›Le cloître‹ umfaßt den Kreuzgang mit dem Garten, der für die Mönche eine Stätte der Erholung, auch der Besinnung und Meditation war. Dieser zwischen Himmel, Erde und Meer aufgehängte *Klostergarten* entzückt durch seine Anmut. Der 1228 vollendete Umgang um das mit Büschen und Blumen sparsam bepflanzte Rasenviereck wird von einem tief heruntergezogenen, mit Schiefern belegten Dach geschützt. Dünne Säulen als Träger von Spitzbogen sind so angeordnet, daß in doppelter Reihe je vier Säulen eine fünfte rahmen. Das ergibt ein lockeres und dabei doch durch einen festen Rhythmus bestimmtes Bild. Die Zwickel zwischen den Spitzbogen und ein darüber verlaufender Fries sind mit stilisiertem Blattwerk geschmückt. Einige winzige eingefügte Figuren verraten die künstlerische Spielfreude der Steinmetzen, die der Abtei sonst ganz fremd ist.

Auf den Grundrißzeichnungen der verschiedenen Ebenen des Mont-Saint-Michel erscheint der mit ›rocher‹ bezeichnete, unbebaute Kern des Felsens auf dem unteren Niveau umfangreich, auf dem mittleren bereits durch umgebende Bauten verengt, auf dem obersten Niveau ist er verschwunden. Ihn überdeckt die *Abteikirche*. Selbst dem ungeübten Blick fällt das Mißverhältnis zwischen Schiff mit Querschiff und Apsis auf. Dem Schiff fehlen drei Joche, es ist also der Apsis gegenüber verkürzt. Da die Joche baufällig geworden waren, brach man sie in der zweiten Hälfte des 18. Jahrhunderts ab. 1780 setzte man dem amputierten Schiff ein nüchternes, klassisches Eingangsportal vor.

Der erhaltene Teil der romanischen Kirche aus dem 11. und 12. Jahrhundert wirkt majestätisch durch Höhe, strenge Gliederung der Massen und den nackten, rötlichen Stein. Rundbogenarkaden spannen sich zwischen Pfeilern. An den Seitenschiffen zieht sich oberhalb dieser Arkaden ein Laufgang hin, der sozusagen das Thema der Arkaden reizvoll variiert. Die Mauerfläche oberhalb der Rundbogen ist in jedem Joch geteilt. Zwei kleine Bogen über Nischen füllen sie aus. Jede Nische wiederum ist durch eine kurze, dicke Säule unterteilt. In der Zone darüber erfährt das Zusammenspiel von Bogen und Pfeilern durch schmale, hohe und tief in die Wand eingelassene Fenster noch einmal eine letzte Straffung. Das Schiff wird insgesamt von einer erneuerten Holzdecke überwölbt.

Nach dem Einsturz des romanischen Chors, den wir schon erwähnten, und nach der nötigen Fundamentierung durch die ›dicken Pfeiler‹ in der unterirdischen Krypta entstand an der Wende vom 15. zum 16. Jahrhundert der neue Chor. Er wird als Meisterwerk der Spätgotik gerühmt. Mit den sieben schlanken Spitzbogen der Apsis samt Kapellenkranz, mit dem kostbaren Schmuck des Triforiums aus steinerner Spitze und mit dem Halbkreis der bis unter das Gewölbe reichenden Fenster ist dieser Chor fast zu elegant für die Wucht des Langschiffs.

Man betritt die Kirche durch einen Seiteneingang; das Portal von 1780 ist in der Regel geschlossen. Es mündet auf eine weite Terrasse, die ehemals von den abgebrochenen Jochen des Langschiffs fast ganz ausgefüllt war. Der so entstandene Balkon bietet dem Besucher einen überwältigenden Blick auf die Bucht mit der kleinen Insel Tombelaine im Norden und auch auf den steilen, nördlichen Abfall des Mont-

Saint-Michel, der mehr oder minder im kargen Urzustand belassen ist. Noch ist die Restaurierung und Erhaltung der Gottesburg nicht abgeschlossen, Baugerüste bezeugen es. Auch kann man nur einen Teil der Gesamtanlage besichtigen. Unter den kirchlichen Kunstdenkmalen, an denen Frankreich überreich ist, bleibt das meerumspülte Sanktuarium des heiligen Michael unvergleichlich.

Schwalbennest Dinan

WER AUS DER TIEFEBENE von Dol oder aus dem Flachland von Rennes kommt und Dinan umfährt, dem bietet sich ein pittoreskes Bild oberhalb einer Flußschleife. Zunächst überquert er die Rance auf einem vierzig Meter hohen Viadukt, Baujahr 1852. Unter ihm liegt eine tiefe, in üppiges Grün gebettete Schlucht zwischen Steilhängen. Oberhalb zeichnet sich der alte Stadtkern mit Türmen und Wehranlagen ab. Victor Hugo verglich darum Dinan mit einem Schwalbennest. Die Stadt ›sickerte‹ dann gleichsam mit ihrer Vorstadt ins Tal hinab, wo der Flußhafen immer lebhafteren Umschlag gewann.

Schon ist man auf der anderen Seite des Viadukts und fährt längs einer Festungsmauer aufwärts. Auf dem höchsten Punkt der Steigung liegt ein ovaler, imponierender Wehrturm neben einem kleineren. Beide bilden das Château. Die weitere Strecke verläuft eben. Das umgekehrte Erlebnis hat der Besucher, der seine Wanderung oben in der Altstadt beginnt und sich im Gewirr der schmalen Gassen in die zum Fluß abfallende *Rue du Jerzual* locken läßt.

Eine Tafel macht ihn darauf aufmerksam, daß es sich um eine Zone des ›artisanat‹ handelt, des Handwerks von ehemals, des Kunsthandwerks von heute. Auf halber Höhe durchschreitet er den schmalen Durchgang der düsteren *Porte du Jerzual* und fädelt sich in die gewundene *Rue du Petit-Fort* ein. Sie ist so steil, daß man die Sohlen kräftig auf das Kopfsteinpflaster aufsetzen muß, zumal nach einem Regenguß. Die Straße mündet auf den Quai am Fluß. Nun sieht man den Viadukt hoch über sich.

Unvorstellbar, daß auf dieser Strecke einmal dichter Verkehr herrschte! Von Norden, vom Ärmelkanal her, trug die Rance Lastkähne mit Produkten für das Binnenland nach

Dinan. Beladen mit Segeltuch, Leder, bearbeitetem Holz und anderen Erzeugnissen der fleißigen Leute aus dem Quartier du Jerzual und in der Altstadt, machten sich die Kahnschiffer dann wieder auf den Wasserweg, während die Ware bergauf, bergab transportiert wurde.

Jetzt arbeiten Kunsthandwerker in Häusern aus dem 15. und 16. Jahrhundert und verkaufen Webereien, Artikel aus Leder oder Holz und Glaswaren. Daß diese gekurvte Straße in einer Schlucht liegt, erhöht ihren Reiz. Zwischen den Häusern entdeckt man Gärtchen mit Blumen und terrassierte, schmale Grünflächen. Der Flußhafen, in dem nur noch Segelyachten und Motorboote vertäut liegen, ist ein lieblicher Platz, der zu Ausflügen längs der Ufer einlädt.

Unter Laubengängen

In Dinans Altstadt haben sich malerische Bürgerhäuser erhalten. Mit dem steinernen Erdgeschoß, mit Fachwerk, spitzem Giebel und grauem Schieferdach gleichen sie spätmittelalterlichen Wohnbauten in anderen bretonischen Städten. Was sie unterscheidet, ist das Ausmaß an Stützen aus Stein oder Holz. In einem ›Les Porches‹ genannten Viertel kann man unter Laubengängen spazieren. Oben an den Stützen helfen Verstrebungen, die Last der vorkragenden Geschosse zu tragen. An der *Place des Merciers* und der *Place de l'Apport* bestimmt dieser Typ das Straßenbild.

Die Plätze sind lediglich Kreuzungspunkte zwischen verwinkelten Gassen. Manche Häuser oder Stützen sind aus dem Lot geraten, sehr zum Entzücken der fotografierenden Touristen. In den Laubengängen drängen sich die Passanten. Vor der *Maison du Gisant*, in der ehemals ein Bildhauer werkelte, stolpert man fast über eine alte, liegende Steinfigur ohne Kopf, wahrscheinlich ein Ausstellungsstück des auf Grabdenkmäler spezialisierten Werkstattbesitzers.

Dinans Kern ist zum Teil restauriert, aber im großen und ganzen sich selbst überlassen worden und entsprechend verwahrlost. Und das trifft nicht nur auf Dinan zu! Der an gepflegte, mit Blumen geschmückte und sauber gehaltene alte

Viertel gewöhnte Besucher wird nachdenklich. Ist diese Art, das Überkommene zu nutzen, ohne es dauernd aufzufrischen, nicht natürlicher? Allerdings kann sich ein Land wie Frankreich mit seinem riesigen, kostbaren Altbestand an Bauwerken eine teure Restaurierungssucht ohnehin nicht leisten.

Dinan war nicht nur eine Stadt des Handels und Handwerks, sondern auch der Klöster. Das *Cordelier-Kloster* am Platz des gleichen Namens beherbergt jetzt ein Collège. Zur Straße hin öffnet sich ein Portal aus dem 15. Jahrhundert unter einem tief gestaffelten Spitzbogen. Zu ihm steht eine horizontale Galerie zierlicher Nischen in schönem Kontrast.

Ein Wahrzeichen ist die *Tour de l'Horloge*, der Uhrturm an der schmalen Rue de l'Horloge. Er hat die stattliche Höhe von sechzig Metern. Von der Galerie an seiner Spitze aus sieht man Dinan in seinem Mauerkranz unter sich liegen. 1507 hatte Anne de Bretagne eine Uhr für den Turm gestiftet, deren Uhrwerk noch funktionieren soll. An der gleichen Straße stößt man auf das reizende, kleine *Hôtel de Kératry* mit drei Pfeilern, die das Obergeschoß stützen. Allerdings ist hier nicht der ursprüngliche Standort. Das kokette Hôtel wurde 1939 an die Rue de l'Horloge versetzt und ist jetzt Sitz des Amtes für Fremdenverkehr.

Saint-Sauveur und ein berühmtes Kenotaph

Für den Kunstfreund ist die Kirche Saint-Sauveur eine Sehenswürdigkeit. Sie liegt an einem intimen Platz mit Bäumen. Er bietet Gelegenheit, die Fassade und die Südseite aus wechselndem Abstand zu betrachten. Die im unteren Teil romanische, im oberen gotische Fassade wirkt dennoch nicht gestückelt. Über dem Mittelportal löst das hohe Fenster mit Fischblasenmaßwerk unter sanftem Spitzbogen die wuchtige Schwere der romanischen Rundbogen elegant ab.

Die Baugeschichte ist unsicher. Fest steht nur, daß Alain de Dinan 1131 die Kirche der Abtei von Saint-Jacut unterstellt hat. Im 15. Jahrhundert wollte man das romanische Bauwerk modernisieren. Zum Glück fehlte es an Geld, so daß wertvolle, alte Bausubstanz erhalten blieb. Im 17. Jahrhundert

SAINT-SAUVEUR

kamen schließlich der Chor und die Pfeiler für die Vierung hinzu. Das Tympanon mit Christus in der Glorie in der Wölbung über dem Mittelportal stammt aus dem 19. Jahrhundert, ansonsten ist der gesamte Skulpturenschmuck alt, originell, teils restauriert, teils stark abgeschliffen.

In den Nischen der Nebenportale mit tiefen Leibungen und Mittelsäulen stehen kaum noch erkennbare Figuren. Wahrscheinlich handelt es sich um die vier Evangelisten. Über jeder Figur wölbt sich ein kleiner Baldachin. Die Säulen der Portalgewände tragen Kapitelle mit phantastischen Motiven. Die Laster der Zeitgenossen und deren Bestrafung in der Hölle werden an Menschen, Tieren und Monstern dargestellt. Eine Bildersprache des Grauens! Hohen künstlerischen Wert besitzen die großen Skulpturen eines geflügelten Löwen und eines geflügelten Stiers an den Zwickeln über den Rundbogen. Man vermutet, daß diese Symbole der heiligen Markus und Lukas von einem älteren Gebäude stammen und übernommen wurden.

Die regelmäßig gegliederte Südseite von Saint-Sauveur hat Fenster im oberen Teil und vorgeblendete Rundbogen im unteren. Die Linien verlaufen straff und schwungvoll, werden allerdings durch den Vorbau eines gotischen Kapellchens unterbrochen. Der alte Friedhof hinter dem Kirchenchor ist in den ›Jardin anglais‹ umgewandelt worden. Seine Terrasse stützt sich auf die Festungsmauer. Hier steht man am Rand des ›Schwalbennestes‹ und sieht auf den Fluß, die erneuerte gotische Brücke und den 250 Meter langen Viadukt herab.

Der Innenraum der Kirche ist unvollendet geblieben. Ein Seitenschiff fehlt. Die romanische Südmauer hat man schlicht belassen. Hinter dem Hauptaltar sind zwei Kapitelle der Frühzeit aufgestellt. Eins davon schmückt eine stürmische Verkündigungsszene im Relief. Maria im Nonnengewand kniet vor ihrem Pult. Die schwungvolle Gebärde des Engels ist so drohend, daß die Überwältigte sich erschrocken abwendet. Im südlichen Arm des Querschiffs befindet sich ein Kenotaph von 1814, das für die Bretonen von großer historischer Bedeutung ist. Auf seiner aufgerichteten Platte liest man die reproduzierte, frisch vergoldete Inschrift aus dem 14. Jahr-

hundert: »Cy gist le cœur de missire bertrand du gueaqûi ..«
Das Herz des großen Feldherrn Bertrand Du Guesclin ruht
hier. Er war am 14. Juli 1380 bei der Belagerung einer Stadt
in der Auvergne gefallen. Die Inschrift verkündet weiter, sein
Körper sei »mit denen der Könige« in Saint-Denis beigesetzt
worden. Allerdings war von der Leiche durch langwierigen
Transport mit Zersetzungserscheinungen nur noch das Skelett übriggeblieben. Es war damals Sitte, hochgestellten und
berühmten Personen nach ihrem Tod das Herz, den Königen
sogar die Gedärme zu entnehmen und getrennt zu bestatten.
Dadurch sollten mehrere Stätten der Aura des Verstorbenen
teilhaftig werden.

Betrachten wir Bertrand Du Guesclin näher. Er stammte
aus der Umgegend von Dinan. Durch ein Leben voller aben-
teuerlicher Erfolge, indes nicht frei von Rückschlägen, hatte
er sich den Rang eines Connétable, also eines Oberfeldherrn,
errungen. Wir sind ihm schon als Jüngling in Rennes begegnet, als er ungenannt und mit erborgter Ausrüstung siegreich
gegen gestandene Ritter im Turnier antrat. Den ruhelosen
Mann mit der Knollennase und dem trotzig vorgeschobenen
Kinn führten die Feldzüge im Hundertjährigen Krieg gegen
England und dessen Verbündete durch das ganze westliche
Frankreich und bis nach Spanien.

Als die Engländer Dinan belagerten, hatte Du Guesclin als
Verteidiger die Stadt vorläufig halten können. Die Feinde
waren in der Übermacht, aber Du Guesclin gelang es, mit
ihnen zu einem Waffenstillstand zu kommen. Als dieser durch
den Ritter Canterbury verletzt wurde, forderte Du Guesclin
ihn zum Zweikampf heraus. Der fand auf der Place du Champ-
Clos, nahe beim Uhrturm, statt. Canterbury unterlag. Der
englische Schiedsrichter war fair genug, Du Guesclin volle
Genugtuung zu geben. Sein unehrenhafter Landsmann
wurde aus dem englischen Heer ausgeschlossen, die Belagerung aufgegeben.

Du Guesclin heiratete Tiphaine Raguenel, ein Mädchen
aus Dinan. Die Ehe soll glücklich gewesen sein. Obgleich er
durch seine Feldzüge während mehr als zwanzig Jahren
nicht seßhaft werden konnte, muß der Connétable Dinan als

II
Henri Rousseau

Bildnis Pierre Loti, um 1910
Öl auf Leinwand, 61 x 50 cm
Kunsthaus Zürich

Heimat geliebt haben. Er wünschte, dort bestattet zu werden. Seine Gestalt ist umstritten. Held oder Verräter? Er war beides, je nach dem Blickwinkel. Auf seine Rolle im Erbfolgekrieg haben wir schon in der Einführung hingewiesen. Du Guesclin war und blieb der Mann des französischen Königs. Für leidenschaftliche Vertreter einer bretonischen Autonomie gilt der Connétable deshalb noch heute als Verräter.

Promenade am Mauerring

Unterhalb Dinans Mauerring mit gewaltigen Toren führen Promenaden entlang. Als die Wälle ihren militärischen Zweck nicht mehr erfüllten, wurden sie an Privatpersonen verkauft, zum Glück aber nicht als Steinbruch benutzt wie anderswo. Die Besitzer legten in den Gräben Obst- und Gemüsegärten an. Als der Mauerring in den dreißiger Jahren unseres Jahrhunderts zu einem historischen Monument erklärt wurde, sah man sich genötigt, den größten Teil zurückzukaufen und sogar kleine Häuser, die dort entstanden waren, abzureißen.

Die Befestigung gipfelt an der südlichen Ecke im Château, was hier, wie so oft, nicht Schloß, sondern Festung bedeutet. Der *Donjon de la Duchesse Anne*, der erst später diesen Namen erhielt, und die kleinere *Tour de Coëtquen* wurden beide am Ende des 14. Jahrhunderts errichtet. Zweihundert Jahre später fand der Herzog von Mercœur, Gouverneur der Bretagne, es nötig, die Türme gegen Artilleriegeschosse zu sichern und sie miteinander zu verbinden. Später dienten sie als Gefängnis. Die stumpf endende, gewaltige Masse des ovalen Donjon wird durch einen umlaufenden Wehrgang belebt und gegliedert. Dieser Gang stützt sich auf enorme steinerne Konsolen. Der Turm ist ein Musterbeispiel für die immer wieder bestätigte Erfahrung, daß Militärarchitektur ein reines Kunstwerk sein kann. Wer Zeit hat, sollte das Heimatmuseum im Donjon besichtigen, und zwar weniger wegen der ausgestellten Objekte als um der Räume willen. Der Saal der Herzöge und das Speisezimmer der Gouverneure haben kolossale Ausmaße. Allein der Kamin im Saal der Herzöge ist breiter als vier Meter und sieben Meter hoch.

Chateaubriands Schloß Combourg

» DIE WÄLDER VON COMBOURG haben mich zu dem gemacht, was ich bin«, schrieb der Schriftsteller und Staatsmann Chateaubriand rückschauend. Es waren nicht nur die Wälder, sondern ihn formte die ganze Landschaft. Combourg liegt etwa halbwegs zwischen Rennes und Dol-de-Bretagne. Am Ende des 18. Jahrhunderts muß das Land noch wild, unwirtlich und im Herbst und Winter unendlich melancholisch gewesen sein.

Dafür entschädigte der Frühling, jedenfalls in der verklärenden Erinnerung des Dichters. Er berichtet uns, daß der Frühling in der Bretagne drei Wochen früher seinen Einzug hält als in Paris, mit Vogelgezwitscher und einem Teppich von Wildblumen. Bekannte Gewächse des Südens, wie Lorbeer, Myrthe und Feigen, die ihn entzückten, gedeihen auch jetzt noch üppig im milden Seeklima der Gegend.

Für die Franzosen, die von der Tradition her ein besonders inniges Verhältnis zu ihrer klassischen Literatur haben, ist Combourg ein Wallfahrtsort. Dem deutschen Touristen sagt der Name François René de Chateaubriand (1768-1848) im allgemeinen wenig. Es gibt so viele alte Schlösser in der Bretagne, warum sich also für Combourg interessieren? Man muß zugeben, daß das imposante, aber in keiner Hinsicht hervorragende Schloß nur durch die Erinnerung an den Dichter attraktiv wird. Sein umfangreiches, ehemals hochberühmtes Werk ist weitgehend in Vergessenheit geraten, aber die Kindheitserinnerungen sind durch ihre Anschaulichkeit, Frische und unterschwellige Poesie lesenswert geblieben. Sie erschienen 1849 bis 1850 innerhalb der ›Mémoires d'outre-tombe‹ und sogleich in der deutschen Übersetzung als ›Denkwürdigkeiten von jenseits des Grabes‹.

Über Combourg, einem netten Städtchen, wuchtet das Schloß. Hinter dem Eingang entfaltet sich der Park mit ausladenden alten Bäumen und großen Grasflächen, die nicht nur als Rasen dienen. Auf der Wiese vor dem Schloß weiden Kühe. In der Jugend des Dichters war der Landbesitz der Familie noch größer und wurde in jeder Hinsicht landwirtschaftlich genutzt. Combourg ist über die weibliche Linie dem Geschlecht der Chateaubriand verblieben. Das Schloß war jedoch nicht der Stammsitz, sondern wurde vom Vater des Dichters erworben.

Dieser Vater, René-Auguste, ertrug es nicht, daß der Wohlstand seines hochadeligen Geschlechts abgesunken war. Das hing mit den bretonischen Erbgesetzen zusammen. Der älteste Sohn eines Adelsgeschlechts erbte zwei Drittel des Besitzes, die anderen Kinder hatten das Nachsehen; zu ihnen gehörte René-Auguste. Wir lernen ihn durch die Schilderung seines Sohnes als schwermütigen, arroganten, wenig sympathischen, aber imponierenden Charakter kennen. Er versuchte sein Glück in der Handelsschiffahrt, wurde Reeder in Saint-Malo und verdiente schwer am Westindien-Handel, Sklaventransport inbegriffen. 1761 ist es so weit, daß er Combourg kaufen und damit der Familie einen noblen Rahmen bieten kann. Sie zieht 1777 ein. Der kleine René ist neun Jahre alt und hat sich in glücklichen Kinderjahren mit seinen Spielgefährten in Saint-Malo ausgetobt.

Das Schloß ist 1876 bis 1900 im Innern umgebaut worden. Der Besucher erfährt, daß die hohe Freitreppe zum Eingang im Nordwesten anstelle einer früheren Zugbrücke errichtet wurde. Insgesamt hat Combourg den Charakter einer abweisenden Trutzburg mit vier gewaltigen Ecktürmen, Mauern, Wehrgängen und Zinnen. Der Grundriß ist ein leicht verschobenes Quadrat. Der älteste Turm stammt aus dem 11. Jahrhundert, andere Bauten entstanden im 14. und 15. Jahrhundert.

Die Besucher werden durch das Untergeschoß geführt. Man besichtigt die kleine, muffige Innenkapelle, in der die fromme Mutter des Dichters täglich mehrere Stunden verbrachte. Der große Salon und das Speisezimmer, die früher ineinander übergingen, sind jetzt zweigeteilt und im Geschmack des ausgehenden 19. Jahrhunderts eingerichtet. Die

Familie, so versichert der Führer, beeilt sich an Tagen, an denen die Führung um zwei Uhr beginnt, mit dem Mittagessen.

Hier verbrachte René mit seiner geliebten Schwester Lucile trübsinnige Winterabende, an denen der Vater schweigend wie ein Gespenst im kaum erhellten Raum auf und ab wanderte. »Später am Abend hörte man nichts mehr als das regelmäßige Geräusch, das seine Schritte machten, die Seufzer meiner Mutter und den um das Haus streichenden Wind.«

Mit einer Pädagogik, die man heute sehr bedenklich finden würde, zwang der Vater den empfindsamen Sohn, ganz allein zu schlafen. Heute wie damals erreicht man den sogenannten Katzenturm über einen Wehrgang und auf enger, steiler Treppe. Das kleine, einfache Schlafgemach ist anrührend, wenn man sich an den Kampf des Jungen gegen Einsamkeit und Grauen erinnert. Es spukte nämlich angeblich im Schloß. Ein ehemaliger Graf von Combourg mit einem Holzbein erwachte gelegentlich aus seinem Todesschlummer und erschien auf der Turmtreppe. »Manchmal ging auch sein Holzbein allein mit einer schwarzen Katze spazieren.«

Andere, mildere Eindrücke hatten sich dem Dichter ebenfalls tief eingeprägt. Wenn er schlaflos dalag, sah er durch das Fenster bei Mondschein die Eulen von Turm zu Turm fliegen. »Der bewegliche Schatten ihrer Flügel zeichnete sich auf meinen Vorhängen ab ... Manchmal schien der Wind sacht vorbeizustreichen, manchmal klagte er; plötzlich rüttelte es heftig an der Tür, von unten her kam ein Stöhnen. Dann verstummten alle Geräusche, um von neuem zu beginnen.«

In einem anderen Raum im Turm werden Erinnerungsstücke an Chateaubriands letzte Behausung in der Pariser Rue du Bac aufbewahrt. Sein Bett, der Schreibtisch, Familien-Urkunden in einer Vitrine vermitteln jene Katakombenatmosphäre, die über solchen Restbeständen eines reichen Lebens zu liegen pflegt. Davon erholt man sich im Park und am nahen Teich, auf dem René Boot fuhr. Er beobachtete Vögel im Schilf und gab sich der Schwermut seiner Jünglingsjahre hin, die ihn nie wieder ganz verließ.

Mit diesem Teich hat es eine besondere Bewandtnis. Lange vor der Zeit der Chateaubriand ging Riwallon, Erbauer des ersten Schlosses von Combourg, am Ufer spazieren. Dabei befreite er einen Zwerg, der sich im Dorngebüsch verfangen hatte. Der Wichtel verriet ihm, daß er einen weißen Stein habe rauben wollen, denn der könne das Wasser der nahen Quelle Margatte am Überlaufen hindern. Das nützte Riwallon, als eine böse, alte Zauberin sein Schloß und das Städtchen fast im Wasser ertränkt hätte. Er suchte und fand den weißen Stein und hielt die Flut damit auf.

Bei diesem Abenteuer soll es sich um die Variante eines keltischen Legendenstoffs handeln, der von der Gefährdung durch unterirdische Gewässer berichtet. Chateaubriand schreibt, daß die Gegend im Norden des Schlosses von Druidensteinen übersät sei. Auf solch urzeitliches Wurzelgeflecht stößt man überall in der Bretagne.

Meerumspültes Saint-Malo

Das Grab auf Grand Bé

René de Chateaubriand war ein wilder Junge. In seiner Geburtsstadt Saint-Malo hielt er sich mehr am Strand und auf den Wällen auf als in der düsteren Wohnung seiner Mutter. Er schrieb: »Dort bin ich aufgewachsen als Gefährte der Flut und des Windes.« Mit anderen Kindern trieb er gewagte Spiele bei auflaufendem Wasser, das gefährlich schnell herankommt. Anstifter und bester Freund war Joson Gesril, ein Rowdy, mit dem der kleine Chevalier schließlich nicht mehr verkehren durfte.

Dieser Bretone zeigte später mehr Charakter als der allzu wendige Chateaubriand. Gesril nahm 1795 am Angriff der royalistischen Truppen auf die republikanische Armee teil. Die englische Flotte lag zur Unterstützung vor der Küste. Der Bretone wurde gefangen, hätte aber Gelegenheit gehabt, sich auf ein englisches Schiff zu retten. Er verschmähte es, da er durch ein Ehrenwort an die Republikaner gebunden war. Daß er die Exekution dem Wortbruch vorzog, entspricht dem Ideal der ›beau geste‹, der schönen, wenn auch nutzlosen Tat, die die Franzosen so hoch schätzen.

Chateaubriand bewahrte seiner Geburtsstadt ein treues Gedenken. Er schenkte ihr sein Porträt, das Anne-Louis Girodet vom Neununddreißigjährigen gemalt hatte. Es zeigt ihn in romantischer Pose, mit entschlossenem Blick. Nach der damals modischen Windstoßfrisur umflattert das Haar die Stirn, eine Hand ist napoleonisch in den Rock geschoben.

Wo er geboren war, wollte er auch zur letzten Ruhe gebettet werden. Sein Grab an der Spitze der Insel Grand Bé ist zur Sehenswürdigkeit geworden. Das gebuckelte Inselchen ist bei Ebbe mit dem nahen Festland verbunden. In der guten Jahreszeit strömen Menschen über den schmalen Sandstreifen hin und her. Schulklassen spielen und lagern auf dem Gelände beim Grab. Von der erlesenen Einsamkeit nur im Dialog mit dem Meer, die der große Mann sich gewünscht hatte, kann keine Rede sein.

Chateaubriand starb in Paris. Seine feierliche Beisetzung fand am 19. Juni 1848 unter riesigem Aufwand von Zivilisten, Militär und Geistlichkeit bei Niedrigwasser auf Grand Bé statt. Im Museum von Rennes hängt ein alter Stich, der das Ereignis illustriert. Zwölf Matrosen hatten den Sarg hinübergetragen. Soldaten erwiesen dem toten Staatsmann und Schöpfer großartiger Prosa die letzte Ehre. Die Geistlichkeit gab ihren Segen. Zur Rührung der Bürger aus Saint-Malo erklang das süße, schwermütige Lied, das Chateaubriand auf eine Melodie aus der Auvergne gedichtet hatte. »Combien j'ai douce souvenance/ Du joli lieu de ma naissance ...«. Die Erinnerung an den schönen Platz seiner Geburt gipfelt im Bekenntnis seiner Liebe zu Frankreich.

Das Grab besteht aus einem plumpen, niedrigen Steinkreuz mit abgerundeten Seitenarmen und einer Platte ohne Inschrift. So hatte Chateaubriand es gewollt und alles im voraus geregelt. Es ist auf drei Seiten von einem Gitter mit Eisenstäben umgeben, der steile Abfall zum Meer ist jedoch ungeschützt. Beim Luftangriff der Alliierten auf deutsche Stellungen 1944 wurde das Grab beschädigt. Die Wiederherstellung wurde mit großer Sorgfalt und nach dem Studium alter Pläne betrieben.

Mönchische Gründung

Die Gründungsgeschichte von Saint-Malo gleicht der anderer bretonischer Städte. Der legendäre heilige Aaron zog sich als Eremit auf die Landzunge von Aleth nahe der heutigen Stadt zurück. Sein Nachfolger war der Mönch Maclow, der wie Aaron im 6. Jahrhundert aus Britannien kam. Aus Maclow wurde französisch ›Maclou‹ und bretonisch ›Malo‹. Dieser Malo gilt als einer der sieben heiligen Gründer der Bretagne. Auf der damaligen Landzunge von Aleth breitet sich heute der zu Saint-Malo gehörende Ort Saint-Servan aus. Noch war die gegenüberliegende Insel, auf der sich das von Mauern umgürtete Saint-Malo erheben sollte, unbewohnt.

Der Heilige und Bischof von Aleth war mit seinem Anhang in einer Region gelandet, die keineswegs völlig in geschichtliches Dunkel gehüllt ist. Schon die Römer hatten dort ein Verwaltungszentrum errichtet. Die Umsiedlung von Aleth auf die Insel samt der Verlegung des Bistums dorthin im 9. Jahrhundert war vermutlich durch die Raubzüge der Normannen bedingt. Im Schutz der Flut fühlte man sich sicherer.

Die Anfänge waren also von geistlicher Herrschaft bestimmt. Erst zur Zeit der Französischen Revolution wurde das Bistum aufgehoben. Heute überragt ein einziger spitzer Turm die grauen Dächer der grauen Ville close, der geschlossenen Stadt: der Turm der Kathedrale. Wer Saint-Malo besucht, wird auf jeden Fall die Wälle besichtigen, vielleicht auch die Kirche. Der heilige Patron der Stadt interessiert freilich heutzutage weniger als die Helden zur See, denen die Malouins Denkmäler auf ihren Wällen gesetzt haben. Das 17. und 18. Jahrhundert war ihre große Zeit.

Entdecker und Korsaren

Im Jahre 1984 zeigte sich Saint-Malo im Festschmuck, und auch im fernen Quebec wurde gefeiert. Man beging ein Jubiläum. 450 Jahre zuvor war Kanada entdeckt worden. Auf der Suche nach Gold in Labrador und Neufundland war der Forscher Jacques Cartier aus Saint-Malo dreimal über den Atlantik gesegelt. Daß sein Auftraggeber, König Franz I., die Entdeckung unbekannter Länder nicht ausschloß, lag im Zeitalter der Eroberungszüge in der Neuen Welt nahe. Cartier erreichte die Mündung des Sankt-Lorenz-Stromes. Am 24. Juli 1534 errichtete er ein Kreuz auf einer Landzunge und nahm im Namen seines Königs von der Halbinsel Gaspé am Südufer der Mündung Besitz. Der Stamm der Irokesen nahm ihn freundlich auf. Die folgenden Reisen führten Cartier weit stromauf. Dabei erreichte er eine indianische Siedlung an dem Platz, wo heute Montreal liegt. Am 5. September 1534 war er wieder in Saint-Malo, um im Jahr darauf zu einer zweiten

Reise aufzubrechen. Seit der am Anfang des 17. Jahrhunderts einsetzenden französischen Besiedlung der ›Nouvelle France‹ sind die Beziehungen der Bretonen zu diesem Teil Kanadas eng. Montreal und Quebec waren häufig das Ziel ihrer Auswanderung und sind es zum Teil noch heute.

Jacques Cartier steht an der Spitze der Nationalhelden von Saint-Malo. Dabei spielt es keine Rolle, daß man im anglophonen Teil von Kanada John Cabot für den Entdecker hält, der in englischen Diensten stand. Dem friedfertigen Cartier gesellen sich auf der Skala des Ruhms andere Gestalten zu, die erfolgreich das tollkühne Gewerbe eines Korsaren betrieben. In der Andenkenindustrie von Saint-Malo sind sie häufig als Piraten verewigt, als jene blutdürstigen Gesellen unter der Totenkopfflagge, die die Weltmeere verunsicherten. Dagegen verwahren sich die Historiker mit Recht. Piraten, auch ›filiboustiers‹ genannt, waren von keiner Regierung ermächtigte Beutejäger, der Korsar dagegen war nicht gesetzlos. Mit einem Kaperbrief ausgerüstet, durfte er in Kriegszeiten feindliche Schiffe aufbringen und Prisen nehmen. Aber wann war Kriegszeit, und wer war der Feind? Da die Feindschaften oder Allianzen zwischen Frankreich, England, Holland und Spanien schnell wechselten und es oft an Nachrichtenübermittlung mangelte, kam es zu Übergriffen, nicht nur im Ärmelkanal. Erzfeind blieb allerdings England.

Die Korsaren René Duguay-Trouin (1673-1736) und Robert Surcouf (1773-1827) haben den Ruhm der Malouins über die Meere getragen. Duguay-Trouin gelangte bis Rio, das er 1711 nach kurzer Belagerung nahm. Sein Denkmal auf den Wällen von Saint-Malo zeigt ihn elegant gekleidet, mit Perücke, in der Haltung eines Weltmanns und Höflings. In der Tat war er mit 24 Jahren als Fregattenkapitän in die königliche Marine aufgenommen worden. Er hatte bereits die ersten stürmischen Jahre seiner Korsarenlaufbahn hinter sich gebracht, als Rio in seine Hand fiel. Durch Rang und Auszeichnungen geehrt, starb er 1736 in Paris und wurde dort in der Kirche Saint-Roch beigesetzt.

Im Juni 1973 folgte ein Nachspiel, das den Lokalpatriotismus der Malouins hoch entflammte. Grabungen bei Saint-

Roch hatten ein Skelett zutage gefördert, Experten identifizierten es. Es war das Knochengerüst des berühmten Korsaren! Nun wollte Saint-Malo seinen Duguay-Trouin wiederhaben. Es geschah mit großem Zeremoniell und natürlich zur See. Der Sarg wurde in Le Havre von der Marine in Empfang genommen und nach Saint-Malo gebracht. Nach einer feierlichen Totenwacht wurde Duguay-Trouin in jener Kathedrale beigesetzt, in der er die Taufe empfangen hatte.

Robert Surcouf war kein Elegant wie Duguay-Trouin. Er sah in reiferen Jahren eher wie ein satter, gemütlicher Biedermeierherr aus, jedenfalls auf dem Porträt von Antoine Maurin im Museum von Saint-Malo. Wie sein Vorgänger hatte er sich schon als junger Bursche auf gewinnträchtige Abenteuer zur See verlegt. Der Sklavenhandel mit Westindien und die Prisen machten ihn reich. Er konnte es sich bereits mit 36 Jahren leisten, auf den persönlichen, gefährlichen Einsatz zu verzichten. Er machte eine Reederei für Kauffahrtei- und Korsarenschiffe auf und schaufelte auf diese Weise Geld. Eine erstaunliche Wandlung! Surcouf war jedoch nicht nur geschäftstüchtig, sondern auch tapfer. Auf der kleinen, Saint-Malo vorgelagerten Insel mit dem Fort National verteidigte er die Ehre Frankreichs im Duell. Dabei erledigte er zwölf Gegner und verschonte nur den dreizehnten als Zeugen seiner Heldentat. In der nachnapoleonischen Zeit war Surcouf einer der reichsten Reeder Frankreichs.

Durch einen bretonischen Korsaren sind die Falklandinseln zu ihrem französischen Namen gekommen. Der Engländer John Davis hatte sie 1592 entdeckt. 1689 wurden sie nach Lord Falkland benannt. Dann landeten zweimal Franzosen an der Inselgruppe im südlichen Atlantik, nämlich 1706 und 1714. Unter ihrem Anführer Gouin de Beauchesne aus Saint-Malo wurde sie zu ›Iles Malouines‹ umgetauft. Die Spanier machten aus diesem Namen ›Islas Malvinas‹, wie die Argentinier sie noch heute nennen.

Geldgeber und Ausrüster der Korsarenschiffe waren Reeder und Kaufleute wie Surcouf. Auf Gedeih und Verderb wurden ›Aktiengesellschaften‹ gegründet, deren Mitglieder zum Teil zur Hocharistokratie gehörten. Die Fahrt ›à la course‹ galt

nicht als unehrenhaft. Die Schiffe dienten auch der Selbst-
verteidigung, zum Beispiel als Geleitschutz gegen die Berber-
flotten vor Nordafrika. Diese berüchtigten Seeräuber zwangen nicht nur die Malouins zu solchem Schutz.

Bei einem dieser Unternehmen geriet der Edelmann Porcon
de la Bardinais in algerische Gefangenschaft und wurde dann
zu Friedensverhandlungen an den Hof Ludwigs XIV. geschickt, die jedoch scheiterten. Porcon de la Bardinais hatte
sein Ehrenwort gegeben, in diesem Fall nach Algerien zurückzukehren. Wie Gesril verschmähte er die Rettung. Er
kehrte nach Saint-Malo zurück, um seine Angelegenheiten zu
ordnen und schiffte sich dann nach Algerien ein. ›Le beau
geste‹ endete grauenvoll. Er starb, nachdem man ihn vor die
Mündung einer Kanone gefesselt hatte.

Wälle und Ville close

Die Malouins feiern ihre Helden zur See, von Helden zu Land
hört man wenig. Die großartige Verteidigungsanlage, die die
ganze alte Inselstadt umgürtet, hat ihre Rechtfertigung in der
Abschreckung. Schon die Bischöfe hatten im Mittelalter eine
robuste Wehranlage geschaffen. Die Stadt blieb weitgehend
von Angriffen verschont, und das sogar zur Zeit der Hugenottenkriege, die unsägliches Leid brachten. In jener Epoche
am Ende des 16. Jahrhunderts schaffte das selbstbewußte Gemeinwesen es sogar, sich zur unabhängigen Republik zu erklären. Ein kleines Venedig, allerdings nur für vier Jahre! Die
Einwohner folgten ihrem stolzen Wahlspruch: »Ni Français,
ni Breton, Malouin suis.«

Die Stadtmauern wurden im 18. Jahrhundert durch Garangeau, einen Schüler des großen Festungsbaumeisters Vauban,
restauriert und verstärkt. Es war sicher nicht Garangeaus
Absicht, der Umwallung einen ästhetischen Charakter zu
geben, aber diese Wirkung ist in hohem Grade durch ein stets
wechselndes Bild erreicht. Die Ville close von Saint-Malo
bildet für jeden, der zur See oder über die Landenge herankommt, ein vollkommenes Stadtbild, für das es keinen Vergleich gibt.

Der Wehrgang ist reich an Aussichtspunkten. Das Niveau liegt bald höher, bald tiefer. Bei der *Tour de Bidouanne*, an der nordwestlichen Spitze, verschachteln sich mehrere Wehranlagen zu einer bühnenreifen Kulisse. Beim Rundgang lohnt es sich, zwischendurch zum Quai oder zu den Stränden hinunterzusteigen, um von dort aus den Mauerkranz auf sich wirken zu lassen. Von oben gewinnt man je nach Witterung einen mehr oder weniger guten Ausblick auf die Buchten des Festlandes mit ihren Badeorten. Ebbe und Flut sorgen für Szenenwechsel. Auf dem Höhepunkt der Flut scheinen Inseln wie Grand Bé weit entfernt zu liegen, während man sie bei Ebbe in kurzer Zeit zu Fuß erreichen kann. Der Tidenhub ist hier ein Phänomen. Im Durchschnitt beträgt er acht Meter, kann aber bis zu vierzehn Metern steigen. Unvorstellbar für einen Kenner norddeutscher Küsten!

Die Malouins sind stolz auf ihre Wälle und auf die Häuser der reichen Reeder dahinter. Bis auf zwei wurden diese gleichmäßig aufgereihten Häuser aus dem 18. Jahrhundert im Bombenkrieg 1944 zerstört. Man hat die Steine aus den Trümmern geborgen, sie markiert und die Häuser Stein für Stein wieder aufgebaut. Getreu nach dem alten Muster entstand so eine ganze Zeile neu. Das bleibt eine große Leistung, selbst wenn man bedenkt, daß die Malouins kaum eine andere Wahl hatten.

Die beiden verschonten Reederpaläste an der Bastion Saint-Louis zeigen sich schlicht und vornehm mit ihren Fensterreihen, den Dachluken, den extrem hohen Kaminen über den grauen Schieferdächern, dem in Jahrhunderten nachgedunkelten Baustoff. Sie bieten sich dem Blick der Spaziergänger auf dem Wall jedoch nur mit dem Obergeschoß. Sie, und die nachgebauten Häuser an der Zeile, konnten nie ihre Fassaden voll entfalten. Zu schmal und schluchtartig sind die düsteren Straßen, die unten an ihnen entlang führen. Alles in allem wirkt die berühmte Reihe monoton. Sie trägt allerdings entscheidend zum strengen, imponierenden Stadtbild bei.

Der Rundgang beginnt oder endet beim *Château*, zu dem man durch die *Porte Saint-Vincent* gelangt. Durch dieses Tor schleust sich der Wagen- und Fußgängerverkehr in die Altstadt ein. Das Château ist ein Komplex mit vier Türmen um einen fünfeckigen Grundriß. Es diente zur Verteidigung gegen Angriffe von der Landseite her. Der Besucher steht zunächst einer zinnengekrönten Mauer gegenüber. Über einem Torbogen liest er *Hôtel de Ville*. Um das Rathaus zu finden, muß er den Torbogen durchschreiten. Dann gelangt er in einen großen Innenhof, den die nüchternen Fassaden ehemaliger Kasernen begrenzen und der auch als Parkplatz benutzt wird. Innerhalb der militärischen Zweckbauten ist das Hôtel de Ville mit seinem umfangreichen Verwaltungsapparat untergebracht. Groß-Saint-Malo umfaßt auf dem Festland auch die Orte Paramé und Saint-Servan.

Zum Komplex gehört der *Grand Donjon* als höchster Turm. Er beherbergt das *Musée municipal*, in dem man sich über Stadtgeschichte belehren lassen kann. Wer Geschmack an historischer Wiederbelebung durch Wachsfiguren hat, besucht außerdem den Turm mit dem unaussprechlichen Namen an der linken Flanke der Burg. Er heißt altfranzösisch ›Quic-en-groigne‹. Ergänzt und in modernem Französisch lautet das: »Qui qu'en grogne, ainsi sera car tel est mon plaisir«. »Mag man auch murren, so soll es sein, denn so gefällt es mir.« Anne de Bretagne ließ diesen Spruch anbringen, als sie den widerstrebenden Malouins eine Garnison aufzwang. Die verehrte und geliebte Herzogin zog die Zügel straff, wenn sie es für nötig hielt.

In der Innenstadt ist ein Haus mit Turm aus Naturstein nach ihr benannt. Angeblich soll sie dort gewohnt haben. Zusammen mit sehr alten Häusern liegt es am Fuß einer Treppenstraße, *Les Escaliers de la Grille*. Ein so starkes Gefälle überrascht in der planen Stadt ›intra muros‹.

Der 1944 stark zerstörte Kern von Saint-Malo ist völlig wiederhergestellt. Das Straßenbild bietet jedoch keine besondere Attraktion. Es fehlt an Grün und überhaupt an größeren Freiräumen. Der Massentourismus, der sich hier im Sommer ballt, sorgt zusätzlich für Entromantisierung. Das war nicht immer so. In seinem Roman ›Les Travailleurs de la mer‹ beschreibt Victor Hugo das Saint-Malo vom Anfang des 19. Jahrhunderts, wie man es ihm geschildert hatte.

In Herbergen und Bars war hier ein Treffpunkt der Schmuggler und ihrer Auftraggeber, auch der Zöllner und Küstenwächter. Ehrbare Kapitäne, Kaufleute und Reeder tauschten die neuesten Nachrichten aus. Dazu gehörte gegen 1820 eine Sensation: Das erste Dampfschiff verkehrte zwischen der englischen Kanalinsel Guernesey und Saint-Malo. Die Geistlichkeit war entsetzt und nannte die Fähre ein ›Teufelszeug‹. Andere erkannten den künftigen Vorteil. Bestellungen kamen aus Dinan, Saint-Brieuc, Rennes. Das ›Teuflische‹ daran wirkte sich tatsächlich aus. Ein typisch bretonisches Handwerk, die Anfertigung von Segeltuch, war nicht mehr gefragt.

Die in mehreren Jahrhunderten entstandene *Kathedrale Saint-Vincent* war im Bombenkrieg schwer beschädigt und zum großen Teil ausgebrannt. Sie wurde in langwieriger, dreißig Jahre währender Arbeit wieder errichtet und im Innern erhellt und verschönt. Bei der Trümmerräumung stieß man auf Reste aus der ersten Bauperiode in der Karolingerzeit. Das Mittelschiff, die Vierung und Teile des Querschiffs waren im 12. Jahrhundert entstanden. Aus der romanischen Bauperiode stammen hoch angebrachte Kapitelle und zwei Weihwasserbecken. Man erkennt Motive mit Tieren, Köpfen, primitiven Gestalten, alles grob gearbeitet und schwierig zu deuten. Außerhalb der Kirche wölben sich anmutig Bogen des alten Kreuzgangs, den man bei den Aufräumungsarbeiten freigelegt hat.

Im Innenraum von Saint-Vincent muß man mehrere Stufen abwärts schreiten, um vom Schiff aus zum Chor zu gelangen; man hatte die Kirche einst dem abschüssigen Baugelände angepaßt. Der Altar steht unter dem Gewölbe der Vierung. Farbige Fliesen pflastern den Mittelgang. Am 16. Mai 1553 kniete hier Jacques Cartier, um vor seiner Ausreise nach Labrador geistlichen Segen zu empfangen. Der moderne Glasmaler und Namensvetter des Renaissancearchitekten Jean Le Moal schuf die köstlichen Fenster im Chor. Sie flammen in warmen Farben, in Tönen von Rot und Gelb, gemischt mit Blau. Das Mittelfenster beherrscht die ganze flache Rückwand des Chors.

Badeplätze und Hafenanlagen

Für den Besucher besteht Saint-Malo meist ausschließlich aus der Ville close, die man am besten als Fußgänger durchstreift. Man läßt die Wagen auf riesigen Parkplätzen außerhalb der Mauern stehen. Vor dem Tor Saint-Vincent ist ein großer Verkehrsknotenpunkt. Ein paar Schritte nördlich hat man 1948 ein Denkmal für Chateaubriand errichtet, das den Dichter in Denkerpose zeigt. An dieser Stelle wirkt es heute allerdings reichlich deplaciert.

Saint-Malo ist ein bedeutender Hafen für Handelsschifffahrt, Fischerei und nicht zuletzt für den Tourismus. Die großen, weißen Englandfähren liegen in dem nach Duguay-Trouin benannten Hafenbecken vor Anker. Diese schmucken Schiffe und die zahllosen Boote im Yachthafen bilden einen munteren Kontrast zur grauen, grimmigen Kulisse der Stadt. In das lebhafte Hin und Her über den Kanal sind die Inseln Jersey und Guernesey einbezogen.

Im Sommer sind die schmalen Strände am Fuß der Mauern von Badegästen überfüllt; allerdings eignen sie sich mehr als Spielplatz. Erholung bieten dagegen die langen, sauberen Strände an den Buchten zu beiden Seiten der Ville close bei *Paramé* und *Saint-Servan-sur-mer*.

Im Gegensatz zum städtischen Paramé hat Saint-Servan durch die Reste von Befestigungen den Zusammenhang mit der Ville close bewahrt. Bedeutendes, weithin sichtbares Wahrzeichen ist die *Tour Solidor* im Süden der Halbinsel. Durch den ovalen Grundriß erinnert der 27 Meter hohe Turm an den Donjon in Dinan. Er wurde 1322 errichtet. Hier haben die Kap-Horn-Fahrer ihr Museum. Nun ist die Rundung um das berüchtigte Kap an der Spitze Südamerikas gewiß keine bretonische Spezialität, aber eine international beschickte Dokumentensammlung zu diesem größten Abenteuer der Segelschiffahrt ist hier durchaus am Platz. Von der Höhe des Solidor-Turms schließt der Blick die ganze Lage des Komplexes von Festland, Inseln, Halbinseln und der Rance-Mündung ein.

Die Smaragdküste

SAINT-MALO liegt etwa in der Mitte zwischen zwei bedeutenden Punkten an der Nordküste. Im Osten, jenseits der Grenze zur Normandie, ragt der Mont-Saint-Michel empor, im Westen erstreckt sich das Kap Fréhel in den Ärmelkanal. Der östliche Abschnitt unterscheidet sich wesentlich vom felsigen westlichen. Wenden wir uns zuerst dem östlichen Teil zu. Er umfaßt die große, flache Bucht von Saint-Michel mit ihren Muschelstränden. Dahinter liegen Polder, Weideland und schmale Dünenstreifen mit den Resten alter Windmühlen.

Diese Landschaft gewinnt ihre stille Schönheit durch den weit ausholenden Schwung der Linien. Wer sich auf den flachen Dünen lagert, sieht im Osten die Pyramide des Mont-Saint-Michel in zartem Grau aus dem Wasser ragen, so, als habe sie keine Verbindung zum Festland. Im Westen baut sich der Fischereihafen Cancale mit seiner berühmten Austernzucht malerisch am Hang auf. Bei Ebbe und ruhiger See kündigt sich der Wechsel der Gezeiten durch einen grünlich schimmernden Streifen im Blau an, der zunächst niedrig ist, aber rasch an Höhe gewinnt. Nirgends an den bretonischen Küsten kommt die Flut so schnell heran wie in diesem Abschnitt. ›Sie hat das Tempo eines galoppierenden Pferdes«, sagen die Bretonen. Das mag übertrieben sein, aber Wattwanderer und Muschelsucher tun gut daran, die Warnung ernst zu nehmen.

Bis Cancale verläuft die Küstenstraße hart am Wasser, biegt dann nach Westen in Richtung Paramé ab und läßt dadurch die Spitze der Halbinsel unberührt. Wer dagegen ein kurzes Stück weiter nach Norden fährt, gelangt zur Pointe du Grouin, einem Punkt, den man als ›Mildes Kap‹ bezeichnen könnte. Es gibt die milden und die wilden. Sie sind nicht zu zählen, und jeder Besucher wird seinen Lieblingsplatz rühmen.

Die Landzungen heißen bald Cap, bald Pointe. Über die mehr oder minder rauhe Gestalt sagen diese Namen nichts aus. Die Aussicht, die man von der Spitze genießt, umfaßt in der Regel zu beiden Seiten andere Landzungen und Buchten. Solche ausgefransten Festlandsränder machen die Eigenart der bretonischen Küsten am Ärmelkanal und im Westen aus. Am Atlantik ändert sich das Bild, die Küsten werden flacher, die Linien verlaufen ruhiger, aber immer noch sorgen Buchten für Abwechslung.

Auf der *Pointe du Grouin* gibt es Felsblöcke und Grasflecken, die zunächst über den steilen Abfall hinweg täuschen. An der Spitze gipfelt sich ein Massiv aus Felszacken auf. Im Osten ist dem Kap eine längliche Klippeninsel vorgelagert, ein Schutzgebiet für Meeresvögel. Ganz in der Ferne zeichnet sich noch einmal der Mont-Saint-Michel ab, den man für den hohen Aufbau eines Schiffes halten könnte. Tief unten kehren Fischerboote nach Cancale heim. Motoryachten fahren aus. Surfer gleiten mit farbigen Segeln, die wie gefaltete Schmetterlingsflügel sind, über das Wasser.

Westlich von Saint-Malo bietet sich ein anderes Bild. Man fährt zunächst ein Stück ins Binnenland und überquert dann die Rance-Mündung. Sie ist breit, gleicht eher einem Golf. Die Ufer zu beiden Seiten haben steiles Gefälle. Hier ist das Meer in ein ehemaliges Flußtal eingedrungen. Ein 750 Meter langer Damm, der zugleich als Fahrstraße dient, verbindet die Ufer. An dieser Stelle ist es gelungen, eine technische Konstruktion, nämlich das *Gezeitenkraftwerk* der Rance, mit Dynamik und Eleganz in eine schöne und charaktervolle Landschaft einzubinden. Das 1966 fertiggestellte Kraftwerk ist das erste dieser Art überhaupt.

Der Tidenhub, wir haben es schon erwähnt, ist hier extrem. Auch dem Laien leuchtet ein, welches Kraftpotential dadurch entsteht. Das hatte man bereits im Mittelalter erkannt, wenn auch nicht zur Elektrizitätserzeugung. Aus Staubecken ablaufendes Wasser bei Ebbe setzte Mühlräder in Bewegung. Interessierte können heute einen Teil der modernen Anlage im Innern des Damms besichtigen. 24 Spezialturbinen arbeiten in einem Betontunnel von 350 Meter Länge, 53 Meter Breite und 30 Meter Höhe. Die Turbinen erbringen insgesamt eine Leistung von 240000 Kilowatt. Durch ein Pumpsystem kann nicht nur die auflaufende Flut, sondern auch das ablaufende Wasser zur Energieerzeugung genutzt werden. Das durch den Dammbau entstandene Staubecken hat eine Fläche von 22 Quadratkilometern.

Der Abschnitt zwischen Saint-Malo und den Badeorten an der Bucht von Saint-Brieuc hat den Zunamen ›Côte d'Émeraude‹, Smaragdküste. Die Bezeichnung bezieht sich auf die grüne Farbe des Wassers, die freilich auch anderswo zu finden ist. Unter den Badeorten an dieser Küste hat vor allem Dinard Tradition. Es gilt als eine Schöpfung der Engländer und wird seit je von ihnen bevorzugt. Bretonische oder Pariser Sommergäste mit bescheidenen Ansprüchen trifft man hier weniger. Allenthalben gibt es vornehme, große Hotels, kleinere, aber sehr gepflegte Strände, Grünanlagen, Uferpromenaden; alles atmet einen Charme, der bereits etwas Patina angesetzt hat. Mit Ausnahme von Dinard und La Baule am Atlantik sind bretonische Seebäder schlicht und bieten wenig Abwechslung. Die Strände sind jedoch nicht abgesperrt, man kann sich überall frei bewegen, ist ganz in die Natur eingebettet und lebt mit den Gezeiten.

Zwischen Dinard und dem Kap Fréhel reihen sich kleine Badeorte, die sich ihrer Herkunft rühmen. Am ganzen Küstenabschnitt scheint es bevorzugte Landeplätze der Missionare aus Britannien gegeben zu haben, die sich selbst in Sicherheit und den Gallo-Römern das Licht des Christentums bringen wollten. So ist *Saint-Lunaire* in jenes wundersame Legendennetz eingefangen, das sich über die ganze Bretagne breitet. Der Ort verdankt seinen Namen nicht dem Mond, sondern dem Eremiten Leonorius, aus dem Lunaire wurde.

Er hatte im 6. Jahrhundert n. Chr. mit 72 Gefährten nach Armorika übergesetzt. Da dichter Nebel die Landung hinderte, hatte Lunaire kühn sein Schwert gezogen und den Nebel durchteilt. Im Gedenken an diese befreiende Tat rufen die durch Nebel verunsicherten Fischer häufig das Schwert des frommen Mannes an. Nach der Überlieferung gehört er zu den sieben heiligen Brüdern aus der Legende von den Siebenschläfern. Die Geschichte vom Schlaf dieser römischen Märtyrer und ihrem Erwachen nach zweihundert Jahren in einer inzwischen christlichen Welt spielt freilich in Ephesus, aber Legenden reisen bekanntlich weit.

Bei *Saint-Briac-sur-mer* erhebt sich ein Calvaire auf einem Hügel. Er heißt ›Kreuz der Seefahrer‹ und steht auf dem Platz eines gestürzten Megalithen, der ihm als steinerner Unterbau dient. Für die merkwürdigen kleinen Einschnitte im Granit gibt es folgende Erklärung. In alter Zeit tanzte junges Volk um den Menhir. Es ging dabei zügellos zu. Der Teufel selbst machte einmal mit und wollte die jüngste Tänzerin entführen. Rechtzeitig erschien der Pfarrer und vertrieb den Bösen mit Wedel und Weihwasser. Wütend hatte sich der Teufel bis zuletzt an den Menhir geklammert. Die Kratzspuren seiner Krallen beweisen es.

In *Lancieux* ist man sich der Herkunft des Gründers nicht sicher. Man weiß allerdings, daß Lann Sieuc ein Kloster gründete. Kam dieser Lann aus Britannien oder wurde er eines Tages als ausgesetztes Kind auf einem Felsen aufgefunden? Man zeigte noch lange die Abdrücke eines kleinen Körpers und von Kinderfüßchen im Fels, woraus man zu entnehmen glaubte, dasß Sieuc ein Findelkind war. Der Heilige soll bei der Pointe Martin den Märtyrertod von der Hand der Heiden gefunden haben.

In *Saint-Jacut-de-la-mer* gehört der heilige Jacut zu einer von Gott ausgezeichneten Familie, deren Legende auch an anderem Ort verbreitet ist. Seine Mutter Gwen hatte Drillinge geboren: Jacut und zwei ebenfalls heilige Brüder. Um die Kinder gleichzeitig nähren zu können, verlieh der Herr ihr eine dritte Brust. Eine Statue der gesegneten Mutter befindet sich in der Kapelle des Weilers Saint-Vennec, nördlich von Quimper.

Immer der Küstenstraße nach Westen folgend, trifft man auf *Saint-Cast*. Diesem ausgedehnten Badeort hat vermutlich der irländische Mönch Cado den Namen gegeben. Eine Stele erinnert an ein geschichtliches Ereignis, das nachträglich allerdings durch eine rührende, nicht ganz glaubhafte Episode

GRÜNDUNGSGESCHICHTEN 117

verklärt wurde. Der bretonische Barde Villemarqué hat sogar ein Gedicht darüber verfaßt.

Im Siebenjährigen Krieg war der englische General Bligh mit 8000 Mann nahe bei Saint-Briac gelandet und marschierte auf Saint-Cast zu, wo sich bereits seine Flotte eingefunden hatte. Dieser Brückenkopf hielt drei Tage, doch die Lage spitzte sich zu. Dann siegten die französischen Truppen unter dem Herzog von Aiguillon und zwangen die Engländer zur Einschiffung. Wie war es zu diesem Sieg gekommen? Hier weiß die Legende eine Antwort.

Den Bretonen standen ausgerechnet zuerst Regimenter aus Wales gegenüber: Kelten gegen Kelten. Nach der gleichen Militärmusik rückten sie aufeinander los, erkannten aber rechtzeitig ihren gemeinsamen Ursprung. Natürlich war es an den Walisern, als Eindringlinge, sich auf die Schiffe zurückzuziehen, wodurch die Niederlage vorbereitet wurde.

Beim *Fort La Latte* hat man es mit einer historisch belegten Gründung zu tun, obgleich gerade diese Burg dem Wunschtraum eines romantischen Poeten entsprungen sein könnte. Sie liegt an der scharfen Felsspitze einer schmalen Halbinsel, nahe beim Kap Fréhel. Die Wagen der Besucher können vor einem mageren Kiefernwäldchen, dem Park La Latte, abgestellt werden. Ein steiniger Weg führt steil bergab. Man kommt an einem mittelgroßen Menhir, dem ›Finger des Gargantua‹, vorbei. Dann sieht man das Fort unten, hart über dem Meeresspiegel, liegen.

Ein runder Bergfried überragt die Wehranlage. Sie ist vom Festland durch zwei Felsschluchten getrennt, die man auf der ehemaligen Zugbrücke überquert. Fels wächst noch im Innern der Umfassungsmauern empor. Hier besichtigt man Bauten, die für die Wache und den Kommandanten bestimmt waren, und genießt vom Donjon aus den Rundblick über Meer und Küsten.

Die Herren von Goyon-Matignon hatten den Kern der Burg im 13. und 14. Jahrhundert errichten lassen. In Anpassung an die veränderte Belagerungstechnik wurde das Mauerwerk im 17. Jahrhundert verstärkt. Es gibt in der Bretagne bedeutendere Beispiele imponierender Festungsarchitektur, aber keine, deren Lage sich mit der von La Latte vergleichen ließe. Man könnte sie kulissenhaft und allzu theatralisch nennen, aber dem widerspricht der spröde Ernst, der diesem vom Wasser umbrandeten Felssporn anhaftet.

Von La Latte aus fährt man durch leicht gebuckeltes Flachland zum *Kap Fréhel*. Dem Ankömmling bietet sich zunächst das enttäuschende Bild einer großen, kahlen Fläche mit dem langgestreckten Gebäude für den Leuchtturm. Davor parken zahllose Autos und Busse, denn Fréhel gehört zu den Aussichtspunkten ersten Ranges. Der Weg zur Spitze führt über rötliches Gestein. Als einziges Gebäude liegt rechts das Restaurant ›La Fauconnière‹. Wenn es hier auch keine Falken gibt, so verrät der Name doch, daß Seevögel in den Felsen unterhalb des Plateaus ihre Nistplätze haben.

Am äußersten Ende der Landzunge bleibt man bestürzt stehen. Man muß schwindelfrei sein, um überhaupt den Blick in die Tiefe zu wagen. Wie bei den meisten der berühmten wilden Kaps türmen sich an der Spitze aufgebäumte Felsmassen, die den Blick geradeaus versperren. Der Abfall beträgt bei Fréhel siebzig Meter gegenüber nur vierzig Metern bei Pointe du Grouin. Solche Zahlen sind aufschlußreich, werden jedoch an Ort und Stelle kaum realisiert. Der Besucher ist vom Aufbau der Gesteinsmassen beeindruckt und auch vom Farbspiel zwischen grauen und rosa Tönen, das bei Fréhel besonders reich ist.

Die Nordspitze baut sich mit ihren Zinken und Nadeln vor einer natürlichen Plattform auf. Schiefer und Sandstein sind hier überwiegend horizontal geschichtet, so als habe Menschenhand sie getürmt. Unterhalb schlängelt sich ein schmaler Pfad um Felsvorsprünge. Tief, tief unten legt die Brandung ihren weißen Kranz um die Klippen. Im Sommer fahren Ausflugsschiffe von Saint-Malo bis zum Kap, das steil und urzeitlich aufragt. Bei gutem Wetter ist die blaue Wasserfläche mit weißen Segeln in großer Streuung gepunktet. Mancher Sommergast wagt sich in seinem Boot dicht an die Klippen heran und winkt wohl zu den winzigen Gestalten hinauf, die sich oben auf der Plattform vorbeugen und zurückwinken.

Städte und Stätten landeinwärts

WEITER IM WESTEN landeinwärts, aber noch nahe der Küste, reihen sich vier größere Städte an dem Verkehrsstrang auf, der Rennes und Brest verbindet. Die gut ausgebaute Straße verläuft mehr oder minder parallel zum Schienenweg. Von Osten kommend, trifft man zuerst auf das Städtchen Lamballe, dann auf Saint-Brieuc, das Verwaltungszentrum des Département, auf Guingamp und schließlich Lannion, das weiter nördlich liegt. Alle vier Städte dienen als Ausgangspunkte für die zahlreichen Badeorte an der Küste.

Alte Residenz Lamballe

Lamballe am Flüßchen Gouessant ist berühmt für sein 1825 gegründetes Pferdegestüt und seine Viehmärkte. Es bietet jedoch mehr, als man von einer Landstadt erwartet. Auf dem bewaldeten Höhenrücken Saint-Sauveur liegt die Stiftskirche Notre-Dame mit einem Portal aus dem 12. Jahrhundert. Zierliche Säulen mit skulptierten Kapitellen sind tief gestuft. Darüber wölben sich einfache, ebenfalls gestufte Rippen. Ein Inbegriff nobler Schlichtheit! Wie es sich für eine echt bretonische Stadt gehört, hat Lamballe einen zentralen Platz, der von alten Häusern umrahmt ist. Solche Plätze sind bald rund, bald länglich, hier aber ist die Place du Martrai dreieckig. Das Fremdenverkehrsamt an einer Ecke ist in einem besonders pittoresken Haus aus dem 15. Jahrhundert untergebracht. Es nennt sich ›La Maison du Bourreau‹. Daß ausgerechnet der Henker an so bevorzugter Stelle residiert haben soll, ist erstaunlich.

Lamballe hatte in der Vergangenheit hohen Rang. Es war die Hauptstadt der Grafschaft Penthièvre, die später in ein Herzogtum umgewandelt wurde. Hier besaß der Herzog von

Mercœur, Haupt der katholischen Liga in der Bretagne, einen Stützpunkt. 1589 hatte er vergeblich das hugenottische Vitré belagert. Als die Calvinisten ihrerseits als Belagerer vor Lamballe lagen, fiel einer ihrer berühmtesten Anführer, der Hauptmann La Nouë. Der Verlust dieses tapferen Mannes, der einen eisernen Haken an Stelle eines amputierten Armes trug, entlockte Heinrich iv. den bitteren Ausruf: »Welch ein Jammer, daß ein so großer Mann wegen einer so kleinen Festung umgekommen ist!«

Mit dem Namen Lamballe verbindet sich auch die Erinnerung an einen grausigen Vorfall während der Französischen Revolution. Die Prinzessin von Lamballe, junge Witwe eines Prinzen, der das Herzogtum geerbt hatte, war nach Paris übersiedelt. Dort wurde sie während der Septembermorde 1792 vom Pöbel in Stücke gerissen. Das war die Rache für die langjährige treue Freundschaft, die die Prinzessin mit der Königin Marie Antoinette verbunden hatte.

Saint-Brieuc und sein standhafter Bürgermeister

Saint-Brieuc ist eine lebhafte, stark industrialisierte und modernisierte Stadt, die nur wenige Bauwerke aus der Vergangenheit bewahrt hat. Nicht so vornehm wie Rennes, nicht so brutal umgestaltet wie das zerstörte Brest, macht die Hauptstadt des Département es dem Besucher schwer, charakteristische Züge zu entdecken. Als einzige Sehenswürdigkeit empfiehlt man ihm einen Rundgang durch die *Grandes Promenades*. Diese Anlage umgibt den erhöht liegenden, ansehnlichen Justizpalast von 1863. Gepflegt, mit Denkmälern geziert, mit Bänken versehen, bietet der Park einen Ort der Erholung im dichten städtischen Verkehr.

Die Stadt hat sich im Umkreis um die Kathedrale Saint-Etienne entwickelt. Ihr Gründer war der heilige Brieuc aus Wales, der am Ende des 6. Jahrhunderts n. Chr. mit 84 Schülern über den Kanal gekommen war. Er gehört zu den sieben heiligen Gründervätern der Bretagne. Die *Kathedrale Saint-Etienne* an der Place Général de Gaulle entstand an der Stelle, an der Brieuc ein Kloster errichtet hatte. Es ist ein düsterer,

GESINNUNGSMÄRTYRER

wehrhafter, zur Zeit vernachlässigter Bau. Seine Geschichte
ist bemerkenswert. Die im 12. Jahrhundert begonnene und
schließlich im 18. Jahrhundert vollendete Kathedrale diente
den Briochins tatsächlich als Wehrkirche. Wer die Stadt besitzen wollte, mußte diese geistliche ›Festung‹ zuvor nehmen.
1375 versuchte Herzog Jean IV. es vergebens. Dagegen gelang
dem Connétable de Clisson (1336-1407) die Eroberung, nachdem er die Kathedrale zwei Wochen lang belagert hatte.

Eine Tafel an der Fassade von Saint-Etienne berichtet von
der Zivilcourage eines Bürgers zur Zeit der Revolution. Als
die Royalisten im September 1799 das republikanische Saint-
Brieuc erobert hatten, setzten sie dem Bürgermeister Poulain-
Corbion ihre Bajonette auf die Brust. Sie wollten ihn zwingen,
»Vive le roi!« zu rufen. Er antwortete »Vive la République!«
und wurde sofort getötet. Er starb ›glorieusement‹, wie die
Tafel verkündet. Gesinnungsmärtyrer gab es damals auf beiden Seiten, und die Franzosen ehren das Gedächtnis der
einen wie der anderen.

Daß Saint-Brieuc nur drei Kilometer von der Küste entfernt ist und einen Hafen besitzt, geht dem Fußgänger auf,
wenn er vom Hügel *Tertre-Aubé* einen Überblick gewinnt.
Der Fluß Gouët hat sich eine tiefe Schlucht gegraben, ehe er
in die Meeresbucht mündet. Ein zweiter Fluß, le Gouédic,
wurde kanalisiert und führt zum Hafen Légué. Über beide
Senken spannen sich zwei hohe Viadukte. In der Ferne erkennt man die Ruine des Cesson-Turmes, den Jean IV. zum
Schutz der Gouët-Mündung 1395 errichten ließ.

Guingamp und die Schwarze Madonna

Guingamp, an der Sprachgrenze zur Basse-Bretagne gelegen,
gehört zu den sympathischen kleinen Städten, die trotz zunehmender Industrialisierung Eigenart und Intimität bewahrt haben. Hier gibt es keine großen Sehenswürdigkeiten,
aber eine glückliche Zuordnung von Befestigungsmauer,
Kirche, Platz und Brunnen. Dieser, ›La Plomée‹ oder ›La
Pompe‹ genannt, ist ein kunstvolles Gebilde auf der Place du
Centre, aber nicht in der Mitte, sondern an der spitz zulaufen-

den Südostecke. Dadurch bildet er einerseits den Vordergrund für einen reizvollen Durchblick auf die Türme der Kirche Notre-Dame-de-bon-Secours und gibt andererseits dem bepflanzten Platz mit seinen stilvollen alten Häusern einen Akzent.

La Plomée ist ein Werk der Renaissance, das im 18. Jahrhundert erneuert wurde. Der Brunnen ist ungemein hübsch und putzig. Die unterste große Schale ist aus Granit. Aus vier Widderköpfen am Rand fließt Wasser in eine steinerne Einfassung darunter. Geflügelte Pferde tragen auf ihrem Rücken eine kleinere Schale aus Blei und speien Wasserstrahlen in das Granitbecken. Über ihnen stehen halbnackte Genien oder Engel mit ausgebreiteten Schwingen und spenden dünne Strahlen aus ihren Brüsten in die Bleischale. Weitere Strahlen schießen vom Rand der obersten Schale aus Engelsköpfchen. Das ganze sprudelnde, sich nach oben verjüngende Gebilde mit seinen drei Schalen wird von einer Madonnenstatue mit segnend ausgestreckter Hand gekrönt. Eine so phantasievolle, krause Zusammenstellung der Motive rechtfertigt die Vermutung, daß hier bewußt oder unbewußt Anklänge an heidnische Urzeit mit Quellnymphen und einer weiblichen Gottheit mitgespielt haben.

Notre-Dame-de-bon-Secours ist eine gewaltige Kirche und baulich ein Zwitter. Zuerst stand eine romanische, zum Schloß gehörige Kapelle an diesem Platz. Daraus wurde eine Pfarrkirche. Man erneuerte sie im gotischen Stil, aber 1535 stürzte der Südturm ein und zerstörte eine Seite des Schiffs. Nun mußten dieser Teil und der Turm erneuert werden. Nach langem Schwanken entschlossen sich die Stadtväter, den Wiederaufbau Jean Le Moal, dem Vertreter des damals ›modernen‹ Stils anzuvertrauen. So kam es, daß Elemente der Renaissance denen der Gotik hinzugefügt wurden.

An der langgestreckten Fassade an der Rue Notre-Dame ist eine Vorhalle als Andachtskapelle stets geöffnet. Hier thront die kleine, hochverehrte Schwarze Madonna, prächtig gewandet, hinter einer flackernden Wand aus angezündeten Kerzen. Es ist die einzige Schwarze Madonna der Bretagne. Jedes Jahr versammeln sich Tausende von Pilgern am Vorabend zum ersten Sonntag im Juli, um bei einer nächtlichen Prozession mit Fackeln Vergebung und Huld der Mutter-Gottes-zur-guten-Hilfe zu erflehen. Der Sonntag wird dann fröhlich begangen.

Daß ein Pardon auch Volksfest ist, gehört zur bretonischen Tradition. Wir haben den Doppelcharakter von ernster, frommer Wallfahrt und Lebensfreude bereits eingangs dargestellt. In Guingamp hatte man indes den zweiten Charakterzug sichtlich übertrieben. Aus der Mitte des 19. Jahrhunderts liegt ein Bericht vor, demzufolge die Pilger auf den Straßen nächtigen durften. Nachdem das letzte geistliche Lied verklungen war, löste sich die Prozession in einen Freudentaumel auf.

»Die Menge der Büßer versammelte sich auf dem Platz, und alle lagen durcheinander auf der nackten Erde.« Männer und Frauen haschen sich in den dunklen Straßen. Kurzum: eine Orgie! Es heißt dann weiter: »Wenn es am nächsten Morgen hell wird, kehren viele junge Mädchen errötend und beschämt zu ihren Müttern zurück und haben dem Pfarrer eine Sünde mehr zu beichten.« Heutzutage werden nach Schluß der Prozession auf der Place du Centre drei Feuer entzündet, und zwar in Anwesenheit des Bischofs. Was Pilger und Pilgerinnen im übrigen schließlich treiben, bleibt ihrem Gewissen und ihrem Geschmack überlassen.

Knotenpunkt Lannion

Lannion bietet sich als Ausgangspunkt für die Küste des rosa Granit an. Es ist eine heitere, quirlige Stadt und ein Knotenpunkt des Verkehrs. Nach Lannion führt ein Seitenzweig der Bahn, Busse stellen die Verbindung zur Küste her, der Autofahrer nähert sich auf viel befahrener Straße von Guingamp oder Morlaix. Westlich von Lannion wird es um so einsamer und stiller, je tiefer man in die herbe Landschaft des Léonais eindringt.

Die Stadt breitet sich an beiden Ufern des Léguer aus und hat einen Flußhafen. Das linke Ufer ist flach. Hier schließt sich ein großer, gut gehaltener Park mit kleinem See an das

mächtige alte Bauwerk des ehemaligen Klosters Sainte-Anne
an. Eine Inschrift ermuntert: »Pique nique autorisé«. Französische Familien auf Ferienfahrt werden darauf aufmerksam
gemacht, daß es auch andere Möglichkeiten zu picknicken
gibt als hinter dem geöffneten Kofferraum des Autos an
staubiger Landstraße.

Das alte Lannion steigt auf der rechten Seite des Flusses an.
Erst geht es ein Stück bergauf, dann gelangt man zum zentralen Platz, der das Schmuckstück jeder dieser kleinen Städte
ist. In Lannion heißt er nach Général Leclerc, ist länglich,
gleicht mehr einer breiten Straße und wird von prachtvollen,
alten, erstaunlich hohen Häusern gesäumt. Immer ist Granit
das klassische Baumaterial, aber in dieser Gegend wird auch
viel Schiefer verwendet. Früher gewann man ihn aus Brüchen
im Binnenland, was zum Teil noch heute geschieht.

Oberhalb der Stadt krönt die kleine *Kirche von Brélévenez*
einen Hang, zu dem 142 Stufen hinaufführen. Man kann auch
den Wagen nehmen, aber der Fußweg ist vorzuziehen, da sich
beim Aufstieg der Rückblick auf Lannion ständig erweitert.
Die Kirche hat eine romanische Apsis, das Schiff ist im gotischen Stil erneuert worden. Die Apsis ist eine der schönsten
unter den vergleichbaren der Bretagne. Schmal und länglich
stülpt sie sich aus der Mitte des gerundeten Abschlusses nach
außen vor. Die Mauern aus hellem Granit ruhen auf einem
Streifen aus dunklem Schiefer. Sie sind durch schlanke, vorgeblendete Säulen gegliedert. Ein umlaufender Wandstreifen
wirft seinen schmalen Schatten auf rätselhafte Köpfchen darunter. Einfachheit vermählt sich hier mit spröder Eleganz.

Im Innern wird ein langer, tiefer Steintrog aus alter Zeit
als Weihwasserbecken aufbewahrt. Die lateinische Inschrift
an der Außenseite ist unvollständig und kann daher zweifach
gedeutet werden. »Dies ist ein Getreidemaß, das niemals vernichtet werden soll« oder »Jetzt wird dieses Getreidemaß ver-
langt«. Es soll sich um ein Maß aus dem 12. Jahrhundert handeln, in das der Zehnte der Körnerfrucht geschaufelt wurde,
der der Geistlichkeit zustand. Der Bau wird den Templern
zugeschrieben, die im Mittelalter in der Vorstadt Brélévenez
einen bedeutenden Besitz hatten, von dem heute nichts mehr

erhalten ist. Terrassen oben an der Treppe folgen noch dem Verlauf ehemaliger Festungswälle. Nur die der Heiligen Trinität geweihte Kirche ist von der Anlage übriggeblieben.

Kapelle und Ruine im Tal des Léguer

Der Fluß Léguer, der bei Lannion ins Meer mündet, gräbt sich in seinem Oberlauf ein Bett durch tiefe, bewaldete, hochromantische Schluchten. Es lohnt, von Lannion aus einen Abstecher zur Kapelle von Kerfons und zur Ruine Tonquédec am Léguer zu machen, nicht zuletzt, um den überraschenden Gegensatz zwischen der Küstenlandschaft mit dem imposanten, aber öden Felsenchaos und dem von üppiger Vegetation eingehüllten Flußtal zu genießen.

Einsamkeit und Einbettung in die Natur verleihen vielen bretonischen Kapellen einen besonderen Charme. Dafür bietet *Kerfons* im Kastanienwald ein Beispiel. Kleine Höfe mit Landwirtschaft liegen in der Nähe. Gelegentlich taucht ein Mann an der Straßenmündung vor der Kapelle auf und stoppt den ohnehin schwachen Verkehr. Dann werden Kühe von der Weide zum Stall getrieben. Um in die Kirche unter Bäumen zu gelangen, muß man die steinerne Schwelle überklettern, die den Pfarrbezirk einfaßt. Der schlichte Calvaire steht hier nicht innerhalb des Bezirks, sondern wächst aus der niedrigen Umfassungsmauer empor.

In der Kapelle wird zur Zeit nur das Querschiff hinter dem Lettner benutzt. Wegen dieses Lettners aber kommen die Kunstfreunde. Er kann sich nicht mit dem berühmten Lettner von Saint-Fiacre in der Südbretagne vergleichen, bietet aber eine kunstvolle Holzschnitzerei voll unerschöpflicher Darstellungsfreude. Auf einem Fries reihen sich Apostel- und Heiligenfiguren. Unter dem durchbrochenen Schnitzwerk hängen Engelsköpfchen mit vergoldeten Flügeln. Alles ist delikat getönt, verspielt und ungemein treuherzig.

Kerfons stammt aus einer Spätzeit, die vage als Renaissance bezeichnet wird. Einzelheiten der Dekoration entstammen jener Stilrichtung. Über einem Eingang zum Querschiff ist der Kopf eines Mannes mit Assyrerbart angebracht. Ein

Glockenturm zeigt als Abschluß im oberen Teil auf allen vier Seiten einen sogenannten Atlanten zwischen antiken Säulen, nämlich einen bärtigen Mann mit nacktem Oberkörper und verschränkten Armen. Christlich ist das alles nicht, aber in der krausen Mischung reizvoll.

Auf der Fahrt zur Ruine von *Tonquédec* senkt sich die schmale Straße zum wilden Flußbett des Léguer, überquert ihn und steigt dann steil bergan. Zwischen den Baumwipfeln erhascht man bereits einen Blick auf die Schloßtürme in der Ferne. Tonquédec scheint ein für Märchen geschaffenes Schloß im Wald und über der Schlucht zu sein. Aus der Geschichte der Ruine geht jedoch anderes hervor. Sie bezeugt für die Nachwelt Kämpfe zwischen der selbständigen Bretagne und Frankreich, die sich lange hinzogen.

Der älteste Teil der Wehranlage stammt aus dem 13. Jahrhundert, mußte aber schon 1395 geschleift werden. Der Schloßherr aus dem Adelsgeschlecht der Coatmen hatte auf das falsche Pferd gesetzt, als er sich der Partei des Olivier de Clisson verschrieb. Dieser große Herr haßte die bretonischen Herzöge und kämpfte auf der Seite des französischen Königs Karl VI. Als Herzog Jean de Montfort im Erbfolgekrieg als Sieger hervorging, strafte er den treulosen bretonischen Schloßherrn, indem er die Burg zu schleifen befahl. Schon 1406 wurde der Wiederaufbau gestattet. Ein neuer Turm und ein Wohntrakt kamen am Ende des 15. Jahrhunderts hinzu. 1622 mußte die Burg zum zweiten Mal geschleift werden, diesmal auf Befehl von Richelieu. Wieder hatte ein Schloßherr auf der falschen Seite gestanden, diesmal beim vergeblichen Aufstand der Feudalen gegen Ludwig XIII.

Die Ruine hat einen merkwürdigen Grundriß. Man erkennt ihn am besten, wenn man den Donjon besteigt, der nach alter Art isoliert auf einem Felsvorsprung liegt. Auf dem trapezförmigen Gelände zeichnet sich ein befestigter Vorhof ab. Von dort gelangt man durch eine Öffnung in einer zweiten Mauer in den Ehrenhof. Der Wohntrakt ist verschwunden. Von Efeu umkleidete Türme und verbindende Mauern betonen den verwunschenen Charakter dieser Ruine, die zu den berühmtesten der Bretagne zählt.

Die rosa Granitküste

»IST NAPOLEONS HUT immer noch in Perros-Guirec?« Eine überflüssige Frage, denn Napoleons Hut oder andere seiner Kleidungsstücke sind im Heeresgeschichtlichen Museum in Paris zu finden und nicht in einem bretonischen Seebad am Ärmelkanal. Die Frage bezog sich aber auch gar nicht auf die Kopfbedeckung des Korsen, sondern auf eine Felsformation an der Küste und war ein Codewort. Als der BBC in London es am 3. April 1944 um 18 Uhr über den Äther sendete, war damit das Kampfzeichen für die Widerstandsbewegung der Bretonen gegen die deutsche Besatzung gegeben.

Der Fels, der ›Napoleons Hut‹ heißt, befindet sich in Ploumanac'h, auf halber Strecke zwischen Perros-Guirec und Trégastel. Diese drei Plätze sind im Lauf der letzten Jahrzehnte immer mehr zusammengewachsen. Während früher das typische weiß gekalkte Haus des Fischers oder Bauern mit den beiden seitwärts hochgezogenen Kaminen vorherrschte, überwiegen jetzt moderne Ferienhäuser, die nur im Sommer ihre Fensterläden öffnen.

Von Lannion führt eine Schnellstraße nach *Perros-Guirec*, dem bedeutendsten Seebad an der Nordküste nach Dinard. Schon 1885 entstand an dem günstig gelegenen Platz das erste ›Hôtel de la Plage‹. Um die Jahrhundertwende begann der Verkauf von Grundstücken in größerem Maß. 1924 war der Tourismus bereits so entwickelt, daß die Perrossiens nicht umhin konnten, ein Kasino zu bauen. Seitdem hat sich der um drei Sandbuchten ausgedehnte Ort mit allem versehen, was dem Sommerfrischler am Strand für Sport und Unterhaltung dienen kann.

Mitten im belebten Städtchen steht mit vierschrötigem Turm eine der ältesten romanischen Kirchen der Bretagne. Sie ist den Heiligen Jacob und Guirec geweiht. Das lange

Schiff ohne Querschiff ist innen fast schmucklos, wirkt archaisch und primitiv. Die von Säulen umkleideten Pfeiler im ältesten Teil tragen Kapitelle mit ausdrucksvollen Skulpturen, die allerdings stark verfallen sind. Von einem Kapitell glaubt man, den Kampf des Königs Artus mit einem Drachen ablesen zu können. Breite Steinbänder an Pfeilern sind mit geometrischen Motiven keltischen Ursprungs und Szenen aus dem Alten Testament geschmückt. Wie in Brélévenez entdeckt man auch hier einen Behälter aus Granit, der als Getreidemaß gedient haben soll.

Die Fahrstraße von Perros-Guirec nach Ploumanac'h führt kurvenreich in die Höhe. Alte Villen in Kiefernparks reihen sich an Steilhängen über der See. Dann entfernt man sich in einem großen Bogen von der Küste. Wie ein Wahrzeichen erhebt sich oberhalb einer scharfen Kurve vor dem Abfall der Straße nach Ploumanac'h hinunter, die Kapelle *Notre-Dame-de-la-Clarté* beim Weiler des gleichen Namens. Der in grau-rosa Granit ausgeführte Bau am höchsten Punkt der Küste ist oft gerühmt und mit poetischem Überschwang besungen worden. Als Baujahr wird 1445 angesetzt. Der Überlieferung nach wurde sie erst im 16. Jahrhundert errichtet.

Damals soll ein Sieur de Barac'h im Schiff von England gekommen sein. Vor der bretonischen Küste geriet der Heimkehrer in einen Sturm. Einer anderen Version nach verlor er auf der Höhe der Sept-Iles im Nebel die Orientierung und irrte auf dem Meer umher. In ähnlicher Notlage zerschnitt Saint-Lunaire, wie wir uns erinnern, den Nebel einfach mit seinem Schwert. Der Sieur de Barac'h dagegen gelobte, der Jungfrau dort eine Kapelle zu errichten, wo er zuerst das rettende Land erblicken würde. Daraufhin zerriß der Nebel oder legte sich der Sturm. Solche Gelöbnisse waren nicht ungewöhnlich, auch gab es die Herren de Barac'h. Nachweislich ist jedoch keiner von ihnen je zur See gefahren.

An den Küsten rechts und links vom alten Fischerstädtchen Ploumanac'h türmen sich die Felsblöcke so zahlreich und zu so abenteuerlichen Formationen wie nirgend sonst. Ein großer *Parc Municipal* ist als Naturschutzgebiet ausgewiesen. We-

PHANTASTISCHE UMRISSE

nigstens hier soll verhütet werden, daß die Gegend verschandelt wird oder die Besucher durch abgesperrten Privatbesitz von den schönsten Aussichtspunkten abgeschnitten sind, wie es früher so oft geschah. In diesem Gebiet kann man frei herumstreifen oder dem *Zöllnerpfad* (Sentier des Douaniers) in Richtung Perros-Guirec folgen. Das Naturschauspiel, das sich hier bietet, ist unvergleichlich.

Die ›rosa Granitküste‹ ist nur in bestimmter Beleuchtung überwiegend rosa. Die Steine schimmern sonst gelblich, auch bläulich. Oft verschluckt der Nebel alle Farben; um so phantastischer zeichnen sich die Umrisse ab. Die Blöcke bilden Bastionen gegen den Anprall der See, aber sie sind in Urzeiten auch ein Stück landeinwärts auf dürres Gelände geschleudert worden. Ebbe und Flut verändern auch hier das Bild völlig. Felsgebilde, die man gerade noch zu Fuß erreicht hatte, liegen bei Flut weitab, tief in der See.

Wie ist es dazu gekommen, daß Blöcke solchen Umfangs und von tonnenschwerem Gewicht, getürmt oder vereinzelt, massig oder abgeschliffen, auf der Erde ruhen oder eine gefährliche Balance zu halten scheinen? Mehrere Ursachen kamen zusammen, die hier nur angedeutet werden können. Zwischen den beiden Eiszeiten, vor etwa 130000 Jahren, soll sich das Meeresniveau gesenkt haben. In jener Epoche bildete sich die Festlandsküste. Fröste mit nachfolgendem Tauwetter sprengten den Stein, der ständig von der Brandung berannt und unterhöhlt wurde. Zersetzung durch pflanzliche Säuren kam hinzu. Vereinfacht gesagt, sind die Ungetüme im Lauf von Jahrtausenden durch Unterspülung und andere Einflüsse vom Sockel gelöst worden und als ›Riesenspielzeuge‹ liegengeblieben.

Im Parc Municipal wandern die Touristen, spielen Kinder begeistert Haschen und Versteck rund um die Kolosse. Immer findet sich ein vor dem Wind geschütztes Plätzchen, um sich niederzulassen. Auf dem rosa Granit zeichnen sich hier und da lila Flecke ab. Es sind Büschel von Strandnelken, die sogar im Gestein Erdkrumen für ihre Würzelchen finden. An dieser Küste haben alle besonders markanten Formationen ihre Namen gefunden. Manche sind überaus treffend, andere wirken gesucht. Daß für diese Auswahl außer Tieren und Menschen auch der Zwerg, der Totenkopf, der Teufel herhalten müssen, verwundert in der Bretagne nicht. Unwillkürlich schweift die Phantasie beim Anblick dieser Felsbrocken hin und her zwischen Märchen und Sage.

In *Ploumanac'h* rundet sich die malerische Bucht von Saint-Guirec nördlich vom Fischereihafen. Nahe am Klippenstrand wurde in alter Zeit das *Oratorium des heiligen Guirec* auf einen flachen Fels gesetzt. Es besteht aus einem überdachten, zur See hin offenen Steinhaus der romanischen Epoche. Im Innern stand eine bemalte Holzfigur des Heiligen, die vor kurzem durch eine belanglose Statue aus Stein ersetzt werden mußte. Saint-Guirec aus Holz war buchstäblich zerstochen worden. Die heiratslustigen Mädchen der Umgegend hatten ihm zunächst nur die Nase, dann aber den ganzen Körper mit Nadelstichen gespickt, damit er ihnen rechtzeitig einen Ehemann zuführte.

Der heilige Guirec kam aus Wales und landete im 6. Jahrhundert n. Chr. bei der Klippe, wo jetzt die kleine Andachtskapelle bei Flut vom Meer umspült ist. Guirec war indes nicht in einem Schiff gelandet, sondern in einem Trog aus Granit. Der Legende nach bedienten sich auch andere Missionare eines so unpraktischen, aber originellen Fahrzeugs. Bretonen benutzten ihren Granit nicht nur als einheimisches Baumaterial, sondern exportierten ihn auch. Die Legende vom Fahrzeug aus Granit wird von nüchternen Gemütern damit erklärt, daß die Missionare in ihren hölzernen Schiffen wahrscheinlich Haufen von steinernem Ballast mitführten.

Der Bucht gegenüber erhebt sich das *Schloß Costaeres* auf einer Klippeninsel. Seine Bilderbuchromantik entstammt einem Architekturbüro. Ursprünglich hatte die Insel einem Zöllner gehört, der dort Kartoffeln pflanzte. Die Buchten zwischen Perros-Guirec und Trégastel boten günstige Landegelegenheiten für Schmuggler von diesseits und jenseits des Kanals, mit Zwischenstation oder Umschlagplatz auf Jersey und Guernesey. Nach dem Tod des Zöllners blieb Costaeres verlassen. Fischer legten ihren Fang zum Trocknen auf die

Klippen. 1892 kaufte der polnische Ingenieur Bruno Abdank Abakanovich die Insel zum Spottpreis von 25 Centimes für den Quadratmeter, ließ das Schloß errichten und übte in der Folge großzügig Gastfreundschaft. Eine Vorbedingung war erfüllt: Es gab auf der Klippe einen Brunnen mit Trinkwasser. Hartnäckig behauptet sich das Gerücht, Henryk Sienkiewicz habe seinen Roman ›Quo vadis‹ in diesem Schloß geschrieben. Erwiesen ist nur, daß der Schriftsteller zur erlesenen Gästeschar des Ingenieurs gehörte. ›Quo vadis‹ wurde 1898 veröffentlicht, Sienkiewicz erhielt 1905 den Nobelpreis. Am Anfang des 20. Jahrhunderts ließ der Schwiegersohn von ›Monsieur Abdank‹ das Schloß vergrößern.

Weiter westlich auf der Corniche bretonne stößt man auf den weit auseinandergezogenen Ferienort *Trégastel-Plage*, der ähnlich wie Ploumanac'h für sein Felschaos berühmt ist. Bei Trégastel biegt die Küstenstraße nach Südwesten um. Vor dem Weiler Penvern liegt die flache *Ile Grande*, die zum großen Teil mit Ödland bedeckt ist. Hier wird noch Granit gebrochen, der wegen seiner schönen Färbung sehr gefragt ist. Die Exportindustrie für diesen ausgefallenen Zweig hat sich seit 1926 gut entwickelt. Das gilt auch für den Granit, den man auf dem Festland bei La Clarté bricht, und der grünliche Adern hat. In den Ateliers an Ort und Stelle wird die alte Kunst der Steinmetze betrieben. Das riesige Kreuz zum Gedenken an de Gaulle im lothringischen Colombey ist aus Granit von La Claré gehauen.

Überall in der Bretagne gibt es Regionen, in denen sich die Kulturschichten überlagern. Man kann auf einem verhältnismäßig kleinen Raum und innerhalb weniger Stunden Eindrücke sammeln, die von rätselhafter Vorzeit über historisch belegte Epochen bis zur Gegenwart reichen. Ein groteskes Beispiel dafür bietet ein Menhir, den man von Trégastel oder Trébeurden aus aufsuchen kann. Sozusagen als Wegweiser dient eine hohe, weiße Ballonkuppel, die schon aus der Ferne auffällt. Es ist das Radom von *Pleumeur-Bodou*, ein Teil der 1962 eingerichteten Anlage für ›Télécommunications spatiales‹, für Kommunikation mit Satelliten im Weltraum.

An dieser zukunftweisenden Anlage fährt man vorbei, um

GRANITKÜSTE

auf einem schmalen Feldweg den *Menhir von Saint-Duzec* aus
unvorstellbarer Vorzeit zu erreichen. Am Rand eines Korn-
feldes wird ein kleiner, eingefaßter Platz zwischen Büschen
und Bäumen von einem hohen und breiten Gebilde aus Stein
überragt. Man sollte es umkreisen, ehe man sich mit der
Christianisierung des Heidenmals beschäftigt. Auf der Rückseite wirken tiefe, regelmäßig in den Stein gegrabene Rillen
wie Falten eines majestätischen Gewandes. Ein Spiel des
Klimas, der Erosion oder von Menschenhand geschaffen?
Man findet ähnliche Rillen auch an einem Stein in Carnac
wieder. An der Vorderseite ziehen Rinnen mit dunklem
Flechtenbewuchs von oben nach unten.

Die christliche Geistlichkeit haßte die Megalithen, und das
mit gutem Grund. Mochte auch nicht jeder Priester oder
Mönch beim Anblick rätselhafter Steinmale an Teufelszeug
glauben, so wußte er doch, daß die Bevölkerung an ihnen
hing, sie liebte und fürchtete. Man benutzte sie für allerlei
abergläubische Praktiken, man huldigte ihnen, wenn es um
Fruchtbarkeitszauber ging, zu dem die phallische Form vieler
Menhire Anlaß gab. Zum Glück bot sich ein einfaches Mittel
an, den Zauber zu entkräften, eine Art von handwerklichem
Exorzismus: Man beauftragte Steinmetze, Menhire mit einem
Kreuz zu krönen, dann würde der Böse schnell Reißaus
nehmen.

Wie manche andere trägt auch der Stein von Saint-Duzec
ein Kreuz an der Spitze, aber damit hat man sich nicht begnügt. 1676 wurden zusätzlich christliche Symbole eingemeißelt. Allerdings ist die Arbeit so primitiv, daß man sie für
weit älter hält. Unter dem Gekreuzigten erkennt man eine
weibliche Figur mit gefalteten Händen, von Sonne und Mond
gerahmt, wahrscheinlich die Gottesmutter. Darunter sind
säuberlich die Werkzeuge von Golgatha herausgearbeitet: die
Leiter, die Stange mit dem Essigschwamm, Hammer und
Kneifzange, eine Geißel, das faltenreiche Gewand Christi,
um das die Knechte gewürfelt haben. Unerklärt bleiben die
Innenfläche einer Hand und ein Kopf unterhalb der weiblichen Gestalt. Ein Hahn auf einer Säule symbolisiert die
Verleugnung Petri.

CHRISTIANISIERTER MENHIR

Dieser Menhir ist mehr als ein Kuriosum. Er rührt durch die unbefangene Kindlichkeit der Darstellung. Pathetisch gesagt, äußert sich in solcher Einzelheit die Seele der einstigen Bretagne. In schlichterer Form gibt es dafür ungezählte Beispiele. Kleine, plumpe Kreuze am Wegrand mit ihrem vom Wetter zernagten Christus rühren als unbeholfenes Denkmal echter Frömmigkeit immer wieder an.

Zwischen Saint-Brieuc und Tréguier

Der rätselhafte Tempel von Lanleff

Die breit vorgestülpte Halbinsel zwischen der Baie de Saint-Brieuc und der Baie de Lannion lockt den Besucher vor allem durch die Côte de Granit rose im Nordwesten an. Die Ostküste ist wenig bekannt, bietet aber dem Kunstfreund abseits vom Touristenpfad interessante Entdeckungen. Dazu gehört ein verfallenes, romanisches Baudenkmal in der Umgebung des Städtchens Plouha, auf der Strecke von Saint-Brieuc nach Paimpol. Man nennt es den ›Tempel‹ von Lanleff.

Das Umland von Plouha ist rein bäuerlich und sehr einsam. Die im allgemeinen vorzügliche Beschriftung der Landstraßen mit Hinweis auf Sehenswürdigkeiten läßt hier zu wünschen übrig. Wenn man Lanleff erreicht hat, sieht man sich zunächst vergebens nach dem Tempel um. Am Friedhof entlang säumen Häuser eine abfallende Straße, und nun entdeckt man die Ruine. Sie liegt unten im Grün und grenzt hart an die Rückseite eines Hauses. Eine recht enttäuschende Lage! Der Besucher steigt hinab und gelangt über einen Trampelpfad hinter dem Haus zur Ruine. Der Platz ist von Grundstücken in Privatbesitz eingeschlossen und stark vernachlässigt.

Dennoch übt die Architektur aus zwei konzentrischen Kreisen sofort Faszination aus. Man muß sich nur Zeit nehmen, um durch die zwölf Arkaden wiederholt aus und ein zu gehen. Sie trennen den äußeren vom inneren Kreis. Die hohe Mauer des Bauwerks ist teilweise eingestürzt. Das verleiht dem Tempel das romantische Aussehen, zumal Pflanzenbehang den Stein umkleidet. Nur die zentrale Rotunde ist unversehrt, wenn auch stark verwittert. Über niedrige Steinschwellen unter den Rundbogen gelangt man ins Zentrum von zehn Metern Durchmesser. Der Platz ist mit Gras be-

ROMANISCHER ZENTRALBAU 135

deckt. Das Baumaterial ist grauer, leicht ins rosa spielender, grobkörniger Granit.

Seit dem 12. Jahrhundert war dieser Zentralbau eine der Gottesmutter geweihte Kirche. Sie hatte am äußeren Umgang drei Absidialkapellen, von denen nur noch eine erhalten ist. Die innere Rotunde hat harmonische Proportionen, vom figürlichen Schmuck an den wuchtigen, gemauerten Pfeilern ist allerdings kaum noch etwas zu erkennen. Vom Dach, vermutlich in der Form einer Kuppel, fehlt jede Spur. Die glatt emporsteigende Mauer, auf der die Bedachung geruht haben muß, ist ungleichmäßig hoch und hat eine tiefe Bresche.

Wo jetzt Schlinggewächse über die Mauer hängen, wuchs früher ein Baum. Alte Stiche zeigen, daß sich im Zentrum der seit langem nicht mehr genutzten Kirche eine Eibe zum Himmel reckte. Sie wuchs und wuchs, bis ihre ausladenden Äste die Mauer überragten und ein natürliches Schutzdach bildeten, jedenfalls im Sommer. Überwachsene Ruinen haben überall ihren eigenen Zauber, aber wie die Natur in Lanleff den geeigneten Baum an geeigneter Stelle wachsen ließ, bleibt einzigartig.

Bis zum 19. Jahrhundert war der Tempel einer auf gleicher Höhe liegenden Pfarrkirche zugeordnet und diente ihr merkwürdigerweise als Vorhalle. Als die Pfarrkirche niedergelegt und etwas entfernt wieder errichtet wurde, blieb der Rundbau isoliert und verfiel völlig. Aus der Baugeschichte ist wenig bekannt. Man weiß nur, daß Lanleff 1148 dem Benediktinerkloster Saint-Magloire de Léhon gehörte. Die Bauzeit setzt man für die Wende des 11. zum 12. Jahrhundert an. Es ist die Zeit des ersten Kreuzzugs, an dem zahlreiche Ritter aus Frankreich teilnahmen. Die Bauelemente entsprechen der romanischen Epoche, aber der Rundbau ist ungewöhnlich. Heimgekehrte Kreuzfahrer könnten eine Anregung aus dem Orient mitgebracht haben, die der Bauherr verwirklicht hat. Diese Erklärung leuchtet ein, wird jedoch von der Wissenschaft nicht einstimmig akzeptiert. Daher der Zuname: Tempel!

Man hat Hypothesen aufgestellt. Könnte es sich nicht ursprünglich um einen Sonnentempel der Kelten gehandelt

136 ZWISCHEN ST-BRIEUC UND TRÉGUIER

haben, die Rundanlagen bevorzugten? Um eine gallo-römische Kultstätte oder ein Baptisterium aus der Zeit der Merowinger? Auch die Templer stehen als Bauherren zur Diskussion, dagegen spricht jedoch das Alter des Bauwerks. Lanleffs Ursprung bleibt also rätselhaft. Gerade deshalb wäre es verdienstvoll, ein so interessantes Denkmal nicht noch weiter verfallen zu lassen.

Kirche des Totentanzes

Nahe bei Lanleff liegt die Kirche *Kermaria-en-Isquit*, auch Kermaria-an-Iscuit geschrieben. Der seltsame Name wird mit ›Haus Mariens, die Gesundheit bewahrt und spendet‹, übersetzt. Es ist eine Wallfahrtsstätte für fromme Gemüter und eine häufig besuchte Kirche für Freunde bretonischer Volkskunst.

Das schlichte Bauwerk gehörte ehemals zum Sitz eines Feudalherrn. Es ist jedoch nur diese Kapelle mit dem tief heruntergezogenen Schieferdach übriggeblieben. Der älteste Teil stammt aus dem 13. Jahrhundert, später wurde die Kapelle erweitert. Die Apsis ist viel jünger. Anders als innen, bleibt außen ein einheitlicher Eindruck gewahrt.

Ungewöhnlich ist der Aufbau auf der flach gedeckten Vorhalle mit umlaufender Balustrade. Man hat ein Häuschen mit Spitzgiebel und einer Türöffnung an der Vorderseite darauf gesetzt. Dieses Häuschen ist vom Innern her über eine Treppe zu erreichen. Es enthielt einst ein Archiv und wurde zeitweilig als Gerichtssaal benutzt. Hier sprachen die Feudalherren Recht. Ein Herold verkündete dann den Spruch vom Balkon aus dem Volk vor der Kirche.

Nach bretonischer Sitte ist die Vorhalle auf beiden Seiten mit Apostelstatuen geschmückt. Man erkennt sie an ihren Tributen oder Marterwerkzeugen. Das Holz zeigt noch Spuren von Bemalung. In starren Faltengewändern stehen sie auf ihren Sockeln und schauen naiv in die Welt. Petrus mit Schnurr- und Kinnbart drückt einen riesigen Schlüssel an sich. Jacobus mit Stirnglatze hat die Pilgerflasche lässig am gekrümmten Arm hängen. Johannes und Bartholomäus sind

GESPENSTISCHE FRESKEN 137

bartlose Jünglinge mit lockigem Haar. Typen aus der ländlichen Bevölkerung mögen dem Holzschnitzer als Modell gedient haben.

Im Innern zieht sich ein Fries mit Fresken an beiden Seiten über den Arkaden hin. Das Thema ist der Totentanz. Dieser häufig behandelte Stoff ist in Kermaria stark stilisiert. Auf 47 Feldern sind abwechselnd immer eine Person und der Tod dargestellt. Alle Figuren reichen einander die Hände, bilden eine Kette. Wie üblich verkörpern die Gestalten der Lebenden alle Stände. Sie vertreten die Geistlichkeit, die weltlichen Herrscher, das Militär, den Bauernstand, den Juristen, den Bürger. Eine einzige Frau ist darunter, ihr zur Seite ein Liebhaber. Die Kette aus Armen und Händen wirkt tänzerisch, ist aber erbarmungslos. Die Farben dieser Fresken aus dem 15. Jahrhundert sind so verblaßt, daß man den gespenstischen Reigen fast wie bleiche Silhouetten vorüberziehen sieht.

Im Chor hat man fein gearbeitete Alabasterreliefs aus dem Kirchenschatz mit Szenen aus dem Marienleben neuerdings hinter Glas ausgestellt, aber leider schlecht beleuchtet. Von der weiß gekalkten Wand im Querschiff heben sich Heiligenstatuen in leuchtender Farbigkeit ab. Eine sitzende, plumpe heilige Anna hält Maria als überschlankes Jüngferchen im Arm, den Enkel im weißen Gewand auf einem Knie und das aufgeschlagene Buch im Schoß. Von der Unbeholfenheit und dem kindlichen Ernst dieser Gruppe sticht die Eleganz einer Marienstatue aus dem 16. Jahrhundert ab. Maria bietet dem Kind die Brust, aber das verwöhnte Knäblein mit Krone wendet sich in manirierter Pose mit gespreizten Fingerchen ab. Ein schwierig zu deutendes Motiv! Die köstliche, kleine Kirche steht unter der Obhut der Denkmalspflege und wird laufend, wenn auch in gewissen Abständen, restauriert.

Paimpol, durch Literatur bekannt

An der nördlichen Verbindungsachse der Halbinsel mit ihren klippenreichen Kanalküsten sind zwei durch Geschichte geprägte Städte sehr unterschiedlichen Charakters eng benachbart: Paimpol und Tréguier. Paimpol liegt an einer tiefen, geschützten Bucht. Sein Name ist durch Pierre Lotis Roman ›Pêcheur d'Islande‹ (›Islandfischer‹) bekannt geworden, der in Deutschland zeitweise sogar als Schullektüre diente. Der Romantitel geht darauf zurück, daß der Hafen fast hundert Jahre lang ein Zentrum für den Dorschfang vor Island gewesen ist. Das brachte der armen Bevölkerung vorübergehend einigen Wohlstand, verlangte von ihr aber auch hohe Opfer. Jetzt betreiben die Paimpolais nur noch Fischfang vor der Küste. Wo früher Fahrzeuge der Hochseefischerei ausfuhren, haben heute schmucke weiße Yachten ihren Ankerplatz. Der Markt ist vielseitig geworden. Er dient überwiegend dem Umschlag von Frühgemüse.

Von der breiten Promenade am Quai Loti aus überblickt man das ganze Panorama. Da sind die beiden Hafenbecken, da wird die Bucht von modernen Häusern auf hügeligem Gelände eingefaßt, da glitzert fern am Horizont die offene See. In Paimpols stillen, alten Straßen ist wenig Verkehr, nur die längliche *Place du Martray* ist immer belebt. An der Ecke zur Rue de l'Église bewundert man ein prächtiges Haus aus dem 16. Jahrhundert mit halbrundem, steinernem Erker im Obergeschoß. Es heißt, Pierre Loti sei hier abgestiegen, als er an seinem Roman arbeitete. Sicher ist jedoch nur, daß Loti seine Heldin Gaud Mével bei ihrem Vater in diesem Haus wohnen läßt; im Roman ist es allerdings nur flüchtig skizziert.

Im Erdgeschoß gibt es einen Laden für maritime Bekleidung. Auch in anderen Geschäften der Stadt wird Ausrüstung und Zubehör für Fischerei und Schiffahrt angeboten. Es gibt sogar eine Spezialbuchhandlung für maritime Literatur. Die alte Hafenstadt mit ihrem verblaßten Ruhm hat in jüngerer Zeit durch die Errichtung einer École Nationale de la Marine Marchande, einer Ausbildungsstätte für die Handelsmarine, Auftrieb bekommen. Im Sommer herrscht Hochbetrieb durch Wassersportler.

Paimpol wird zum ersten Mal in einem Dokument des 12. Jahrhunderts erwähnt, sozusagen als Anhängsel an eine Abtei auf der nahen Insel Saint-Riom. Ab 1202 wurde Saint-Riom aufgegeben, aber Paimpol erfüllte weiter seine Rolle als Zuliefererplatz, von nun an für die Prämonstratenserabtei von Beauport, die heute als stimmungsvolle Ruine weiter südlich an der Küste liegt. Das Kloster war ehemals reich und von den Herzögen der Bretagne mit großen Vorrechten ausgestattet. Daß die Geistlichen die ihnen zustehende Gerichtsbarkeit herrisch ausübten, beweist ein Urteil von 1650. Drei Männer wurden zum Tode verurteilt, nur weil sie nachts Getreide aus der Mühle der Abtei gestohlen hatten. Damals griff sogar das Parlament der Bretagne ein und verhinderte die Todesstrafe.

Paimpols Entwicklung zur Hafenstadt ging vom 17. Jahrhundert an vor sich. 1699 erhielt sie als Wappen ein silbernes Schiff auf blauem Grund. Außer Fischfang betrieben die Paimpolais Trampschiffahrt, auch Handel mit den Kolonien. Am Ende des 18. Jahrhunderts schickten sie sogar kleine, aber mit beherzten Männern bemannte Schiffe auf Kaperfahrt und machten reiche Prise. Abgesehen von ertragreichen Unternehmungen zur See, blieb die Bevölkerung jedoch arm. Eine umsichtige Verwaltung sorgte frühzeitig für Gebietserweiterung, die erst 1960 mit der Entstehung von Groß-Paimpol abgeschlossen wurde.

Die Epoche der Fischerei vor Island dauerte von 1852 bis etwa 1935 und hatte gegen 1895 ihren Höhepunkt. Schon früher hatten Bretonen zusammen mit Flamen aus Dünkirchen vor Island gefischt. Die Arbeit war hart. Die Schoner ließen sich über die Fischgründe treiben. Jeder Mann an Bord hatte seinen festen, ausgelosten Platz, von dem aus er die beschwerte Angelleine über eine Rolle ins Wasser hängen ließ. Sobald der Dorsch anbiß, wurde der fünf bis sechs Kilo schwere Fisch hochgehievt, geschlachtet und eingesalzen. Kleine Einheiten der Flottille übernahmen den weiteren Transport, damit die Schoner sofort auf neue Fangreise gehen konnten.

1852 ergriff der Reeder Louis Morand aus Paimpol die Initiative und brachte ein eigenes Fangschiff mit dem verheißungsvollen Namen ›L'Occasion‹ auf die Islandroute. Zur Besatzung gehörten einheimische Seeleute, nur der Kapitän kam aus Dünkirchen. Schon im nächsten Jahr ging ›L'Occasion‹ unter, aber zwei Schiffe ersetzten den Verlust. 1859 konnte ein Geistlicher bereits 31 Schiffe bei der Prozession einsegnen. »Aus Island kommt euer künftiger Reichtum!«, hatte Louis Morand vorausgesagt. 1895 fuhren aus den vergrößerten Hafenbecken achtzig Schiffe aus, darunter Schoner von 400 Tonnen mit zwanzig Mann Besatzung.

Aber dann kam der Rückschlag. Schon 1899 war die Fangflotte stark reduziert. Nach dem Ersten Weltkrieg fuhren nur noch sechzehn Schiffe aus, in den dreißiger Jahren waren es zwei, die ›Glycine‹ und die ›Butterfly‹. Die ›Butterfly‹ ging bereits nach dem ersten Fang unter, die ›Glycine‹ beendete die Reise und wurde dann stillgelegt. Die Gründe: Paimpol hatte sich nicht rechtzeitig vom Segel auf Dampf umgestellt, auch gab es in Frankreich ein Überangebot an Fisch. Der Export unterlag Beschränkungen, hinzu kam der Kursverfall.

»Perdu en mer« lautet die melancholische Formulierung für die Ertrunkenen auf den Gedächtnistafeln bei Paimpol. Auf dem Friedhof von *Ploubazlanec* säumen schmale, mit Blumen bepflanzte Beete die Mauer, an der alte Tafeln mit verblaßter Inschrift und neuere, zum Teil schön gravierte, von den Verlusten auf See erzählen:

Disparu en mer, 19 ans

Alain Feulicot, disparu en Islande à bord de la ›Paimpolaise‹, 19 ans, 1907

A la mémoire de Jacques Querliget, 48 ans, et son fils Jean, 17 ans. Disparus en mer d'Islande en 1912, à bord de la ›Françoise‹

Am Kopf der schwarzen Tafeln steht nüchtern »En mémoire«. Dann folgt die Aufzählung, links die Namen der Schiffe, rechts die Zahl der Toten. 12 Mann, 14 Mann und so fort. Allein auf einer Tafel sind acht Schiffe mit den Jahreszahlen 1864 bis 1866 verzeichnet. 1905 ging ein Schiff mit dem Namen ›Pierre Loti‹ mit 27 Mann an Bord unter. Am Schluß dieser tragischen Liste die Bitte: »Priez pour eux«.

Auch in der weiß gekalkten Vorhalle der Kirche von *Perros-Hamon* im Norden von Paimpol hängen Gedenktafeln mit erschütterndem Text für die auf See gebliebenen Väter und Söhne. In einer Inschrift für Sylvestre Bonnard, der im

April 1864 im Orkan umkam, heißt es, daß ihm die heilige Jungfrau, unter deren Schutz er stand, die Augen geschlossen habe. »Stella maris« sangen die Fischer, ehe sie ausfuhren.

Die Kirche von Perros-Hamon ist zwar ein bescheidenes Bauwerk mit Schieferdach und einem offenen, gestuften Glockenturm, in dem die Glocken nach alter Weise beim Läuten aus und ein schwingen, aber die Giebelwand an der Westfassade ist bemerkenswert. Drei Skulpturen sind in Nischen eingelassen. Zwischen Sankt Michael und Maria stützt Gottvater den vom Kreuz herabgestiegenen Sohn und bietet ihn der Gemeinde dar. Darüber entfaltet die Taube ihre Flügel. Christus ist klein, fast knabenhaft, und neigt ergeben den Kopf. Gottvater hat die wallenden Locken, den Kinnbart und die Züge eines jüngeren, nachdenklich ergriffenen Mannes. Auf seinem Gewand hebt sich in Brusthöhe ein rundes Gesicht im Kranz feiner Plisseefalten ab. Eine Darstellung der Sonne, aber an diesem Platz? Die tief empfundene Gruppe, bei uns ›Gnadenstuhl‹ genannt, heißt in Frankreich ›Piété du Seigneur‹.

Zwischen dem Äußeren der schlichten 1728 bis 1770 erbauten Kirche und dem Schmuck der Westfassade gibt es einen Widerspruch, der indes seine Erklärung hat. Die im Stil, aber auch in der Auffassung älteren Figuren sind übernommen. Sie stammen aus der Chapelle de la Trinité im nahen Pors-Even. Deren weit zurückliegendes Baudatum ist unbekannt. 1746 wurde sie vom Blitz getroffen und zerstört. Die geretteten Skulpturen fanden ihren neuen Platz an der Kirche von Perros-Hamon.

Julien Viaud, der sich Pierre Loti nannte, lebte von 1850 bis 1923. Er war Offizier der Marine, kannte den Fernen Osten mit seinen Kriegsschauplätzen, war ein schneidiger, mondäner, schriftstellerisch fast zu begabter Mann. Seine enorme literarische Produktion handelt in erster Linie von dieser exotischen Welt. Daß er 1892 in die Académie française aufgenommen wurde, beweist, daß man ihn nicht nur für einen guten Unterhalter, sondern für einen seriösen und repräsentativen Schriftsteller hielt.

In der Bretagne hatte er sich nur vorübergehend aufgehalten, aber gründlich recherchiert. Mit unwahrscheinlichem Gespür für das Wesentliche hat er die Informationen von Männern wie Guillaume Foury in Pors-Even und Kapitän Huchet de Guermeur verwertet. Für seine Heldin Gaud soll ihm eine schöne, junge Bretonin als Modell gedient haben, um die er vergebens warb. Angeblich hat diese Zurückweisung ihn, den verwöhnten Liebhaber exotischer Damen, so tief getroffen, daß dieses Erlebnis ihn unter anderem zum Roman inspirierte. Allerdings ist es dort Gaud, die unter Yanns Abweisung leidet.

Der Stoff rankt sich um ein dreifaches Leitmotiv: das Meer, die Liebe, der Tod. Die Handlung spielt nur zum Teil in Paimpol, meist in Ploubazlanec und Pors-Even. Die reiche und feine, später verarmte Gaud wird bei ihren zarten Versuchen der Annäherung an den starken, eigensinnigen, aus bescheidener Fischersfamilie stammenden Yann Goas zunächst abgewiesen. Lachend behauptet er einmal, daß er mit der See verlobt sei, die ihn dann tatsächlich bei der ersten Ausfahrt nach seiner Trauung mit Gaud, die er heimlich doch geliebt und schließlich gewonnen hatte, holte.

Die Handlung ist in ein Sittenbild der Region im letzten Drittel des 19. Jahrhunderts gebettet. Die Schilderung ist knapp, anschaulich, nicht im Folklorismus erstickend. Der ehemals gerühmte Roman geriet jedoch später in Mißkredit. Man warf dem Verfasser ein verfälschtes Bild der Bretagne vor. Immerhin wird man zugeben müssen, daß die zahlreichen Schilderungen von Meer und Himmel meisterhaft sind. Der Schluß des kurzen Romans mit Gauds verzweifelter Ausschau nach dem verschollenen Schoner gehört zu Lotis eindringlichsten literarischen Leistungen.

Paimpol benannte eine Straße und einen Quai nach Pierre Loti, setzte ihm aber kein Denkmal. Mit einem Denkmal dankte man dagegen einem Bretonen, den der Roman von Pierre Loti zu einem sechsstrophigen Lied begeistert hatte, das einmal überschwenglich die »Marseillaise der See« genannt wurde. 1895 schuf Théodore Botrel die ›Paimpolaise‹, womit er unter anderem auch sein außerordentliches Einfühlungsvermögen unter Beweis stellte, denn damals kannte er Paimpol noch nicht. »Quittant ses genêts et sa lande ...« Wenn der Bretone sein dürres, mit Ginster bewachsenes Land verläßt, um Seemann zu werden und vor Island zu fischen, dann summt der arme Junge ganz leise: »Ich liebe Paimpol und seine Steilküste, seine Kirche und den großen Pardon, ich liebe vor allem das Mädchen aus Paimpol, das mich auf bretonischem Boden erwartet.« In den sechs geschickt gereimten Strophen mit Motiven aus dem Leben des Islandfischers summt der arme Junge stets einen Refrain voller Sehnsucht nach dem Mädchen aus Paimpol. Selbst als ihn in der sechsten Strophe der Tod auf See ereilt, gilt ihr sein letzter Gedanke.

Théodore Botrel wurde 1868 geboren und stammt aus Dinan. Man zählt ihn zu den Barden. Diesen Begriff gibt es noch heute in der Bretagne, wenn er auch mit dem keltischen Greis mit der Harfe nur die Volkstümlichkeit gemein hat. Moderne Barden wie Botrel und andere dichten Lieder mit regionalen Themen. Allerdings rückt man nicht ohne weiteres zum Barden auf. Die Einfühlung wie die poetische und musikalische Technik müssen vollkommen sein. Für Botrel trifft das zu.

Er lebte als bescheidener Bahnangestellter in Paris. Eines abends bat man ihn in einem literarischen Kabarett, etwas vorzutragen. Das tat er bereits am folgenden Abend. In der Nacht zuvor hatte er sich hingesetzt und, von heimischen Erinnerungen inspiriert, die ›Paimpolaise‹ gedichtet und komponiert. Zufällig befand sich dann unter den Zuhörern ein Musikverleger mit feinem Gespür für den treffsicheren, volkstümlichen Ton des Unbekannten. Er sorgte für die Verbreitung des Liedes.

Erst nachher kam Botrel zum ersten Mal nach Paimpol. Bei dieser Gelegenheit stellte er fest, daß sich die von ihm besungene Steilküste gar nicht bei Paimpol, sondern etliche Kilometer entfernt bei Pors-Even befand. Botrel war damals 27 Jahre alt. Seine ›Paimpolaise‹ wurde zum Volkslied der Bretagne. 1898 hatte die Auflage seines gedruckten Liedes schon zwei Millionen Exemplare erreicht! Im Ersten Weltkrieg trug ihn eine neue Welle der Popularität, da er die Soldaten mit geschickten Haß-Chansons gegen den Feind anzufeuern verstand.

Man schätzte sein Talent hoch, machte allerdings auch ihm zum Vorwurf, daß er mit seiner Heimatdichtung das Bild der Bretagne verfälsche und »eine Bretagne in Holzpantoffeln« vorführe. Man muß Botrel wie Pierre Loti zugute halten, daß sogenannte Heimatdichter es nie allen Einheimischen recht machen werden. In Paimpol war man vorübergehend aus innenpolitischen Gründen von Botrel abgerückt, wollte ihn aber im Spätsommer 1925 im Zusammenhang mit einem Kongreß bretonischer Heimatfreunde feiern. Doch dazu sollte es nicht mehr kommen, die Einladung erfolgte zu spät. Am 26. Juli 1925 war der Barde gestorben.

Tréguier und der heilige Yves

Die ganze nördliche Region mit ihren Sehenswürdigkeiten erhält ihren geistlichen Adel durch die Stadt Tréguier, die etwa auf halber Strecke zwischen Lannion und Paimpol liegt. Tréguier ist die Stadt des heiligen Yves, einer geschichtlich belegten, überragenden Persönlichkeit. Es ist auch die Stadt des Wissenschaftlers und Schriftstellers Ernest Renan, der ein halbes Jahrhundert französischer Geisteshaltung beeinflußt hat. Schutzpatron ist der heilige Tugdual. Er war an der Wende vom 5. zum 6. Jahrhundert aus Britannien gekommen. Zu seinem Gefolge gehörten 72 Mönche, dazu seine Schwester, Sainte-Sew, und seine Mutter, Sainte-Pompée.

Es zog Tugdual nicht zum Eremitendasein wie so viele andere Missionare. Er reiste auf der Halbinsel hin und her, bis ihm ein Verwandter ein Grundstück schenkte. So entstand das Kloster Landreger. Auf bretonisch heißt die Stadt noch immer so, Tréguier ist der französische Name. Renan berichtet: »Ein geheiligter Umkreis von ein bis zwei Meilen – minihi genannt – umgab das Kloster und genoß die wertvollsten Vorrechte.« Das Minihy von Tréguier steht alljährlich im Mittelpunkt einer außergewöhnlichen Prozession.

Im 9. Jahrhundert wurde Tréguier zum Bistum erhoben,

SAINT-TUGDUAL

am Ende des 13. Jahrhunderts entstand die Kathedrale. Rings um den geistlichen Kern wuchs die kleine Stadt mit zahlreichen Klöstern. Aber anders als die geschäftigen Nachbarstädte Lannion und Guingamp mit aufstrebendem Bürgertum blieb Tréguier »ein großes Kloster«, wie Renan es nennt. Was man als Handel und Wandel bezeichnet, war verpönt. Obwohl die Lage der Stadt an der Mündung der Flüsse Jaudy und Guindy günstig war, wurde der Hafen wenig genutzt. Im frühen 19. Jahrhundert gab es am Quai beim Stadttor nur einige Schifferkneipen. Durch dieses Stadttor gelangt man auf steiler Straße, die jetzt nach Renan benannt ist, in die Oberstadt.

Bis zur Revolution konnte sich das fromme Tréguier ungestört entfalten. Den Männern von 1791 war dieser pfäffische Ort im Westen natürlich ein Greuel. Man hob das Bistum auf. Der letzte Bischof brachte sich rechtzeitig in England in Sicherheit. Nach dem napoleonischen Konkordat kehrten die Herren in der Soutane zurück, aber das Bistum wurde nicht wiederhergestellt. »In dieser Welt verbrachte ich meine Kindheit«, schrieb Renan, »und sie drückte meinem ganzen Wesen einen unzerstörbaren Stempel auf.«

Tréguier besitzt jetzt einen Gürtel von schmucken Villen, ist aber eine kleine, überschaubare Stadt mit geistlicher Atmosphäre geblieben. Sie liegt abseits vom Verkehr. Paimpol und Lannion werden von Bahnlinien bedient, Tréguier erreicht man von diesen beiden Städten aus nur mit dem Bus.

Die Kathedrale *Saint-Tugdual* beherrscht einen zentralen Platz, den der Verkehr umkreist. Hier hat man dem großen Sohn der Stadt, Ernest Renan, ein Denkmal errichtet. Es zeigt ihn sitzend, schwerfällig und verfettet, aber mit dem prachtvollen Altershaupt. Hinter ihm reckt sich eine weibliche Gestalt mit Strahlenkranz empor und erhebt einen Lorbeerzweig. Renan hätte sich seine Muse vermutlich anders vorgestellt.

Mit ihrer breit hingelagerten Südfassade begrenzt die Kathedrale eine ganze Seite des Platzes. Viele bretonische Kirchen haben ein wechselvolles Schicksal hinter sich, und Saint-Tugdual macht keine Ausnahme. Der erste Bau wurde während der Normanneneinfälle zerstört, dann wieder errichtet. Aus dieser Frühzeit sind jedoch keine Spuren erhalten. Im Hundertjährigen Krieg fiel die Kathedrale 1345 in die Hand der Engländer. Die plündernden Soldaten verschonten nur das Grab des heiligen Yves. Gründlicher gingen die Republikaner bei ihrer kirchlichen Säuberungsaktion vor. Sie zerstörten auch dieses prunkvolle Monument, vor dem die Gläubigen gebetet hatten.

Man betritt die Kirche durch das Westportal mit der merkwürdigen Bezeichnung ›Portal der Diebe und Aussätzigen‹. Das gotische Schiff findet in der Vierung einen triumphalen Höhepunkt. Hier sind die mächtigen Pfeiler völlig von schlanken Säulen umkleidet. Die Spitzbogen der Wölbung schießen kräftig und elegant daraus empor. Dem Besucher fällt ein Satz aus Renans Jugenderinnerungen ein. Er spricht von einem Wunderwerk an Leichtigkeit der Linien, vom kühnen Versuch, ein unmögliches Ideal in Granit zu verwirklichen. Die gerühmte Leichtigkeit der Linien ist im Chor besonders ausgeprägt, wo unter dem Triforium ein Fries mit feinster Steinmetzarbeit mitschwingt.

Als Bauelement aus dem 11. Jahrhundert ist der Hastingsturm übriggeblieben. Sein unterer Teil kontrastiert in auffallender Weise mit dem Querschiff. Auffallend, weil hier hochstilisierte Gotik unvermittelt auf schweren, schmucklosen, unendlich würdigen romanischen Stil stößt. Unten besteht der Hastingsturm im Innern der Kirche aus einem rechteckigen, überwölbten Raum, von dem aus eine Tür zur Sakristei führt, eine andere zum Kreuzgang. Zum Querschiff hin öffnet sich eine hohe Mauer aus rohem Stein mit zwei von einem Mittelpfeiler gestützten Rundbogen. Über ihnen verläuft ein Band aus vorgeblendeten, kleinen Rundbogen. Auch der Vorraum zur Sakristei ist durch Rundbogenarkaden gegliedert. Die Wirkung beruht auf der Strenge, dem Ernst solcher Gestaltung, der durch abstrakte Motive an Kapitellen und Basen kaum aufgelockert wird. Berühmter als der Hastingsturm und ein unvollendeter mittlerer Turm ist die 63 Meter hohe Spitze des Südturms aus dem 18. Jahrhundert. Seine Durchbruchsarbeit zeichnet sich selbst unter den typisch bretonischen ›durchsichtigen‹ Spitztürmen durch Originalität aus.

Im nördlichen Seitenschiff ist die ›Kapelle des Herzogs‹ schwach erhellt. Jean V. (1399-1442) wollte neben dem heiligen Yves begraben werden. Das geschah, wenn auch ein wenig abseits. Die Liegefigur des Herzogs unter einem alten, reich dekorierten Baldachin ist allerdings modern. Um dieses Grab ist es still, ganz im Gegensatz zum Prunkgrab des Yves, vor dem Kerzen auf Ständern flackern und Gläubige das Gebet sprechen oder lesen, das dem ›Anwalt der Armen‹ gewidmet ist. Votivtafeln mit Danksagungen bekunden die Glaubenskraft. »Sankt-Yves hat geheilt und beschützt.« Man hat sich seinerzeit vom Grabmal, das die Revolutionäre zerstört hatten, inspirieren lassen. Was 1890 entstand, war ein überladenes, peinlich pseudogotisches Gebilde. Bei beiden Grabstätten handelt es sich also nicht mehr um die ursprünglichen Denkmale.

Saint-Yves zwischen den Gestalten des Armen und des Reichen ist eine in der Bretagne oft dargestellte Gruppe. Die volkstümlichste befindet sich an der Innenwand des Südportals: Der Richter Yves sitzt auf einem Sessel, der einem Thron ähnelt. In starren Falten fällt ihm der Talar auf die Füße. Ein Barett schmückt sein Haupt. Der Reiche neben ihm greift mit hochmütigem Gleichmut in seinen Geldbeutel und scheint mit den Münzen zu klimpern, mit denen er den Richter bestechen will. Der Arme auf der anderen Seite stützt sich auf einen Knotenstock und hat demütig den Hut abgenommen, während der Reiche stolz seine Kappe trägt. Der Arme ist barfuß, der Reiche vornehm beschuht, der Arme glatzköpfig, der Reiche mit Lockenpracht.

So stellten Holzschnitzer aus dem 15. Jahrhundert und später in vielen Abwandlungen, aber immer mit demselben Gegensatz, die Gruppe stets in der Tracht ihrer Zeit dar. Vor einer Vierungssäule hebt dagegen ein ›Sanctus Yvo‹ als nobler Gentleman segnend die Rechte. Er trägt das schwarze Barett. Ein mit graziöser Geste geöffneter Mantel mit Hermelinbesatz läßt das goldene Untergewand sehen. Das schöne, kluge Männergesicht gehört eher dem gebildeten Juristen als dem Mann, der mit dem Einsatz seiner ganzen Persönlichkeit für die Armen und Entrechteten eintrat und viele Jahre streng asketisch lebte.

Yves Hélori wurde 1253 auf dem Landsitz Kermartin in Minihy bei Tréguier geboren. Nach dem Studium von kirchlichem und weltlichem Recht ist er bereits mit 27 Jahren kanonischer Richter in Rennes. Er wird zum Priester ernannt, freilich gegen seinen Wunsch, und amtiert als Pfarrer an zwei Plätzen im heutigen Département Côtes-du-Nord. 1298 zieht er sich auf seinen Familiensitz zurück, lebt dort in größter Armut und stirbt am 19. Mai 1303. Die dankbare Erinnerung gilt nicht dem Pfarrer, sondern dem Richter, seiner Schlagfertigkeit, seiner Gerechtigkeit, seiner Güte.

Er wurde bereits 1347 heiliggesprochen. Wie er wirkte und was ihn menschlich so liebenswert erscheinen läßt, geht aus dem Gebet hervor, das man an ihn richtet. Darin wird er der Verteidiger der Witwen und Waisen genannt, der Helfer aller, die in Not waren. »Mögen wir die Gerechtigkeit so lieben, wie du sie geliebt hast.« Für Menschen unserer Zeit mag es erstaunlich sein, daß ein Richter nur wegen seiner Unparteilichkeit und Hilfsbereitschaft heiliggesprochen wird. In jenen Epochen, in denen die Gesellschaft unbarmherzig streng gegliedert war, gehörte zu solchen Eigenschaften wohl der Mut eines hochherzigen Mannes.

Die meisten Besucher werden den Rundgang durch die Kapellen von Saint-Tugdual im hohen und hellen Kreuzgang aus dem 15. Jahrhundert beschließen. Er ist restauriert. Die Decke ist hölzern eingewölbt. Bei den steinernen Öffnungen zum Innenhof lösen sich Pfeiler und schlanke Säulen mit großen Vierpässen ab. Auf dem Rasen im Hof blühen Hortensien. Das einfallende Licht umspielt die Liegefiguren neuerdings aufgestellter Grabmäler. Sie haben vermutlich ältere ersetzt, denn Renan schreibt im Rückblick auf seine Jugend: »Wenn ich meinen Glockenturm, das spitze Schiff, den Kreuzgang mit den Gräbern aus dem 15. Jahrhundert wiedersah, war ich wieder ich selbst.«

Am 19. Mai jedes Jahres strömen im stillen Städtchen Tréguier Massen von Menschen zusammen. Es ist der Todestag des heiligen Yves. Er wird mit einem großen Pardon gefeiert. Richter und Anwälte aus aller Welt nehmen daran teil. Da viele ihre Talare tragen, ist der Prozessionszug mit der hohen Geistlichkeit an der Spitze besonders farbig. Er beginnt am Geburtsort des Heiligen, in Minihy, und endet in der Kathedrale. Saint-Yves dürfte der einzige bretonische Heilige sein, der auch international bekannt ist.

Minihy liegt etwa zwei Kilometer vom Zentrum der Stadt entfernt. Es ist ein lieblicher Platz in ländlicher Umgebung. In der Kapelle wird ein Gemälde mit dem Testament des Heiligen aufbewahrt. Auf dem Friedhof ist ein Doppelbogen unter einer Platte aus schwarzem Stein halbwegs in die Erde eingelassen. Es gehört zum frommen Brauch, auf den Knien unter der niedrigen Wölbung hindurchzukriechen. Vermutlich handelt es sich bei diesem irrtümlich als ›Grab des heiligen Yves‹ benannten Gebilde aus dem 13. Jahrhundert um den Altar einer ersten Kapelle, die zum Landsitz der Hélori gehörte. Den Landsitz selbst gibt es nicht mehr.

Renan erinnert sich mit sanfter Ironie an die Prozessionen, wie er sie in seiner Jugend erlebt hatte. Damals führten verschiedene Pfarreien ihre Prozessionskreuze mit. Wenn sie aufeinandertrafen, neigten sich die Kreuze wie zum Kuß. Am Vorabend zum 19. Mai harrten die Gläubigen bis Mitternacht in der Kirche aus. Dann kam der große Augenblick, in dem die Statue des Heiligen die Arme ausbreitete, um die kniende Masse zu segnen. Wagte jedoch ein Zweifler aufzublicken, dann war Yves gekränkt und blieb reglos, so daß die Menge ungesegnet bleiben mußte.

Außer der Kathedrale gilt *Renans Geburtshaus* als Sehenswürdigkeit. Eine kurze Straße führt vom Chorhaupt aus dorthin. An ihrem Ende ist sie von kleinen Fachwerkhäusern köstlich gerahmt. Das Haus der Renan auf der rechten Seite ist ein stattlicher, fast dreihundert Jahre alter Fachwerkbau. Er beherbergt ein kleines Museum für Kenner und Bewunderer eines Mannes, der in Deutschland wenig bekannt ist. Im Vorwort einer Übersetzung seiner Jugenderinnerungen schreibt Stefan Zweig über ihn: »Jahrzehntelang hatte dieser

ZWISCHEN ST-BRIEUC UND TRÉGUIER

freie und milde Geist die Jugend Frankreichs, die Elite Europas mit der heiteren Kraft seines formvollendeten Wortes unbestritten beherrscht, und es war eine linde Herrschaft gewesen.«

Ernest Renan, 1923 geboren, entstammte einer urbretonischen Familie. Der Vater, den er als Fünfjähriger verlor, war Kapitän gewesen. Bis zu seinem 16. Lebensjahr war Ernest mit der gelehrten, geistlichen Atmosphäre seiner Vaterstadt aufs innigste verbunden und bereitete sich auf die Laufbahn eines Priesters vor. Ab 1838 setzte er seine Studien in Paris fort. Dort vollzog sich seine Loslösung vom Klerikalismus. Er entsagte dem Priestertum und lebte als freier Gelehrter, der sich zunächst auf semitische Sprachen spezialisiert hatte.

Als Orientalist, Historiker und Archäologe, das alles auf dem Fundament einer gründlichen theologischen Ausbildung, unternahm Renan 1860 eine Reise nach Syrien, der später Aufenthalte in Ägypten und Kleinasien folgten. In Griechenland überwältigte ihn das Erlebnis der vollkommenen Schönheit, das er dichterisch im ›Gebet auf der Akropolis‹ nachempfand. »Wisse, Göttin mit den blauen Augen, daß meine Eltern Barbaren waren. Bei den guten, tugendhaften Cimmeriern bin ich geboren. Sie hausen an einem düsteren, von ewigen Stürmen gepeitschten Meere, und ihre Küste ist von Felsen zerklüftet.«

Sein 1863 erschienenes Werk ›La Vie de Jésus‹ löste Begeisterung aus, aber mehr noch einen ungeheuren Skandal, weil es Christus seiner Göttlichkeit entkleidete und ihn aus sozialer und psychologischer Sicht erklärte. Diese Einstellung hatte Renan noch vor der Veröffentlichung des Buches seinen Lehrstuhl für Hebräisch am Collège de France gekostet. Später gewann er ihn zurück und wurde 1883 sogar Geschäftsführer dieses Instituts. Im Alter war er ein bedeutender Vertreter des Liberalismus im öffentlichen Leben und ein bewunderter Schriftsteller. Allerdings erregte er auch immer wieder Ärgernis, und das auf verschiedenen Gebieten. Im Krieg von 1870/71 verwahrte er sich so leidenschaftlich gegen den Deutschenhaß der Franzosen, daß er als Defätist verschrien war: »Schluß mit dem Renanismus!« Er starb 1892.

Finistère – Das westliche Landesende

Der Landstrich der Calvaires

EIN SCHERZWORT BESAGT, daß alle Wege in der Bretagne zu einem Calvaire führen. Das ist stark übertrieben, trifft aber in der Basse Bretagne für jene Region zu, die sich zwischen Morlaix und Landerneau erstreckt und südlich in die Monts d'Arrée übergeht. Hier häufen sich die umfriedeten Pfarrbezirke mit ihren Kirchen und Calvaires, den steinernen Mahnmalen an die Passion Christi. Warum gerade in dieser eher kargen Gegend mit ihren kleinen, bäuerlichen Siedlungen, die häufig in gar keinem Verhältnis zur Prachtentfaltung ihres Pfarrbezirks stehen?

Dafür gibt es zwei Voraussetzungen. Die Bürger der kleinen Gemeinden waren zur Entstehungszeit der Pfarrbezirke, etwa ab 1480, auf lange Zeit durch den Tuchhandel relativ wohlhabend. Der Boden begünstigte den Anbau von Flachs und Hanf. An den Webstühlen saßen die Handwerker und fertigten Segeltuch an. Für die spezielle Herstellung dieser ›toile‹ war die Bretagne berühmt. Zentren der Herstellung, die sich gegenseitig Konkurrenz machten, nannte man ›pays toiliers‹. Bretonisches Segeltuch wurde sogar ins Ausland exportiert.

Aus wirtschaftlichem Wohlstand erwuchs Bürgerstolz. Den hegten vor allem die Einwohner der Gemeinden im Haut-Léon, wo sich ein starker Partikularismus entwickelte. Die Notabeln bildeten eine Art von ländlicher Aristokratie. Zusammen mit dem Pfarrer und dem Vertreter des Grundherrn lenkten sie die Geschicke der Gemeinde. Ihr Versammlungsort war die mit Seitenbänken versehene Vorhalle der Kirche. Diese stolzen Bürger waren die Auftraggeber kirchlicher Kunst, stets mit Blick auf die Nachbargemeinde. Sie sorgten dafür, daß ihre Kirchtürme in den Himmel wuchsen, daß sie sich in der Ausschmückung ihrer Pfarrbezirke übertrafen.

PFARRBEZIRKE

Die Mittel zum Bau von Kirchen waren also vorhanden, die gesellschaftliche Voraussetzung war gegeben. Aber letzten Endes muß bretonische Frömmigkeit, dies ständige Pendeln zwischen Höllenangst und Himmelslohn, den Ausschlag gegeben haben. Der Mann am Webstuhl, der Bauer auf seinem Stückchen Land, der Verfertiger von Holzpantoffeln mitten im Wald, sie alle strebten danach, durch die Mahnung an Tod und Auferstehung des Erlösers an geweihter Stätte getröstet zu werden.

Die französische Bezeichnung neueren Datums, ›enclos paroissial‹, wird gewöhnlich mit ›umfriedeter Pfarrbezirk‹ übersetzt. Unter einem Pfarrbezirk verstehen wir in erster Linie eine kirchliche Verwaltungseinheit. Im Zusammenhang mit dem Enclos, der Einfriedung, ist aber eine Gruppierung von Anlagen um die Kirche als Mittelpunkt gemeint, ein Ensemble im Dienst von Kult und Tod, wo die Gläubigen sich versammeln und durch die Darstellung von Christi Passion und Kreuzestod auf das Jenseits hingelenkt werden.

Ein vollkommener Enclos paroissial besteht aus mehreren Elementen: der Kirche, dem Friedhof, dem Beinhaus, dem Calvaire, dem Triumphtor, der Einfassung. Viele Enclos sind unvollkommen. Manchmal ist der Friedhof aufgehoben oder es sind nur noch einige Grabstätten vorhanden, manchmal fehlt der Calvaire oder er ist zu einem Golgatha-Kreuz mit Begleitpersonen vereinfacht worden. Zuweilen gibt es weder Triumphtor noch Beinhaus. Immer aber sind eine Kirche oder Kapelle und die Einfriedung da, mag sie auch noch so unscheinbar sein.

Bei zahlreichen kleinen Enclos muß man zuerst eine aufgerichtete Steinplatte überklettern, zu der Stufen emporführen. Wir haben es bereits bei der Waldkapelle von Kerfons gesehen. Bei so berühmten Stätten wie Saint-Thégonnec, Guimiliau, Pleyben und anderen gibt es einen ebenen Zugang, aber stets wird man Teile einer Einfriedung entdecken. Warum die Absperrung? Die Deutung, daß keine Tiere in den geheiligten Bezirk eindringen sollten, ist zu oberflächlich. Für Hund oder Katze hätte es kein Hindernis gegeben. Die Abgrenzung kann nur so gemeint sein, daß der Mensch verhält, daß sein Fuß stockt, daß hier ein spiritueller Bereich beginnt, in den man nicht gedankenlos geraten darf.

Da die Friedhöfe rund um die Kirchen klein waren und die Bevölkerung wuchs, fanden nicht alle Toten hier eine bleibende Ruhestätte. Wenn kein Platz mehr da war, grub man die Gebeine aus, um wieder andere Verstorbene würdig beisetzen zu können. Die Gebeine schichtete man in einem Haus, das sich aus schlichten Anfängen zu einem kleinen Palast des Todes auswuchs und auch als ›chapelle funéraire‹ zur Stätte für Andacht und Gebet im Zeichen des Memento mori wurde. Daß die Beinhäuser jetzt im Innern zum Teil verwahrlost oder profaniert sind, steht auf einem anderen Blatt.

Die Calvaires entsprechen nicht den Kalvarienbergen unserer Anschauung, nämlich dem Kreuzweg mit Leidensstationen. Sie sind überhaupt nicht mit den uns geläufigen Passionsdarstellungen in der bildenden Kunst zu vergleichen. Am ehesten mögen die Figurenkreuze in Galicien mit der Urform der Calvaires verwandt sein. Aber im Westen Spaniens beschränken sich die ›cruceros‹ auf einen einzigen Schaft mit einer zweiseitigen Gruppe an der Spitze.

Die großen Calvaires in der Bretagne sind mächtige Monumente auf viereckigen oder kreuzförmigen Steinsockeln. Diese sind massiv oder von rundbogigen Wölbungen ausgehöhlt, so daß man aufrecht oder gebückt unter ihnen stehen kann. Darüber läuft in der Regel ein Fries mit Figuren, und darüber wiederum erhebt sich eine Plattform mit vollplastischen Gestalten. Aus der Mitte dieser Plattform wächst das Kreuz von Golgatha, meist von den Kreuzen der beiden Schächer begleitet.

Es ist nicht leicht, diese komplexen Gebilde mit ihrem wahren Gewimmel von Gestalten zu erfassen. Man muß sich Zeit nehmen, sie immer wieder umkreisen. Das Tageslicht hebt eine Szene hervor, läßt eine andere im Schatten. Flecken von weißlichen oder grünlichen Flechten verdecken die ohnehin vom Wetter abgeschliffenen Konturen. Zur Entzifferung gehört Geduld, auch sollte man bibelfest sein. Von einem bretonischen Calvaire geht kaum die reine Beglückung aus,

wie von vielen anderen Werken der Kirchenkunst, eher eine
eigenartige Faszination und zuweilen Rührung und Erschütterung. Die Passion, die hier so derb und unbeholfen dargestellt wird, ist im 16. und 17. Jahrhundert von Menschen geschaffen und nachempfunden worden, denen keine Art von
Grausamkeit fremd war, die andererseits mit dem Stall von
Bethlehem und den Hirten auf dem Felde vertrauter waren
als wir, und die das eine wie das andere mit kindlichem Ernst
dem Granit abgerungen haben.

Die Calvaires sind das Endprodukt einer langen Entwicklung. Wissenschaftler nehmen an, daß christianisierte Menhire ihre Vorläufer sind. Kurze, plumpe Kreuze mit dem
Corpus Christi, wie man sie heute noch vielfach am Wege
findet, mögen in der Nachfolge der Menhire entstanden sein.
Langsam entwickelte sich die Kunst, den Stein zu bearbeiten,
Symbole und Figuren aus dem Material herauszuholen.
Schließlich schufen die Bretonen ein Szenarium, das nicht
nur die Passion, sondern die Heilsgeschichte von der Verkündigung bis zur Auferstehung umfaßt.

Die Szenenabfolge der Calvaires diente nicht nur als Schau,
sondern auch zur Unterweisung. An ihr demonstrierte der
Pfarrer seiner Gemeinde die heilige Geschichte und mahnte
vor Sündenfall. Wenn eine Treppe zur Plattform empor-
führte, diente diese wohl auch als Kanzel. Wie der Lehrer in
der Schule hatte der Pfarrer einen langen Stock, um auf die
jeweilige Gruppe zu weisen. Über die Belehrung hinaus hat
die Kraft und Originalität dieser Erzählkunst in Stein seit je
Christenmenschen beeindruckt. Die Kirche diente dem Kult,
das Beinhaus der Todesmahnung, der Calvaire der Hoffnung
durch die Auferstehung Christi.

Durch die Triumphpforte wird der Verstorbene in ein
besseres Jenseits geführt. Tod, wo ist dein Stachel? Wer im
geheiligten Bezirk seine letzte Ruhe findet, hat über das
Diesseits mit seinen Zweifeln und Ängsten triumphiert. Es
wird den Bretonen nachgesagt, daß sie ein besonders enges
Verhältnis zum Tod haben. ›Ankou‹ ist sein Name. Er droht
in vielfacher Gestalt an den Beinhäusern, auch über den Weihwasserbecken. Die wilden Küsten mit dem Anprall der Bran-

156 CALVAIRES

dung, der Nebel, die Einsamkeit mögen dazu beigetragen haben, daß der schwerblütige, phantasievolle Bretone vertrauter mit dem Tod war als Völker milderer Zonen. In einer Epoche dauernder Kleinkriege, brutaler Überfälle und verheerender Seuchen warf das Memento mori jedoch seinen Schatten über alle.

Ausgangspunkt Morlaix

Morlaix im Département Finistère ist der Platz, von dem aus Touristen vorzugsweise Ausflüge zu den wichtigsten Calvaires unternehmen. Wer wenig Zeit hat, kann an einem einzigen Vormittag zwei oder drei der berühmtesten Enclos besuchen. Damit hängt es zusammen, daß das kleine Morlaix, tief im engen Tal gelegen, zu den wenigen bretonischen Städten gehört, die ein international zusammengesetztes Publikum begrüßen können. In erster Linie kommen Engländer, Deutsche und Holländer. Die Engländer reisen mit der Fähre über Roscoff ein.

Morlaix hat einen Flußhafen für Yachten, der früher dem Handel diente, gibt sich aber im übrigen völlig als binnenländische Stadt. Als größte Sehenswürdigkeit gilt ein Bahnviadukt von 1880. In der Tat ein erstaunliches Bauwerk von 48 Metern Höhe und 285 Metern Länge! Es ist in zwei Stockwerken mit Pfeilern aus Granit erbaut und wird noch genutzt. Der Bahnhof liegt in der Höhe des Viadukts, also hoch über der Stadt. Vom Zentrum aus führt die Rue Courte als Fußweg über zahlreiche Stufen hinauf, der Fahrweg beschreibt eine große Kurve.

Viadukte können schön sein, wenn sie kühn und schwungvoll einer Landschaft angepaßt sind. Der Viadukt von Morlaix mag seinerzeit als ein technisches Meisterwerk gegolten haben, aber als Bauwerk ist er nur kolossal und entwertet durch seine Wucht die Proportionen der Gebäude zu seinen Füßen. Die spätgotische Kirche Saint-Melaine, unmittelbar am Viadukt gelegen, wird von seiner Masse erdrückt.

In Morlaix haben sich Bürgerhäuser aus dem 15. Jahrhundert erhalten. Manche ihrer Fassaden sind bis hinunter zum steinernen Sockel mit Schieferplättchen verkleidet, die vor

Feuchtigkeit schützen sollen. In der *Grand'Rue*, einer Fußgängerzone, sieht man im Erdgeschoß sehr alter Häuser einen
abgerundeten Vorbau unter einem großen Fenster. Er diente
ehemals als Auslage und Ladentisch. Das tut er auch heute
noch, zum Beispiel bei einer Lebensmittelhandlung als Auslage für Körbe mit Muscheln.

Das berühmte *Haus der Anne de Bretagne* (Maison de la
Duchesse Anne) liegt erhöht an der Rue du Mur. Es ist schmal
und hoch, drei Stockwerke kragen unter dem Spitzgiebel des
Daches vor. Das Fachwerk verläuft nicht nur in Längsbalken,
wie sonst üblich, sondern schräge und gekreuzt. Über aufgereihten Fenstern mit Butzenscheiben tragen geschnitzte
Heilige und Groteskgestalten als Konsolfiguren das horizontale Gebälk, insgesamt eine ansehnliche und dabei muntere
Fassade. Anne war 1505 auf einer Wallfahrt durch Morlaix
gekommen und mit kostbaren und originellen Geschenken
geehrt worden. Da sie das Hermelin im Wappen führte, hatte
man ein Wiesel gezähmt, ihm ein mit Brillanten geschmücktes
Halsband umgebunden und es der Regentin überreicht.

Saint-Thégonnec

Fährt man von Morlaix aus in südwestlicher Richtung, dann
kündigt sich im flachen Land der berühmte Enclos von Saint-
Thégonnec schon von weitem durch den Kirchturm an.
Überwältigt steht der Besucher vor einer Gottesburg mit vollkommener Zuordnung von Kirche, Beinhaus, Calvaire und
Triumphtor. Dieses massige Tor von 1587 mit seinen phantastisch bekrönten Pfeilern ist seiner Funktion als Einlaß
der Verstorbenen ins Jenseits zugunsten einer theatralischen
Wirkung entkleidet. Mit seinem überladenen Giebel über der
mittleren Arkade, den Aufsätzen aus gestelzten Kugeln,
Laternen und Kreuzen auf den Pfeilern setzt es Effekt auf
Effekt. Im Lauf der Zeit hat sich zwischen soviel Prunk bescheidenes Unkraut angesiedelt, und man ist dankbar dafür,
daß keine ordnende Hand es ausgerupft hat.

Der 1626 vollendete *Kirchturm* wirkt trotz der schmalen,
hohen Schall-Luken und der Krönung durch eine Kuppel

mit schlanker, aufgesetzter Laterne massig. Ihn stützen vier vorspringende Eckpfeiler. Die Plattform mit dem luftigen oberen Abschluß wird von einer kräftigen Brüstung umgürtet. Einen ähnlichen, aber stärker gelockerten Aufbau wird man beim Kirchturm von Pleyben wiederfinden. Beide Türme gelten als hervorragendes Beispiel bretonischer Renaissance.

Das *Beinhaus* mit seiner edlen, ausgewogenen Fassade ist ein besonders stilreines Denkmal bretonischer Baukunst. Es ist fast hundert Jahre jünger als das Triumphtor und wurde erst nachträglich in den Komplex eingefügt. Die Fassade ist durch eine Reihe von Nischen im oberen Teil, von Fenstern im unteren und einem schön gerundeten Portal in der Mitte horizontal gegliedert. Sie könnte überall im Norden, bis nach Flandern hin, einem Rathaus gut anstehen. Nur der heilige Saint-Pol Aurélien im gebrochenen Giebel über dem Portal erinnert an die geistliche Aufgabe. Das Innere ist halbdunkel und wenig gepflegt, was auch für andere Beinhäuser zutrifft. Gelegentlich werden sie zum Verkauf von Postkarten, Dias, Broschüren und Andenken benutzt. Praktisch, aber reichlich nüchtern! In Saint-Thégonnec steigt man in eine Krypta um ein naturalistisch gestaltetes, geschnitztes und bemaltes ›Heiliges Grab‹ zu besichtigen. Jacques Lespaignol aus Morlaix hat es im ersten Jahrzehnt des 18. Jahrhunderts geschaffen.

Das *Innere der Kirche* überrascht kaum durch Raumwirkung, aber durch verspielte, barocke Ausstattung. Der Gegensatz zur Majestät und dem Memento mori des Enclos ist groß. Saint-Thégonnec bietet dafür nur ein Beispiel unter vielen anderen. Kanzeln und vor allem Altäre in den Pfarrbezirken werden von Kunstkennern wegen ihrer prunkvollen Schnitzereien und der Farbenpracht mit dem geschmückten hohen Heck der königlichen Galeeren jener Zeit verglichen. Tatsächlich sind häufig Kunsttischler der Marine für die Ausstattung der Kirchen am Werk gewesen.

Die Kanzel von François Lerrel aus dem Jahr 1683 erhielt ihren Schalldeckel erst vierzig Jahre später aus der Hand des Sohnes Guillaume Lerrel. Auf dem Korb überzieht figürliche und rein dekorative Schnitzerei jeden Quadratzentimeter.

Auf dem pyramidisch gestuften Schalldeckel herrscht Putten-
seligkeit, zu der der Engel des Jüngsten Gerichts als oberer
Abschluß nicht recht passen will. Rauschhafter Überschwang
faßt indes alles zusammen.

Unter den Altären erzählt der Altar des Purgatoriums, auch
Rosenkranz-Altar genannt, in zierlichster Aufteilung von der
Spende des Rosenkranzes durch Maria an Dominikus und
Katharina von Siena. Im oberen Teil wird eine Seele vom
Fegefeuer erlöst, das peinlich rot die untere Hälfte der nack-
ten Begnadeten umzüngelt. Das barocke Werk stammt eben-
falls von Jacques Lespaignol und entstand zwischen 1697
und 1724.

Der *Calvaire* von Saint-Thégonnec besteht aus einem einfachen, niedrigen Sockel, einer Plattform mit Vollfiguren und
drei Kreuzen. In einer Nische des Sockels steht eine kleine,
primitive Statue des heiligen Thégonnec mit hoher Mütze und
Faltengewand. Er soll bereits im 5. Jahrhundert in der nordwestlichen Bretagne gewirkt haben, übersiedelte aber dann
nach Irland, wo er als Erzbischof verschied. Zu Füßen der
Statue entdeckt man einen zweirädrigen Karren mit einem
vorgespannten Wolf. Die Legende berichtet, im Wolf habe
der Teufel gesteckt, der über den Bau der Kirche erbost war.
Durch gütliches Zureden brachte der Heilige es dahin, daß
der Wolf schließlich zum Zugtier wurde, um die Steine für
den Kirchenbau heranzukarren.

Auf der Plattform erheben sich die Kreuze der Schächer
über schlanken Säulen. Das mittlere Kreuz mit zwei Querbalken ist ein hohes, kunstvolles Gebilde mit Astansätzen.
Dieses ständig wiederholte Motiv wird als Lebensbaum gedeutet. Auf dem oberen Querbalken bewachen Reiter den Tod
des Herrn. Maria, Petrus und Johannes verkörpern die Leid-
tragenden. Engel fangen mit elegantem Schwung das Blut auf,
das aus Christi Händen tropft. Die drei Gekreuzigten sind
zum Beinhaus gewendet.

Auch die Rückseite ist reich. Oben lehnt sich Christus in
Banden gegen den Kreuzesstamm. Der untere Querbalken
greift wuchtig nach beiden Seiten aus. An den Ecken stehen
Maria und der heilige Yves. Eine Pietà-Gruppe in der Mitte

wird von zwei kleinen Figuren flankiert. Wir beobachten hier zum ersten Mal und werden es immer wieder beobachten, wie sehr der Himmel als Hintergrund und Überwölbung dieser vollplastischen Gruppen mitspielt. Trotz realistischer Einzelheiten sind sie der irdischen Atmosphäre entrückt.

Der Künstler von Saint-Thégonnec hat sich auf einige Gruppen beschränkt, die locker gegeneinander abgesetzt sind. Für den Calvaire wird die Jahreszahl 1610 angegeben. Er ist also einer der jüngsten dieser Art in der Bretagne überhaupt. Die Figuren sind gut erhalten, es fällt leicht, sie zu identifizieren. Die Gestik ist lebhaft, läßt aber trotzdem den Eindruck des Statuarischen zu. Zwei Männer in geknüpftem Wams und mit Halskrause holen mit angewinkeltem Arm aus, um den gefesselten Christus zwischen sich zu schlagen. Trotz der aufgefangenen, heftigen Bewegung scheint die Gruppe in Ruhe erstarrt. Der bärtige Mann rechts vom Dulder trägt, wie es heißt, die Züge Heinrichs IV. Fromme Bretonen lehnten ihn als Heuchler ab, der nur aus Opportunismus zum Katholizismus übergetreten sei.

Christus unter dem Kreuz ist niedergebrochen und wird zusätzlich verhöhnt, ein Motiv, dem wir immer wieder begegnen werden. Ein Kriegsknecht hat das Bein über den Stamm gelegt und reitet darauf, um die Last noch zu beschweren. Die Gesichter der Bösen sind eher gleichmütig, die der Guten ganz in sich gekehrt. Der dem Grab entstiegene Herr weist mit erhobener Hand himmelwärts. Die schlafenden Grabeswächter sind zu einem köstlichen Genrebild erstarrt. Sie merken nichts von dem Wunder, mit Ausnahme eines Jungen, der die Augen aufreißt. Bei der Grablegung sind die Trauernden hinter dem ausgestreckten Leichnam aufgereiht. Eine einzige, rührende Gebärde unterbricht die Monotonie der Anordnung. Johannes neigt sich tröstend der Gottesmutter zu, so als wolle er ihre verkrampften Hände streicheln.

3 Der Calvaire von Saint-Thégonnec

Am Triumphtor von Argol hält König Gradlon Wache

Blick durch das Triumphtor von Argol

5 Szenen des Leidensweges
an den Calvaires von Saint-Thégonnec
und Guimiliau

Kathedrale Saint-Tugdual in Tréguier 6

7 Granitlettner in Notre-Dame-du-Folgoët

8 Holzlettner in Saint-Fiacre bei Le Faouët

9 Landkapelle Sainte-Barbe bei Le Faouët

10 Notre-Dame-de-Roscudon in Pont-Croix

11 Betende Figur am Calvaire von Guéhenno

Alignements de Lagat-Jar auf der Halbinsel Crozon 12

Kirche und Pénity-Kapelle in Locronan 13

Guimiliau

Die Wegstrecke zwischen Saint-Thégonnec und Guimiliau beträgt sieben Kilometer. In alter Zeit mußte ein rüstiger Fußgänger sie also in etwas mehr als einer Stunde zurückgelegt haben. Die Kirchtürme, Wahrzeichen beider Orte, befanden sich fast in Sichtweite. Man hatte den Nachbarn sozusagen stets im Auge. Nirgends liegt der Vergleich der um den prächtigsten Enclos wetteifernden Gemeinden so nahe wie hier. Das ungleiche Verhältnis zwischen dem Umfang des Weilers und dem Pfarrbezirk verblüfft in Guimiliau noch stärker als in Saint-Thégonnec. Dort zählt die Bevölkerung gegenwärtig immerhin etwa 2200 Seelen, in Guimiliau nur 700. Selbst wenn man für das ausgehende Mittelalter eine größere Bevölkerung und eine blühende Tuchweberei annimmt, muß man in Guimiliau einem wahren Baufanatismus gehuldigt haben.

Der Ursprung des Ortes reicht bis in die Zeit der Völkerwanderung zurück. Gwik Meliaw, so der alte Name, war der Weiler des Meliaw. Dieser Fürst aus dem bretonischen Cornouaille regierte zwischen 530 und 538 n. Chr., nach einer anderen Überlieferung allerdings erst am Ende des 8. Jahrhunderts. Man verehrte und liebte Meliaw wegen seiner Güte. Er fiel jedoch dem Neid seines Bruders Riwod zum Opfer, der sein Nachfolger in Cornouaille werden wollte. Der gute Fürst wurde ermordet, aber vom treuen Volk zum Helden erhoben. Der anderen Überlieferung nach geschah der Mord erst im Jahr 792. Die Statue des Heiligen befindet sich im Giebelfeld des Kirchenportals von Guimiliau. Wie so viele Kirchenpatrone ist Saint-Miliau ein Heiler, wenn man nur genug Glauben hat. Seine Spezialität: Rheumatismus und Abszesse.

Man betritt den Bezirk an einer Ecke der Einfassungsmauer durch ein schlichtes *Triumphtor*. Zu beiden Seiten des geschwungenen Renaissancegiebels über dem Durchgang hält ein kleiner Reiter auf einem kurzen, pummeligen Pferd Wache. Solche Reiter gehören zum Bestand vieler Calvaires. Sie repräsentieren die römischen Truppen in Jerusalem. Die Placierung an dieser Stelle ist allerdings außergewöhnlich.

CALVAIRES

Wenn man vom Eingang aus das Ensemble überblickt, scheint sich alles aufzugipfeln: der Glockenturm, das mit einer Laterne geschmückte Südportal, überhaupt die ganze Südfront mit von Türmchen gekrönten Spitzgiebeln, schließlich der Calvaire. Sein hoch über das Figurengewimmel emporschießendes Kreuz von Golgatha steht vor dem Himmel. Dennoch ist der Gesamteindruck schwer, fast derb im Vergleich zum Ensemble von Saint-Thégonnec, das luftiger wirkt. Die Kirchenmauern und die Figuren des Calvaire sind von Wind und Wetter angegriffen, auch von Flechten befleckt, was ihre Originalität erhöht. Das unauffällige Beinhaus von 1648 im Renaissance-Stil besitzt eine Außenkanzel, die man durch ein Fenster betritt. Von hier aus hielten die Pfarrer in alter Zeit am 2. November nach der Prozession die Totenpredigt.

Die *Fassade* der Kirchenvorhalle im Süden ist mit größter Sorgfalt durchgestaltet. Auf einem Streifen über dem Eingang steht ein lateinischer Spruch mit düsterer Warnung. »O, quam metuendus est locus iste ...«: »Oh, wie sehr ist dieser Ort zu fürchten. Hinieden gibt es nichts anderes als das Haus Gottes.« Darüber dräuen rechts und links Wasserspeier in der Form von Drachenköpfen. Andere dekorative Elemente an der Vorhalle sind jedoch trostreich, rührend und erheiternd. Das trifft vor allem für die kleinen, leider bereits sehr verstümmelten Szenen in den Archivolten des Portals zu. Sie scheinen aus einer viel älteren Zeit zu stammen als die 1617 vollendete Vorhalle. Adam und Eva im Paradies verdecken schamhaft ihr Geschlecht mit einem tellerartigen Feigenblatt. Die Arche Noah besteht aus einem runden Korb mit der Andeutung von Segeln. Köpfe von Menschen und Tieren lugen über den Rand des Korbes. Ein Hirt mit seinen Schafen, der den Stern von Bethlehem erblickt, hebt wie geblendet die Hand an die Hutkrempe. Sehr zart sind die Gesten von Maria und Elisabeth bei der Begegnung. Die beiden Frauen reichen einander über eine trennende Vorwölbung hinweg die Hände.

Im Innern der *Vorhalle* stehen die aufgereihten Apostel streng und majestätisch, reich gewandet, lehrhaft, weit entfernt von der Einfalt der Apostel in Kermaria-en-Isquit. Doch

bricht immer wieder naive, unbekümmerte Darstellungsfreude durch. Auf einem Fries zerrt Gottvater eine grimmig
schauende, dickbäuchige Eva aus der Rippe des schlafenden
Adam. In der Mitte über den beiden Türflügeln zum Innenraum der Kirche steht Christus im langen Faltengewand.
Adam und Eva rahmen ihn, diesmal als Karyatiden mit nacktem Oberkörper und stilisiert vom Nabel abwärts.

Das *Kircheninnere* ist zweischiffig. An das Mittelschiff
schließt sich ein doppeltes rechtes Seitenschiff an. Das hölzerne Kielbogengewölbe, eine umgekehrte Schiffsform, läßt
auf die handwerkliche Geschicklichkeit von Schiffszimmerern
schließen. Einzelheiten der Ausstattung entzücken durch
Anmut und Verspieltheit. Dicke Putten schmücken die reich
verzierte Kanzel. Über dem Taufbecken aus Granit im achteckigen Gehäuse erhebt sich ein geschnitzter Baldachin mit
einem Tambour, einer Kuppel und einer Laterne, alles belebt durch kleine Statuen, vegetatives Rankwerk, Schnecken,
Vögel, Engelchen.

Die Orgeltribüne ist mit drei Eichenholzreliefs prächtig
geschmückt. Hier besinnt man sich darauf, daß die meisten
Werke in dieser Kirche ja aus der hohen Zeit Ludwigs XIV.
stammen. Und da ist er auch schon, als Alexander im Triumph-
zug, ein Relief nach dem Gemälde von Le Brun. Auf der
anderen Tafel spielt David die Harfe vor Saul. Im Hintergrund zeichnet sich ein Gebäude ab, das an Versailles erinnert. In einer Nische am Sankt-Josefs-Altar steht wieder einmal Saint-Yves als Richter zwischen dem Armen und dem
Reichen. Hier trägt der Reiche, der Epoche entsprechend, ein
höfisches Gewand, der Arme ist ›zeitlos‹ zerlumpt und barfuß.

Der *Calvaire* von Guimiliau verdankt seinen Ruhm der
Fülle seiner Figuren, der Lebhaftigkeit des Szenariums und
anrührenden Einzelheiten. Man hat rund zweihundert Ak-
teure gezählt, aber das besagt nur etwas über den Umfang
und die Wucht der ganzen Anlage, kaum etwas über ihren
Rang. Eine rein ästhetische Wertung anzulegen, ist bei allen
Calvaires verfehlt. Darauf haben die unbekannten Künstler
in Granit nicht gezielt. Es handelt sich um Volkskunst, die

man allenfalls nach dem Grad ihrer Unverfälschtheit klassifizieren kann. Guimiliau besitzt den interessantesten aller Calvaires, falls man diesen nüchternen Ausdruck für das Drama verwenden darf, das sich in den Szenen abspielt.

Die Arkaden des Sockels erheben sich mit bogenförmigen Öffnungen über einem achteckigen Grundriß. Der Sockel ist unverziert bis auf eine von Säulen gerahmte Nische mit der Statue des heiligen Miliau. Die vertikale Anordnung der hohen Nische mag man als Unterbrechung empfinden. Sie durchschneidet sogar den Figurenfries, der horizontal durch Umkreisung abgelesen werden will. Auf der Plattform darüber entsteigt ein herkulischer Christus oberhalb der Nische dem Grab. Rechts und links schrecken die Gruppen weit zurück. Darüber wiederum gibt es nur mehr den Kreuzesstamm mit einem Querbalken. Die niedrigeren Kreuze der Schächer fehlen.

Der Calvaire wurde nach siebenjähriger Arbeit 1588 fertig. Es war die Zeit Heinrichs III., der Religionskriege, unheilvoller Aufstände in der Bretagne, einer roh hausenden Soldateska. Solche Eindrücke müssen dem Bildhauer vorgeschwebt haben, als er die Kriegsknechte schuf, die Christus zur Schädelstätte führen. Sie sind zeitgenössisch gekleidet und machen aus der Angelegenheit einen großen Spaß. Die munteren Gesellen blasen in riesige Olifanthörner, einer rührt die Trommel, ein anderer mit Rundschild drückt sein Schwert auf den Kreuzesstamm, unter dem Christus bereits zusammengebrochen ist. Man wird dieselben Motive anderswo wiederfinden. Damals waren geistliche Spiele in der Bretagne bekannt und beliebt. Man vermutet, daß die Anregung zur Darstellung solch hochdramatischer Szenen, an denen die Passion ja reich ist, unter anderem auch aus diesen Spielen stammt.

An der rechten Ecke der Westfassade befindet sich auf der Plattform eine äußerst drastische Gruppe. Sie stellt die Strafe einer allzu lüsternen Frau dar. Katel Gollet, die Verlorene Katharina, wird der Hölle überantwortet. Ein gräßlicher Rachen tut sich auf, in den Menschen von Monsterteufeln hineingestoßen werden. Im Vordergrund haben zwei Ungeheuer die nackte Katel gepackt. Sie hat ein schönes, tragisches, für unsere Begriffe modernes Gesicht. Die Unselige hatte dem Bevorzugten unter ihren zahlreichen Liebhabern eine geweihte Hostie als Speise vorgesetzt. Es war der Teufel, und die Strafe folgte auf dem Fuß. Es leuchtet ein, daß diese Gruppe allen leichtfertigen Mädchen zur Warnung dienen sollte.

Das Programm des Calvaire reicht von der Verkündigung bis zur Auferstehung, aber die chronologische Abfolge ist zum Teil durcheinandergeraten. Das kam auch bei anderen Calvaires vor, und niemand schien sich daran zu stoßen; man kannte ja jede Einzelheit auswendig. Auf dem Fries in der Mittelzone des Calvaire geht es weniger tumultuös zu als auf der Plattform. Der Stil erscheint hier altertümlicher, naiver, ohne Rücksicht auf realistische Stimmigkeit. Da mag wohl eine andere Hand am Werk gewesen sein. Auf der Flucht nach Ägypten hält Maria ein mindestens dreijähriges Kind im Arm. Beim Abendmahl trägt Christus einen Heiligenschein wie eine aufgeschlagene Hutkrempe. Ein Jünger streckt bei der Fußwaschung ein nacktes Bein vor, das der Herr mit einem Lappen gründlich reinigt. Ein anderer Jünger zieht sich bereits umsichtig die Sandale aus. Gottvater mit Tiara ist als Halbfigur bei der Verkündigung zugegen.

Wie in Saint-Thégonnec hat die Säule, die Christi Kreuz stützt, rundum Astansätze. Auf der Vorderseite entsteigt Christus gebieterisch dem Grab, auf der Rückseite ist der ausgestreckte Leichnam von Trauernden umgeben. Unter drei heiligen Frauen in der Mitte der Gruppe fällt eine schöne, elegant gekleidete Dame mit Witwenhaube auf. Man sagt, daß sich der Bildhauer Maria Stuart als Modell genommen habe, von der Porträts existierten. Ihre Hinrichtung in Fotheringhay 1588 fiel ungefähr mit der Vollendung des Calvaire zusammen.

Der Kreuzestod, geistlicher Gipfel jedes Calvaire, ist in Guimiliau schlicht dargestellt. Unterhalb des Gekreuzigten stehen vier Personen Rücken an Rücken auf dem breiten Querbalken. Maria und Johannes sind der Vorderseite zugewandt, Petrus und der heilige Yves der Rückseite. Unter dem

Querarm des Kreuzes fangen zwei Engelchen wie im Fluge das Blut aus den Händen des Heilands auf, unten am Stamm sammeln zwei andere das Blut aus seinen Füßen. Von dieser einfachen Anordnung, hoch über dem Gewimmel, geht eine majestätische Ruhe aus.

Lampaul-Guimiliau

Lan-Paul, die Eremitage des heiligen Paul, wurde zu Lampaul-Guimiliau, östlich des Städtchens gleichen Namens. Auch hier erfüllt der Enclos das architektonische Programm mit Triumphpforte, Beinhaus, Calvaire, Kirche, aber wieder haben sich die Akzente verschoben. Alles ist kleiner und bescheidener, in Erinnerung bleibt vor allem die farbenprächtige Ausschmückung der Kirche. Die *Triumphpforte* besteht aus einem schlichten Rundbogen mit den drei Kreuzen von Golgatha auf dem oberen Sims. Der *Calvaire* aus dem 17. Jahrhundert zeigt den Herrn zwischen den beiden Schächern am Kreuz. Auf der Rückseite ruht Christi Leichnam nach der Kreuzabnahme. Die Turmspitze der Kirche war dem schlanken Kreisker in Saint-Pol-de-Léon nachgebildet, wurde jedoch 1809 vom Blitz zerschmettert. Die Kirche birgt wahre Schätze an frommer Volkskunst und ist dafür in der ganzen Bretagne berühmt. Das Stilgemisch ist groß, der Zauber aber nachhaltig.

Ein *Triumphbalken* überspannt das Mittelschiff und symbolisiert die Abgrenzung gegen den Chor. Auf solchen Triumphbalken sieht man stets in der Mitte den Herrn, meist begleitet von Maria und Johannes, die hier als langgestreckte, farbige Figuren dargestellt sind. Der gequälte Körper des Gekreuzigten hängt an gespenstisch hageren Armen, Maria faltet ergeben die Hände, Johannes hat den Kopf zurückgelegt und hebt beide Hände wie in Abwehr. Der breite, geschnitzte Trägerbalken aus dem 16. Jahrhundert ist mit größter Unbefangenheit gestaltet und leuchtet in munteren Farben. Rechts und links ruht er in aufgesperrten Krokodilsrachen, die in den Mauern verankert sind. Auf dem Balken erzählen Figürchen in kindlicher Weise von der Passion.

Bäume trennen die Szenen. Statt des Schilfrohrs hat man dem verhöhnten Christus einen biederen Tannenzweig in die Hand gedrückt. Auf der Rückseite verkünden Sybillen die künftige Leidens- und Heilsgeschichte.

Das *Baptisterium* des 17. Jahrhunderts ist von einem Baldachin gekrönt, der auf zierlichen Säulen ruht. Er übertrifft an Einfallsreichtum und Eleganz noch das Taufbecken von Guimiliau. Im unerhört kunstvoll geschnitzten, sich nach oben verjüngenden Kuppelbau öffnen sich Arkaden. In jeder befindet sich eine Figur. Johannes der Täufer greift über die trennende Säule hinweg, um Taufwasser auf den knienden Christus nebenan zu träufeln. Der ist nackt bis auf einen vergoldeten Lendenschurz. Es ist sicher nicht respektlos, wenn der Betrachter hofft, das ganze Gehäuse möge sich zu lieblicher Choralmusik um seine eigene Achse drehen.

Unter den skulptierten Altären des 17. Jahrhunderts, die man zum Teil Kunsttischlern der königlichen Marine zuschreibt, zeichnet sich der *Passionsaltar* durch plastische Wirkung der im Hochrelief herausgearbeiteten Figuren aus. Was zunächst nur wie ein Gewimmel anmutet, ordnet sich zu Kompositionen mit ergreifenden Einzelheiten, etwa in der Gebärde der heiligen Veronika auf dem Leidensweg Christi.

Es gibt andere Kunstwerke von großem Ernst in der Kirche. Eine Pietà, aus einem einzigen Eichenholzblock gehauen, zeigt die Mutter mit dem toten Sohn zwischen drei trauernden Marien und Johannes. Der Leichnam Christi ruht nicht auf den Knien der Mutter, sondern ist hilflos nach vorne abgesackt, wirkt erbärmlich, erschreckend. Um so inniger ist die Gebärde, mit der Maria den erschlafften Arm des Toten hält, und die des Johannes, der ganz behutsam dessen Kopf stützt.

Im Jahre 1676 vollendete ein Künstler mit dem Namen Anthoine eine erschütternde Grablegung Christi mit fast lebensgroßen Figuren. Daß dieser Anthoine ein Bildhauer der Marine war, gilt als erwiesen. Das Material ist ein heller, fast weißer Stein. Die trauernden Figuren sind bemalt, nur Christi Antlitz ist ungefaßt geblieben. In bretonischen Kirchen trifft man nicht so häufig auf Grablegungen dieser Art wie anderswo in Frankreich. Der Grund: diese Szene aus der Passionsgeschichte ist hier überwiegend auf den Calvaires dargestellt.

Bodilis

Ein kurzer Abstecher nordwärts, über die Schnellstraße Morlaix–Brest hinweg, lohnt sich. Dort liegt Bodilis im flachen Land zwischen Weiden und Feldern mit Kohl oder Mais. Ein gewaltiger, spätgotischer Glockenturm ist vor die Kirche gesetzt und grenzt hart an die Straße. Man schreitet unter seinen drei offenen Pforten hindurch, um zur Vorhalle an der Südseite zu gelangen. Durch ein Renaissance-Portal von 1601, das dem von Guimiliau ähnelt, betritt man einen älteren Eingang von 1510. Innerhalb der Vorhalle hat sich die für diese Epoche typische Freude an monströsen Darstellungen ausgelebt. In dekorativer Umrahmung ist Menschliches, Tierisches und Pflanzliches verknäult.

Das wird besonders deutlich in der kleinen Skulptur eines Paares auf dem umlaufenden Fries. Es hält sich umschlungen und wird an den unteren Körperhälften bandagenartig von einer Schlange umwunden. Falls es sich um Adam und Eva handeln sollte, wäre es dem Künstler gelungen, die Verführung des ersten Menschenpaares auf die denkbar knappste Formel zu bringen.

Die Deckenverkleidung im Innern der Kirche wird von ›sablières‹ gestützt. Solchen kuriosen und entzückenden Querbalken mit einem geschnitzten und bemalten Völkchen darauf werden wir später andernorts, vor allem in La Martyre und Pleyben, nochmals begegnen.

La Roche-Maurice

Die Ost-West-Route, an der die bekannten Enclos aufgereiht liegen, verläuft hinter dem Landstädtchen Landivisiau im grünen Flußtal des Elorn. Kurz ehe er bei Landerneau in die Bucht von Brest mündet, erhebt sich am linken Ufer ein schroffes Felsplateau, von Burgruine und Kirche gekrönt. La Roche-Maurice dort oben ist wie eine Kanzel, von der aus der

Besucher über die Ebene hinweg bis zur äußersten nordwestlichen Spitze der Bretagne schauen kann. Der romantische
Platz besitzt einen der schönsten Enclos der Basse Bretagne.
Die Stimmung, die über diesem kleinen Enclos und ähnlichen
der Region liegt, ist intimer und wirkt versöhnlicher als der
ehrfürchtige Schauder, der von so massigen Gottesburgen
wie Saint-Thégonnec und Guimiliau ausgeht. Daher sind
La Roche-Maurice, La Martyre und andere, die wir noch aufsuchen werden, beliebte Ziele für eine ruhige Stunde der
Besinnung, während man auf der Einfriedung sitzt und der
Eidechse zuschaut, die sich sonnt.

Über der Einfriedung von La Roche-Maurice erheben sich
drei Kreuze als Rest eines ehemaligen Calvaire. Beinhaus und
Kirche liegen dicht beisammen, seitwärts und hinter dem
Chor deckt Rasen den Friedhof. Fast zu mächtig überragt der
Renaissance-Turm der Kirche die idyllische Anlage. Durch
zwei übereinander gestufte Galerien mit Balustrade unterhalb des Helms ist er reich und elegant gegliedert. Man betritt die im 16. Jahrhundert vollendete Kirche durch ein mit
Weinlaub und Statuetten verziertes Portal. Im Innern fällt
der Blick zunächst auf einen gut erhaltenen Lettner, der mit
einem Kruzifix zwischen zwei Figuren zugleich die Aufgabe
des Triumphbalkens übernimmt. Der geschnitzte Fries zeigt
auf der dem Schiff zugewandten Seite neun Apostel und drei
Päpste im Hochrelief, auf der Chorseite Heiligenfiguren im
Flachrelief. Der Fries ruht auf je drei zierlichen geschnitzten
und köstlich getönten Stäben. Überhaupt herrscht in der
Kirche eine fröhliche Farbigkeit und an den auffallend schönen Schnitzbalken und der Deckendekoration mit gemalten
Engeln und Wappen eine entzückende Naivität.

Außer dem Lettner verdient das Fenster von 1539 hinter
dem Hauptaltar unsere Beachtung, denn es zeigt die bretonische Glasmalerei auf einem Höhepunkt. Das 16. Jahrhundert
wird das ›goldene Zeitalter‹ dieser Kunst genannt. Ein durch-
komponiertes Golgatha-Drama wie hier war besonders in der
Basse Bretagne ein beliebtes Motiv für Chorfenster. Die Anregung dazu stammte weder aus Frankreich noch der Bretagne selbst, sondern aus Deutschland, vor allem aus Bayern

und Schwaben, und aus dem Werk Albrecht Dürers. Für die
Gewandung der Personen macht sich außerdem der Einfluß
flandrischer Stecher bemerkbar. Bretonische Seeleute, die
unter anderem Antwerpen anliefen, sollen den Transport
solcher Vorlagen besorgt haben.

Das Beinhaus, eines der größten der Bretagne, wurde
1639 bis 1640 erbaut. An der durch Säulen und Nischen horizontal gegliederten Fassade droht ›Ankou‹ über dem Weihwasserbecken als bösartig dreinblickendes Skelett mit einem
riesigen Todespfeil. Damit zielt er auf eine Reihe kleiner Gestalten in Kartuschen am unteren Teil der Fassade. Wie beim
Thema ›Totentanz‹ verkörpern sie verschiedene Stände, den
Landmann wie den Bischof. »Je vous tue tous«, lautet die
lapidare Inschrift dazu: »Ich töte euch alle«.

An höchster Stelle über dem Steilhang von La Roche-
Maurice liegt die Ruine eines wehrhaften Schlosses. Die Ge-
schichtswissenschaft schreibt seine Gründung am Anfang des
9. Jahrhunderts einem Herrn und tapferen Krieger namens
Morvan zu. Der Sage nach gehörte es jedoch Elorn, einem
Heiden, der lange vor Morvan lebte. Ein Drache verheerte
das Land und verlangte Menschenopfer, sogar pünktlich an
jedem Samstag. Ein Los bestimmte das Schicksal des Unglücklichen. Der Schloßherr hatte bereits alle seine Kinder
opfern müssen, bis auf den kleinen Riok. Als auch diesen das
Los traf, stürzte sich der verzweifelte Vater in den Fluß. Zum
Glück kamen gerade die beiden Heiligen Derrien und Néven-
ter vorbei und zogen ihn heraus. Als sie seine Geschichte erfuhren, versprachen sie, das Land zu retten. Im Namen
Christi zähmten sie das Ungeheuer. Saint-Derrien legte ihm
seine Stola um, und der Knabe Riok führte den Drachen an
diesem Halsband bis nach Brest. Auf Befehl der Heiligen
stürzte sich das Untier ins Meer. Von solchem Wunder überwältigt, erfüllte Elorn sein Versprechen, eine Kirche zu errichten. Der Knabe Riok wurde als Heiliger verehrt, der
Fluß nach dem selbstmörderischen Schloßherrn Elorn genannt.

Landerneau

Die Stadt Landerneau am Elorn ist ein wichtiger Verkehrsknotenpunkt im Westen der Bretagne. Sie liegt an der einzigen Bahnstrecke, die hier Norden und Süden verbindet, nämlich Brest mit Quimper. Die Achse Morlaix–Brest, so reich an Denkmalen der Kirchenkunst, läuft hier aus. Wer auf dieser Achse von Osten her anreist, sieht sich einer veränderten Landschaft gegenüber. Das Tal des Elorn weitet sich, statt Weideland und Feldern in der flachen Ebene begleiten nun Hügelzüge rechts und links die Flußmündung. Dahinter tut sich die tief ins Land eingeschnittene Bucht von Brest auf. Man spürt bereits den maritimen Charakter der großen Hafenstadt und ihrer Umgebung. In der Richtung zum Binnenland tauchen wiederum andere Landschaftsbilder auf. Dort liegen an den Zufahrtsstraßen zu den kargen Monts d'Arrée auf erhöhtem Gelände kleine Weiler mit viel zu großen, sehenswerten Enclos.

Der Elorn teilt Landerneau in zwei Hälften: rechts endet die ehemalige Grafschaft Léon, deren Hauptstadt Landerneau war, links beginnt Cornouaille. Man kann die Trennung von den Namen der beiden Quais ablesen. Über den Fluß führt eine von alten Häusern gesäumte Brücke, ›le Pont de Rohan‹. Wer hinübergeht, merkt kaum, daß er einen Fluß überschreitet, sondern glaubt sich in einer Straße. Oberhalb ist der Elorn gestaut, unterhalb fließt er mit starker Strömung talwärts. Es lohnt sich, auf der kleinen Terrasse am Rathaus stehenzubleiben, um sich den pittoresken Anblick der mit Schiefer verkleideten Häuser und die Anlage dieser alten Brücke einzuprägen. Außer dieser Ansicht besitzt Landerneau noch in der Vorhalle zur Kirche *Saint-Houardon* von 1604 ein imposantes Bauwerk der Renaissance. Diese Vorhalle an der Südseite der Kirche hat sich, mit Nischen geschmückt, von Stützpfeilern gerahmt, mit Giebel und hohem Laternenturm, als ein prächtiges Stück Architektur selbständig gemacht. Saint-Houardon gehörte zu den unerschrockenen Missionaren, die ehemals den Ärmelkanal in einem Steinbottich überquert haben. So will es jedenfalls die Legende.

Landerneau hatte die Chance, im 16. und 17. Jahrhundert als Lager und Umschlagplatz für die Güter der Marine in Brest zu dienen. Auch war die Stadt durch die Produktion von Segeltuch und Leder wohlhabend geworden. Diese Artikel wurden nach Südfrankreich, aber auch nach Spanien, Portugal und England exportiert. Gegenwärtig ist Landerneau ein Zentrum für Landwirtschaft. Mit Schlachthöfen, Kühlhallen und einer kooperativ arbeitenden Milchzentrale hat sich die Stadt den modernen Forderungen angepaßt.

Pencran

Knappe vier Kilometer von der alten Brücke über den Elorn entfernt und auf steiler Anhöhe, liegt der Enclos von Pencran. Er bietet ein Musterbeispiel für harmonische Einbettung in eine ländliche Umgebung, die vielleicht von den Erbauern gar nicht beabsichtigt war, aber heute die Besucher entzückt. Man betritt den erhöht liegenden Pfarrbezirk durch ein hohes Tor mit drei Laternen oder überklettert die Einfriedung und steht sogleich vor einem frühen Calvaire von 1521. Am Fuß der Kreuzessäule kniet eine reuige Maria Magdalena, ganz ihrem Schmerz hingegeben. Eine einsam trauernde Magdalena findet man auch bei anderen Calvaires. Sie gibt dem dramatischen Kreuzestod hoch oben eine rührende, lyrische Note.

An der Vorhalle zur Kirche, zwei Jahre nach dem Calvaire vollendet, ist der Figurenschmuck kaum noch zu erkennen. Die kleinen, der Bibel entnommenen Gestalten sollen der später entstandenen Vorhalle von Guimiliau als Vorbild gedient haben. Hier wie dort lugen zum Beispiel die Köpfe von Mensch und Tier pfiffig über den Korb, der die Arche Noah darstellen soll. Steinmetzen wanderten seinerzeit von einer Gemeinde zur anderen und boten ihre Dienste an. Im Tympanon der Vorhalle, mit der Szene von Christi Geburt, liegt das Kind auf quadratischem Flechtwerk statt in der Krippe. Dieses häufig verwendete Motiv ist alt und besitzt den Vorteil, die Aufsicht auf die liegende Gestalt des Kindes oder auch Mariens zu ermöglichen.

La Martyre

Der Märtyrer, dem die Kirche La Martyre im Enclos nahe bei Landerneau geweiht ist, heißt Salomon, auf bretonisch Salaün. Er wird als Heiliger verehrt und soll unmittelbarer Vorgänger des legendären Königs von Quimper, Gradlon, gewesen sein. Es heißt, daß im Jahre 421 eine Revolte gegen ihn ausgebrochen sei und er am Altar jener Kirche erschlagen wurde, die nun ›Märtyrer-Kirche‹ heißt. Nach einer anderen Überlieferung wurde ein bretonischer König, der ebenfalls Salomon hieß, am 25. Juni 874 am Altar getötet, nachdem man ihn zuvor geblendet hatte. Dieser Märtyrer zweifelhaften Rufs hatte seinen Vorgänger Erispoë umgebracht, wurde aber als reuiger Christ dennoch 910 vom Papst kanonisiert. Bei einer solchen Verwicklung von Königen und Verbrechen nimmt es nicht wunder, daß französische Quellen von ›Konfusion‹ sprechen.

Der große, prachtvolle Enclos gehört zu einem winzigen Weiler mit etwa 600 Einwohnern. In alter Zeit hatte er als Messeplatz für Kaufleute große Bedeutung. Wappen an bescheidenen Häusern zeugen vom Stolz wohlhabender Bürger. Im wesentlichen blieben die Bewohner jedoch Bauern und Viehzüchter. Ihr Pferdemarkt war berühmt. Neuerdings betreibt man dort erfolgreich Schweinezucht.

Nur aus der Vergangenheit ist also der Aufwand zu erklären, der diesen Enclos auszeichnet. Am Eingang, hart an der Straße, erhebt sich zwischen alten Häusern ein Bauwerk, das eine Kombination von einer Triumphpforte mit drei Arkaden und einem Calvaire darstellt. Dieser Doppelcharakter ist ungewöhnlich, jedenfalls in der vollständigen Ausführung von La Martyre, mit Plattform und Balustrade, den drei Kreuzen, einer Pietà und dem auferstandenen Christus zwischen Engeln. Nur in Sizun werden wir einer ähnlichen imposanten Anlage begegnen.

Das Beinhaus von 1619 ist vor allem wegen einer rätselhaften Karyatide bekannt, die an der Außenwand so tief angebracht ist, daß der Beschauer ihr gegenübersteht. Der Oberkörper der Frau ist nackt, die Rippen zeichnen sich deutlich ab, die Hände sind auf dem Rücken verschränkt oder gefesselt. Vom Nabel abwärts ist der Körper von fest gewickelten Bandagen mumienhaft umhüllt. Ob diese Skulptur zu den dämonischen Wesen gehört, die sich als Sirenen auch in geweihte Stätten einschleichen, ob hier eine Erinnerung an römische Gottheiten auf gallischem Boden vorliegt, oder ob es sich um eine phantastische Kombination von Karyatide und Herme handelt, bleibt umstritten.

Über dem Eingang zum Beinhaus tragen Engel rechts und links Spruchbänder mit bretonischem Text. Aus dem Französischen übersetzt lautet er: »Der Tod, das Jüngste Gericht, die kalte Hölle – Wenn der Mensch daran denkt, wird er zittern. Ein Narr ist jener, der solches nicht überlegt, da er doch weiß, daß er sterben muß.« Diesem harten Spruch ist das Datum 1619 hinzugefügt. Erstaunlich ist der Hinweis auf eine kalte Hölle. Er taucht auch in anderem Zusammenhang auf und steht im Gegensatz zur christlichen Tradition. Die kalte Hölle soll sich auf den keltischen Glauben an ein unterirdisches Purgatorium als Totenreich beziehen. Die ›Anaon‹, Seelen in diesem Purgatorium, frieren immer. Sie haben nichts mit Feuer, aber viel mit Wasser und Sumpf zu tun. Wir werden ihnen in den Monts d'Arrée wieder begegnen.

Die Vorhalle zur Kirche, die älteste im Léon, wurde in der Mitte des 15. Jahrhunderts vom Steinmetz an den Seiten und im Tympanon über und über mit Figuren bedeckt. Die Frische und Naivität dieser Gestalten aus dem Neuen Testament und der jubilierenden Engel gipfelt in der Geburtsszene im Tympanon, die leider nicht mehr vollständig erhalten ist. Maria liegt mit entblößten Brüsten im Wochenbett. Das Kind, das sie in den verschränkten Armen hegte, ist verschwunden, nur die Gebärde blieb übrig. Joseph am Fußende schaut sinnend zu. Ochs und Esel stecken ihre Köpfe durch einen Rahmen herein, der dem Rand einer Wanne gleicht.

In der dreischiffigen Kirche bilden die ›sablières‹ mit ihrer typisch bretonischen Volkskunst und mit ihrer drastischen Fabulierfreude ein lebendiges Gegenstück zum düsteren Memento mori. Der Name erklärt sich aus der Funktion dieser horizontal verlaufenden Balken zwischen Holzgewölbe

SABLIÈRES

und gemauerter Kirchenwand. Sie verdecken den Übergang
und sind auf Sand gebettet, was wohl eine gewisse Elastizität
gewährleisten sollte. Für Schnitzkünstler boten sie ein
schmales, aber endlos langes Feld. Wir sind den bemalten
Schnitzbalken bereits in La Roche-Maurice begegnet und
werden einen Höhepunkt dieser Volkskunst in Pleyben er-
leben. Darüber hinaus gibt es sie in zahlreichen Kirchen und
Kapellen, nur sind sie oft so hoch angebracht und so schwach
beleuchtet, daß man nicht in den vollen Genuß ihrer Originalität kommt.

Die Sablières im linken Seitenschiff von La Martyre ver-
einen verschlungene, vegetative Dekorationen mit biblischen
Darstellungen oder solchen aus dem Alltag in einer Manier,
als handele es sich um moderne, abstrahierende, raffinierte
Illustrationen zu einem Kinderbuch. Der Fluß der Darstellung wird hier weitgehend gewahrt, während die Anordnung
auf anderen Schnitzbalken häufig kraus ist und springt.

Die Glasfenster im Chor mit dem Thema der Passion sind
älter als die entsprechenden in La Roche-Maurice und sollen
für diese und andere als Anregung gewirkt haben. Für ihre
Auffassung und Ausführung trifft der schon erwähnte Einfluß
von Vorlagen aus Deutschland und Flandern zu, der ihnen
Farbenpracht, aber auch einen manchmal gespenstischen
Realismus verleiht.

Das Léon – Land hinter Klippen

Brest – Hafen- und Universitätsstadt

Wer von Landerneau kommend nicht nach Süden abbiegt, sondern die Ost-West-Achse bis zum Endpunkt Brest verfolgt, durchquert zunächst das liebliche, belebte Mündungsgebiet des Elorn. Bei der Albert-Louppe-Brücke weitet sich die Flußlandschaft zum Fjord, kündigt sich Brest im Kranz seiner industriellen Anlagen an. Albert Louppe, nach dem die hohe, schmale, elegante Brücke mit ihren drei Bogen benannt ist, war Präsident des Conseil général de Finistère und hatte den Bau der 1930 vollendeten, neunhundert Meter langen Brücke veranlaßt. Sie stellt die Verbindung zur Halbinsel Plougastel und darüber hinaus zum Süden her.

Die Reede von Brest wird wegen ihrer Länge, Breite und Tiefe als die beste Europas gerühmt. Für den Flottenstützpunkt kommt ein günstiger Umstand hinzu: Die Passage zur offenen See hin, ›le Goulet‹, ist so eng, daß man sie gut kontrollieren kann, was früher wegen der Bedrohung durch die Engländer und andere seefahrende Mächte auch nötig war. Zu Befestigungen an der engsten Stelle boten sich die Landzungen *Pointe du Portzic* auf der einen Seite und die *Pointe des Espagnols* auf der anderen an. Heute ist dieser westliche Abschnitt der Reede von modernen militärischen Anlagen umgeben, unter denen sich auch solche für Forschung und Entwicklung der Technik befinden.

Dem Touristen, der Brest als Ausgangspunkt nimmt, bietet der *Cours Dajot* einen Überblick über die Hafenbecken und die ganze *Reede*. Diese sechshundert Meter lange Promenade oben auf der ehemaligen Stadtmauer beginnt beim Bahnhof und erstreckt sich bis zur düsteren Festung, dem Château. Der hübsch begrünte Cours wurde im letzten Drittel des

KRIEGS- UND HANDELSHAFEN 193

18. Jahrhunderts nach Plänen des Ingenieurs Dajot aus dem Pionierkorps von Bagno-Sträflingen erbaut. Das 1750 eingerichtete Bagno von Brest konnte bis zu fünfhundert Sträflinge aufnehmen, die schwerste Arbeit unter unmenschlichen Bedingungen verrichten mußten. Unter Napoleon III. wurde das Bagno aufgehoben.

Die im Lauf der Zeit vergrößerten Becken am Fuß der Mauer sind nicht so ausgelastet, wie es ihrem Umfang entspräche. Der Hafen hat seine große Zeit hinter sich. Als Richelieu die Anlagen an ihrem ursprünglichen Platz in der Mündung des Flusses Penfeld 1631 gründlich reinigen und instandsetzen ließ, kamen zahlreiche Arbeiter nach Brest, viele mit ihren Familien, viele gründeten neue. Die Siedlungen auf den Höhen zu beiden Seiten des Flußhafens wuchsen. 1633 lagen schon dreiunddreißig große Kriegsschiffe vor Brest. Jean Baptiste Colbert, Marineminister unter Ludwig XIV., setzte das Werk Richelieus fort. Er verbesserte den Werftbau und sorgte für Nachwuchs in der Marine durch Schulung und vor allem durch die Möglichkeit, junge Bretonen zum Dienst auf See zu verpflichten. Die in Brest stationierte Königliche Flotte, kurz ›la Royale‹ genannt, stand als Symbol für die gesamte Seemacht Frankreichs. Die schon vorher außerordentlich starke Befestigung wurde ab 1683 durch Sébastien de Vauban ergänzt.

Unter Napoleon III. erweiterte man den Handelshafen. In den siebziger Jahren des vorigen Jahrhunderts war Brest eine ansehnliche Stadt mit rund 60000 Einwohnern. Für den Kriegshafen arbeiteten acht- bis neuntausend Mann. In der Kaserne hatten dreieinhalbtausend Platz. Die Entwicklung der Dampfschiffahrt und nicht zuletzt die 1865 erfolgte Anbindung der Stadt an den Schienenstrang nach Paris schufen neue Industrien und damit zunehmend Arbeitsplätze. Nachdem Brest in jüngerer Zeit seine Rolle als führender Kriegshafen an Toulon am Mittelmeer abtreten mußte, ist die Entwicklung des Handelshafens stärker gefördert worden. Der Petroleumhafen wurde ausgebaut.

Die Penfeld-Mündung, Geburtsstätte des Hafens, ist drei Kilometer lang, achtzig bis hundert Meter breit und hat eine

Wassertiefe, die für die kleinen Einheiten der Kriegsmarine genügt. Diese wurden im Arsenal, das alle Werftbetriebe umfaßt, gebaut und hatten ihre Basis im Schutz der Flußmündung. Eine moderne Kriegsflotte brauchte andere Becken. Bereits am Ende des 19. Jahrhunderts begann man mit gewaltigen Erdarbeiten an den Steilufern des Flusses. Als auch diese Vergrößerung den Ansprüchen des Arsenals nicht mehr entsprach, machte man den Sprung über die Penfeld-Mündung und verlagerte einen Teil des Arsenals mit Trockendocks und Werften an den Port Lanion. Unter den jüngeren Anlagen an der Reede hat das ›Centre Océanographique de Bretagne‹ schnell an Bedeutung gewonnen. Dieses Institut dient der wissenschaftlichen Erforschung der Meere und der Möglichkeit praktischer Nutzung.

Die alte Innenstadt füllt ein Dreieck zwischen Reede, Penfeld und der Achse des Boulevard Georges Clemenceau aus. Das Château bildet seine südwestliche Ecke. Der Weg an der Festungsmauer entlang bis zum Fluß führt zur bedeutendsten Hebebrücke Europas. *Le Pont de Recouvrance*, 1954 fertiggestellt, überspannt den Fluß zwischen zwei Giganten. Es sind betonierte Doppelpylonen von 64 Metern Höhe. Das 350 Tonnen schwere Metallgebilde kann sich in 150 Sekunden um 26 Meter über die normale Position erheben. Bei geöffneter Brücke haben also auch große und hohe Schiffe Zufahrt zu den flußaufwärts gelegenen Betrieben des Arsenals.

Die Spitze des Dreiecks mit dem *Château* ist pittoresk. Nähert man sich Brest mit der Fähre vom gegenüberliegenden Ufer her, wachsen die steilen Mauern finster und bedrohlich empor. Sie werden im inneren Ring von einem mit Zinnen gekrönten Bau überragt. Die ältesten Teile dieser Befestigung stammen aus der späten Römerzeit in Gallien. Zeitweilig residierten die bretonischen Herzöge in der trapezförmigen Wehranlage. Von der Landseite aus ist der Komplex nicht überschaubar und auch nicht zugänglich, da hier die Préfecture Maritime ihren Sitz hat. Nur ein *Schiffahrtsmuseum* und ein Teil der Wälle können besucht werden. Hier informiert man sich über Marinegeschichte. Wer sich für

ERNEUERTE INNENSTADT

Stadtgeschichte interessiert, findet Material und anschauliche Dioramen des alten Brest in der *Tour Tanguy* am rechten Ufer des Penfeld. Dieser Turm aus dem 14. Jahrhundert bildete einst einen äußersten Punkt der Befestigung.

Brest ist eine Stadt mit einem tragischen Schicksal. Der Ruhm verflossener Heldentaten zur See ist längst verblaßt. Und die Erinnerung an das schaurige Bagno mit den gebrandmarkten und zu je zweien aneinandergeketteten Sträflingen ermuntert nicht gerade zur Neubelebung. Die größte Katastrophe ereignete sich im Zweiten Weltkrieg. Als die Deutschen 1940 Nordfrankreich besetzten, verließen alle französischen Einheiten der Flotte und der Handelsmarine rechtzeitig den Hafen. Die wichtigsten Anlagen wurden von ihnen zerstört, von den Besatzern aber gleich wieder in Betrieb gesetzt und bedeutend erweitert. Die Stadt wurde von den Alliierten wiederholt schwer bombardiert, da sie ein strategischer Stützpunkt war. Die Belagerung während der Befreiungsaktion dauerte dreiundvierzig Tage. Als Brest im September 1944 in die Hände der Alliierten fiel, war das Dreieck der Innenstadt vernichtet.

Für den Touristen ist die Versuchung groß, das erneuerte *Zentrum* als belanglos und banal abzutun. Um gerechter zu urteilen, müßte man die Bedingungen des Wiederaufbaus kennen. Der Stadtkern war schon früher ziemlich regelmäßig angelegt, jetzt herrscht das öde und in Frankreich ganz ungewöhnliche Schachbrettmuster vor. Auf der zentralen, erhöhten *Place de la Liberté* erinnert ein Denkmal mit einer Inschrift auf französisch und bretonisch an die Kriegsopfer. Funktional gestaltete öffentliche Gebäude wie das Rathaus oder die Rückseite des Palais des Arts et de la Culture tragen zum nüchternen Eindruck des Platzes bei. Von hier aus läuft die Rue de Siam als stark belebte Verkehrsachse auf die Recouvrance-Brücke zu. Ihr Name erinnert an die seinerzeit sensationelle Ankunft der Gesandten aus Siam, die sich 1668 an den Hof Ludwigs XIV. begaben.

Nicht nur architektonisch hat Brest seinen Charakter seit dem Wiederaufbau verändert. Aus der traditionsreichen

Stadt der Marine seit der Zeit Richelieus wird zunehmend eine Industrie- und Universitätsstadt. Mit der Schaffung der ›Université de Bretagne occidentale‹ 1968 ist Brest zum zweiten Zentrum nach Rennes für die studierende Jugend der Bretagne geworden, und zwar mit spezieller Ausrichtung auf Ozeanographie und Landwirtschaft. Statt der Matrosen mit dem roten Pompon auf der Mütze, die man hier erwartet, trifft man weit häufiger auf Scharen von Studenten in den schnurgeraden Achsen der neu erstandenen Innenstadt.

Wallfahrtsort Le Folgoët

Das einsame, das strenge Léon liegt nördlich von Brest. Die flache Landschaft ist den Winden vom Meer besonders ausgesetzt. Bäume gibt es kaum oder nur in geschützten Senken. Die Erde liegt jedoch nicht brach, sondern wird von den fleißigen Léonards angebaut. Ein großer Teil der Küste erstreckt sich hinter einem Rand von Klippen. Der Fischfang und die Muschelzucht sind unerheblich. Hier gibt es kaum Sandstrände und malerische Fischereihäfen wie weiter östlich an der Kanalküste. Eine große Einsamkeit herrscht vor. Finis terrae, das Ende des Festlandes, und in alten Zeiten das Ende der Welt... Der Menschenschlag, der hier lebt, wird in starker Verallgemeinerung als hart arbeitend, fromm und politisch reaktionär charakterisiert.

Auf der Strecke von Brest nach Le Folgoët passiert man zwischen Feldern für Frühgemüse kleine Orte, die einander ähnlich sind. Überall reihen sich kleine, geweißte Häuser, und man wird höchstens durch einen schnellen Seitenblick auf eine eindrucksvolle Kirche überrascht. Auch Le Folgoët würde dazu gehören, wenn nicht die beiden Türme seiner Kollegialkirche schon aus der Ferne ein Ziel besonderer Art ankündeten. Nahe der Hauptstraße mit der üblichen Reihung von Bar, Bäckerei und Fleischerei lockt eine der berühmtesten Wallfahrtsstätten der Bretagne zur Besichtigung. Zum großen Pardon am zweiten Sonntag im September kommen viele Tausende gläubiger Bretonen in das winzige Le Folgoët.

WALD DES VERRÜCKTEN

Wallfahrtsorte müssen Freiflächen haben. Hier dehnt sich vor der Fassade der Kirche eine weite Grasfläche aus. Alte Häuser wie das Dekanat und die Pilgerherberge stimmen auf die geistliche Atmosphäre ein. Im Dekanat mit dem Rundturm soll Anne de Bretagne übernachtet haben. Ihre Wallfahrt zu Notre-Dame-du-Folgoët ist geschichtlich belegt. Mit einem Viertel moderner Villen geht die kleine Stadt in das benachbarte Lesneven über. Die Buslinie von Brest zur nördlichen Küste bietet die einzige Verbindung des isolierten Platzes mit der Umwelt. Dennoch gibt es auch hier Anzeichen von Modernisierung.

Die Kirche *Notre-Dame* ist in ziemlich schlimmem Zustand. Man hat mit der Restaurierung begonnen, aber für weitere Sicherung und Erneuerung wären große Summen nötig. Das Klima dieser Region setzt den Bauten zu. Regenschäden am Dach, Fleckenbefall durch Feuchtigkeit an den Außenmauern, abbröckelnde Statuen, das alles sind Zeichen des Verfalls, die der Kirche ein melancholisches Aussehen verleihen, das allerdings ihre Majestät kaum beeinträchtigt. Die Gründung des 1423 fertiggestellten Gotteshauses beruht auf einem Gelübde des Herzogs Jean de Montfort, Sieger in der Schlacht von Auray, die Heiligung des Platzes auf einer der rührendsten, naiven Legenden der Bretagne.

Bretonisch ›ar foll coat‹, wird mit ›Wald des Verrückten‹ übersetzt. Die Gegend muß dicht bewaldet gewesen sein. Gegen 1350 lebte hier der Knabe Salaün. Er war geistig so gestört, daß er kein anderes Wort als »Ave Maria« stammeln konnte, obgleich Gönner ihn zur Schule geschickt hatten. Salaün war verwaist und mußte betteln gehen. Er hauste im Wald bei einer Quelle und schlief auf der Erde unter einem schützenden Baum. Jeden Tag ging er nach Lesneven, um die Messe zu hören. Zurück in der Waldeinsamkeit, verzehrte er das erbettelte Brot, das er in die Quelle tauchte. Bei jedem Bissen wiederholte er »Ave Maria«. Auch schaukelte er oft unter Anrufung der Jungfrau an einem Ast.

So lebte Salaün etwa vierzig Jahre. Die Leute nannten ihn den ›Verrückten‹. Er war der Dorftrottel, mit dem man Mitleid hatte. Salaün wurde krank und starb friedlich. Man beerdigte ihn und vergaß sein Gestammel, aber Gott vergaß ihn nicht. Aus seinem Grab sproß eine wunderschöne, süß duftende Lilie. Auf jedem Blütenblatt stand in goldenen Buchstaben »Ave Maria«. Man öffnete das Grab und entdeckte, daß die Blume aus Salaüns Mund gewachsen war. Aus der ganzen Bretagne kamen Leute, um das Wunder zu bestaunen. An der Stelle, wo der Irre gehaust hatte, entstand im 15. Jahrhundert die Kirche, die man der Jungfrau weihte.

Notre-Dame hat einen merkwürdigen Grundriß, nämlich ein auf dem Kopf stehendes L. Dem flachen Chor des einzigen Schiffs ist an der Südseite ein halber Querschiffsarm angefügt: la Chapelle de la croix. Zur Kapelle gelangt man durch das traditionelle, reich geschmückte Südportal, dessen Apostelstatuen jedoch sehr beschädigt sind. Am 56 Meter hohen Nordturm der Fassade ist das für die Bretagne typische Motiv eines spitzen, durchbrochenen Helms mit vier begleitenden Türmchen derselben Art virtuos ausgeführt. Hohe Rundbogenarkaden mit krönender Balustrade bilden einen harmonischen Übergang vom Unterbau zur Spitze. Der unvollendete Südturm schließt auf halber Höhe stumpf ab.

Im *Innenraum* wird die Erinnerung an den frommen Knaben Salaün auf Glasfenstern in realistischer Darstellung wachgehalten. Zwei Fensterrosen am Chor und an der Südfassade entzücken durch feines Maßwerk mit Speichen und Lanzettstreifen, vor allem aber durch starkfarbige Glasplättchen, die märchenhaft funkeln. Im Querschiff erhellen Kerzen die Gnadenfigur der Jungfrau. Sie hat derbe Züge und sieht ernst vor sich hin, reizend dagegen das Kind mit mädchenhaft weichem Haar und brav gefältetem Kleidchen.

Als größte Sehenswürdigkeit gilt der *Lettner*. Aus dem besonders harten, im Farbspiel besonders schönen Granit von Kersanton hat man ein kleines Haus in steinerner Feinarbeit vor den Chor gesetzt. Zum Schiff hin öffnen sich drei Bogen unter geschwungenen Wimpergen. Ihre Spitzen überschneiden eine luftige Dreipaßgalerie. Rechts und links vom mittleren Durchgang steht ein alter Altartisch. Die Seitenwände dieser Kapelle im Kirchenraum sind durch anmutige Steingirlanden mit den Pfeilern der Vierung verbunden.

In Notre-Dame-du-Folgoët entspringt unter dem Hauptaltar eine Quelle, die unterirdisch nach draußen geleitet wird.
Wie man weiß, ist es Salaüns Quelle. An der Chormauer
wacht seine stets angerufene Madonna über die ›fontaine‹ des
frommen Waldmenschen. Die sitzende, zarte Gestalt unter
einem verzierten Spitzbogen hat sinnend den Kopf gesenkt.
Ob sie einmal etwas in den Händen gehalten hat, ist nicht
mehr zu erkennen. Pilger schöpfen noch heute aus der wundertätigen Quelle, die in ein Becken gefaßt ist.

Saint-Pol-de-Léon

Das Land Léon im Norden des Département Finistère umfaßt hinter der Klippenküste am Ärmelkanal eine intensiv
bearbeitete ländliche Zone mit dem pompösen Namen ›la
ceinture dorée‹, ›der Goldene Gürtel‹. Wer Saint-Pol wegen
seiner berühmten Türme besuchen will, muß diesen Gürtel
durchqueren. Zu beiden Seiten der Fahrstraße erstrecken
sich Felder mit Blumenkohl und Artischocken bis zum Horizont. Zahlen belegen die für den Ausländer erstaunliche Tatsache, daß siebzig Prozent der französischen Artischocken
und fast die Hälfte aller Blumenkohlköpfe in diesem Teil der
angeblich so rauhen Bretagne geerntet werden. Darüber hinaus gedeihen andere Arten von Frühgemüsen, auch Zwiebeln
und Kartoffeln. Die Landwirte aus dem ›Goldenen Gürtel‹
haben ihre Produktions- und Verkaufsmethoden energisch
modernisiert. Bei ihren Landsleuten zählen sie denn auch
nicht mehr zu den angeblich ›sturen‹ Bretonen, sondern gelten als lebhaft, weltoffen und sogar pfiffig.

Über den Feldern mit riesigen weißen Kohlköpfen oder den
graublauen Distelzweigen der Artischocken taucht in der
Ferne ein schlanker, spitzer Kirchturm auf. Es ist der
Kreisker, von dem die Bretonen schwärmen, und der vielfach
nachgeahmt worden ist. Er schmückt eine Kapelle, die nicht
zu den bedeutenden kirchlichen Bauwerken der Bretagne
gehört. Mit dem Bau von Notre-Dame-du-Kreisker wurde
im 14. Jahrhundert begonnen, die Seitenschiffe, die Vierung

und der Turm entstanden jedoch erst im 15. Jahrhundert. Ehemals hatte die Kapelle den Honoratioren der Stadtverwaltung als Versammlungsplatz gedient, jetzt hat dort ein ›Collège‹ seinen Sitz. Man kann sie besichtigen und den Turm besteigen. Er hat den Schiffern, die den kleinen Hafen Pempoul ansteuerten, als Wahrzeichen gedient und ist im Lauf der Zeit zu einem Wahrzeichen für die ganze Bretagne geworden.

Der Festungsbaumeister Vauban soll vom Kreisker gesagt haben, er sei ein Wunder an Kühnheit und ausgewogenen Proportionen. Der untere, auf dem Dach der Vierung aufsitzende Teil ist kein massiver Klotz, sondern vertikal gegliedert. Oberhalb verstärkt sich die vertikale Auflösung durch je zwei hohe Schall-Luken an den vier Seiten des Turms, so daß das schlanke Emporschießen noch mehr betont wird. Über der Plattform beginnt das uns schon bekannte, aber hier überwältigend leichte, fast graziöse Zusammenspiel von einer steilen, mit Öffnungen versehenen Spitze und den dreistöckigen, durchsichtigen Ecktürmchen, die durch steinerne Klammern mit der zentralen Pyramide verbunden sind.

Der Kreisker, Vorbild so vieler Türme in der Bretagne, ist den beiden Türmen von Saint-Pierre im normannischen Caen nachgebildet, nur daß jene Türme viel trockener wirken. Sie haben Würde, aber bei weitem nicht die Eleganz der bretonischen Nachfolge. Zur Zeit der frühen Gotik orientierte sich die Kirchenkunst der nordwestlichen Bretagne häufig an normannischen Beispielen. Das gilt bei der Kathedrale von Saint-Pol nicht nur für den Stil, sondern zum Teil sogar für das Material. In diesem Fall gab die Kathedrale von Coutances die Anregung. Betrachten wir zunächst den Ursprung dieses Bauwerks von hohem, geistlichem Rang in Verknüpfung mit seinem legendären Gründer.

Pol, mit dem Zunamen Aurélien, gehört zu den sieben Gründern der Bretagne. Er wurde zu Beginn des 6. Jahrhunderts in Britannien geboren. Dort führte er mit zwölf Gefährten ein abgeschiedenes Dasein. Die Legende bringt ihn in Zusam-

DER KREISKER

menhang mit König Marke in Tintagel. Der Herrscher von Cornwall ernannte Pol zu seinem Kaplan. Aber der Eremit war von Missionseifer verzehrt, hielt es nicht lange in Tintagel aus und begab sich auf die Ile d'Ouessant vor der bretonischen Westküste. Leider waren die dort ansässigen Leute noch nicht bereit, die frohe Botschaft zu empfangen. Darum verlegte Pol seinen Sitz auf die kleine Insel Batz vor Roscoff. Die Anspielung auf König Marke ist merkwürdig. Die Tristan-Sage spielt sich zum Teil in der Bretagne ab, wie wir schon in der Einführung feststellten, aber nirgends taucht der Zusammenhang mit dem Leben eines Heiligen auf.

Auf Batz war Pol endlich am richtigen Platz, um durch ein Wunder die Macht seines Glaubens zu beweisen. Gleich nach seiner Ankunft heilte er drei Blinde, einen Gelähmten und zwei Taubstumme. Als Withur, Oberhaupt der Gemeinde von Batz, davon erfuhr, ließ er den Wundertäter zu sich kommen. Er bat ihn, einen Drachen zu töten, der das Land verheerte und sich vom Fleisch von Haustieren oder Menschen nährte. Pol versprach es. Er legte sich eine Stola um und machte sich mit einem Bewaffneten auf den Weg.

Es war jedoch nicht nötig, zum Schwert zu greifen. Der Heilige brauchte nur die Stola um den Hals des Ungeheuers zu schlingen, und schon ließ sich dieses willenlos wie ein Hund an der Leine führen. Auf Befehl des heiligen Mannes stürzte sich der Drache selbstmörderisch an einer Stelle ins Meer, die noch jetzt als ›Trou du Serpent‹ bekannt ist. Ob Schlund für Schlange oder Drachen, ist unwichtig. Pols Stola ist noch erhalten. Textilexperten meinen allerdings, daß das Gewebe ein orientalisches Produkt aus der Zeit der Kreuzzüge sei. Wir sind derselben Legende bereits in La Roche-Maurice begegnet. Hier wie dort symbolisiert die Drachentötung den Sieg des Christentums über heidnische Greuel.

Withur, der Herr von Batz, machte den Wundertäter zum Bischof, mit Sitz in der Festung Léon. Die wehrhafte Stadt wurde von Piraten zerstört, doch auf Drängen des zeitlich nicht mehr festzulegenden Pol wieder aufgebaut. Von nun an überwog Glaubenseifer den Verlaß auf Wehrtüchtigkeit, die Kathedrale trat an die Stelle der Festung. Das Bistum bestand bis zur Revolution und wurde auch nach dem Napoleonischen Konkordat nicht wieder errichtet. Daher wird die Kirche als ehemalige Kathedrale bezeichnet. Im Innern zeigt man das angebliche Grab des Heiligen und eine Kupferglocke aus seinem Besitz. Tatsächlich besaßen keltische Eremiten Glocken solcher Art, denen man später Heilskräfte zuschrieb. Mit der Glocke des Pol Aurélien hatte es eine besondere Bewandtnis. Marke hatte sie seinem Kaplan verweigert, aber durch Gottes Güte war sie dennoch nach Batz gelangt. Ein Fisch hatte sie im Maul an die Küste getragen.

Die *Kathedrale* liegt an der geräumigen Place du Parvis, über die dauernd die hoch beladenen Traktoren der Gemüsebauern rattern. Über der Fassade der gotischen Kirche erheben sich zwei Türme im Stil des Kreisker, doch wirken sie durch den massiven Unterbau wuchtiger. Von der Galerie über dem Querschiff-Portal aus spendete der Bischof den Segen oder verdammte zur Exkommunikation.

Im Innern haben die Baumeister nicht, wie gewöhnlich, nur einheimisches Baumaterial verwendet, sondern für das Schiff gelblichen Sandstein aus der Normandie; für die Seitenschiffe wählte man den heimischen Granit. Er wechselt durch das einfallende Tageslicht reizvoll die Farbe, die überwiegend ins Rötliche spielt. Eine köstliche Fensterrose aus dem 15. Jahrhundert als Abschluß des Querschiffs zeigt als zentrales Motiv die Dreieinigkeit, umgeben von Engeln. Aus dem 16. Jahrhundert stammt das eichene Chorgestühl, berühmt für phantasievolle Schnitzerei an den Wangen und unter den Sitzen. Am Altar befremdet zunächst ein exotisch wirkender Schmuck, den man auf den ersten Blick dem Jugendstil zuordnen möchte. Es handelt sich jedoch um ein Werk des 17. Jahrhunderts. Von einem geschnitzten Palmstamm in der Form eines Krummstabs hängt eine vergoldete Blüte. Es ist das Ziborium, der Speisekelch. Nach alter eucharistischer Sitte enthielt er die geweihten Hostien.

Die Kathedrale birgt viele pathetische Grabdenkmäler hoher Geistlichkeit. Häufig werden die Liegefiguren am Kopfende von reizenden, kleinen assistierenden Gestalten

begleitet. Bei der Figur des Monseigneur Rolland de Neuf-
ville, gestorben 1613, stützt die beigegebene Figur den
Krummstab, den der Monseigneur in den Rachen eines Ungeheuers zu seinen Füßen stößt. Der letzte Bischof von Léon,
Monseigneur de la Marche, 1806 im Exil in London gestorben, 1866 heimgeholt, kniet in Gestalt einer weißen Marmor-
statue auf seinem Grab. In einer Nische an der Außenseite der
Chorwand werden 35 hölzerne Kästchen mit einer Öffnung
vorne und einem Kreuz auf dem Deckel verwahrt, die auf
diese Weise einer winzigen Kapelle gleichen. Sie enthalten
Schädel von Toten, die früher auf dem Friedhof bestattet
worden waren. Auf Wunsch der Familien hatte man sie aufgehoben. Das geschah zwischen 1552 und 1826, wie Angaben
auf den Kästchen beweisen, auf denen auch der jeweilige Fa-
milienname vermerkt ist. Ein seltsames Memento mori!

Roscoff

Nahe bei Saint-Pol-de-Léon liegt Roscoff am nördlichsten
Zipfel des ›Goldenen Gürtels‹. Die Stadt zieht sich um eine
tiefe, halbkreisförmige Bucht herum. Im Westen liegt das alte
Zentrum mit seinem Hafen, im Osten der neue Teil mit dem
Tiefwasserhafen. Hier machen die großen ›car ferries‹, die
Autofähren, fest, die die Verbindung mit Plymouth herstellen.
Außer Saint-Malo ist Roscoff die bedeutendste Anlaufstelle
für den Fremdenverkehr von jenseits des Kanals.

Das reizende, alte Städtchen hat einen wichtigen Export-
hafen für das bretonische Frühgemüse. Dieser Export hat
Tradition. An der englischen Kanalküste waren die ›Zwiebel-
Johnnies‹ bekannt, die persönlich ihre Ware feilboten. Es heißt
sogar, daß sie sich als Brüder vom keltischen Stamm mit den
Einwohnern von Wales leidlich verständigen konnten.

Roscoff hat unter all den phantasievollen bretonischen
Kirchtürmen den duftigsten. Es lohnt sich, zunächst den alten
Hafen aufzusuchen, um von dort aus das geschlossene Stadt-
bild mit Wehrmauern, Häusern aus hellem Granit und einem
Kirchturm in sich aufzunehmen, der die klassischen Elemente
der Renaissance in spielerischer Auflösung zeigt.

Die Kirche *Notre-Dame-de-Kroaz-Baz* liegt im Herzen der Stadt. Über dem massiven Unterbau des Turms enden die beiden Treppentürme in kräftig gestalteten Laternen. Auf der Plattform hängen zwei Glocken zwischen drei Arkaden im Freien. Darüber wiederholt sich dieselbe Anordnung mit Laternen und arkadenartigen Öffnungen für zwei Glocken, nur kleiner. Vom dritten ›Stock‹ an steigt die Konstruktion mit überschlanker, durchsichtiger Laterne zum Himmel empor, der bei so viel heiterer Durchlässigkeit überhaupt eine große Rolle spielt. Zum Glück beherrscht der Turm von Notre-Dame als einziger Akzent noch das ganze Stadtbild.

Die Kirche ist von einem kleinen Enclos mit zwei Beinhäusern umgeben. Man nimmt ihn jedoch kaum wahr, da er von alten Stadthäusern aus dem 16. und 17. Jahrhundert umrahmt wird. Die Kirche mit Schiffsreliefs an der Mauer und dekorativen Kanonenrohren als Wasserspeier erinnert an die Zeit, als Korsaren von Roscoff aus auf Beutefahrt gingen und Handelsherren mit ihren dickbauchigen Schiffen erfolgreiche Unternehmer zur See waren. Im reich ausgestatteten Innern fällt ein Altarretabel mit sieben Alabastertafeln aus dem 15. Jahrhundert durch seine Eleganz auf. Sie stellen Szenen aus dem Evangelium dar.

In Roscoff hat die fünfjährige Maria Stuart am 13. August 1548 den Boden Frankreichs betreten, um später mit dem Dauphin François, Franz II., als König vermählt zu werden. Ein rundes Ecktürmchen in der Wehrmauer ist nach ihr benannt. Auch sieht man noch das Haus, in dem das Kind gewohnt haben soll, ehe die Reise weiter ging.

Ein Rundgang durch das Städtchen beweist, daß Roscoff nicht nur der Vergangenheit zugewandt ist. Hier ist eines der bretonischen Zentren für Meereswasser-Therapie. Die Universität von Paris hat in Roscoff ein ›Centre d'Etudes d'Océanographie et de Biologie marine‹ eingerichtet. Neben Plymouth, Neapel und Bergen gehört dieses Zentrum für Ozeanographie und Meeresbiologie zu den größten und modernsten Europas.

Als Ausflugsziel lockt die kleine Insel Batz in Sichtweite der Küste, auf der Saint-Pol Wunder vollbrachte. Vom Hafen aus

ZENTRUM FÜR OZEANOGRAPHIE 205

führt ein langer Steg tief in die Bucht hinein bis zu einer Klippe mit der Anlegestation für die kleinen Fährschiffe. Die Entfernung zwischen Festland und Insel beträgt nur etwa einen Kilometer, aber die Strömung ist hier sehr stark, der Höhenunterschied zwischen Ebbe und Flut gewaltig. Bei Flut wird die Anlegestelle weiter zurück an die Mole verlegt.

Auf Westkurs zur Aber-Küste

Je weiter man sich an der Kanalküste des Léonais von belebten Zentren wie Saint-Pol-de-Léon oder Roscoff auf der westwärts führenden Route entfernt, desto einsamer wird das Land ringsum. Etwa ab Brignogan-Plage muß das Fahrtempo verlangsamt werden. Jetzt fädelt man sich nämlich in ein Netz kleiner Straßen ein, die kaum der Küste folgen, vielmehr tiefer im Binnenland verlaufen und versunkene Flußmündungen weit oberhalb überqueren.

Das kleine Seebad *Brignogan-Plage* mit seinen durch Felsblöcke abgegrenzten Stränden und den Gemüsekulturen des ›Goldenen Gürtels‹ im Hinterland ist ein viel besuchter Ferienplatz; weiter westlich starrt die Aber-Küste derartig von Klippen und ist der Verwandlung der Landschaft durch Gezeitenwechsel so extrem unterworfen, daß Gelegenheit für Badefreuden und Wassersport selten sind. Auf der anderen Seite übt die Einsamkeit ihre Anziehung auf jene Naturfreunde aus, die im kurzen Sommer der Bretagne überfüllte Seebäder meiden möchten.

Das bretonische Wort ›aber‹ entspricht der spanischen Bezeichnung ›ria‹. Sowohl an der Westküste Galiciens als auch im Westen der Halbinsel Léon handelt es sich um dasselbe Phänomen. Die Abers oder Rias bildeten sich in vorgeschichtlicher Zeit. Stark vereinfacht kann man die Entstehung dadurch erklären, daß das Meeresniveau sich gehoben hatte und Flüsse, die ins Meer mündeten, nicht mehr die Kraft hatten, ihr Süßwasser in die verschlammten und überfluteten Mündungstrichter zu lenken. So drang die See tiefer und tiefer ins Land ein und bildete Fjorde. Entsprechend trocknen diese Flüsse jetzt auf dem Höchststand der Ebbe noch über viele

Kilometer landeinwärts aus. Allenfalls sickert ein trübes Rinnsal durch das Flußbett. Das schon vertraute Bild von Booten, die mit dem Kiel dem Schlamm aufsitzen, bei auflaufendem Wasser leicht schaukeln und schließlich wieder schwimmen, ist hier womöglich noch ausgeprägter als anderswo.

Die Aber-Küste gilt als wild, auch melancholisch, aber grandios. *Lilia*, ein kleiner Fischerhafen beim Aber Wrac'h, bietet von seiner um eine Bucht geschwungenen Küstenstraße aus einen Blick auf den höchsten Leuchtturm Frankreichs. Der *Phare de l'Ile Vierge*, erbaut 1897 bis 1902, mißt 77 Meter. Das Leuchtfeuer hat eine durchschnittliche Reichweite von 52 Kilometern. Aber es sind weniger diese technischen Daten, die gerade diesen Leuchtturm so eindrucksvoll machen, als seine Lage auf einer Klippe. Er wird zum eleganten und kraftvollen Wahrzeichen an einer öden, für die Schifffahrt gefährlichen Küste, ja fast zum Symbol für die Behauptung des Menschen dem bedrohlichen und zerstörerischen Element gegenüber.

Wenn man bei Ebbe in Lilia ankommt, kann man die Einwohner beim Einbringen einer typisch bretonischen Ernte beobachten. Zwischen den Felsen und Klippen, die mehr und mehr emportauchen, sieht man gebückte Gestalten, die mit Messern und Sicheln Seetang und Algen abtrennen und zu Haufen türmen. Auf dem Strand nahe am Ufer steht ein Traktor mit Kippwagen, der beladen wird. Früher versah man den Abtransport mit Pferdekarren, was auch jetzt noch vorkommt. Der geerntete Tang wird am Ufer zum Trocknen ausgebreitet, sei es auf dem Pflaster, auf Grasflächen, wo immer ein Platz frei ist. Die Männer holen mit Forken die dunkelbraune, schlüpfrige Masse vom Wagen und breiten sie aus, als handele es sich um Heu. Gauguin hat es auf seinem 1889 entstandenen Bild ›Tangsammler‹ festgehalten. Das Sammeln von ›goëmon‹ verschiedener Art ist ein altes Gewerbe an der Küste. Ursprünglich diente der Tang nur als Düngemittel, doch mit der industriellen Entwicklung vervielfältigte sich die Nutzung. Heute ist er eine Grundlage für Jod, Viehfutter, kosmetische Artikel und anderes.

Bei ablaufendem Wasser ist das Meer mit dem weißen Saum aus Gischt an den Klippen nur noch am Horizont sichtbar. Nun wagen sich die Muschelsucher weiter und weiter hinaus, tauchen auf, bücken sich, sind verschwunden und plötzlich an anderer Stelle wieder sichtbar. Der Grund des Meeres, mit Sandstreifen zwischen den Felsen, wirkt urweltlich und geheimnisvoll. An windstillen Tagen in der Vor- und Nachsaison hört man nichts als das klagende Geschrei der Möwen und atmet den typischen, modrigen Geruch des Seetangs ein.

Die Küstenregion zwischen Brignogan-Plage und Ploudalmézeau weiter westlich heißt das Land der ›pagans‹. Diese Bezeichnung hängt vermutlich mit ›païens‹, Heiden, zusammen. Das ist kein Schmeichelname für die Einwohner, denen man üble Gebräuche nachsagte. Mit ihren Genossen an der Südküste von Cornouaille teilten sie sich in den Ruf, gerissene Strandräuber zu sein. Mit Schiffshaken an Stangen ausgerüstet, brachten sie es fertig, ein gesunkenes Schiff in einer einzigen Nacht völlig auszuplündern.

Es wird Schlimmeres von ihnen erzählt. In alter Zeit, als es noch keine Leuchttürme gab, wohl aber Leuchtfeuer, hätten sie die Schiffer getäuscht, die im Nebel oder in der Dunkelheit der gefährlichen Küste nahekamen. Angeblich stellten sie an besonders unheilvoller Landestelle Lichter hinter Kirchenfenster oder banden angetriebenen Ochsen Laternen zwischen die Hörner. Dadurch sollte das Flackern von Leuchtfeuern nachgeahmt werden.

Die Strände nach Strandgut abzusuchen, war an allen Küsten gebräuchlich. Daß man die himmlischen Mächte von Zeit zu Zeit um einen Orkan anflehte, um die Aussicht auf Beute zu vergrößern, trifft vermutlich zu. Die Bretonen müssen im Ausweiden gestrandeter Schiffe solche Meister gewesen sein, daß es schon am Ende des 12. Jahrhunderts eine Art von Versicherung gegen Schiffbruch mit anschließender Plünderung gab. In der Praxis dürften sich die analphabetischen Pagans allerdings kaum um die Weiterleitung solcher Verträge aus der Tasche eines ertrunkenen Kapitäns oder in einem Schubfach an Bord gekümmert haben.

Von den drei bekanntesten Abers passiert man auf der Route nach Westen zunächst den *Aber Wrac'h*, übersetzt ›Mündung der Hexe‹. Von der Brücke aus übersieht man einen Teil des Oberlaufs, der sich mit neun Kilometern ungewöhnlich tief ins Binnenland erstreckt. Der Unterlauf des Aber ist so breit, daß er Sportfahrzeugen als sicherer Hafen dient. Auf einer Anhöhe bei der Brücke erhebt sich ein mittelgroßer, durch ein Kreuz christianisierter Menhir. Von diesem weltverlorenen Platz geht eine große Stille aus. Der Blick schweift über die sanft ansteigenden Hügel zu beiden Seiten des Aber. Es ist eine herbe, aber keine monotone Landschaft. Ein von der Route abzweigender Rundweg erschließt die Halbinsel zwischen dem Aber Wrac'h und dem nahen Aber Benoît. Hinter den Stränden und Dünen an der Mündung des Aber Wrac'h tut sich ein Gürtel von Klippen und kleinen Inseln auf. Die Reste eines alten Fort zeichnen sich auf der Insel Cézon ab, Besitzer der Insel Stagadon ist der Maler Bernard Buffet. An der Baie des Anges erinnern die Ruinen des 1507 von Anne de Bretagne gestifteten Klosters Notre-Dame-des-Anges daran, daß diese abgelegene Region nicht weniger als andere Teile der Bretagne in den christlichen Kulturkreis einbezogen war.

Wieder führt die Westroute über einen ertrunkenen Flußarm. Den *Aber Benoît* überquert man auf kurzer Brücke und fährt nun abseits der Küste weiter. Beim Weiler Trémazan mit der von Efeu überwucherten Schloßruine aus dem 13. bis 15. Jahrhundert ist man wieder der See nahe. Die ›corniche‹, die sich von hier aus bis Porspoder mit seinem Felsenchaos erstreckt, gilt als der großartigste Abschnitt der Aber-Küste. Ein großes Thema wird hier in endlosen Variationen behandelt: Dünen, Strände, aber vor allem Klippen und Inseln am ausgezackten felsigen Saum, Leuchttürme, Kapellen, Ruinen, Menhire, isolierte, kleine Siedlungen, magere, durch Mäuerchen abgegrenzte Viehweiden im Binnenland. Und immer wieder Aussichtspunkte, um zu verweilen, zu schauen und auf das eintönige Donnern der Brandung zu horchen.

Beim *Aber Ildut* mit seinem Tiefwasserhafen hat man eine interessante, allerdings nur theoretisch existierende Grenze erreicht. Der ›Rocher du crapaud‹, Krötenfels, an der Mündung des Aber, ist jener Punkt des Festlandes, der der vorgelagerten Insel Ouessant am nächsten liegt. Würde man eine Linie vom ›Krötenfels‹ nach Ouessant und über diese Insel hinweg ziehen, dann wäre das die Grenze zwischen Ärmelkanal und Atlantik. Für die Seeleute gilt allerdings eine Grenze, die etwas südlicher bei der *Pointe de Corsen* ihren Ausgang nimmt. Hier ist der westlichste Punkt Frankreichs erreicht. Auf dieser Höhe führt ein kurzer Abstecher ins Binnenland zum *Menhir de Kerloas*, mit seinen zwölf Metern der höchste der Bretagne. Dieser Koloß inmitten der Wildnis wirkt nicht so edel wie der schlanke Menhir auf dem Champ Dolent, fern im Osten, aber er flößt jenes scheue Staunen ein, das die rätselhaften Kulte der Urzeit in uns bewirken.

Le Conquet und die Pointe de Saint-Mathieu

Als Alexandre de Beauharnais, Gemahl der Joséphine Bonaparte in erster Ehe, 1778 mit seinem Regiment in Le Conquet stationiert war, nannte er es in einem Brief ein erbärmliches Kaff mit ein paar Häusern und vielen Fischerhütten. Das war vermutlich der Eindruck eines verdrossenen, gelangweilten Mannes von Welt. Wer jetzt in Le Conquet Halt macht, erlebt ein Städtchen von etwa zweitausend Einwohnern, mit reger Fischerei für Krustentiere und mit weißen Sommerhäusern der Brestois. Vom Hafen aus erreicht man die Halbinsel Kermovan über eine zementierte, schmale Zufahrt. Beim Leuchtturm an der Spitze umfaßt der Blick einen wahren Archipel aus Inseln, Halbinseln und Klippen, über den bei Dunkelheit die kreisenden Lichter der Leuchttürme huschen.

Nach einer Fahrt von vier Kilometern über eine 1961 eröffnete Aussichtsstraße erreicht der Besucher den äußersten Südwesten von Léon: die Pointe de Saint-Mathieu. Auf dem dreißig Meter hohen, felsigen Vorsprung bilden der Leuchtturm und die Ruine einer Abteikirche eine merkwürdige Gruppe. Im 6. Jahrhundert hatte Saint-Tanguy auf dem wüsten Kap ein Kloster errichtet, um den Mord an seiner Schwester Sainte-Eode zu sühnen. Eine Legende berichtet, daß Schiffer aus dem Léon das Haupt des heiligen Matthäus aus Äthiopien geholt und der Kirche als kostbare Reliquie übergeben hätten. Das Kloster, später den Benediktinern von Saint-Maur unterstellt, wurde in der Revolution zerstört.

Die Ruine besteht aus hoch aufragenden Resten von Chor, Schiff und Seitenschiffen aus einer Bauperiode, die vom 13. bis zum 16. Jahrhundert reicht. Dem leidlich erhaltenen Chor ist im Norden ein stumpfer Wehrturm hinzugefügt. Nahe der Ruine erheben sich zwei mittelgroße, christianisierte Menhire. Sie heißen ›Gibet des Moines‹ und dienten den Mönchen, die die Gerichtsbarkeit besaßen, als Galgen.

Ile d'Ouessant

Ouessant ist mehr als eine Insel von sieben Kilometern Länge und vier Kilometern Breite, in Form eines Krebses mit Scheren. Diese Insel ist vielmehr ein Begriff, mit dem sich die Vorstellung von sturmgepeitschter Wildnis, Nebel, gefährlichen Meeresströmungen, tückischen Klippen, Schiffbrüchen und Bewahrung alter Bräuche verbindet. Ein unheimliches Bild also, dessen wahrer Kern nicht zu leugnen ist, das sich aber gerade durch seine Eigenart der Neugier und Abenteuerlust der Touristen lockend anbietet. Was sie hier erwartet, ist eine noch nicht zerstörte Landschaft. Seit 1969 gehört Ouessant als vierte Region zum ›Parc Naturel Régional d'Armorique‹ und bleibt dadurch vor Eingriffen geschützt.

Ouessant heißt auf bretonisch ›Eussa‹. Wurzel soll das gallische Wort ›Uxisama‹ sein, das ›am höchsten‹ bedeutet. Anders als die meist flachen Klippen erhebt sich Ouessant immerhin mit 36 Metern über den Meeresspiegel. Eine andere Ansicht geht dahin, daß damit die am weitesten nach Westen gelegene Insel gemeint war.

Während der Saison wird es neuerdings dem Besucher leicht gemacht, die Insel zu erkunden. Wer sich vor Seekrankheit fürchtet, nimmt in Brest-Guipavas ein Flugzeug und landet nach zwanzig Minuten auf der Insel. Moderne Tragflügelboote legen von Brest aus in einer Stunde, von Le Conquet in 25 Minuten die Strecke zurück. Ein Erlebnis beson-

ÖKO-MUSEUM

derer Art bleibt nach wie vor die gemächlichere Schiffsreise von etwa drei Stunden ab Brest. Nach der Ausfahrt aus dem ›goulet‹ entschwindet das Festland, und man wartet gespannt auf den Augenblick, in dem die Silhouette von Ouessant auftaucht. Normalerweise nehmen die Schiffe Kurs auf den Hafen Lampaul im Westen. Bei sehr starkem Seegang muß die Baie du Stiff im Osten angelaufen werden.

Von der Hauptstadt *Lampaul* strahlen Wege in allen Richtungen aus. Man kann das baumlose Land auch auf Pfaden erwandern und wird nur vor sumpfigen Stellen gewarnt. Die Felsenküste im Nordwesten zwischen Porz Yusin und dem Phare de Créac'h ist so zerklüftet und von der Brandung umtost, daß sie sogar jene Besucher beeindruckt, die sich schon an anderen Küsten am ewig wiederholten Naturschauspiel sattgesehen haben. Die landwirtschaftliche Nutzung im Innern der Insel ist gering. Für eine Bevölkerung von rund 1450 Seelen ist das Land extrem parzelliert. Schafzucht herrscht vor. Zahlreiche schwarze und weiße Schafe sind für einen Teil des Jahres je zu zweien an Mäuerchen angepflockt, die sie vor dem Wind schützen sollen. Im übrigen weiden sie frei auf mageren Wiesen. Ihr Fleisch ist sehr schmackhaft, da sie sich von den ›prés salés‹ ernähren, den in der Bretagne geschätzten, vom Salzgehalt der Luft gegerbten Gräsern. Männer und Frauen einer jungen Generation von Kunsthandwerkern verarbeiten die Schafwolle auf ihren Webstühlen.

Beim Weiler Niou-Huella kann man das erste ›Öko-Museum‹ Frankreichs besichtigen. In einem Haus werden traditionelle Arbeitstechniken erläutert, in einem anderen das vollständig erhaltene Mobiliar gezeigt. Alle Möbel wurden früher aus Treibholz gefertigt, da es ja auf Ouessant weder Baum noch Strauch gab. Die Isolierung, in der sie lebten, hatte die Menschen geprägt. Die Männer auf Fischfang oder als Seeleute in der Handelsmarine waren wenig daheim, überdies fast immer in der Minderzahl. So mag sich eine Art von Matriarchat gebildet haben mit der merkwürdigen Sitte, daß die Mädchen um den Mann ihrer Wahl warben.

Eine andere, der Insel eigentümliche Sitte gehört dem Totenkult an. Wenn ein Mann auf See geblieben war, hielten die Angehörigen und Freunde eine Nacht lang vor einem kleinen Kreuz aus Wachs die Totenwache. Dann brachten sie das Kreuz in die Kirche von Lampaul, wo es zunächst in einem Behälter verwahrt und später feierlich auf dem Friedhof in einem Mausoleum beigesetzt wurde. Das symbolische Wachskreuz hieß ›broëlla‹. ›Bro‹ bedeutet ›Land‹, und ›ela‹ ›Heimkehr‹. Man findet dasselbe bretonische Wort auch in leicht abweichender Schreibung. Bei dieser Sitte, die sich noch bis in die sechziger Jahre erhalten hat, rührt am meisten die Totenwache für den ›Heimgekehrten‹.

Das Fahrwasser rund um Ouessant ist für die Schiffahrt nicht nur durch die Unzahl von Klippen gefährlich, sondern auch durch Meeresströmungen. Im Nordwesten erreicht der ›Fromrust‹ mit dreizehn Stundenkilometern eine hohe Geschwindigkeit, im Südosten ist eine Abzweigung des Golfstroms, der ›Fromveur‹, womöglich noch gefährlicher. In seinen Gewässern hat es zahllose Schiffbrüche gegeben. Ouessant und die Klippen ringsum sind mit Leuchttürmen geradezu gespickt. Unter ihnen ist der Phare de Créac'h im Nordwesten legendär geworden. Er bestreicht mit seinen Lichtkegeln eine besonders schwierige Schiffahrtspassage.

Ouessant hat eine weit zurückreichende Tradition. Wie wir schon erfuhren, hatte Saint-Pol die Insel zur ersten Station seines missionarischen Auftrags gemacht. Lampaul oder Lann-Pol ist das ›Kloster des Pol‹, die Bucht von Porz Pol sein ›Hafen‹. An jedem 12. Mai wird hier der Apostel des Léon vor einem Kreuz verehrt.

Auch Saint-Gildas, auf dessen Spuren wir an der Atlantikküste stoßen werden, hielt sich, der Legende nach, auf Ouessant auf. Er hatte seine Klause bei der Pointe de Créac'h. Als die bösen Heiden ihn durch einen Buschbrand hindern wollten, dorthin zu gelangen, erlosch das Feuer auf Befehl des Heiligen, und das Gras wuchs sofort nach. Der Teufel ließ jedoch nicht locker. Ausgerechnet bei der durch Gildas geheiligten Pointe de Créac'h fanden noch lange unheimliche rituelle Handlungen statt. Zu ihnen eilten nicht nur diabolische Wesen, ›viltansou‹ genannt, herbei, sondern auch die lokalen Zauberer als ihre Komplizen.

Die Halbinseln Plougastel und Crozon

Fraises de Plougastel

Die Halbinsel Plougastel südlich von Brest gleicht einer Hand mit ausgestrecktem Zeigefinger. Sobald man die uns schon bekannte Albert-Louppe-Brücke über den Elorn überquert hat, zeigt sich die Landschaft intimer. Kleine Felder, kleine Orte, kleine, weiße Häuser und eine feine, kleine Spezialkultur: Erdbeeren. Die Pflanzungen im Freien liegen häufig unter Plastikplanen, die sich in geraden, silbrigen Streifen über den Boden ziehen. Mit der Ernte beginnt man Anfang Mai. Dann locken in den Obst- und Gemüseläden Kistchen und Pappschachteln mit der Aufschrift ›Fraises de Plougastel‹. Die Früchte sind aromatisch und werden in solchen Mengen geerntet, daß man sie sogar nach England exportiert. Die Ernte beträgt etwa 3000 Tonnen jährlich.

Auf der Halbinsel gibt es außer der Verbindungsstraße Brest–Daoulas nur schmale bis enge und gewundene Landwege, meist zwischen Böschungen mit hohem Farnbewuchs. Manche enden als Sackgasse an Küsten mit Kieselstrand. Fast immer ist ein schlichter Campingplatz in der Nähe. Hier verbringen französische Familien mit ihren Kindern bescheidene Sommerferien.

Die Vegetation ist reicher als im Léon, da die Halbinsel geschützter liegt. Was da wächst und gedeiht, hat sogar eine subtropische Note, wie es ähnlich auch an der Atlantik-Küste zu beobachten ist. In bäuerlichen Gärten blühen Kamelien und Calla, schießt zwischen den harten, spitzigen Blättern der Yucca-Pflanze eine Dolde mit weißen Blütenglöckchen empor. Im März leuchten die gelben Bällchen der Mimosen, im September sind die Feigen an den Bäumen reif, im Sommer herrschen die großen Köpfe der Hortensien mit den bezaubernd abgetönten, matten Farben.

214   HALBINSEL PLOUGASTEL

Kapellen liegen im welligen Gelände. Saint-Guénolé mit seinem luftigen Türmchen ist von alten Bäumen umgeben. Am Portal von Saint-Adrien weist ein Zettel darauf hin, daß die Kirche wegen Diebstahlsgefahr nicht mehr besichtigt werden kann und nur noch für die Messe geöffnet ist. Naive Volkskunst, so reichlich in bretonischen Kirchen vorhanden, ist offenbar gefragt; die Diebstähle haben ein erschreckendes Ausmaß angenommen.

Ein steinernes Pestgelübde

Plougastel-Daoulas mit knapp 10000 Einwohnern ist die einzige größere Stadt auf der Halbinsel. Dieses landwirtschaftliche Zentrum ist nur in einer Hinsicht ein Anziehungspunkt für Touristen. Sie kommen auf kurzen Besuch, um einen der berühmtesten Calvaires zu besichtigen. Er ähnelt dem Calvaire von Guimiliau, ist aber durch seine Lage völlig von ihm unterschieden. Hier fehlt der Bezug zu den anderen Elementen eines Enclos. Das Zentrum von Plougastel wurde 1944 bei der Befreiung der Bretagne durch Bomben beschädigt, die Kirche zerstört, später wieder aufgebaut. Moderne Häuser rundum verbreiten eine so kühle, städtische Atmosphäre, daß der Calvaire auf erhöhter Steinterrasse neben der Kirche fast deplaciert wirkt. Die mehr als 150 Figuren hatten zum Teil gelitten, sind aber behutsam restauriert worden.

Über die Entstehung weiß man ausnahmsweise Genaueres. 1589 herrschte in der Bretagne die Pest. Ob sie in Plougastel Opfer forderte, ist ungewiß. Jedenfalls ist dieser Calvaire nicht nur als Darstellung der Passion zu werten, sondern auch als zu Stein gewordenes Gebet um Verschonung vor dem Übel oder als Dank für das Abklingen der Pest. Ankou, der Tod, war in ihrem Gewand aufgetreten. An Christus und seine Auferstehung klammerte sich die Hoffnung der Gläubigen in ihrer Bedrängnis.

1602 war die gewaltige Architektur des Unterbaus fertig. Ein Jahr darauf errichtete man die Kreuze, und 1604 war das erstaunliche Werk bereits vollendet. Für den Bau hatten die Steinbrüche von Logonna den Granit geliefert, für die Figu-

DER SCHWARZE CALVAIRE 215

ren hatten die Steinmetze den dunkleren Granit aus Kersanton gewählt. Beide Steinbrüche liegen nahe bei Plougastel. Der fast schwarze Kersanton-Stein verleiht den Figuren eine besondere Würde und Strenge. Der Unterbau ist ein Achteck mit vier massiv vorspringenden Ecken. Eine Treppe mit vierzehn Stufen führt zur Plattform. Auf halber Höhe verwehrt ein Eisengitter unter einem Bogen den Zugang zu dieser ›Kanzel‹ im Freien. Sicher ist solche Absperrung gegen Neugierige nötig, wirkt aber dennoch störend.

Die Schauseite mit dem gekreuzigten und auferstandenen Herrn ist nach Westen gerichtet, wie es der Tradition entspricht. Eine von Säulen gerahmte Nische im Unterbau reicht bis an die Plattform heran. Vor der Innenwand stehen die Statuen der Heiligen Petrus, Sebastian und Rochus. Die beiden letztgenannten wurden ja am meisten als Nothelfer gegen Pest angerufen. Auf einer Bank davor legten die Gläubigen ihre Gaben nieder.

Daß der Calvaire von Guimiliau von 1581 dem jüngeren von Plougastel als Modell gedient hat, ist sicher. Die Kreuze der Schächer, die in Guimiliau fehlen, flankieren in Plougastel die grandiose mittlere Partie. Das Golgatha-Kreuz hat zwei Querarme. Wie bei allen großen Calvaires wird die Lebensgeschichte Christi von der Verkündigung bis zum Abendmahl auf dem umlaufenden Fries dargestellt. Szenen der Passion sowie Kreuzestod, Grablegung, Auferstehung, Abstieg zur Vorhölle spielen sich auf der Plattform und am Kreuz ab.

Am meisten fällt die Ähnlichkeit mit Guimiliau bei der Kreuztragung und bei der Höllenstrafe für die buhlerische Katel Gollet auf. Wieder begleiten Soldaten mit Hörnerklang und Trommelschlag den Herrn auf dem Leidensweg, wieder legt einer sein Schwert, ein anderer sein Bein auf den Kreuzesstamm, den Jesus schleppt. Wieder wird die nackte Katel in den Höllenrachen gezerrt, aus dem Flammen schlagen. Der Esel, der Maria auf der Flucht nach Ägypten trägt, hat genau so vorsichtig das linke Vorderbein angewinkelt wie auf der entsprechenden Szene in Guimiliau.

In Guimiliau wie in Plougastel sind die Szenen auf dem Fries primitiver ausgeführt als auf der Plattform, aber in

Plougastel geben sich die Gestalten trotz der Ähnlichkeit gemessener. Im Stall von Bethlehem herrscht in Guimiliau entzücktes Gedrängel um das Kind, das nackt auf dem Rücken liegt, in Plougastel hält eine Maria mit abwesendem Ausdruck ein stehendes bekleidetes Kind im Arm. Der Joseph hinter ihr ist ein jüngerer, ernst und fast schwermütig vor sich hin sinnender Mann. Wieder einmal gibt es, trotz Tradition und Kanon, eigenwillige Schöpfungen, die überraschen.

Das Abendmahl mit der Reihung der Apostel hinter der Tafel ist ein schwierig zu komponierendes Thema. In Guimiliau geht es lebhaft und nahrhaft zu, und Christus beherrscht sichtbar die Szene. In Plougastel warten die Jünger brav ab. Man entdeckt unter ihnen Christus nur daran, daß er den Kopf des Johannes, dessen Körper man nicht sieht, vor sich im Arm hält. Völlig originell ist die Auferstehung in Plougastel. Der fast lebensgroße Heiland entsteigt seinem kastenförmigen Grab auf der Schmalseite, hebt segnend eine Hand und hält in der anderen den Schaft seines Kreuzes. Die Katel Gollet-Szene ist vereinfacht, aber dabei immer noch grauslich genug. Ein Teufel hat das zusammengebrochene Mädchen von hinten an den Schenkeln gepackt und zieht es in den Höllenschlund. Anders als in Guimiliau verrät ihr Gesicht keine Regung.

Der Vergleich der Calvaires untereinander wäre müßig, wenn nicht gerade durch die Ähnlichkeiten der Unterschied in der gesamten Darstellung besonders deutlich hervorträte. Wo in Guimiliau unbegrenzte Dynamik herrscht, überwiegt in Plougastel Lockerung in der Gruppierung, statuarisches Innehalten, Stille.

Der Kreuzestod wird hoch über den Köpfen der Menge feierlich dargestellt, und zwar in ausgeglichener, symmetrischer Komposition. Die Anordnung auf den zwei Querbalken wäre jetzt mit der in Saint-Thégonnec aus späterer Zeit zu vergleichen. Die beiden Reiter auf dem oberen Querbalken schauen jedoch nicht geradeaus, sondern haben sich dem Gekreuzigten zugewendet. Einer hebt die Hand zum Auge. Es ist die traditionelle Gebärde des Hauptmanns Longinus, der erkennt: »Wahrlich, dieser ist Gottes Sohn gewesen!«

Graziöse Engelchen fangen das Blut aus Christi Füßen auf. Auf dem unteren Querbalken wird die Pietà-Gruppe von vier Gestalten gerahmt, die Rücken an Rücken stehen. Maria Magdalena hält ein Salbgefäß, die Gottesmutter mit verhülltem Haupt schlägt die Hände zusammen; auf der Rückseite stehen Petrus und Johannes. Die Säulen der Schächer sind leicht nach innen geneigt. Auf die Seele des bösen Schächers lauert bereits ein kleiner Teufel, der wie ein Vogel auf dem Kreuzesarm hockt, auf die Seele des guten wartet ein Engel.

In dieser Darstellung des Kreuzestodes schließt sich der Kreis, der die drei berühmten Calvaires umfaßt. Plougastel (1601-1604) wird von Guimiliau (1581) beeinflußt und dient wiederum dem Calvaire von Saint-Thégonnec (1610) als Vorbild. Alle drei stehen am Ende einer Entwicklung, die etwa zweihundert Jahre gedauert hat.

Die Übernahme gleicher Motive, wie wir sie hier festgestellt haben, mag auf manchen Betrachter eintönig wirken. Das fatale Wort ›Serienfabrikation‹ mag sich sogar einschleichen, und sicher sind die Kunsthandwerker von einer Gemeinde zur anderen gezogen. Bei genauer Betrachtung gleicht jedoch kein Motiv völlig dem anderen, was bei Handwerkskunst ohnedies unmöglich ist. Vor allem muß immer wieder darauf hingewiesen werden, daß jeder Calvaire ein schwer definierbares Eigenleben hat. Es handelt sich ja um Freiluft-Plastiken, die ständig dem wechselnden Einfluß des Atmosphärischen ausgesetzt sind. Licht und Schatten, der zernagte Granit, die weißen Flecken der Flechtenbildung, das triste Grau der Figuren bei klatschendem Regen, die Einordnung in die Umgebung und anderes mehr tragen zur unverwechselbaren Eigenart dieser originellen Schöpfungen der Volkskunst bei.

Daoulas – Zwei Morde oder zwei Täler?

Die Stadt Plougastel-Daoulas führt aus Verwaltungsgründen einen Doppelnamen. Der eigentliche Ort Daoulas liegt rund zehn Kilometer östlich. Dieser Weiler mit etwa 1500 Einwohnern breitet sich malerisch im Grünen an dem Mündungstrichter des Flusses Daoulas aus. Da der Platz durch die Reste eines ehemaligen, sehr alten Klosters interessant ist, lohnt es sich, seiner Geschichte nachzugehen. Sie beginnt in den Jahrhunderten der keltischen Einwanderung aus Britannien. Die Zerstörung der ersten Abtei durch die Normannen und der Wiederaufbau im 12. Jahrhundert sind erwiesen. Aber wie so oft in der Bretagne steigen die historischen Daten auch hier aus dem Dunkel von Legenden auf, die zwischen Wahrheit und Phantasiegebilden in der Schwebe bleiben. Daoulas hat davon gleich zwei.

In der modernen bretonischen Sprache bedeutet ›daou laz‹ soviel wie ›zwei Morde‹. Der Seigneur du Faou soll als eifernder Heide zwei christliche Priester umgebracht haben. Als ihn später Saint-Pol Aurélien bekehrt hatte, packte den Seigneur die Reue. Um die Missetat zu sühnen, ließ er ein Kloster mit dem Namen ›Mouster daou laz‹ erbauen. Diese Legende könnte sogar einen Kern an Wahrheit enthalten, da fromme Stiftungen aus Sühne nicht außergewöhnlich waren, aber in diesem Fall steht dem die Etymologie entgegen. Im mittelalterlichen Bretonisch hatte ›laz‹ nämlich die Bedeutung von ›Tal‹. Daoulas war also der Platz an oder zwischen zwei Tälern.

Die zweite Legende zeigt uns die Einwohner von einer wenig sympathischen Seite. Eine Frau hatte Siebenlinge zur Welt gebracht. Dieses Übermaß an Fruchtbarkeit war unheimlich. Man verwies die Arme mit ihrer siebenfachen Bürde des Landes. Daraufhin verfluchte sie den Platz mit dem Spruch: »Brest wird wachsen, Daoulas schrumpfen. Für ein Haus, das man baut, werden drei zugrunde gehen.« Brest nahm tatsächlich an Bedeutung zu, wenn auch auf lange Sicht, und Daoulas ab, aber die Prophezeiung ist nicht einmalig im bretonischen Legendenschatz. In einem Weiler zwischen Saint-Brieuc und Dinan soll es ebenfalls eine zu fruchtbare Frau, eine Verbannung und einen ähnlichen Fluch gegeben haben.

Für die Entstehung der zweiten Abtei setzt man das Jahr 1167 an. Ihre Gründer waren Guyomarc'h, Graf von Léon, und seine Frau Nobile, wobei offen bleibt, ob es sich um einen Neubau oder um Restaurierung des alten Baus handelte. Benediktinermönche zogen ein. 1186 bestätigte Hervé, Sohn des Guyomarc'h, dem Orden die Schenkung und übergab dem Abt die Abtei mit allen Rechten und Einkünften, die damit verbunden waren. So blieb es bis zur Revolution.

Das reiche Kloster, das einen weiten Ruf genoß, teilte das Schicksal der meisten geistlichen Stätten. Die entleerten Gebäude verfielen. Der Kreuzgang, jetzt als architektonisches Juwel geschätzt, wurde 1793 verkauft und ging von Hand zu Hand. Es gab Eigentümer, die kostbare romanische Kapitelle zu Geld machten. Erst 1881 konnte man mit der Restauration beginnen. Es geschah mit größter Sorgfalt. Man beschaffte sich sogar aus dem Steinbruch von Logonna das Material, das die mittelalterlichen Steinmetze verwendet hatten. Die Kirche selbst war erhalten geblieben.

Auf den ersten Blick ist es nicht einfach, die Zuordnung innerhalb dieses Komplexes zu vollziehen, da er sehr verändert worden ist. Kirche, Vorhallenbau und Friedhof sind zu einem Rechteck zusammengefaßt. Hinter einer Mauer liegen neuere Gebäude samt dem Kreuzgang in einem Park. Die Gitterpforte wird nur zur Besichtigung geöffnet. Kirche und Friedhof sind dagegen frei zugänglich.

Die Elemente eines Enclos sind vorhanden, aber kaum zu erkennen. Aus dem alten Beinhaus am Chor ist eine Sakristei geworden, der Calvaire bleibt unauffällig, die Vorhalle aus dem 17. Jahrhundert ist versetzt worden und steht nun als eigener Bau da, der nicht mehr in einen Innenraum, sondern auf den Friedhof führt. Er dient auch als Glockenturm und hat darum ein merkwürdiges, spitz zulaufendes Schieferdach erhalten. Alles wirkt recht verwirrend, der Gesamteindruck ist düster, zumal die eng aneinandergerückten Grabkreuze auf dem Friedhof aus fast schwarzem Granit bestehen.

Die dreischiffige Pfarrkirche *Notre-Dame-de-Daoulas*, heute restauriert, enthält noch Bestandteile der romanischen Epoche. Ihre schmale, herbe Fassade aus unverkleidetem Stein ist ganz ohne Dekoration. Wie groß ist der Unterschied, sobald man den Park betritt! Den Vorhof zu neueren Gebäuden schmückt eine prächtige Zeder mit weit ausladenden Zweigen. Der Garten mit üppiger Vegetation weitet sich im aufsteigenden Gelände zu einem verwunschenen Park. Am Weg zum Kreuzgang sind da und dort kleine Steinfiguren aus Funden aufgestellt, darunter die rätselhafte Statue eines Mannes, der sein Geschlecht berührt. Auf dem Informationsblatt, das jeder Besucher erhält, wird dieser Figur in so frommer Umgebung zur Entschuldigung keltisch-druidischer Ursprung zuerkannt.

Der *Kreuzgang* ist überraschend zierlich und von vollkommener Harmonie. Er schließt ein bepflanztes Viereck ein. Zwischen der Rückwand der Kirche und den Arkaden des Kreuzgangs quellen Hortensienbeete über. Unkraut schießt aus den Ritzen der Steine. Bienen fliegen ein und aus, und manchmal flitzt ein Vogel unter den niedrigen Arkaden hindurch. Sie ruhen auf Zwillingssäulen, die durch Flechtenbewuchs weiß gefleckt sind. Die fein gearbeiteten Kapitelle zeigen pflanzliche Motive. Natur und Architektur sind verschmolzen. Das verleiht einem Gebilde, das seines ehemaligen Zusammenhangs beraubt ist, einen eigenartigen Reiz.

Mitten im Viereck steht auf einem Sockel eine kuriose achteckige Schale, die ehemals Wasser faßte. Rund um den breiten Rand laufen unterschiedliche geometrische Motive, jeweils durch einen Kopf mit weit geöffnetem Mund getrennt, aus dem das Wasser strömte. Die Gesichter sind maskenhaft und wirken grotesk. Manche Kunsthistoriker vermuten, daß diese Schale viel älter ist als die Abtei aus dem 12. Jahrhundert. Ihnen gilt sie als einmaliges und hervorragendes Beispiel keltischer Kunst in der Bretagne. Andere geben 1352 als Entstehungsdatum an.

Vom *Kapitelsaal*, der Ostseite des Kreuzgangs gegenüber, steht nur noch die Fassade. Sie ist dreiteilig gegliedert, monumental, von fast antiker Wucht. Zu beiden Seiten des überwölbten Portals tun sich tiefe unterteilte Nischen auf. Hinter der Fassade rascheln riesige Bambusstauden im Wind. Durch den verwilderten Park mit subtropischen Gewächsen und tief herabhängenden Zweigen von Laubbäumen führt ein abschüssiger Pfad zu einem Marienheiligtum. Es besteht aus einer eingefaßten, jetzt grün verschlammten Quelle mit einer Marienstatue an der Rückwand und der kleinen Kapelle Notre-Dame-des-Fontaines. Sie ist aus Holz und gleicht von außen eher einem Schuppen als einer Kirche. Beides stammt aus der Mitte des 16. Jahrhunderts.

Von Plougastel nach Crozon

Auf der Route, die über Plougastel und Daoulas nach Süden führt, liegt das Städtchen Le Faou mit seinen hübschen, spitzgiebligen, ganz mit Schieferplättchen verkleideten Häusern. Le Faou nimmt eine Schlüsselstellung zwischen zwei Gebieten des ›Parc Naturel Régional d'Armorique‹ ein, des regionalen Naturparks. Im Nordosten liegt das große Gebiet der geschützten Monts d'Arrée, das wir noch besuchen werden, im Südwesten der Naturschutzbereich um die Aulne-Mündung und den Ménez-Hom. Hier ist man an der Wurzel der Halbinsel Crozon, die sich wie ein bizarres Blatt mit drei Zipfeln in den Ozean entfaltet. Der kürzeste Weg vom Festland zur Halbinsel führt von Le Faou über die fjordartige Aulne-Mündung. Es ist eine romantische Strecke in einem völlig neuen Landschaftsbild, das an südliche Küsten oder an Seen Schwedens erinnert. Bewaldete Hänge säumen den Fluß. Auf felsigem Sockel reichen die Bäume bis an den Wasserspiegel. Die gewundene Straße fällt und steigt dann wieder an. Man überquert den geschlängelten Lauf der Aulne auf der *Hängebrücke von Térénez*, einem Kunstwerk mit Kraft und Eleganz. Zu beiden Seiten tun sich überraschende Ausblicke auf. Diese Zufahrtsstraße zur Halbinsel trifft etwas weiter auf eine Route, die von Châteaulin zur Stadt Crozon führt und die man nimmt, wenn man den Ménez-Hom besteigen will.

Blick vom Ménez-Hom

Zu diesem Aussichtspunkt steigt die Fahrstraße steil an; ›Ménez‹ bedeutet Berg. Die drei Kuppen, die aus der Ebene aufsteigen, sind Reste einer sehr alten Bergkette. Die Höhen wurden durch Erosion in vielen Jahrtausenden abgebaut. Der

Ménez-Hom ist nur 330 Meter hoch, aber seine Höhe unterliegt derselben Täuschung wie andere Erhebungen in der Bretagne. Da er aus flachem Land aufsteigt, wirkt er höher. Der Bezeichnung ›Berg‹ gibt das Klima einige Berechtigung. Im Sommer ist es oben meist kühl und windig, die Winter sind hart, bringen manchmal Schnee. Trotz der Nähe der See könnte man von einem Binnenlandklima sprechen. Die Vegetation ist mager. Waldbrände haben den dürftigen Bestand unterhalb des Gipfels zu schwarzen Stümpfen verwandelt. Man forstet mit Kiefern auf, aber das braucht Zeit.

An den Hängen des Ménez-Hom hat man Reste aus der Römerzeit entdeckt. Zu den Funden gehört der zierliche Bronzekopf einer kriegerischen Göttin, den wir im Museum in Rennes bewunderten. Wahrscheinlich hatte dem Künstler ein hellenistisches Modell als Vorbild gedient. Im Zweiten Weltkrieg wurde der Berg zu einer umstrittenen, tragischen Kampfstätte. Die ganze Halbinsel Crozon gehörte zur zäh verteidigten ›Tasche‹ von Brest in der Hand der Deutschen. Der schwer befestigte Ménez-Hom mußte 1944 von den Alliierten im Sturm genommen werden. Kleine Orte in der Umgebung wurden zerstört, später aber wieder aufgebaut.

Als Aussichtspunkt ist der Ménez-Hom an klaren Tagen unvergleichlich. Wer oben steht, hat ein Panorama zu Füßen, das man fast symbolisch für die Verbindung von Land und Meer in der Bretagne nennen könnte. Armor, Land des Meeres, und Argoat, Land im Wald, gehen ineinander über. Durch gewelltes, grünes Gelände schlängelt sich das blaue Band der Aulne. Im Westen überblickt man die ganze Halbinsel zwischen der Bucht von Brest und der von Douarnenez. Im Osten zeichnen sich die langgezogenen Hügelketten der Monts d'Arrée ab, und weiter südlich die Montagnes Noires. Zu ihnen hatten die drei Buckel des Ménez-Hom in Urzeiten gehört. Alles verläuft in ruhig ausschwingenden Linien. In diese Landschaft hat der Mensch noch nicht brutal verändernd eingegriffen. So ist es nur allzu verständlich, daß man diesen Gipfel ausgesucht hat, um alljährlich am 15. August ein mittsommerliches Folklorefest zu feiern.

Die Kapelle des Ménez-Hom

Wenden wir uns mit einem kurzen Rückblick zum Städtchen Châteaulin, dem Ausgangspunkt für die Halbinsel-Fahrt. Der Ort liegt in einem tiefen Taleinschnitt und erstreckt sich mit Promenaden zu beiden Seiten der breiten, kanalisierten Aulne, ehemals für ihren Lachsfang berühmt. Darüber verläuft die Bahnstrecke zwischen Brest und Quimper, durch die der Gleisring um die ganze Bretagne geschlossen wird. Unter dem Viadukt der Bahn hindurch führt die Straße zum Ménez-Hom, auf der man nach etwa zehn Kilometern Halt machen sollte.

Dort liegt nämlich rechts ein ehrwürdiger Enclos unter alten Ulmen. Es ist *Sainte-Marie-du-Ménez-Hom* mit einer jener allzu mächtig wirkenden Kirchen in rein ländlicher, schwach besiedelter Gegend. Sie beherrscht mit ihrem Glockenturm aus dem 17. Jahrhundert das ganze Umland. Die Glockenstube mit hohen, rundbogigen Schallöffnungen nach allen Seiten erhebt sich über einer wuchtigen, vorkragenden Balustrade, der eine kleinere Galerie darüber entspricht. Der Aufbau gipfelt in einer Kuppel mit Laterne; alles in allem ein Stück überwältigender Architektur vor einem ziemlich bescheidenen Kirchenschiff.

Man betritt den Grasplatz durch ein schlichtes Triumphtor von 1739 und steht sogleich vor dem stark beschädigten Calvaire. Die beiden Säulenschäfte der ehemaligen Schächerkreuze sind verstümmelt. Zu der Figurengruppe um den Gekreuzigten, auf zwei Querbalken des Kreuzes, gehören die Apostel Petrus und Johannes sowie Saint-Yves. Die am Fuß des Calvaire kniende Maria Magdalena ist in Trauer versunken und gibt dem konventionellen Aufbau eine sehr menschliche, rührende Note.

Eine heilige Quelle, aus der Gläubige schöpften, ist unter Unkraut verschwunden. Über Sainte-Marie liegt ein melancholischer Hauch von Vernachlässigung aus Geldmangel, den man auch im Innern spürt. Die Kirche hat den Grundriß eines liegenden großen T. Den ganzen Querarm, der zugleich den Chor bildet, füllen überreich mit Schnitzwerk und Skulp-

III
Claude Monet

Sturm an der Küste von Belle-Ile, 1886
Öl auf Leinwand, 65×81,5 cm
Paris, Musée national du Louvre,
Jeu de Paume
© S.P.A.D.E.M., Paris 1986

turen versehene und miteinander verbundene Holzaltäre. Der
›Retable de la Vierge‹ mit den Familienmitgliedern Anna,
Joachim und Joseph, entstand 1703 und trägt die Signatur
eines Noël Moros, der den Aposteln Jacobus, Petrus, Paulus
und Andreas gewidmete stammt von 1715 und ist mit Guil-
laume Nicolas signiert. Es gab also namentlich bekannte
Meister, deren Spur sich in dem überwältigend dekorativen
Gewirr der Altäre jener Epoche verfolgen läßt.

Die uralte Abtei Landévennec

Um nach Landévennec zu gelangen, muß man von der Hauptstraße nach Crozon einen Abstecher nach Norden machen.
Dieser Ort liegt oberhalb der Aulne-Mündung so geschützt,
daß dort mittelmeerische Pflanzen und sogar Palmen im
Freien gedeihen. Ein so bevorzugter Platz an der Spitze einer
Halbinsel zwischen Fluß und Meer hatte schon zur Zeit des
zwischen Geschichte und Legende angesiedelten Königs
Gradlon zur Besiedlung gelockt. Eine Gruppe von Mönchen
aus Britannien ließ sich damals auf dem bewaldeten Vorsprung
nieder und gründete 480 eine Abtei. Ihr Führer war Guénolé,
dessen Eltern aus Britannien geflüchtet sein sollen und sich
bei Saint-Brieuc niedergelassen hatten. Der Sohn, der später
heiliggesprochen wurde, gehörte also ausnahmsweise der
zweiten Generation an.

Als Abt machte sich der junge Guénolé so verdient, daß
sein Ruf bis zu König Gradlon drang. Der soll ihm das Gelände geschenkt haben. Er fügte sogar andere Territorien
hinzu, darunter auch das Schloß Tévenec im Ort *Argol*, südlich von Landévennec. Gradlon ist die saftigste Figur in den
an ausgefallenen Gestalten so reichen bretonischen Legenden. Am üppig dekorierten Triumphtor von 1659 zum Friedhof von Argol hält er über der Bogenöffnung Wache, zu
Pferde, mit Mütze und einem riesigen Schwert an der Seite.
Jedenfalls hat man diese plumpe, köstlich naive Reiterfigur
mit ihm identifiziert.

Im Schatten dieses großen Gönners blühte die Abtei von
Landévennec auf. Noch bewahrten die Mönche das keltische

KÖNIG GRADLON

Ritual aus Wales und Irland, das vom katholischen abwich. Der Abt trug kein Kreuz als Abzeichen, sondern eine Bronzeglocke wie jene des heiligen Pol in der Kathedrale von Saint-Pol-de-Léon. Die Mönche kleideten sich in Kutten aus Ziegenleder. Der Karolinger Ludwig der Fromme erzwang dann 818 die Anpassung an die Regeln des katholischen Rituals, wie es in anderen Teilen des damaligen Frankreich üblich war.

Warnfeuer an der Küste und auf dem Ménez-Hom kündigten 913 das Nahen der Normannen an. Der Plünderung, mit der sie die Klöster heimsuchten, entging auch Landévennec nicht. Die Mönche mit ihren Reliquien flüchteten, die Gebäude wurden in Brand gesteckt. Erst 936 kehrten die Benediktiner zurück. Sie bauten ihre Abtei größer und schöner wieder auf. Aber das reiche Kloster wurde immer wieder zu einem begehrten Ziel für Angreifer. Während der Erbfolgekriege setzten ihm die mit Jean de Montfort verbündeten Engländer zu. Landévennec überstand alles und genoß wachsendes Ansehen.

Erst die Revolution brachte das Ende. Die Abtei teilte das Schicksal der meisten Klöster: Erklärung zum Nationalbesitz, Vertreibung der Mönche, Verkauf. Die aufgegebenen Gebäude dienten als Steinbruch für Betriebe in Brest. Das gestufte Gelände mit den Ruinen wurde von Unkraut überwuchert, fiel wieder der Natur anheim. Hier blieb weniger erhalten als in Daoulas. Wissenschaftler gehen den Spuren der aufeinanderfolgenden Kirchenbauten nach, Besucher sind von keltischen Motiven an einigen restlichen Pfeilern und Säulen fasziniert.

Aber der Geist von Landévennec lebt. 1950 beschlossen Benediktiner aus Kerbénéat bei Brest, die Tradition der Abtei aufzugreifen und in Anpassung an unsere Zeit weiterzuführen. Sie übersiedelten und bauten oberhalb des alten Platzes ein neues Kloster aus dem gelblichen Stein von Logonna-Daoulas. Die Abtei hat sich allen geöffnet, die geistlichen Rat suchen, der Zulauf zu den Exerzitien ist groß. Das Werk des heiligen Guénolé und Königs Gradlon, der angeblich hier begraben sein soll, trägt noch nach 1500 Jahren Früchte.

Der Schnitzaltar von Crozon

Crozon, nach der die Halbinsel heißt, ist eine kleine Stadt von rund 8000 Einwohnern, ein abseits gelegener und im allgemeinen stiller städtischer Vorposten im äußersten Westen. In den Sommermonaten zählt Crozon jedoch, zusammen mit Morgat, an die 30000 Feriengäste. Dann wimmelt es in den engen Straßen von Menschen und Wagen. Von diesem Knotenpunkt strahlen nämlich die Straßen in alle drei Zipfel der Halbinsel aus.

Im Zentrum steht die neuzeitliche *Kirche* mit einem bemalten Schnitzaltar von 1602, der von Erzählfreude überbordet. Der Stoff reizt dazu, denn es handelt sich um das Massenmartyrium der Zehntausend, die sich zum Christentum bekehrten und dafür sterben mußten. Von den zehntausend Soldaten der Legende sollte ein immerhin repräsentativer Teil auf 29 Feldern des Altaraufsatzes untergebracht werden. Der Künstler staffelte sie in Dreier- oder Viererreihen. Im Hintergrund sind die Köpfe oder auch nur die Helme der Soldaten sichtbar, während sich vorne das dramatische Geschehen abspielt. So lange die Krieger noch im Dienst der Römer stehen, tragen sie Helme und Stiefel, als Märtyrer sind sie barhäuptig und barfuß. Überall scheinen sie aus dem Rahmen herausquellen zu wollen.

Zugrunde liegt eine Legende aus der Zeit des Kaisers Hadrian. Völkerschaften Kleinasiens hatten sich gegen die Römer erhoben. Der Prokonsul von Armenien konnte ihnen nur den Rest seines durch Desertation geschwächten Heeres entgegenstellen. Diese neuntausend Krieger opferten vor der Schlacht den Göttern Roms und flehten um Beistand und Ermutigung. Als die Götter jedoch schwiegen, verkündigte ein Engel den Enttäuschten, daß sie sich an Christus hätten wenden sollen statt an die entmachteten Heidengötter. Die Männer bekehrten sich sofort und siegten über die gewaltige Übermacht.

Der Engel führte die Bekehrten auf den Berg Ararat, wo Noahs Arche gelandet war. Hier wurde ihnen der Märtyrertod verkündet. Als sie die Rückkehr zur römischen Truppe verweigerten und am Christentum festhielten, begann man, sie zu martern. Mit Hilfe der Engel widerstanden sie lange den Qualen. Das machte auf den römischen Feldhauptmann Theodor solchen Eindruck, daß er und seine tausend Leute sich ebenfalls bekehrten. Nun waren es zehntausend Mann, die schließlich alle auf dem Ararat gekreuzigt oder in Dornensträucher gestürzt wurden.

Der Künstler stand bei dieser Massenszene begreiflicherweise vor einer fast unlösbaren Aufgabe. Die Naivität, mit der er sie anpackte, reizt zunächst zum Lächeln, aber dann rührt die Intensität der Darstellung den Beschauer tiefer an.

Morgat und seine Grotten

Das städtische Crozon geht mit seinen Ausläufern locker in den Fischereihafen und Ferienort Morgat über, der sich um eine halbkreisförmige Bucht ausbreitet. Daß Morgat so beliebt ist, erklärt sich aus seiner Lage im Rahmen wilder, zerrissener Felsformationen und der Möglichkeit, Wassersport jeder Art zünftig zu betreiben. Am Yachthafen gibt es eine große, gut organisierte Segelschule. Am flachen Teil der Bucht lernen bereits Kinder in winzigen Booten segeln. Auf Hochseefischerei spezialisierte Feriengäste starten vom Yachthafen aus, wo sich Boot an Boot reiht. Von der früher sehr umfangreichen Fischereiflotille für Thunfisch und Sardinen sind nur noch wenige Einheiten übriggeblieben. Morgat hat sich stark auf Tourismus umgestellt.

Diese ›Industrie‹ ist rund hundert Jahre alt. 1883 kam Monsieur Louis Richard, ein Handlungsreisender mit Uhren und Münzen, nach Morgat. Er war von der Lage und Umgebung des Fischernestes so entzückt, daß er es zu Hause in der Franche-Comté vor seinem Landsmann Armand Peugeot rühmte. Der Industrielle machte sich daraufhin in die Bretagne auf und gründete in Morgat eine Gesellschaft zur Entwicklung des Fremdenverkehrs. Damit bewies er Wagemut, denn selbst ein Peugeot dürfte seinerzeit den Ort kaum auf dem Landweg erreicht haben. Die Sommerfrischler mußten sich in Brest auf ganz primitiven Fahrzeugen zwischen Kartoffelsäcken und lebendem Kleinvieh nach Le Fret einschiffen. Von dort ging es auf staubiger Straße acht Kilometer weit in Mietkutschen oder mit dem Pferdeomnibus nach Morgat. Diese Verbindung existiert noch heute und ist sehr gefragt, nur verkehrt jetzt ein Kleinbus zwischen Le Fret und Morgat. Die Passagierfähren sind immer noch primitiv, aber mit Kabinen und Bänken ausgestattet. Die Überfahrt dauert etwa vierzig Minuten und erschließt die Reede von Brest mit ihren malerischen Ufern unter einem neuen Blickwinkel.

Die Küsten bei Morgat sind für ihre Felsentore und vor allem Grotten berühmt. Die kleinen Grotten kann man bei Ebbe zu Fuß besuchen, die großen nur im Boot. Ihr Gestein spielt in Farbtönen zwischen rötlich und bläulich. Als schönste gilt ›la Grotte de l'Autel‹. Die Wölbung über der Grotte ist etwa zehn Meter hoch. Der Name ›Altar-Grotte‹ bezieht sich auf eine Felsgruppe mitten in der Höhle. Auch am Fuß der hundert Meter hohen Steilküste des *Cap de la Chèvre*, etwa acht Kilometer südlich von Morgat, befindet sich eine Grotte, die man im Boot besichtigen kann. Tüchtige Fußgänger erreichen das Kap über Pfade im Ödland, hoch über dem Meeresspiegel. Das Gestein dieses gewaltigen, natürlichen Wellenbrechers besteht aus Sandstein und Quarz in schöner Färbung. Kenner sollen dort sogar Amethyste entdecken. Wieder einmal ist hier ein Name aus einem Mißverständnis erwachsen. Bretonisch ›c'hawr‹ heißt tatsächlich auch Ziege wie ›la chèvre‹ französisch, nur hat niemals eine Ziege auf dem Kap geweidet. Es war Kawr, ein Riese, der an dieser Küste herrschte. Die Riesen richteten in der Region viel Unheil an, ernährten sich sogar vom Fleisch ertrunkener Matrosen. Zum Glück gab es Gegenspieler. In den Grotten lebten Korrigans, freundliche Zwerge. Mit List besiegten sie schließlich die Riesen. Eine Grotte nördlich vom Cap de la Chèvre ist nach ihnen benannt.

Aussichtspunkte, Krustentiere und eine Pilgerkapelle

Der Name *Pointe des Espagnols* am nördlichen Zipfel erinnert an eine Episode aus der Zeit der Religionskriege. Der Herzog von Mercœur, Gouverneur der Bretagne, hatte sich der Katholischen Liga angeschlossen. Er bekämpfte René de Sourdéac, der die Festung Brest für die Protestanten und Heinrich IV. hielt. Mercœur suchte Unterstützung bei Philipp II. von Spanien, der Truppen entsandte. Da Brest uneinnehmbar war, wollten die Truppen wenigstens die Einfahrt zum Hafen blockieren und wählten dafür die nördliche Spitze der Halbinsel Crozon aus. Dadurch hielten sie die Meerenge unter Kontrolle, so daß von der See her keine Verstärkung für Brest eintreffen konnte.

Ein Angriff war nur zu Lande über die Halbinsel möglich. Vierhundert Mann spanischer Elitetruppen zwangen einheimische Bauern, ein Fort zu errichten, das ihnen als Garnison diente. Aber schon nach wenigen Monaten, am 23. Oktober 1589, rückte der Marschall d'Aumont mit 5700 Mann gegen das Fort von Roscanvel, südlich der Pointe des Espagnols, vor und begann es zu stürmen. Die Spanier verteidigten sich mit Todesverachtung gegen den überlegenen Feind. Als die Franzosen endlich in das Innere des Fort vorgedrungen waren, fanden sie nur noch acht Überlebende. Sourdéac gab den Befehl, die Zitadelle der Spanier zu zerstören. Dieselben Bauern, die zum Bau gezwungen worden waren, taten nun das Gegenteil schnell und gründlich. Jetzt gehört der Nordzipfel zu einem militärischen Sperrgebiet, das jedoch an Aussichtspunkten für Besucher freigegeben ist.

Die Straße von Crozon weiter nach Westen durchquert den mittleren ›Finger‹. Man fährt über flaches, dürres, eintöniges Land, dem im Spätsommer lila blühende Heide kargen Reiz verleiht. An der *Pointe de Penhir* sind weder Leuchtturm noch Restaurants oder Andenkenläden zu sehen. Man parkt den Wagen dort, wo die geteerte Straße aufhört. Am Rand des wilden Kaps erhebt sich ein schlichtes Denkmal für die Bretonen, die zur Armee des Generals de Gaulle gehörten und im Zweiten Weltkrieg gefallen sind.

Der Boden der Plattform auf dem siebzig Meter hohen Felsen besteht aus Steinschollen. Wo sandige Streifen diese Oberfläche durchqueren, wirbeln Staubwolken auf. Jeder Vorsprung endet in grauem Gestein, als habe die Hand eines Riesen die Masse geknetet und zu immer neuen Formationen aufgetürmt. Vor der Spitze ragen drei gewaltige Klippen aus dem Wasser. Sie sind so urweltlich und bizarr, daß man sie mit Namen bedacht hat. Alle zusammen heißen ›Tas de Pois‹, also Erbsenhaufen, und im einzelnen gibt man ihnen bretonische Bezeichnungen, die ›Grüner Kopf‹, ›Heugabel‹ und ›Getreidehaufen‹ bedeuten. Mit der Eigenart dieser Klippen hat das nichts mehr zu tun. Vermutlich stammen die Namen aus nicht mehr erkennbarem sprachlichem Zusammenhang oder sind einfach entstellt.

Camaret ist ein immer noch bedeutender Fischereihafen an der nordwestlichen Bucht, spezialisiert auf den Fang von Langusten, der allerdings durch ausländische Konkurrenz eingeschränkt werden mußte. An den Quais reihen sich die Feinschmeckerlokale für Krustentiere. Die frisch gefangenen, gekochten Langusten werden dem Gast zur Auswahl präsentiert. Fast an jedem Tisch wird genießerisch geknackt und geschlürft. Zum Besteck gehört nicht nur die Hummergabel, sondern auch die Kneifzange für die Scheren. Die Riesenkrebse werden auf reich dekorierten Schüsseln mit maritimen Zutaten und auf einem Algenbett serviert.

Gegen die See ist Camaret durch einen natürlichen Deich, den ›Sillon‹, geschützt. Hier liegen die beiden Wahrzeichen, die *Kapelle Notre-Dame-de-Rocamadour* und der nach seinem Erbauer benannte *Festungsturm Vauban*. Die Kapelle aus grau-rosa Granit mit tief heruntergezogenem Schieferdach und flacher Apsis hatte schon seit 1183 Vorgängerbauten. Der heutige Bau – es ist der dritte – stammt aus dem 17. Jahrhundert. Hier war die erste Etappe für Pilger nach Santiago de Compostela in Galicien, die zu Schiff eintrafen. Auf der weiteren Pilgerfahrt rasteten sie traditionsgemäß in Südwestfrankreich bei der Wallfahrtsstätte Rocamadour en Quercy nahe Bordeaux, ehe sie an den Rand der Pyrenäen weiterzogen. Eine Pilgerbruderschaft soll das Gelöbnis abgelegt

DIE SCHLACHT VON CAMARET 233

haben, wo immer sie Kapellen bauen oder Hospitäler ein-
richten konnte, diese nach jenem Rocamadour zu benennen.
So kam auch die Kapelle in Camaret durch den Abt Guillaume de Daoulas 1138 zu ihrem Namen.

Im Jahr 1694 fegte eine Kanonenkugel der angreifenden
Engländer den Glockenturm der erst 1683 fertiggestellten
Kapelle hinweg. Das nahm die Jungfrau als Patronin von
Rocamadour angeblich so übel, daß sie die Kugel auf das
Schiff zurückschoß, von dem der gotteslästerliche Angriff ge-
kommen war. 1910 brannte das Innere der Kapelle zum gro-
ßen Teil aus. Im Zweiten Weltkrieg wurde sie beschädigt und
mußte restauriert werden. Aber nach wie vor ist Notre-Dame-
de-Rocamadour voll von Schiffsmodellen, Rettungsringen,
Ankern oder gekreuzten Rudern – Votivgaben als Dank für
Errettung aus Seenot.

Der Vorfall mit der unglücklich gelenkten Kanonenkugel
ereignete sich während einer Seeschlacht, die sich auch zu
Lande abspielte. Vauban hatte schon früh die gefährdete Lage
von Camaret erkannt. Darum ließ er auf dem Naturdeich
einen Turm mit drei Stockwerken bauen, der überdies von
Befestigungsanlagen umgeben war. Alles diente zum Schutz
von Brest. Dem Turm fehlte noch das Dach, als am 16. Juli
1694 eine starke englische Flotte vor Camaret erschien. Der
Festungsbaumeister nahm selbst am Gefecht teil. Am 18. Juli
eröffneten die Engländer das Feuer, um die Landung ihrer
Truppen zu decken. Zunächst gelang ihnen das auch an einem
Strand bei Camaret, aber dann ließ Vauban aus dem Fort
feuern und gab es ihnen »von vorne und von hinten«. Franzö-
sische Marineinfanterie und Männer der Küstenwache zwangen die Engländer, sich auf die Schiffe zurückzuziehen. Ihr
Geschwader wurde durch einen Sturm auseinandergetrieben.
Der Vauban-Turm birgt heute ein Museum, in dem man
Schiffahrtsgeschichte nacherleben kann.

Daß der von Geschichte gesättigte kleine Hafen schon in
vorgeschichtlicher Zeit von Menschen besiedelt war, beweisen in der Nähe die *Alignements de Lagat-Jar*, nämlich 143
im Jahre 1928 wieder aufgerichtete Menhire, die durch ihre
Reihung Rätsel aufgeben.

In den Monts d'Arrée

Bretonische Schauersagen

Die Bretonen wußten genau, wo der Eingang zur Hölle oder Vorhölle lag, nämlich in einem Torfmoor mitten in den Monts d'Arrée. Der Ort hieß Le Yeun Elez. Wenn die Sonne unterging, kam der Pfarrer aus dem nahen Brasparts zum düsteren, glucksenden Schlund und warf schwarze Hunde hinein. In diesem Schlund waren die bösen Geister, soeben dem Körper eines Toten entflohen, eingeschlossen. Sofort verschwanden die Tiere im Sumpf, während gleichzeitig die Erde bebte, am Himmel drohende Wolken aufzogen und seltsame Flammen in die Höhe schossen.

Es kam auch vor, daß ein Christenmensch sich vom Haß verdammter Seelen verfolgt glaubte. Man konnte sie nur loswerden, indem man sich dem Eingang zur Unterwelt in Gesellschaft eines Mannes näherte, der sich auf Exorzismus verstand. Dieser Begleiter mußte die Zeremonie barfuß ausführen. Wenn sie beendet war, sah man plötzlich einen schwarzen Hund mit Glühaugen im Moor verschwinden. Das war der böse Geist, der für immer untertauchte. Dieser heidnisch anmutende Brauch soll sich bis in unser Zeitalter erhalten haben. Daß aber die Begleitperson stets ein Pfarrer war, ist unwahrscheinlich. Der hätte wohl kaum dem Aberglauben gehuldigt und sich die Schuhe ausgezogen, was als unerläßliche Vorbedingung für den Exorzismus galt.

An diesem unheimlichen Ort geschahen noch andere merkwürdige Dinge, wimmelte es hier doch von Riesen und Zwergen. Der Wanderer lief Gefahr, zwischen Sonnenuntergang und -aufgang den ›Kannerezed noz‹, den ›Wäscherinnen der Nacht‹ zu begegnen. Es waren große, magere Frauen, denen es während ihrer Erdentage oblag, Grabtücher zu waschen. Aus rätselhaftem Grund waren sie sündig geworden und

WÄSCHERINNEN DER NACHT 235

müssen nun zur Strafe nach dem Tod so lange weiterarbeiten, bis sie dermaleinst erlöst werden. Sobald sie den Wanderer erspähen, stürzen sie sich auf ihn, flehen ihn um Hilfe bei der Arbeit an und zwingen ihn sogar, Grabtücher auszuwringen. Ihm bleibt gar nichts anderes übrig, als zu gehorchen, zumal er unter den unseligen Weibern verstorbene Verwandte entdeckt. Er wird sicherlich mit dem Leben davonkommen, wenn er sich stets in der gleichen Richtung mit den Wäscherinnen bewegt. Vor allem aber muß er sich hüten, die Tücher falsch umzuwenden. Dann zerbrechen ihm nämlich die Wäscherinnen mit eisernem Griff die Hände, und der Unglückliche verblutet.

Auf den Pfaden im Moor sah man in alter Zeit häufig einen ›Schwarzen Mann‹ vorbeireiten, den ein Hund begleitete. Ein schlimmes Vorzeichen! Denn darauf folgte stets ein Sturm, und übernatürliche Kräfte begannen zu wirken. Der Wind trug die Klagen der unerlösten Seelen aus dem Höllenschlund von Le Yeun Elez weiter. Um ihre Leiden abzukürzen, empfahl es sich für alle, die es hörten, ein Vaterunser zu beten oder sich zu bekreuzigen.

Für die Belieferung der Vorhölle sorgten wiederum ›Weiße Männer‹ als Seelenführer. Man traf sie meist auf abgelegenen Wegen. Sie hatten einen Sack über die Schulter gelegt. Darin verschwanden die Seelen der Unreinen, die kein Schutzengel hatte retten können. Die ›Weißen Männer‹ kamen von allen Seiten und entleerten ihre Säcke im Sumpf. Dort mußten die Unglücklichen bis zum ungewissen Zeitpunkt der Erlösung zwischen Schilfrohr und schwappenden Moorlöchern umherirren.

Daß sich um ein großes, einsames Sumpfgebiet Sagen solcher Art ranken, ist nicht ungewöhnlich. Man denke an das Gedicht ›Der Knabe im Moor‹ von Annette von Droste-Hülshoff. Auch in Westfalen ist das Moor ein schauerlicher Ort. Aus einem Spalt seufzt die verdammte Margret: »Hoho, meine arme Seele!« Die Phantasie der Bretonen kann sich jedoch an Beiwerk nicht genugtun. In dieser Hinsicht ist der keltische Ursprung der Bevölkerung ein unerschöpflicher Nährboden besonderer Art.

Das Torfmoor *Yeun Elez* gibt es noch, aber Seelenführer, schwarze Hunde und Wäscherinnen der Nacht sind verschwunden. Moderne Technik hat sich ausgerechnet an diesem Ort wollüstigen Schauderns eingerichtet. An das Moor grenzt das *Réservoir de Saint-Michel* mit einem vom Fluß Elez und Wasser aus den Schlammlöchern des Moors gespeisten Stausee. Die hier erzeugte Energie von 700 Millionen Kilowatt ergänzt das 1966 in Betrieb genommene Kernkraftwerk von *Brennilis*, die ›Centrale nucléaire des Monts d'Arrée‹. Der künstliche See hat jedoch noch viel von der Melancholie der sagenhaften Höllenpforte bewahrt. Wenn unter schwer hängenden Wolken die Winde pfeifen oder die Nebel ziehen, kann man die zur Sage verdichteten Ängste der Vorfahren verstehen.

Das geköpfte Gebirge

Das Moor liegt im Herzen des Naturparks der Monts d'Arrée, der den größten Teil des aufgesplitterten Parc Naturel Regional d'Armorique ausmacht. Wir lernten andere Teile des Parks bereits bei der Halbinsel Crozon und auf Ouessant kennen. Die zentrale Landschaft der Monts d'Arrée besteht aus kahlen oder bewaldeten Höhenzügen, Ödland und vereinzelten Viehweiden. Der Rest der seit langem zur Abwanderung genötigten Bevölkerung betreibt bescheidene Substanzwirtschaft. In bewaldeter Gegend gibt es Sägewerke. Die Torfbauern, Fuhrleute und Hersteller von Holzpantinen von einst sind jedoch verschwunden. Es entspricht dem Sinn des Naturparks, dem Besucher ein Bild der Lebensbedingungen von ehemals und jetzt in dieser Umwelt zu bieten. In der *Domaine de Ménez-Meur*, einem Mustergut am nordwestlichen Rand des Parks, findet der Interessent ein Informationszentrum mit einem kleinen Museum und Beispielen für Flora und Fauna.

Insgesamt gehört das Massif Armoricain zu den ältesten ›Gebirgen‹ Europas. In einer Ära, die schätzungsweise 600 Millionen Jahre zurückliegt, muß es an dieser Stelle der Bretagne wohl so ausgesehen haben wie vor dem dritten Schöpfungstag, als Wasser und Erde noch nicht geschieden

ZWEI HÖHEPUNKTE 237

waren. Dann tauchten Gipfel aus dem Meer auf, darunter
dieses Massiv. Es setzt sich zusammen aus Granit, Gneis,
Glimmerschiefer und anderem Gestein. Die Monts d'Arrée
und die Montagnes Noires, beide in west-östlicher Richtung
verlaufend, aber durch eine Senke getrennt, sind enthaupte-
ten Riesen vergleichbar. Die Erosion hat sie geköpft, zu
Hügeln abgeschliffen. Innerhalb der Bretagne bilden sie die
höchsten Erhebungen, und zwar auf engem Raum. Der
Ménez-Hom ist ein isolierter Vorposten im Westen, die
Montagnes Noires im Süden haben nicht einmal mehr den
Charakter eines Mittelgebirges. Für den Bretonen sind diese
Erhebungen jedoch ›Bergland‹.

Natürlich ist die geologische Entwicklung viel komplizier-
ter gewesen als hier angedeutet werden kann. An keiner anderen Stelle wird der Besucher so stark von der bizarren Gestaltung der Erdoberfläche im Binnenland beeindruckt wie hier.
Die Klippen des Roc Trévezel im Norden des Nationalparks
und der Wald von Huelgoat im Osten mit seinem Felsenmeer
im grünen, schleimigen Grund zeugen von der Vielfalt dieses
sich selbst überlassenen Geländes. Diese beiden Höhepunkte
ziehen die meisten Besucher an.

Die nördliche Zufahrtsstraße zum Park steigt bereits an,
bis der 384 Meter hohe *Roc Trévezel* in Sicht kommt. Die
Route führt um den Bergstock herum. Man kann ihn mühelos
besteigen und ganz nahe an die schräg aufgerichteten, zer-
sägten, grauen Felszacken herankommen, die aus dem Gras
und zwischen dem niedrigen Buschwerk hervorragen. Hier
sind sie besonders markant, aber man findet sie auch an
anderen Stellen in derselben Formation, wenn auch kleiner,
so zum Beispiel am Nordrand des Nationalparks über dem
Tal des Elorn. Dort wirken sie am sanften, dicht bewachsenen
Hang noch befremdlicher.

Das nächste Ziel auf der Südroute ist der Aussichtsberg
Montagne Saint-Michel, 380 Meter hoch. Auf der Gipfel-
kuppe erhebt sich eine kleine Kapelle. Der Rundblick ist noch
umfassender als vom Trévezel-Felsen aus. Man ist mitten in
den ›landes‹, einer kahlen, öden Region von riesigen Aus-
maßen. Kein Baum, kein Strauch! Im Hochsommer sind die

Flanken des Berges mit Heide in zwei Farbtönungen bedeckt. Tieflila blüht die Glockenheide, in hellerem Ton die Erika. Zu Füßen erstreckt sich das Moor von Yeun Elez mit dem Stausee, am Horizont zeichnen sich die Montagnes Noires ab. Über der Landschaft lastet Einsamkeit, die nicht beglückt, und eine Melancholie, die noch stärker als anderswo dem bretonischen Urgrund zu entsteigen scheint.

Die Straße, die den Nationalpark etwa in der Mitte durchschneidet, führt weiter durch dürres, unfruchtbares Land. Gelegentlich duckt sich ein graues Haus aus Natursteinen ins Gelände. Hier fehlt der übliche Aufbau mit den Schornstein-Giebeln an jeder Schmalseite. Der nächste Weiler ist *Brasparts*, die Heimat jener unerschrockenen Pfarrer, die böse Dämonen mit Hilfe schwarzer Hunde ins Torfmoor zurücktrieben. Brasparts besitzt einen Enclos mit einem schlichten Calvaire aus dem 16. Jahrhundert. Am Fuß des Kreuzes sind drei heilige Frauen zu einem Block zusammengefaßt. Sie tragen die gleiche Kleidung und haben die gleichen stumpfen, bäuerlichen Gesichter. Sechs Hände greifen zu, um den entsetzlich mageren Leichnam Christi mit viel zu langen Beinen in der Schräge zu halten. Nichts weist Maria als klagende Mutter aus. Es geht um eine Symbolisierung von Leid, die archaisch anmutet. Über der Gruppe reckt sich Sankt Michael am Kreuzesstamm und stößt dem Drachen zu seinen Füßen das Schwert in den Rachen. Völlig ungewöhnlich sind drei Männerbüsten mit geknöpftem Wams, die sich über Michaels Kopf vorwölben.

Fast in jedem der kleinen Enclos findet man groteske, rätselhafte Ausgeburten der schöpferischen Phantasie anonymer Künstler. Dazu gehören in Brasparts die Konsolen steinerner Apostelstatuen im Südportal der Kirche. Da windet sich unter einem Apostel ein kleines Wesen mit Brüsten, Schlangenschwanz und Hörnern auf dem Kopf. Man deutet es als die keltische Wasserfee Morgane. Ein weiteres Heidengeschöpf mit nackten Brüsten und Schlangenschwanz entdeckt man in der Kirche von Brennilis. Dort ringelt es sich sogar zu Füßen einer Madonna mit Kind.

Das Felsenmeer von Huelgoat

Der Osten der Monts d'Arrée wird von Sommerfrischlern und als Wanderziel aufgesucht. Hier ist Huelgoat der Mittelpunkt. Das Städtchen am See und Waldesrand gruppiert sich im Kern um die lange, rechteckige Place Aristide-Briand mit der Kirche, mit Läden und Gaststätten. Den See säumen heitere Villen in gepflegten Gärten. Im Sommer kann man am Steg Tretboote mieten. Alles in allem das Bild einer Sommerfrische, die auch in der Holsteinischen Schweiz liegen könnte. Aber man braucht nur ein paar Schritte von der Straße am See abzuweichen, um den ersten Eindruck zu korrigieren. Beim ›Chaos du moulin‹, dem Felsenmeer der Mühle, tut sich das Gelände wieder einmal mit seiner ganzen, rätselhaften Bizarrerie auf.

Hier reicht eine Waldschlucht mit Bachbett bis an den See. Aus dem schmalen Bett mit schäumendem Wasser ragen riesige Granitblöcke, die sich auch an den Ufern türmen. Man kann hinabsteigen und sich auf glitschigen Pfaden in dieser Urwelt bewegen. Graue Buckel liegen chaotisch übereinander, grüne, moosige Buckel bilden Felsenmeere auf feuchtem Untergrund. Einzelne ungeheure Blöcke sind mitten im Laubwald stehengeblieben.

Geologen erklären die seltsame Naturerscheinung durch Zersetzung von Granit. Zuerst sind die weniger dicht gefügten Teile des Gesteins zu Sand vermahlen worden. Das härtere Gestein blieb sozusagen abgeschält in gerundeter Form zurück. In der Folge sind diese Blöcke übereinandergestürzt, haben Felsenmeere gebildet oder sind isoliert liegengeblieben. Daß die Legende eine ganz andere Erklärung gefunden hat, leuchtet ein. Nirgends liegt es näher, an Riesenspielzeug zu denken, als hier.

Der Wald ist für Wanderer gut erschlossen, allerdings müssen sie auf Gefälle und schlüpfrigen Grund gefaßt sein. Ein schräg aufgerichteter, riesiger Block, ›La Roche Cintrée‹, der ›Gewölbte‹, ist nur am oberen Rand durch ein Eisengitter gesichert. Von oben hat man einen Ausblick auf Stadt und See. ›La Grotte du Diable‹, die ›Teufelsgrotte‹, ist eine Klamm

zwischen Felsen. Man steigt auf einer Eisenleiter hinab. Der
›Wackelfelsen‹ ist ein abgeschliffener Klotz auf Buchenlaub
im dichten Wald. Dieser ›Roche tremblante‹ wiegt hundert
Tonnen und kann durch einen Stoß zum Zittern gebracht
werden. Die Reste eines von Vegetation überwucherten Feld-
lagers aus gallo-römischer oder sogar noch älterer Zeit liegen
im Wald verborgen. Der Platz wird ›Le Camp d'Artus‹ genannt und dem Aufenthalt des sagenhaften Königs Artus zugeschrieben, nach dem auch andere Stellen in der Bretagne
bezeichnet sind. Auf geschlängelten Pfaden kann man die
›Rivière d'Argent‹ erkunden, einen silbrigen Gebirgsfluß mit
Stromschnellen zwischen Felsbrocken, oder an einem schmalen Kanal entlangspazieren, der schon im 18. Jahrhundert
einer Anlage für die Gewinnung von silberhaltigem Blei
diente.

Krallenfuß, Triumphpforte und Prunkaltäre

Eine so dichte Konzentration bedeutender Calvaires wie un-
mittelbar an der Route Morlaix–Brest gibt es kein zweites
Mal. Dennoch ist man im Umkreis der Monts d'Arrée immer
noch in jener urbretonischen Region, deren fromme, ländliche Bevölkerung durch die Errichtung eines Enclos Gott die
Ehre gab und dem Tod den Stachel nahm. Wenn kleinere,
aber sehr stimmungsvolle Enclos an einer nordwestlichen
Zufahrtsstraße zu den Monts d'Arrée liegen, wie zum Beispiel
Sizun und Commana, kann man einfach die Fahrt für die
Besichtigung unterbrechen. Für den Calvaire von Plougonven
muß man allerdings einen kurzen Abstecher in Kauf nehmen,
falls man von Morlaix aus den Südostzipfel des Naturparks
mit Huelgoat erreichen will. Pleyben im Süden des Naturparks, am Schnittpunkt einer Nordsüd- und Ostwestachse,
ist ohnehin ein so berühmtes Ziel, daß man keinen Umweg
scheuen würde. Die Auswahl an umfriedeten Pfarrbezirken
ist groß genug. Sie reizt zum Vergleich, und jeder Besucher
wird seinen besonders geliebten Enclos rühmend hervor-
heben.

Plougonven, ein isoliertes Städtchen mit rund 2000 Einwohnern, besitzt in seinem Pfarrbezirk eines der ältesten

DER SOG VON PLOUGONVEN 241

Ensembles der Bretagne. Es besteht aus einer Kirche von
1532, einer schlichten Kapelle, einem kleinen Beinhaus und
einem 1554 vollendeten Calvaire als größter Sehenswürdigkeit. Er wurde während der Revolution teilweise zerstört und
1897 so restauriert, daß Kunsthistoriker schwere Bedenken
angemeldet haben. Sie betreffen unter anderem die beiden
Schächerkreuze. Diese haben nicht die übliche Form eines T,
im Unterschied zum Kreuz Christi, sondern sind diesem
genau nachgebildet. Die Schächer erleiden dadurch dieselbe
Todesart wie der Herr, während sie sonst durch abgewinkelte
Arme unterschieden sind.

Der vier Meter hohe Calvaire setzt sich durch seine Grund-
form von anderen ab, während die Szenenabfolge traditionell
bleibt. Es handelt sich um einen achteckigen Sockel. Der
untere Teil wurde unverziert belassen. Die Figuren agieren
zunächst auf einem steinernen Band, dann darüber, wie
üblich, auf der Plattform. Dort schießen die drei Kreuze hoch
über dem Gewimmel empor. Auf den zwei Querbalken des
mittleren Kreuzes findet man zwei Reiter und vier Begleitpersonen, Rücken an Rücken.

Die achteckige Form wirkt auf den Beschauer dynamisch.
Jeder vollständige Calvaire ist dafür bestimmt, umkreist zu
werden. Der von Plougonven übt einen regelrechten Sog aus;
die einzelnen Szenen sind weniger voneinander abgesetzt.
Eine Gruppe mit dem zwölfjährigen Jesus im Tempel fällt
auf. Das übergroße Kind steht obendrein auf einem Sockel
und dominiert als Mittelfigur. Der Teufel, der Christus versucht, trägt eine Maske mit gräßlich bleckenden Zähnen und
lüpft das Gewand, als wolle er absichtlich seine Krallenfüße
zeigen. Alles in allem wirkt die Auffassung noch primitiv,
aber von packender Lebendigkeit.

Ehe man die Monts d'Arrée vom Tal des Elorn aus erreicht,
passiert man *Sizun* mit seinem erhöht liegenden Enclos mitten
im Ort. Wieder einmal stellt es sich hier heraus, daß bei jedem
vollständigen umfriedeten Pfarrbezirk die Akzente anders
verteilt sind. Sizun ist für sein *Triumphtor* mehr berühmt als
für die Kirche, vor der wiederum das Beinhaus rangiert. Vergebens hält der Besucher nach einem Calvaire Ausschau. Er

wird durch die drei Golgatha-Kreuze oben auf der Triumphpforte ersetzt.

Mit Recht spricht man von einem Bauwerk, das zweifellos
von der Antike inspiriert wurde. Die drei Öffnungen des
imposanten Bogens von 1588 werden von kannelierten Säulen
gerahmt. Der obere Abschluß besteht aus einer wuchtigen
Balustrade mit Laternentürmchen an den Ecken. Es kostet
einige Mühe, sich den Transport eines schlichten Sarges
durch Torbogen vorzustellen, die eher für den Einzug eines
Triumphators mit Gefolge geeignet sind.

Das *Beinhaus* stößt unmittelbar an die Triumphpforte.
Architektonisch gleicht es dem von Saint-Thégonnec durch
die horizontale Einteilung von Nischen oberhalb und Fenster-
reihung darunter, ist aber kleiner und weniger prunkvoll. In
den Nischen, die in Saint-Thégonnec leer sind, stehen hier
große, naiv aufgefaßte Statuen der Apostel. Das Beinhaus
wurde im selben Jahr wie das Triumphtor vollendet. Im 17.
und 18. Jahrhundert nahm man an der Kirche Veränderungen vor.

Wer hinter das Beinhaus geht, wird dort die ›Melusine‹
entdecken. Wie ein umgekehrter Wasserspeier rekelt sich ein
kokettes Meerweibchen auf der Dachschräge. Ihr an den
Körper gepreßter Arm endet in einer Froschpfote. Weibliche
Wassergeister aus dem keltischen Urgrund der Bretagne
tauchen oft überraschend an Stellen auf, wo sie nichts zu
suchen haben!

Auf der Weiterfahrt nach *Commana* am Fuß der Monts
d'Arrée ändert sich das Bild der Landschaft, es wird rauher.
Die Gegend ist kahl und ärmlich. Der Ort liegt hoch, man
spürt bereits den frischen Wind vom Gebirge. Die Einwohner
von Commana und seinem Umland waren noch am Anfang
unseres Jahrhunderts so arm, daß sie als Lumpensammler für
Papierfabriken ihr Dasein fristen mußten.

Patron der Kirche von Commana ist Saint-Derrien, der
Drachenbändiger von La Roche-Maurice. Im Innern der
Kirche wird der Beschauer durch den Prunk dreier geschnitzter, farbig gefaßter Altäre überwältigt. Ein Altar von
1682, der heiligen Anna geweiht, ist 6,20 Meter lang und acht

DER ALTAR DER HL. ANNA 243

Meter hoch. Er ist restauriert und gilt als einer der schönsten
unter so vielen ähnlichen Schöpfungen. In einer tiefen Nische
in der Mitte sitzen Anna und Maria zart geneigt einander
gegenüber. Zwischen ihnen steht erhöht ein puppenhaftes
Jesuskind mit der Weltkugel. Was rechts und links von dieser
zentralen Gruppe mit umrankten Säulen, Baldachinen, dicken
Blumenkränzen oder Medaillons an Dekor aufgeboten wird,
entzieht sich jeder Beschreibung. Kein Fleckchen ohne
Schmuck! Das trifft auch für den Rosenkranzaltar und den
Altar der fünf Wunden aus der gleichen Epoche zu. In Commana ist der Kontrast zwischen dem strengen, ernsten Enclos
und dem festlichen Innenraum mit seinen heiteren Altären
besonders kraß.

Pleyben, einem burgundischen Heiligen geweiht

Im Süden der Monts d'Arrée gipfelt die sakrale Kunst noch
einmal in einem Enclos, der großartig angelegt ist und mit
köstlichen Einzelheiten aufwartet, aber im ganzen etwas
distanziert wirkt. Dazu tragen die Lage und Umgebung bei.
Der Pfarrbezirk von Pleyben mitten in der kleinen Stadt bildet
eine Insel, liegt aber auf gleichem Niveau mit der umlaufenden Straße. Autos parken in Massen unmittelbar an dieser
Insel. Die Besucher strömen aus und ein. Es fehlt jede Intimität. Pleyben erweist sich als Verkehrsknotenpunkt und belebte Durchgangsstation. Aber der sommerliche Hochbetrieb
täuscht darüber hinweg, daß die Bevölkerung schrumpft. Es
fehlt an Arbeitsplätzen für die jüngere Generation. In dieser
Hinsicht teilt Pleyben das Schicksal vieler Gemeinden in der
Basse Bretagne. Die Landwirtschaft allein ernährt die Leute
nicht mehr und hat es auch früher nicht ausreichend getan.

Im 17. Jahrhundert hatte sich die Lage verbessert, da auch
dieses Städtchen vom Tuchhandel profitierte. Man kennt die
großen Summen, die von 1634 bis 1642 aufgebracht wurden,
um den Glockenturm der Kirche zu errichten. In den folgenden fünfzig Jahren spendete man großzügig für die Glocken
und die Orgel. Wie alle ihre Nachbarn unterlagen die Pleybenois nämlich der Großmannssucht beim Kirchenbau. Der

Enclos als Komplex ist hier langsamer zusammengewachsen und mehr verändert worden als in vergleichbaren Gemeinden.

Über den Ursprung von Pleyben weiß man wenig. Kein Heiliger ist als Gründer in einem steinernen Bottich über den Kanal gekommen. Man nimmt an, daß die ersten Siedler Mönche waren, die allerdings keine Abtei errichteten. Später unterstand Pleyben dem Bischof von Quimper, der einen ›ständigen Vikar‹ mit den Aufgaben der Verwaltung betraute. Ihm standen achtzehn Mitglieder der Gemeinde zur Seite. Unter ihnen waren Handwerker, Bauern, kleine Grundbesitzer als Repräsentanten einer gemischten gesellschaftlichen Struktur. Sie mußten einen unbescholtenen Ruf haben und imstande sein, ein Protokoll eigenhändig zu unterzeichnen.

Die Kirche ist keinem bretonischen, sondern einem burgundischen Heiligen geweiht. Saint-Germain l'Auxerrois lebte um die Wende des 4. zum 5. Jahrhundert. Er wuchs in Auxerre als Sohn einer angesehenen Familie auf, studierte Rechtswissenschaft, begab sich dazu sogar nach Rom, wurde in Auxerre Advokat und heiratete eine reiche Frau. Er war also ein Mann von Welt. 418, als Germain etwa vierzig Jahre alt war, drängte man ihn, Bischof zu werden, obgleich er noch keine geistlichen Ämter bekleidet hatte. Eines Tages aber trat der Umschwung seines Lebens ein. Germain ließ Ehren und Würden fahren, gab Hab und Gut den Armen, ernährte sich fortan kümmerlich und lebte keusch. Er starb 448.

Der Bericht, den der Priester Constance de Lyon hinterlassen hat, erzählt auch von Wundern. Germain war ein Exorzist und Heiler und erweckte sogar einmal einen Toten. Aber was hatten seine Taten mit der Bretagne zu tun? Er wirkte indirekt, vor allem als Lehrer und Vorbild für andere heilige Männer, die in der Bretagne verehrt wurden. Saint-Brieuc folgte ihm nach Auxerre. Das tat auch Saint-Ildut, der dann nach Britannien zurückkehrte und dort im Kloster eine Pflanzstätte für künftige Bischöfe schuf, die später in der Bretagne missionierten. Das Verdienst von Germain ist also rein spiritueller Art. Er hat durch andere Gottesleute ge-

EXORZIST UND HEILER GERMAIN   245

wirkt. Außer Pleyben sind in Cornouaille noch zehn andere
Pfarrkirchen diesem Heiligen geweiht.

Der Enclos von Pleyben verdankt seine Entstehung einem
fast hektischen Baufieber. 1555 begann man mit dem Calvaire.
Unter dem befeuernden Einfluß der Gegenreformation nach
dem Tridentinum ergänzte man zwischen 1564 und 1583 den
älteren Teil der Kirche und setzte ihr den Turm Sainte-Catherine auf. Das Beinhaus entstand. Einige Jahre später kamen
das Südportal und vor allem der Turm Saint-Germain an die
Reihe, der ein äußerst kompliziertes Stück Architektur darstellt. Seine Vollendung verzögerte sich durch die Religionskriege. Die Arbeiten wurden erst 1633 wieder aufgenommen,
elf Jahre später war er fertig. Der runde Kuppelbau der
Sakristei ist jüngeren Datums. Etwa gleichzeitig mit der
Triumphpforte entstand er im ersten Drittel des 18. Jahrhunderts. Dem Stilwandel entsprechend, fehlt es diesem
Enclos an Einheitlichkeit, was jedoch seine großartige Wirkung nicht beeinträchtigt.

Der *Turm Sainte-Catherine* über der Westfassade hat den
schlanken, spitzen, durchbrochenen Helm, der so typisch
bretonisch ist. Eine Galerie verbindet ihn mit dem Treppentürmchen, das wie ein vereinfachter Ableger aussieht. Aus
dem Katharinen-Turm wurde im März 1599 eine Glocke
gestohlen. Wer die Täter waren, ist nie herausgekommen.
Halb im Scherz beschuldigten die Pleybenois die Einwohner
von Lampaul-Guimiliau, daß sie sich aus Neid auf Pleyben
zu diesem immerhin ungewöhnlichen Diebstahl hätten hin-
reißen lassen. Die Glocke aber blieb verschwunden. Nicht in
der Legende: Einmal im Jahr, so heißt es, kehre sie für einen
Tag an ihren alten Platz zurück.

Der *Turm Saint-Germain* an der Südseite der Kirche
wächst massig aus einem Viereck in die Höhe. Über der umlaufenden Galerie erhebt sich krönend ein Aufbau, der mit
Kuppel, Türmchen und hoher Laterne fast orientalisch anmutet, obgleich es sich um vertraute Einzelheiten aus der
Stilepoche der bretonischen Renaissance handelt. Der Turm
hat anderen als Vorbild gedient. Obgleich unorganisch der
Kirche vorgebaut, beherrscht er majestätisch den Komplex.

Im *Innern* wird die kunstvoll gearbeitete hölzerne Decke viel bewundert. Den Übergang zwischen Decke und Wand bilden Sablières höchst origineller Art. Wir erwähnten dieses Produkt bretonischer Volkskunst bereits beim Enclos von La Martyre. Wie auch anderswo hat die Phantasie der Schnitzer in Pleyben geistliche und weltliche, antike und zeitgenössische Motive in burlesker Ausführung unbefangen gemischt. Liegende, kniende, fliegende, die Glieder verrenkende oder auf Zwergenmaß reduzierte Geschöpfe tummeln sich auf den Schnitzbalken, für die man ungefähr das Jahr 1571 ansetzen muß. Zwischen biblische Szenen hat der Künstler einen mit Goldringen an den Felsen gefesselten Prometheus eingefügt, dem der Geier gerade die Leber herausreißt. Bauern ziehen einen Pflug, ein Mann spielt Dudelsack, Engelsköpfe mit roten Kinderbäckchen lugen zwischen den Szenen hervor: Der Reigen eines losgelassenen Völkchens zieht sich zwischen Überschwang und Todesgrauen unter der gewölbten, himmelblauen, mit goldenen Sternen übersäten Holzdecke entlang.

An den Ecken zum Querschiff halten die vier Evangelisten wie Galionsfiguren Wacht. Sogar die Rippen im hölzernen Gewölbe der Vierung sind über und über mit winzigen figürlichen und dekorativen Schnitzereien bedeckt. Auch die Schlußsteine aus Holz hat man nicht schlicht belassen. Im Schiff ruhen die von Wand zu Wand gezogenen Stützbalken unter der Gewölbetonne in den aufgerissenen, reichlich mit Zähnen versehenen Rachen von Krokodilen oder Drachen. Alles ist prall von Leben. Freilich muß man sich Zeit nehmen und sehr genau hinschauen, um es zu erfassen.

Der *Calvaire* hatte ursprünglich auf dem Friedhof nahe an der Südseite der Kirche gestanden. Als aber dort eine Vorhalle gebaut wurde, mußte er um vierzig Meter versetzt werden. Das geschah zwischen 1738 und 1741. Der neue Platz zwischen zwei mächtigen Zedern ist schön, aber zu peripher. Der ohnehin monumentale Bau fällt aus dem Zusammenhang heraus, obgleich er sich noch in der Einfriedung befindet.

Der Sockel ist nach allen vier Seiten durchbrochen und so hoch, daß man aufrecht unter ihm hindurchgehen kann. Diese

Anordnung hat zu der Annahme verleitet, daß der Calvaire zugleich das Triumphtor gewesen sei, ehe 1725 die schlichte ›Porte de la mort‹ als Zugang zum Friedhof entstand. Es entsprach einer alten Sitte, daß die Sargträger den Sarg vorsichtig rechts und links gegen die Einfassung des einzigen Bogens stießen, damit Holz und Stein sich berührten.

Durch die Höhe des Sockels befinden sich die Figuren auf dem umlaufenden Fries bereits über der Augenhöhe des Betrachters, und die frei stehenden Figuren auf der Plattform sind noch weiter entrückt. Der Unterschied zu anderen großen Calvaires liegt in der sparsamen Aufstellung der Figuren, die dadurch besonders plastisch wirken. Es gibt kein Gedränge, auch sind die Szenen auf dem Fries klar gegeneinander abgesetzt. Die Art der Darstellung könnte man als bewegte Stille charakterisieren.

Der stilistische Unterschied in der gesamten Gestaltung und in der Gewandung der Figuren hat zu langem Streit über das Entstehungsdatum geführt, obgleich oder gerade weil ausnahmsweise eine Jahreszahl und sogar ein Künstlername angegeben sind. An der Tafel für das Abendmahl und am Becken für die Fußwaschung liest man den Namen des Architekten aus Brest, Yves Ozanne, und die Jahreszahl 1650. Nun deutet aber die Kostümierung der Personen auf ein früheres Datum. So nimmt ein Teil der Kunsthistoriker an, daß die betreffenden Figuren aus dem 16. Jahrhundert und sogar von einem älteren Calvaire stammen und im 17. Jahrhundert nur restauriert wurden, ein anderer Teil hält sich an das Jahr 1650 für den ganzen Calvaire. In diesem Fall müßte der Bildhauer seine Gestalten absichtlich in Kostüme vergangener Moden gesteckt haben. Gegenwärtig überwiegt die Ansicht, daß es sich um frühen Figurenschmuck und spätere Errichtung des Sockels handele. Die verschiedenen Bauphasen könnten auch eine Erklärung für den rätselhaften Doppelcharakter von Calvaire und Triumphpforte sein.

Der Beschauer wird diese verzwickte Angelegenheit getrost der Wissenschaft überlassen. Er liest die achtundzwanzig Szenen ab, die die Geschichte Christi erzählen. Manche Darstellungen sind verstümmelt, andere gut erhalten oder

restauriert. Bei der Anbetung der Heiligen Drei Könige fällt
der Größenunterschied auf. Da die Herren aus dem Morgen-
land, übrigens gekleidet wie französische Seigneurs, wichtig
und interessant sind, überragen sie Maria und Joseph um
mehr als Kopfeslänge und sind doppelt so dick. Das Abendmahl zeigt die übliche Aufreihung hinter der Tafel, nur sind
hier jeweils zwei Jünger im Gespräch einander zugeneigt.
Jesus scheint seinen Tischnachbarn anzureden. Wieder einmal liegt der Kopf des Johannes wie abgeschnitten an der
Brust des Herrn.

Auf der Plattform ist die Grablegung kunstvoll aufgebaut.
Der starr ausgestreckte Leichnam ruht mit übergeschlagenen
Beinen auf einem Bahrtuch mit wellenförmigen Falten. Dahinter stehen sechs klagende Gestalten. Den Frauen sickern
die Tränen aus den Augen und haften wie erstarrte Zapfen
auf den Wangen. Das Golgatha-Kreuz hat nur einen Querbalken, auf dem Maria und Johannes stehen. Bei den gräßlich
verrenkten Schächern wartet ein Engelchen auf die Seele des
guten, ein besonders tückisches Teufelchen auf die des bösen.
Sogar die Namen der Schächer sind angegeben. Der gläubige
Verbrecher heißt Dismas, der ungläubige Gismas.

In Pleyben wird eine selten dargestellte Episode aus dem
apokryphen Evangelium des Nikodemus drastisch vorgeführt.
Christus, der Auferstandene, erlöst die Seelen schuldloser
Verstorbener aus dem aufgesperrten Rachen der Vorhölle. Er
stützt sich auf einen Stock wie ein ermüdeter Wanderer. Ihm
nahen sich Adam und Eva. Schon sind sie dem Schlund
entronnen, aber noch züngeln Flammen an ihnen hoch. Im
aufgesperrten Höllenrachen versuchen Teufel vergebens,
nackte Gestalten mit gefalteten Händen zurückzuhalten. Unwillkürlich wird der Betrachter an die Darstellung der Höllen-
fahrt der Katel Gollet in Plougastel und Guimiliau erinnert.
Für den Bildhauer ein verführerisches Thema und dem
Pfarrer als abschreckende Mahnung immer willkommen!

Die Montagnes Noires

Schieferbrüche und Wald

Pleyben liegt am Nordwestzipfel der Montagnes Noires. Die ›Schwarzen Berge‹ sollen ehemals von dichtem Tannenwald bedeckt gewesen sein. Jetzt gibt es dort den großen Laubwald von Laz, und man forstet Kahlflächen mit Nadelhölzern auf Wenn das Wort ›schwarz‹ also nicht mehr ganz stimmt, so war die Bezeichnung ›Gebirge‹ seit je unzutreffend. Die höchste Erhebung liegt mit 326 Metern noch unter dem Gipfel der Montagne Saint-Michel in den Monts d'Arrée, den man an klaren Tagen am Horizont sieht. Die ›Schwarzen Berge‹ sind ein langer, schmaler, abwechslungsreicher Höhenrücken, der nach Norden und Süden Ausblicke auf einen besonders lieblichen Ausschnitt der bretonischen Heckenlandschaft bietet.

Geologisch besteht der Höhenzug aus hartem Sandstein und Quarzit. Wie in den Monts d'Arrée brechen auch hier graue, zersägte Felszacken unvermittelt aus dem Grasland an den Hängen hervor. Der *Roc de Toullaëron* ist freilich weniger imposant als die Trévezel-Felsen, erweckt aber wie jene den Eindruck eines steinernen, verborgenen Sockels, der eruptiv nach oben stößt.

Schieferbrüche bildeten für die ärmliche Umgegend eine Erwerbsquelle und tun es zum Teil noch. Sie befinden sich überwiegend im östlichen Teil der Region und liefern etwa fünf Prozent der französischen Produktion an Schieferplatten. Der Abbau ist indes so teuer geworden, daß heutzutage überwiegend aus Spanien importierter, billigerer Schiefer als Bedachungsmaterial verwendet wird. Die Erträge der Landwirtschaft und Viehzucht rund um den Höhenrücken sind dagegen durch moderne Methoden gesteigert worden. Für die Bauern auf den isoliert liegenden Höfen gibt es ein besseres Auskommen als früher, aber da Modernisierung auch Arbeitsplätze mindert, hält die Abwanderung der jungen Generation an. Auch trifft man zwischen schmucken, neuen Häusern auf halbverfallene alte, in denen Menschen schlecht und recht ihr Leben fristen.

Das Tal der Aulne bildet etwa die nördliche Grenze der Montagnes Noires. Man gewinnt den besten Überblick, wenn man zunächst über das Flüßchen hinüberwechselt, auf schönen Höhenwegen das Waldgebiet erforscht, dann wieder zurückfährt und bei Châteauneuf-du-Faou die große West-ostachse von Pleyben nach Carhaix erreicht.

Der Aulne-Kanal

Vom Höhenzug aus sieht man in der Ferne mitten im welligen Weideland mit saftigem Grün und Tuffs von Bäumen und Büschen das geschlängelte Band der Aulne. Eine Brücke führt hinüber zum Hügel, an dessen Hang das hübsche, aufblühende Städtchen Châteauneuf-du-Faou liegt. Es lohnt sehr, dem rechten Flußufer ein Stück zu Fuß auf schmalem Treidelpfad zu folgen. Die Aulne hat kleine, altmodische Schleusen, die der Sportler im Kanu oder Kajak ›von Hand‹ öffnen und schließen kann. Den sich windenden, anmutigen Wasserlauf säumen bewaldete Ufer oder Wiesen voller Vergißmeinnicht im Frühjahr.

Hier ist ein Anglerparadies, besonders für Hecht- und Lachsfang, der allerdings nicht mehr so ertragreich ist. In alter Zeit ging dieser damals wenig geschätzte Fisch so häufig an den Haken, daß Arbeitgeber vertraglich verpflichtet wurden, ihren Angestellten nicht häufiger als dreimal in der Woche Lachs aufzutischen.

Die Aulne bildete in diesem Abschnitt ein Teilstück des ehemaligen Nantes-Brest-Kanals. Dieser erstaunliche Wasserweg, der sich diagonal durch die ganze Bretagne schlängelt, geht auf Napoleons Initiative zurück. Zur Zeit des Ersten Kaiserreichs war die französische Schiffahrt an der West- und Südküste der Bretagne ständig durch englische Schiffe bedroht. Um einen sicheren, wenn auch schmalen Wasserweg zu schaffen, ließ der Kaiser den Kanal zwischen Brest und Nantes anlegen. Dafür wurden streckenweise auch Flußläufe, so die Aulne, der Blavet oder der Oust, benutzt. Der Erfolg war jedoch bescheiden, zumal viel getreidelt werden mußte. Jedenfalls wurde dieser Wasserweg nicht bis in die Gegenwart unterhalten, mit Ausnahme einer Strecke zwischen Nantes und Pontivy. Jetzt dient er mit seinen verträumten Partien den Sportlern und Naturfreunden, ist aber zum Teil verschlammt und zugewachsen.

Park und Schloß Trévarez

Zum Waldgebiet von Laz, hoch über dem Aulne-Tal, gehört die Domaine de Trévarez en Goazec. Der ehemals unzugängliche Schloßpark ist zur Besichtigung freigegeben. In der ganzen Bretagne gibt es keine vielfältigeren Züchtungen von Kamelien, Rhododendren und Azaleen als hier am Südhang unter alten Bäumen. Viele Spazierwege führen durch Unterholz, über einen dicken Blätterteppich, im Schatten alter Laubbäume. Trévarez wird besonders im Frühjahr besucht, wenn die Kamelien blühen, und im Herbst, wenn sich das Laub verfärbt.

Die Geschichte der Domäne umfaßt ein Stück kultureller bretonischer Entwicklung samt ihren Rückschlägen. Dort, wo jetzt das prächtige, allerdings noch nicht ganz wiederhergestellte Schloß liegt, stand ein älterer Bau, der im Lauf der Zeit verändert und vergrößert wurde. Heinrich III. hatte 1576 die aus mehreren Ländereien bestehende Domäne einem seiner Höflinge geschenkt, und zwar als Marquisat de la Roche. Das Schloß war schon vorher im Besitz verschiedener Adelsfamilien gewesen. Bis zur Französischen Revolution übten die Marquis de la Roche hier ihre Vorrechte aus. Eine Dame aus dieser Familie mit dem Beinamen ›Das alte Freßmaul‹ spukte nach ihrem Tod so geräuschvoll im Schloß, daß man es nicht mehr aushielt. Ruhe trat erst ein, als es dem aus Laz herbeigerufenen Pfarrer gelungen war, das alte Freßmaul in einen Hund zu verwandeln und in den Höllenschlund zu stürzen.

Im 19. Jahrhundert kam die Domäne in die Hand der Familie Kerjégu aus Brest, die sich auf hohen Verwaltungsposten verdient gemacht hatte. Unter ihrer Herrschaft hielt eine erste Vorstellung von Gemeinnützigkeit ihren Einzug. Louis de Kerjégu gründete hier 1847 eine Landwirtschaftsschule. Sein Ziel war, »aufgeklärte Leute« heranzubilden, »geeignet, den Fortschritt der heimischen Landwirtschaft zu beschleunigen«. Louis starb 1880. Sein Neffe James de Kerjégu (1846-1908) errichtete auf den alten Gemäuern ein prächtiges Schloß in deutlicher Anlehnung an die Loire-Schlösser der Renaissance. Mit dem rosa Granit aus Kersanton als Baumaterial, den grauen Schieferdächern und Spitztürmen, den hochgezogenen Kaminen ist ein Bilderbuchschloß entstanden, das aber frei von jener Peinlichkeit an Ungeschmack ist, die solchen Nachahmungen oft anhaftet.

Der Bau entstand zwischen 1894 und 1906. Er sollte nicht einmal vierzig Jahre überdauern. Im Zweiten Weltkrieg diente er als Erholungsheim für die deutsche Marine. 1944 wurde er von der Royal Airforce bombardiert, wobei der große, mittlere Wohntrakt völlig zerstört wurde. Anschließend plünderte die Bevölkerung alles, was von der überaus üppigen Einrichtung noch vorhanden war.

Im Jahre 1968 erwarb der Staat die Domäne und setzte in größerem Maßstab die gemeinnützige Idee des Louis de Kerjégu fort. Von den insgesamt 181 Hektar des Gebietes wurde ein großer Teil, nämlich 106 Hektar, an eine landwirtschaftliche Versuchsanstalt vermietet und dadurch »der Fortschritt der heimischen Landwirtschaft« sicher weiter beschleunigt. Zur Zeit wird das Schloß wiederhergestellt. Man plant, es später für öffentliche Veranstaltungen zu nutzen.

Die Glasfenster von Notre-Dame-du-Crann

Mitten auf dem Höhenrücken bei *Spézet* ragt der Turm von Notre-Dame-du-Crann zwischen den Wipfeln alter Laubbäume hervor. Diese reizende Kapelle aus Feldsteinen mit tief herabgezogenem Schieferdach trägt einen luftigen Glokkenturm über dem Dreiecksgiebel der Schmalseite. Der Bau

KUNSTVOLLE GLASMALEREI   253

stammt aus dem Jahr 1532, aber vermutlich gab es an dieser
Stelle schon einen Vorgänger aus dem 13. Jahrhundert. Ein
Seigneur du Vieux-Châtel du Crannhuel soll die Kapelle aus
Dank für die Bewahrung vor Übel während eines Kreuzzugs
errichtet haben. Von den Reliquien, die er aus dem Orient
heimbrachte, blieb nur noch das Verzeichnis erhalten.

Notre-Dame-du-Crann ist für seine Glasfenster berühmt.
Sie stammen aus der Mitte des 16. Jahrhunderts, als die bretonische Glasmalerei auf einem Höhepunkt angelangt war.
Was an Szenenaufbau, Technik und Einflüssen aus dem Ausland für die Glasfenster von La Roche-Maurice und andere
gilt, trifft auch für die bescheidene Kapelle auf dem Höhenrücken der Montagnes Noires zu und hat hier Vollendung erlangt. Die Werkstatt lag in Quimper. Für Einzelheiten der
Gewandung der Personen soll Albrecht Dürer die Vorlage
geliefert haben, für die komplizierte bis manirierte architektonische Umrahmung wird italienischer Einfluß vermutet.

Der Themenkreis umfaßt die Heilsgeschichte, die Legende
des Saint-Éloi, Patron der Hufschmiede, sowie Szenen aus
dem Leben der Heiligen Jakobus und Laurentius. Alles wird
frisch und naiv erzählt, bald liebenswürdig, wie bei der Anbetung der Heiligen Drei Könige, bald an der Grenze zum
Grotesken, wie bei Passionsszenen. Die übergroßen, bleichen
Köpfe heben sich von den Gewändern in tiefen, leuchtenden
Farben ab. Im Garten Gethsemane steckt ein wütender Petrus
das Schwert in die Scheide. Christus wendet sich Judas zu,
der ihm den Verräterkuß gibt, und hält dabei das riesige,
abgeschnittene Ohr des Malchus in der rechten Hand. Dieser
ist samt seiner Hellebarde gestürzt, glotzt böse nach oben und
hat noch ein Blutgerinnsel an der Schnittfläche. Beim Abendmahl starrt Christus aus weit aufgerissenen Augen düster vor
sich hin. Johannes ist in Schlafstellung mit geschlossenen
Augen seltsam unter den Arm des Herrn geklemmt. Hier gibt
es keine räumliche Tiefe, sondern nur ein Gewirr von Köpfen
und Gebärden. Alle Jünger haben finstere Gesichter, so daß
eine fast unheimliche Stimmung von dieser Szene ausgeht.

Die Engel von Cléden-Poher

Wieder auf der Hauptstrecke von Châteauneuf-du-Faou westwärts nach Carhaix passiert man den Enclos von Cléden-Poher mit einem Calvaire über rechteckigem Sockel. Der Steinmetz, der sein Werk 1575 vollendete, hat nur wenige Figuren placiert. Am Fuß des Kreuzes, mit einem kurzen Querbalken für Begleitpersonen, trauert Maria um den Sohn. Die beiden Reiter, die sonst näher in das tragische Geschehen einbezogen sind, stehen hier isoliert auf ihren Sockeln als neutrale Beobachter der Hinrichtung. Oben am Kreuzesstamm fangen zwei Engel das Blut aus den Füßen Christi in einem stattlichen Gefäß mit hohem Rand auf. Dieses Motiv ist nicht ungewöhnlich, aber in Cléden-Poher sehr ausgeprägt. Es soll den Ursprung der Legende vom Gral veranschaulichen. Nach bretonischer Version fingen Engel das heilige Blut auf, oder Joseph von Arimathia hielt die Schale bei der Kreuzabnahme. Sie gelangte später nach Britannien zum ›Fischerkönig‹ und blieb dort so lange, bis Galahad sie entdeckte. Als dieser Gralsritter gestorben war, griff eine Hand vom Himmel nach dem Kelch und entführte ihn für immer.

Der Blaubart von Carhaix

Mit rund 9000 Einwohnern ist Carhaix-Plouguer ein wichtiger Marktplatz und Mittelpunkt eines Straßennetzes. Es heißt, daß schon zu gallo-römischer Zeit sieben Wege von hier ausgingen. Als landwirtschaftliches Zentrum beruhte der bescheidene Wohlstand der Carhaisiens vor allem auf Pferdezucht und -verkauf. Im 19. Jahrhundert war die Zahl der Einwohner jedoch auch hier durch Auswanderung zurückgegangen, und die Stadt hatte an Bedeutung verloren. Das wurde in jüngerer Zeit anders, da sich die Region zu einem der wichtigsten bretonischen Zentren für Hornviehzucht und vor allem für Milchwirtschaft entwickelt hat. Nicht nur an Markttagen herrscht jetzt reger Betrieb im alten Städtchen, das die Hauptstadt der Osismi gewesen war, die den großen Cäsar herausgefordert hatten.

GRAUSAMER COMORRE

Carhaix hat seinen Nationalhelden, der an jedem 27. Juni fast wie ein Heiliger verehrt wird. Théophile-Malo de Corret, bekannt unter dem Zunahmen ›La Tour d'Auvergne‹, lebte von 1743 bis 1800. Seinen Ruhm verdankt er seiner militärischen Tüchtigkeit, die Liebe seiner Mitbürger aber dem leidenschaftlichen Interesse und Einsatz für die bretonische Sprache. Er zeichnete sich so sehr in der Revolutionsarmee aus, daß man ihm einen hohen Rang anbot. Da er ablehnte und lieber schlichter Soldat unter seinesgleichen bleiben wollte, ehrte ihn Napoleon später mit dem Titel ›Erster Grenadier der Republik‹. Mit 54 Jahren, schon im Ruhestand, rückte er nochmals ins Feld. Er tat es stellvertretend für den letzten Sohn seines Keltischlehrers, der schon alle Söhne auf den Schlachtfeldern geopfert hatte. Der Tapfere fiel 1800 während der Rhein-Campagne in der Schlacht von Oberhausen bei Wesel. Zu seinem Gedächtnis werden seiner Statue an seinem Todestag militärische Ehrungen zuteil.

Eine berüchtigte Berühmtheit hat dagegen eine legendäre Figur aus Carhaix erlangt. Im 6. Jahrhundert residierte dort Comorre, ein großer Herr und Unhold. Er verkörpert die bretonische Version des Blaubart. Wie weit seine Untaten wahr oder erfunden sind, bleibt offen. Comorre hatte bereits vier Ehefrauen erwürgt, sobald sie schwanger wurden. Ihm war nämlich Unheil durch einen Sohn vorausgesagt. Als Tréphine, seine fünfte Frau, einen Sohn gebar, mußte auch sie sterben. Er schlug ihr den Kopf ab. Aber mit diesem Verbrechen war auch sein Schicksal besiegelt. Der heilige Gildas, dem wir später wieder begegnen werden, war zugegen, setzte der Tréphine das abgeschlagene Haupt wieder auf und bestimmte den kleinen Sohn zum Rächer.

Comorre hatte sich in einer Burg verschanzt, aber sein Sohn Trémeur überwand alle Hindernisse. Er schleuderte einfach eine Handvoll Erde gegen die Mauern. Schon barsten sie und begruben Comorre unter sich. Trémeur wurde später Mönch und Heiliger. Ihm ist eine Kirche in Carhaix geweiht. Der fürchterliche Comorre dagegen hat nicht nur als Blaubart in der Legende überlebt; außer Mord in der Familie werden ihm auch noch andere blutrünstige Untaten angelastet.

›Amerikaner-Häuser‹ in Gourin

Südlich des Höhenrückens der Montagnes Noires wird das Land flacher, eintöniger. Mittelpunkt ist hier das Städtchen Gourin, einst ein Zentrum für den Abbau von Schiefer. Wie alle größeren Orte im Innern der Basse Bretagne ist Gourin ein Marktplatz für Produkte der Landwirtschaft und Viehzucht, aber auch für alle Bedarfsartikel der bäuerlichen Bevölkerung im Umkreis. Es ist ein freundlicher, schon recht modernisierter Platz, der nicht besonders erwähnenswert wäre, wenn sich hier nicht das Zentrum bretonischer Auswanderer nach Übersee befunden hätte, in erster Linie nach den USA, Kanada und Australien.

Am Rande von Gourin und im nahen Roudouallec gibt es Reihen schmucker, kleiner Villen, die von den Einwohnern schlicht als ›Amerikaner-Häuser‹ bezeichnet werden. In diesen Villen haben sich Bretonen zur Ruhe gesetzt, die in Amerika zu Geld gekommen sind, aber den Lebensabend in der kargen, geliebten Heimat verbringen wollen. In alteingesessenen, bäuerlichen Familien der Gegend erinnert man sich noch an den ersten Auswanderer dieser Art aus Roudouallec. In bretonischer Tracht, mit einem Sack auf dem Rücken als Gepäck, wanderte er zu Fuß um die Jahrhundertwende bis Morlaix, immerhin mehr als hundert Kilometer weit. Ihn lockte das Goldfieber, das in Alaska ausgebrochen war. In Morlaix konnten sich die Auswanderer nach Amerika einschiffen. Daß Bretonen dieser Gegend zu Reichtum kamen, gilt allerdings eher als Ausnahme. Bis zum Zweiten Weltkrieg galt die Bretagne noch als ›Armenhaus‹ Frankreichs mit den höchsten Raten an Auswanderern, die freilich weniger das Fernziel Amerika als das Nahziel Paris anstrebten.

Die Halbinsel Cornouaille

Kathedralenstadt Quimper

Quimper wird von vielen Besuchern als die bretonischste aller
bretonischen Städte empfunden. Nantes und Brest sind zur
See hin ausgerichtete Großstädte, Rennes ist stark französi-
siert, nur Quimper hat den ganzen Charme einer echten
Provinzstadt mittlerer Größe bewahrt. ›Provinz‹ ist hier im
lobenden Sinn gemeint. Die Stadt am Zusammenfluß von
Odet und Steir ist der Hauptort von Cornouaille, der süd-
westlichen, riesig in den Atlantik vorgestülpten Halbinsel.
Schon der Name Cornouaille erinnert an das britannische
Cornwall und damit an den gemeinsamen keltischen Ursprung. Von Quimper aus erschließt sich in weitem Umkreis
ein Gebiet, das von Tradition gesättigt ist. Die Stadt selbst
bewahrt sie ohne Pedanterie und mit großer Ausstrahlung.

Die üblichen Stadtpläne zeigen für den Fahrverkehr sechs
Brücken über den Odet, der die Stadt im Süden gegen den
Steilhang des Mont Frugy abgrenzt. Tatsächlich ist der Fluß
aber von mindestens sechs weiteren Brücken überspannt, und
das auf einer Strecke, die nur einen knappen Kilometer beträgt. Man wird immer wieder über den Odet kreuzen, sei es,
um einen besseren Blick auf die Kathedrale am rechten Ufer
oder die stattlichen Gebäude des Theaters und der Präfektur
am linken Ufer zu gewinnen oder einfach, um sich auf einer
Bank in den Anlagen auszuruhen. Bei Flut rauscht der Odet
kräftig unter den spielerisch wirkenden Brücken hindurch,
bei Ebbe verdünnt er sich flußabwärts zu einem Rinnsal zwischen schlammigen Bänken. Die Gezeiten reichen nämlich
bis über sechzehn Kilometer stromaufwärts.

Die Altstadt von Quimper liegt am rechten Ufer. Der bretonische Name ›Kemper‹ bedeutet Zusammenfluß. Der kana-
lisierte Steir verschwindet mitten im Zentrum unter der Erde,

ehe er in den Odet mündet. Um die Rue du Chapeaurouge und Rue Kéréon, an der Place Terre-au-Duc erweist sich Quimper als organisch gewachsener Ort, wo alles miteinander harmoniert, auch wenn die Häuser aus verschiedenen Epochen stammen. Es ist sogar geglückt, die neue Markthalle in einem Stil zu errichten, der sich vorzüglich dem Rahmen der alten Umgebung anpaßt. Die Hallen an der Rue Astor waren in den siebziger Jahren abgebrannt. Die Quimpérois hatten ihre Hallen so sehr geliebt, daß man sich sofort zum Neubau entschloß. In Anlehnung an altbretonische Beispiele wie etwa die berühmte Halle von Le Faouët aus dem 16. Jahrhundert, erstellte man ein langes, schmales Gebäude mit tief heruntergezogenem Schieferdach. Im Innern tragen geschwungene Stützen aus Holz die Deckenkonstruktion aus Glas. Trotz rein funktionaler Ausrichtung wirkt dieser sehr helle, sehr saubere Raum ästhetisch reizvoll.

Quimper ist vor allem Kathedralenstadt, wie Dol, wie Tréguier und Saint-Pol-de-Léon, aber ohne die düstere oder wuchtige Dominanz jener Kirchen. Die beiden Türme von *Saint-Corentin* in Quimper, die zum Glück bisher noch alles überragen, schießen straff und steil in harmonischer Doppelung empor. Sie sind, um einen sportlichen Ausdruck zu gebrauchen, rassig. Der viereckige Unterbau ist durch besonders hohe und schmale Doppelfenster vertikal gegliedert. Er endet unterhalb einer hohen Galerie. Bis 1856 bildeten spitz zulaufende Pyramidendächer den Abschluß. Schon im 15. Jahrhundert hatte man eine Krönung durch Helm vorgesehen. Wie beim Kölner Dom wurde sie erst im 19. Jahrhundert realisiert.

Als Vorbild diente der Kirchturm von Notre-Dame-de-Roscudon in Pont-Croix. Die beiden durchbrochenen Helme werden von vier hohen, ebenfalls durchbrochenen Ecktürmchen begleitet. Um diese Turmaufsätze spielt das Licht. Es läßt die schlanke, durch unzählige Krabben verzierte Silhouette plastisch hervortreten oder verhüllt sie im Dunst. Hinter den dreieckigen Öffnungen im Helm steht blauer oder düsterer Himmel. Der Blick auf den nördlichen Turm durch die Rue Kéréon mit ihren Fachwerkhäusern gehörte schon

FISCHWUNDER

vor hundert Jahren zu den beliebtesten Motiven der Graphiker oder Maler. Wenn man die steile Rue de Fréron zur oberen Altstadt hinaufgeht und sich auf der kleinen Place Claude le Coz zurückwendet, sind auf einmal wieder die Türme da, diesmal tiefer gelegen und in einem originellen Ausschnitt.

Hoch oben über dem Portalgiebel der Kirche an der Place Saint-Corentin reitet König Gradlon, wie auf dem Triumphbogen von Landévennec. Nachdem seine frühere Residenz Is in den Fluten versunken war, hatte Gradlon sich Quimper als Sitz erwählt und auf seinen Jagdstreifzügen den Wundertäter Corentin kennengelernt. Jedenfalls will es die Legende so. In alter Zeit feierten die Quimpérois ihren König in besonderer Weise. An seinem Festtag, dem 26. Juli, bestieg ein kühner Kletterer die Kruppe des Pferdes, band dem König eine Serviette um den Hals, bot ihm ein Glas Wein, das er selbst ausleerte, wischte Gradlon mit der Serviette den Mund ab und warf dann das Glas in die Menge. Wer es unzerbrochen auffing, bekam zum Lohn hundert Goldtaler.

Mit dem heiligen Corentin hat es folgende Bewandtnis. Im 5. Jahrhundert, als König Gradlon über Cornouaille herrschte, lebte in den Wäldern am Fuß des Ménez-Hom der fromme Einsiedler und Missionar Corentin. Er war bereits in der Bretagne christlich erzogen worden und hatte sich später in die Einöde begeben. An dem Ort, wo er hauste, entsprang eine klare Quelle. Beim Weiler Promodiern erhebt sich noch heute das Brunnenhäuschen zur Erinnerung an das Wunder. Der Eremit hatte nämlich von den gelegentlichen Spenden frommer Waldbauern, vor allem aber von Wurzeln und Beeren gelebt, bis Gott ihm zur täglichen Nahrung einen Fisch schickte, der in der eben erwähnten Quelle schwamm. Mit seinem Messer schnitt Corentin sich jeden Morgen eine Portion heraus. Der Fisch präsentierte sich am folgenden Tag heil und willig zu weiterem Gebrauch.

Eines abends langte König Gradlon mit seinem Gefolge erschöpft und hungrig bei der Einsiedelei an. Er hatte sich auf der Jagd verirrt und bat um Nahrung. Corentin ließ seinen Fisch kommen und siehe da: Die Nahrung reichte für die ganze ausgehungerte Schar. Das Fischwunder sollte Folgen haben. Zunächst wollte allerdings ein Zweifler aus Léon das Wunder nachahmen, was natürlich mißlang. Die Legende machte diesen Frevler sogar zum Dieb. Am Fuß einer Statue des heiligen Corentin in der Kirche von Châteaulin sieht man eine winzige Figur einen Fisch aus dem Brunnenhäuschen ziehen. Noch bis ins 19. Jahrhundert hinein wurden die Einwohner von Léon von den Quimpérois wegen dieses Fisches als Diebe verspottet.

König Gradlon war von diesem Wunder so überwältigt, daß er dem künftigen Heiligen ein großes Terrain am Ménez-Hom schenkte; Gradlons Herrschaftsbereich erstreckte sich damals weit nach Norden. Corentin errichtete eine Abtei und sammelte Mönche um sich. Dann tat Gradlon den nächsten Schritt und machte ihn zum ersten Bischof von Kemper. Während der folgenden Jahre mühte sich der Bischof, dumpfen, heidnischen Dickköpfen die Heilslehre zu bringen, und kümmerte sich auch um die Erziehung junger Christen.

Er starb friedlich und wurde in der Kathedrale beigesetzt. Gegen 880 überfielen Normannen die Stadt am Odet. Die Einwohner nahmen die sterbliche Hülle ihres Heiligen auf der Flucht mit, mußten sie aber auf verschiedene sichere Stätten verteilen. Ein Inventar von 1219 verzeichnet in Kemper nur noch einen Armknochen des Corentin, und auch der ging verloren. Er fand sich erst am 3. Mai 1634 wieder, nachdem der heilige Corentin das Flehen der Frommen erhört und der entsetzlich wütenden Pest ein Ende gesetzt hatte. Noch heute soll sich die Armreliquie im Kirchenschatz befinden.

Der rein gotische Innenraum der Kirche des Heiligen mit dem Fisch wirkt schier vollkommen – und daher kühl. Der Chor setzt nicht die zentrale Achse des Schiffes fort, sondern ist leicht nach links abgeknickt. Wie bei der Kathedrale von Saint-Malo mag der Baugrund zu einer Abweichung gezwungen haben. Auch die Möglichkeit wird eingeräumt, daß der Chor auf den Einbau einer ursprünglich abgelegenen Kapelle zurückzuführen sei. Prachtvolle Bündelpfeiler, die sich zu einem Rundbogen zusammenschließen, fassen die Vierung ein.

HEIMATMUSEUM 261

Die Kathedrale ist eng mit dem ehemaligen *Bischofspalast*
verbunden. Ein Durchgang führt in den Garten des Palastes.
Eine lange Befestigungsmauer grenzt ihn gegen die Ufer-
promenade ab. Man kann die Mauer besteigen und den
doppelten Blick auf den Fluß und das elegante Strebewerk
des Chors genießen. Dieser Garten zwischen der Südseite
der Kirche und der Hofseite des alten Palastes ist ein reizen-
der und ungestörter Platz; dort läßt sich auf einer Bank gut
über die Geschichte und die Legenden der Cornouaille nach-
denken. Um ein rundes Wasserbecken spielen Kinder, alte
Frauen sitzen auf wackeligen Gartenstühlen und stricken,
ein Liebespaar lagert auf dem Rasen. Die Reste eines Kreuzgangs sind erhalten. Die Hofseite des Bischofspalastes wird
von dem Rohan-Turm aus dem frühen 16. Jahrhundert beherrscht, der beide Flügel des Palastes verbindet.

Der ehemalige Sitz des Bischofs wurde 1912 zum *Heimatmuseum* umgewandelt. Die größte Kostbarkeit aus Museums-
besitz ist in der Eingangshalle schlecht beleuchtet aufgestellt.
Es ist der Menhir de Kernuz. 1878 halb in einem Feld ver-
graben aufgefunden, ist er drei Meter hoch und zeigt im
Flachrelief gerade noch erkennbare Figuren, darunter einen
nackten Mann, den man als Herkules bezeichnet, und einen
anderen Nackten mit einem Helm und einem Kind neben
sich. Mars oder Merkur? Die Skulpturen stammen aus der
Römerzeit und stellen gallo-römische Helden oder römische
Gottheiten dar.

In den Räumen dieses Museums gibt es Grabplatten, Möbel, Trachten, Fayencen. Leider erweist es sich hier wieder
einmal, daß solche Stücke in einem historischen Gebäude
zwar stilvoll aufgehoben sind, sich dem Besucher aber wenig
günstig darbieten. Das gilt auch für andere bretonische
Museen, nur das Heimatmuseum in Rennes macht eine Ausnahme. Die Wendeltreppe im Rohan-Turm, die oben unter
einer fächerförmigen, kunstvoll geschnitzten Holzdecke endet,
ist eine Sehenswürdigkeit für sich.

Le Musée des Beaux-Arts, die Gemäldegalerie der Stadt,
liegt nahe bei der Kathedrale an der Rue de la Mairie, es ist
ein Haus mit weitläufigen, gut beleuchteten Räumen, die eine

großzügige Hängung erlauben. Wer sich für Malerei im Zusammenhang mit der Bretagne interessiert, wird hier gut informiert, besser noch als in Rennes mit seiner hübschen, aber kleinen Sammlung auf diesem Gebiet. Im Museum von Quimper hängen Bilder des 19. Jahrhunderts, die bretonischen Legendenstoff illustrieren, weniger mit malerischen Qualitäten als vielmehr mit erzählerischer Dynamik. So bleibt man gebannt vor einem Kolossalgemälde von Evariste Vital Luminais (1822-1896) stehen, das die Flucht des Königs Gradlon aus der überfluteten Stadt Is darstellt, die wir noch schildern werden. Yan d'Argent (1824-1899) hat die ›Wäscherinnen der Nacht‹, die nach zwei unseligen Wanderern haschen, so bemüht gespenstisch dargestellt, daß es zum Lächeln reizt. Aus dem späten 19. Jahrhundert stammt das große Bild in naturalistischer Manier von Charles Cottet (1863-1925) ›Fischer, die vor dem Unwetter fliehen‹, das sich durch einen prachtvoll gemalten Himmel auszeichnet. Lucien Simon (1861-?) hat in kräftigen Farben ein Motiv von der Küste dargestellt: ›Die Kapelle de la Joie in Penmarc'h‹. Bei anstürmender Brandung sammeln Frauen Seetang bei der Kapelle am Meer. Ein ganzes Kabinett ist Folkloremotiven des Künstlers Pierre de Belay (1890-1941) gewidmet. Es sind meist heitere, immer plakativ wirkende Bilder mit starkem Kolorit.

Die Schule von Pont-Aven, von der wir noch berichten werden, ist mit mehreren Künstlern vertreten, am eindrucksvollsten mit Werken von Paul Sérusier (1863-1927) und Emile Bernard (1868-1941). Das Museum besitzt auch bedeutende Graphik von Bernard.

Ein Saal ist dem Dichter und Maler Max Jacob mit zahlreichen Zeugnissen seiner brillanten Doppelbegabung gewidmet. Der bretonische Jude wurde 1876 in Quimper geboren und kam 1944 im Lager von Drancy um, wohin ihn die deutsche Besatzungsmacht verschleppt hatte. Berühmt wurde er vor allem durch seine Gedichte ›Le Cornet à dés‹ (1917). Das Museum besitzt eine reiche Sammlung sowohl von Dokumenten seiner literarischen Arbeit als auch seiner Bilder, die er bevorzugt in Gouache- oder Aquarelltechnik ausführte.

MUSÉE DES BEAUX-ARTS 263

Max Jacob siedelte als junger Mann in das Paris von 1900 über. Die unerhört vielseitigen künstlerischen Anregungen der Metropole haben ihn geprägt. Eine enge Freundschaft verband ihn mit Guillaume Apollinaire. Wie dieser gehörte er zu der genialen Clique der dichtenden Symbolisten und Surrealisten, aber auch zum Kreis avantgardistischer Maler mit dem großen Namen Picasso an der Spitze. Jean Cocteau zeichnete eine witzige Karikatur von Max, wie er von seinen Freunden schlicht genannt wurde, mit seinem kahl gewordenen Schädel, der Hakennase und den geschwungenen Augenbrauen. Er nennt ihn »cocasse et magnifique«, also drollig und großartig zugleich. Daß er in Holzpantoffeln gekommen und gegangen sei, meint Cocteau natürlich symbolisch, als Zeichen der Verbundenheit mit der Bretagne.

Max hing tatsächlich sehr an seiner Mutter Prudence Jacob in Quimper, hatte seine geistige Heimat jedoch in Paris. Daß die Bretonen diesen seltsamen Geist, der im Gedicht oder in Prosa immer in neue Formen schlüpfte, dennoch zu den Ihren rechnen, ist verständlich. In seinem Werk entdecken sie zahlreiche Inspirationen aus der Jugendzeit und rühmen sein sprachliches Einfühlungsvermögen ins ›quimpertin‹, einem Gemisch aus Bretonisch und Französisch.

Fayencen und eine denkwürdige Klostergeschichte: Locmaria

Über eine nach Max Jacob benannte Brücke gelangt man auf das rechte Ufer des Odet zur breiten, mit Doppelreihen von Bäumen bepflanzten Allées de Locmaria. Hier hat sich das Bild einer in sich geschlossenen Stadt aufgelöst. Links liegt der etwa siebzig Meter hohe Hügelrücken des Mont Frugy. Zickzackwege führen an seinem Steilhang empor. Darunter verläuft die Fahrstraße mit der schattigen Promenade am Fluß. Mit einer scharfen Kurve biegt sie beim Vorort Locmaria nach Süden ab. An dieser Kurve liegen die beiden altberühmten, später vereinigten Fayencerien von Quimper mit Ausstellungsräumen und einem Museum für ihre kunstvollen Produkte. Schon im 17. Jahrhundert hatte man Tonerde von den Ufern des Odet nach Locmaria verschifft. Die damals von

Wald bedeckte Umgebung lieferte das Holz für die Brenn-
öfen. Noch jetzt wird die Handmalerei gepflegt, die bis zum
Ende des 19. Jahrhunderts üblich war.

Stromabwärts erhebt sich eine schlichte romanische Dorf-
kirche, die im Innern vorzüglich restauriert ist. Ihr historischer Name lautet: Sancta Maria in Aquilonia Civitate. An
diesem Platz gab es zur gallo-römischen Zeit einen Bischofssitz, der später nach Quimper verlegt und unter das Patronat
von Saint-Corentin gestellt wurde. Historiker sind der Ansicht, daß dieser Heilige nicht, wie es die Legende will, während der ersten Epoche der Einwanderung gelebt hat, sondern
vermutlich während der Regierungszeit des Merowinger-
königs Dagobert (629-639), also sehr viel später.

Wahrscheinlich gab es in Locmaria seit dem 9. Jahrhundert
ein Doppelkloster für Männer und Frauen, die nach der
Benediktinerregel lebten. Gegen 1030 wurde es in ein reines
Frauenkloster umgewandelt. Alain Canihart, Graf von Cornouaille, setzte seine Tochter Hodierne als erste Äbtissin ein.
Die Abtei bestand bis zur Französischen Revolution. Der Ort
Locmaria war von Quimper abhängig, bewahrte aber eine
begrenzte Freiheit der Entscheidung für lokale Angelegenheiten. Wenn in Quimper ein neuer Bischof eingesetzt wurde,
besuchte er zunächst die Abtei Locmaria. Dort überließ er
sein Pferd, seinen Mantel, seine Handschuhe der Priorin und
bat für eine Nacht um Quartier. Diese sehr alte Zeremonie
soll mit der ehemaligen Übertragung des Bistums von Aquilonia nach Quimper zusammenhängen. 1792 mußten 22 Non-
nen die Abtei räumen. Aus der Kirche wurde eine Weinlager-
halle. Später wurde sie der Geistlichkeit zurückerstattet.

Von außen wirkt *Notre-Dame-de-Locmaria* plump. Der
Vierung sitzt ein kurzer, mächtiger Turm auf, der das Bau-
werk fast erdrückt. Die gerundete Apsis liegt nur zum Teil
frei, da sie unmittelbar an das Mauerwerk der ehemaligen
Abtei stößt. Der restaurierte Innenraum ist von herber
Schönheit. An den Pfeilern im Schiff glitzern die Kristalle im
Granit. Die Kirche ist nämlich sehr hell, da Licht auch aus
Fenstern im Obergaden einfällt. Eine Tonnendecke aus Holz
deckt das Schiff mit seinen sechs Jochen.

ABTEI LOCMARIA

Die gemauerten Rundbogenarkaden auf beiden Seiten
gehen schmucklos in die getünchte Wand des Obergadens
über. Einziger Schmuck des Chors sind zierliche, vorgeblendete Säulchen, über denen sich Rundbogen wölben. Auf
dem Triumphbalken ist ein völlig in eine rote Faltenrobe ge-
hüllter Christus ans Kreuz geschlagen. Die Begleitpersonen
Maria und Johannes fehlen. Bei dieser außergewöhnlichen,
auf seltsame Art erschütternden Figur soll es sich um die
Kopie eines Kunstwerks aus dem 16. Jahrhundert handeln.
Für die Entstehung des Schiffs, des Chors in seiner ursprünglichen Form und des Turms setzt man das 11. Jahrhundert an.
Der Chor wurde im 19. Jahrhundert restauriert. Der Innenraum ist durch strenge Würde charakterisiert, die zur Ver-
senkung zwingt.

Der Kirche gegenüber liegt am rechten Ufer des Odet der
Anlegeplatz für die Schiffchen, die in den Sommermonaten
bis nach Bénodet an der Atlantikküste fahren. Auf dieser
Strecke erlebt der Passagier ein Stück lieblicher und romantischer Bretagne. Der Fluß verbreitert sich zur Mündung hin,
beschreibt aber vorher enge Schleifen. Die Ufer sind mit
üppiger Vegetation bedeckt. Alte und neuere Villen liegen in
großen Parks. Felsformationen rahmen die engste Stelle.
Kurz vor dem Einlaufen in den Hafen von Bénodet spannt
sich die 610 Meter lange Cornouaille-Brücke über die Mündung. Auf der einen Seite tut sich der Blick auf den Hafen mit
den Masten der Yachten und dem blauen oder grauen Ozean
im Hintergrund auf, auf der anderen öffnet sich eine anmutige
Flußlandschaft mitteleuropäischen Charakters.

Der heilige Ronan von Locronan

Wie Rennes im Osten dient Quimper im Süden als Drehscheibe für den Verkehr. Straßen strahlen nach allen Himmelsrichtungen aus. Wenn man der Route nach Nordwesten
folgt, gelangt man nach Locronan mit dem Zunamen ›Perle
der westlichen Bretagne‹. Dieses Städtchen vom Umfang
eines Dorfes mit weniger als tausend Einwohnern ist ein
eigenartiger, stilvoller Platz, aber sein Ruhm ist leicht über-

trieben. Leider läuft Locronan Gefahr, durch den Tourismus zum Freiluftmuseum zu werden. Noch hält angenehme französische Lässigkeit eine totale Kommerzialisierung in Grenzen. Es ist ratsam, den im Sommer überfüllten Ort in der Vor- oder Nachsaison zu besuchen. Nur dann kann man sich in Ruhe umsehen und in der Kirche verweilen, die während der Saison die Anziehungskraft eines geistlichen Supermarkts hat.

In Locronan öffnet sich ein großer, zentraler Platz ohne besonderen Namen. Es ist ein Platz schlechthin, unregelmäßig auf drei Seiten von Häusern aus grauem Granit gerahmt, von einer wuchtigen Kirchenfassade auf der vierten Seite beherrscht und durch einen zierlichen Ziehbrunnen akzentuiert. Daß dieser Brunnen ein wenig seitwärts und nicht in der Mitte steht, erhöht den Reiz. Die Häuser stammen aus dem 16. und 17. und bis zum frühen 18. Jahrhundert.

In Locronan stellte man Segeltuch für den Export her. Vom 16. Jahrhundert an finden sich in englischen Handelsregistern Vermerke über die Einfuhr dieser Tuche aus der Bretagne. Bis etwa 1636 bevorzugte Englands Kriegsmarine die Ware aus Locronan vor der anderer bretonischer Städte, zum Beispiel Vitré. Die Locronais belieferten auch den spanischen Markt und die Niederlande. Ausfuhrhäfen waren vor allem Brest und an der Südküste Lorient, Sitz der ›Ostindischen Kompanie‹. Dieser einseitige, aber lohnende Handel sicherte dem kleinen Locronan einen bescheidenen Wohlstand, der erst in der Mitte des 18. Jahrhunderts abflaute. Die Konkurrenz nahm so entscheidend zu, die Arbeitsbedingungen für die Weber wurden so hart, daß viele Betriebe schließen mußten. Am Anfang des 19. Jahrhunderts gab es noch 77 Weber, 1872 nur noch 23. Die aufkommende Dampfschiffahrt setzte diesem Handwerk sowieso ein Ende.

Im Städtchen der Segeltuchmacher arbeitete man nicht nur am Webstuhl. Es gab Tischler, Maurer, Zimmerleute, Schmiede, auch Maler und Vergolder für die Ausschmückung von Kirchen, dazu Notare, Advokaten, Verwalter, Protokollführer, geistliche Herren verschiedener Ränge, kurzum eine

SEGELTUCHHANDEL 267

Schicht von Notabeln. Als Locronan wirtschaftlich vor dem
Zusammenbruch stand, entleerten sich die stattlichen Häuser
dieser Notabeln am großen Platz und an den Straßen, die nun
den Besucher mit ihrer spröden Noblesse der Vergangenheit
entzücken.

Heute werden in Locronan die alten Künste der Hand-
weberei, der Holzschnitzerei, der Töpferei, der Glasbläserei
neu gepflegt. Sie stehen im Dienst des Tourismus, dem die
kleine, auf Landwirtschaft angewiesene Stadt einen neuen
Aufschwung verdankt. Es muß den Locronais zum Ruhm
angerechnet werden, daß das Angebot qualitätsvoll geblieben
ist und daß man auf den üblichen Andenkenkitsch verzichtet.
Trotz des lebhaften Betriebs, der mit Ausnahme der Winter-
monate herrscht, bleibt das stilvolle Locronan, im Unterschied zu anderen alten, bretonischen Städtchen, museal.

Loc-Ronan, wie die Stadt ursprünglich hieß, verehrt wie
Quimper einen liebenswerten Heiligen. Saint-Corentin und
Saint-Ronan waren Zeitgenossen. König Gradlon griff auch
in die Lebensgeschichte des Ronan ein, dem härtere Prüfun-
gen zugemutet wurden als dem Heiligen mit dem Fisch. Die
Legende hat sich üppig um einen Kern gerankt, dessen Wahr-
heitsgehalt unbestimmt ist. Corentin wie Ronan entfalteten
ihre missionarische Tätigkeit vom Forêt sacrée aus, dem
gallischen ›nemeton‹. Zu diesem Gebiet zwischen Quimper
und dem Ménez-Hom gehörte die Region, die jetzt Porzay
heißt und in der Locronan liegt.

Eine Fassung der Legende will, daß Ronan Sohn christlicher Eltern war, die Saint-Patrick bereits in Irland bekehrt
hatte. Nach einer anderen Fassung wandte er sich erst als
Erwachsener dem Christentum zu. Auch der Zeitpunkt seiner
Emigration ist umstritten. Forscher weisen auf das 6. oder
9. Jahrhundert hin. Nachdem Ronan den Kanal in einem
steinernen Trog überquert hatte, bezog er zuerst eine Einsiedelei im Léon. Dort fand er so viel Zuspruch, daß er sich
zu einer einsameren Gegend aufmachte und wie Corentin den
›Heiligen Wald‹ dafür wählte. Hier gelang es ihm, Mensch
und Tier zu bekehren. Einen Wolf, der ein Lämmchen ge-
raubt hatte, zwang er durch seine Glaubenskraft, auf die

Beute zu verzichten und sie vor dem Einsiedler zu apportie-
ren. Ein Bauer erlebte dieses Wunder mit und war davon so
überwältigt, daß er Christ wurde. Das nahm ihm jedoch seine
böse Frau Keben sehr übel. Sie behauptete, daß der Eremit
sich in einen Werwolf verwandeln könne. Mit diesem Zug
greift die Legende auf ein bekanntes keltisches Motiv zurück.
Als dies nicht genügte, sperrte Keben ihre kleine Tochter in
eine Truhe, wo das Kind ersticken mußte. Die Schuld schob
sie Ronan zu. Das Gerücht drang bald zu König Gradlon, der
den Angeklagten nach Quimper überführen und richten ließ.
Zwei Doggen sollten ihn zerreißen, aber Ronan machte das
Kreuzzeichen, und sie ließen von ihm ab. Nach einer anderen, weniger dramatischen Fassung kam es nicht zur Ver-
urteilung. Der eingekerkerte Ronan konnte Gradlon davon
überzeugen, daß Keben die Schuldige war. Er wurde befreit
und erweckte das Töchterlein wieder zum Leben. Aber Keben
war immer noch da.

Als sie gar verbreitete, Ronan habe sie verführen wollen,
wurde es dem geduldigen Mann zu viel. Er verließ den ›Heiligen Wald‹, wählte den Ort Hillion bei Saint-Brieuc als Wohn-
platz und starb dort. Sein Tod war aber noch nicht der letzte
Akt im Streit zwischen ihm und der Megäre, in der man vielleicht ein letztes Aufbäumen des Heidentums gegen die Verbreitung des Christentums erkennen kann. Wo sollte der
Leichnam des Wundertäters bestattet werden? Er hatte zu
Lebzeiten nicht nur König Gradlon überzeugt, sondern auch
die Verehrung anderer hoher Herren genossen. Die Grafen
von Rennes, von Vannes und von Cornouaille begehrten die
kostbare Reliquie.

Ein alter Mann löste die Frage durch einen weisen Vor-
schlag. Die Leiche wurde auf einen Ochsenkarren geladen.
Man überließ es den Zugtieren, die sicher vom Geist des
Verstorbenen gelenkt würden, am erwählten Platz Halt zu
machen. So geschah es. Die Ochsen hielten dort an, wo
Ronan von seiner Klause im ›Heiligen Wald‹ aus segensreich
gewirkt hatte. Als der Zug vorbeikam, war Keben gerade zufällig damit beschäftigt, am Bach Wäsche auszuklopfen.
Wütend ließ sie ihr Schlagholz auf den Kopf eines Ochsen

DIE RONAN-LEGENDE

niedersausen. Ein Horn löste sich, flog ein Stück weiter und fiel zu Boden. Noch jetzt heißt der Fleck Plas ar Horn. Keben aber wurde auf der Stelle von einem Höllenschlund verschlungen. Ein primitives Steinkreuz markiert den Ort.

An der Stätte, wo der Ochsenkarren mit der sterblichen Hülle des Ronan schließlich Halt machte, wurde im 1485 erlassenen Auftrag der Herzogin Anne de Bretagne die *Chapelle du Pénity* errichtet und an die ältere Kirche angeschlossen, so daß die beiden Gebäude im Innern kommunizieren. Das gotische Gewölbe in der Kapelle wird sinnigerweise damit erklärt, daß seinerzeit die Zweige der Bäume über dem Waldgrab zu Stein verwandelt wurden. Die 1515 vollendete gotische Kapelle hat eine schlanke Fassade mit einem Mittelportal und wird von einem zierlichen, offenen Glockentürmchen gekrönt.

Die *Kirche* gilt als hervorragendes Beispiel der bretonischen gotischen Kunst des 15. Jahrhunderts. Drei Herzöge der Bretagne hatten mit ihren Spenden zum Bau beigetragen, der in verhältnismäßig kurzer Zeit, von 1420 bis 1480, zustande kam. Ursprünglich war sie nur als Abteikirche für ein Benediktinerkloster und als Kultstätte für die Gemeinde bestimmt gewesen. Auf diesem Platz hatte schon seit 1031 ein romanischer Bau gestanden, von dem aber nichts erhalten ist. Wenn man sich Locronan von Süden nähert, erscheint der klotzige Turm über der Fassade mit dem Portal unproportioniert. Ursprünglich trug er einen achteckigen, spitzen Helm, der jedoch 1808 durch einen Blitz zerstört wurde.

Um ihn zu ersetzen, fehlte es den Locronais an Geld. Es blieb ihnen nichts anderes übrig, als um die Reste des Helms Eisenklammern zu legen und daran einen Strick zu befestigen. Die ganze Bevölkerung zog am Strick, bis auch die letzten Reste herunterkrachten. Seitdem besteht der obere Abschluß aus einem achteckigen, abgeflachten Gebilde auf gemauertem Untersatz. Vom kleinen Platz an der Nordseite der Kirche gewinnt man den besten Überblick über den imposanten Baukörper, der sich auf angehobenem Niveau fortsetzt. Im Innern ist der Unterschied durch Steinfliesen gekennzeichnet, die zum Altar hin ansteigen, außen durch ein erhöhtes

Dach. Der Chorabschluß ist flach und grenzt an den kleinen Friedhof an.

Das *Innere* der Kirche ist halbdunkel und grau, sehr grau. Die Sogwirkung zum Chor mit seinem leuchtenden Passionsfenster hin ist so stark, daß man fast der optischen Täuschung unterliegt, es handele sich um ein überlanges Schiff. An der Südseite öffnet sich unter zwei Spitzbogen der Übergang zur Pénity-Kapelle.

Auf zehn geschnitzten Holzmedaillons an der Kanzel wird in köstlich naiver Art die Ronan-Legende erzählt. Die in zarten Farben gehaltenen Szenen wurden 1707 geschaffen. Keben erscheint darauf als derbe Bäuerin, der man kaum zutraut, daß sie einen Heiligen zur Unzucht reizen könnte. Eine jüngere Statue aus bemaltem Granit in einer Nische der Kirche zeigt Ronan aufrecht, in reicher Bischofskleidung – obgleich er niemals Bischof war – und mit segnender Gebärde. Er hat rosa Bäckchen und wirkt puppenhaft. Sowohl die Kirche Saint-Ronan wie die anschließende Kapelle sind im großen und ganzen nüchtern, aber mit einem Schatz an Heiligenstatuen ausgestattet, die fast jeden Pfeiler schmücken.

Als eindrucksvollstes Kunstwerk darf das Grabmal des Ronan in der Pénity-Kapelle bezeichnet werden, das sich durch Schlichtheit und Würde auszeichnet. Die aus Granit gemeißelte Liegefigur im Bischofsgewand hat segnend die rechte Hand erhoben und umfaßt mit der linken den Krummstab. Mit der Gebärde, die man von den Gräbern in Saint-Pol-de-Léon her kennt, stößt er das Ende des Stabs gelassen in das Maul eines verdutzten Ungeheuers. Sechs kindliche Engel in Faltengewändern stützen mit ihren zusammengefalteten Flügeln die Grabplatte. Das Haupt des Heiligen ruht auf einem dicken Kissen mit Pompons. Die Figur stammt aus der ersten Hälfte des 15. Jahrhunderts, die Engel sind später entstanden.

Des weiteren zeichnet sich in der Kapelle eine Grablegung aus dem 16. Jahrhundert durch Reichtum der Empfindung aus. Vor der traditionellen Gemeinschaft der Trauernden beugt sich Maria im Bausch ihres Mantels über den toten Sohn und hält die Hände flehend verschlungen. Der Aus-

PARDON TROMÉNIE 271

druck ihres feinen Gesichts prägt sich dem Betrachter un-
weigerlich ein.

Wieder im Freien, nimmt man vom großen Platz aus eine
steile Gasse, die zwischen alten, kleinen Häusern und Gärten
abwärts zur Kapelle *Notre-Dame-de-la-bonne-Nouvelle* führt.
Sie ist etwa gleichzeitig mit der Kirche Saint-Ronan entstanden, wurde aber bis etwa 1700 mehrfach umgebaut. Diese
schlichte Kapelle ist schon vom Stadtbild gelöst und ganz in
die liebliche Landschaft eingebettet, die sich mit Feldern
zwischen Hecken bis zur Küste erstreckt. Im Innern besichtigt man die Statue der ›Jungfrau von der guten Nachricht‹
und eine Granitgruppe der Beweinung Christi. Hier hält die
Mutter den gewundenen Leib des Sohnes, der noch vom
Todeskampf zeugt, auf dem Schoß. Bei der Kapelle ist ein
ehemals geheiligter, jetzt aber verschlammter Brunnen in ein
Becken gefaßt. Die Nische in der Einrahmung ist erhalten,
aber keine Statue schmückt sie mehr.

Jedes Jahr ist die Stätte des heiligen Ronan Mittelpunkt
einer der größten und merkwürdigsten Prozessionen der
Bretagne. Angeblich soll Ronan jeden Morgen eine Fußwan-
derung um den Bezirk seiner Klause gemacht haben, ent-
weder barfuß als Buße oder beschuht, um mit seiner Glocke
die Wölfe zu vertreiben. Diese Glocke wird noch in der
Kirche aufbewahrt und verehrt.

Einmal in der Woche dehnte er die Fußtour bedeutend aus
und umkreiste sein ›minihy‹ in großem Bogen. In der Nachfolge dieser Wanderungen wird die ›Kleine Troménie‹ (Tro-
Minihy) alljährlich am zweiten Sonntag im Juli und die ›Große
Troménie‹ alle sechs Jahre veranstaltet. Die Strecke der ›Kleinen Troménie‹ ist vier bis fünf Kilometer lang und verläuft in
einem Dreieck, mit der Kirche im spitzen Winkel. Die Predigt findet an der Stelle statt, wo das Horn des Ochsen nieder-
fiel, das Keben mit dem Wäscheholz abgeschlagen hatte.

Die ›Große Troménie‹ ist kompliziert angelegt. Eine Route
von zwölf Kilometern zieht sich im Viereck um Locronan.
Zwischen Feldern und Hecken führt sie auf schmalen Pfaden
hügelauf, hügelab zur Plas ar Horn. Nach einer Rast treten die
Pilger den verkürzten Rückmarsch an. Zwölf Stationen liegen

an der Strecke. Da der Pardon erst am darauffolgenden Sonntag endet, bleiben mehr als vierzig mit Blumen geschmückte Laubhütten am Wegesrand stehen. Sie bergen die Statuen der Heiligen, die man aus verschiedenen Kirchen herbeigeholt hat. Während der Woche kann der Fromme also allein auf der Route pilgern. Der Anblick der allgemeinen Prozession am Sonntag ist prächtig. Über dem Zug gläubiger Menschen, die ihre malerische Tracht wieder hervorgeholt haben, glänzen die hohen Kreuze aus Gold und Silber, bewegen sich die kostbaren, alten, bestickten Banner im Wind.

Sainte-Anne-la-Palud

Ein kurzer, nordwestlicher Abstecher von Locronan aus führt an die Küste. Dort liegt an der Bucht von Douarnenez einer der berühmtesten Wallfahrtsorte der Bretagne. Sainte-Anne-la-Palud birgt eine Statue der heiligen Anna in einer Kapelle aus dem 19. Jahrhundert. Diese liegt auf einem riesigen, dürren Grasplatz zwischen vom Wind verkrüppelten Bäumen. Hinter einem begrenzenden Dünensaum erstreckt sich ein ausgedehnter, sanft geschwungener Strand. Diese einsame, fast rüde Gegend belebt sich jedes Jahr am letzten Wochenende im August.

Schon ein paar Tage vor dem großen Pardon fahren Lastwagen und Wohnwagen auf dem Grasplatz auf. Karussels, Buden für Crêpes und Waffeln und alles, was der Volksbelustigung dienen kann, wird installiert, denn auf die sakrale Handlung folgt das Fest. Das gilt nicht nur für diesen Pardon. Ältere Bretonen bewahren gerührt die Erinnerung an bescheidene Kindheitsfreuden im Anschluß an Gottesdienst und Prozession.

Die heilige Anna wird in der Bretagne als Schutzpatronin verehrt. Sie residiert sozusagen in der Basilika in Sainte-Anne-d'Auray im Morbihan und empfängt dort das ganze Jahr über Pilger, während in der kleinen Kapelle von Sainte-Anne-la-Palud von Prunk keine Rede sein kann. In einer abseitigen, schwach besiedelten Landschaft vor dem Hintergrund des Meeres wird die Wallfahrt jedoch noch stärker zum

14   Das Fort national bei Saint-Malo

15 Die Côte sauvage der Halbinsel Quiberon

16-19 Natur und Architektur in Fels und Stein

20 Ortschaft und Fluß Bono bei Auray

Schloß Josselin 21

Sonnenuhr an der Stadtmauer von Concarneau 22

23 Landkapelle Saint-Gildas bei Callac

Hoch spannt sich der Viadukt über Morlaix 24

Fachwerk prägt die Altstadt von Vannes 25

Hafen von Erguy an der Smaragdküste 27

26 Die Alten von Pont-Aven

28 Hafen von Guilvinec an der Pointe de Penmarc'h

29-32 Fischfang, Viehzucht und Gemüseanbau

Wirtschaftsreformen haben die Bretagne zu einem ertragreichen Agrarland gemacht.

33 Vannes. Entlang dem alten Waschhaus und der Stadtmauer fließt gemächlich der Rohan.

35   Die Passage Pommeraye in Nantes

Kathedralenstadt Quimper

Kampf um die bretonische Sprache   36

DIE SAGE VON IS

Gemeinschaftserlebnis. In der Kirche sind Fotografien von
ehemaligen und auch jüngeren Pardons ausgestellt. Man sieht
die Teilnehmer, die 1927 noch überwiegend in bretonischer
Tracht mit Hauben und breitrandigen Männerhüten mit lang
herabfallendem Band zur Prozession kamen, was jetzt nicht
mehr die Regel ist. Bei Regen ducken sich die Leute unter
aufgespannte Schirme. Fotografien dieser Art dokumentie-
ren Gebräuche und Sitten, und das über mehr als ein halbes
Jahrhundert.

Douarnenez und die versunkene Stadt Is

Von den Hügeln bei Locronan aus sieht man bei klarem
Wetter Douarnenez an der weiten Bucht gleichen Namens.
Diese Stadt, die nach Eingemeindung umliegender Orte
18 000 Einwohner zählt, ist nach Concarneau das wichtigste
Zentrum für Fischerei und Konservenherstellung. Douarne-
nez liegt auf einem Plateau zwischen der Bucht und der Fluß-
mündung Port-Rhu. Eine lange, eiserne Brücke stellt die
Verbindung mit dem Badeort Tréboul her. Steile, gewundene
Straßen führen zum Fischereihafen hinab. Am Quai du
Rosmeur reihen sich oberhalb des alten Hafenbeckens kleine
Kneipen. Wenn Fischdampfer von großer Fahrt zurückkeh-
ren, sind sie die ganze Nacht über geöffnet. Die glückliche
Heimkehr der Fischer wird fröhlich mit Gesang gefeiert. Der
Nouveau-Port ist ein Tiefwasserhafen im Schutz einer
740 Meter langen Mole. Hier sind die großen Boote der
Schleppnetzfischer beheimatet.

An Douarnenez und seine Umgebung heftet sich die Legende von der versunkenen Stadt Is, dem Vineta der Bretagne.
In der prachtvollen Stadt am Meer residierte einst König
Gradlon. Die ganze Liebe des Königs galt seiner Tochter
Dahès, die auch Dahud genannt wird. Sein bester, hoch ge-
achteter Freund und Berater war Saint-Guénolé, der sich oft
von Landévennec nach Is begab, um die Bevölkerung zu
mahnen. Diese war nämlich durch und durch lasterhaft, und
die auf Männer versessene Dahud gab ein schlimmes Beispiel.
Kein Wunder, daß der Teufel hier leichtes Spiel hatte. Is lag

HALBINSEL CORNOUAILLE

am flachen Ufer und war gegen das Meer durch Deiche mit Toren geschützt. Bei Ebbe wurden sie geöffnet, um das Süßwasser der Flüsse abfließen zu lassen, geschlossen hielten sie der Flut stand. Die goldenen Schlüssel zu den Toren hielt König Gradlon auf seiner Brust verwahrt. Der Teufel nahm jedoch die Gestalt eines schönen Jünglings an, verführte die buhlerische Dahud und überredete sie, dem Vater die Schlüssel zu entwenden. In der Nacht auf dem Höhepunkt der Flut öffnete Satan ein Tor. Die Wassermassen stürzten herein und ertränkten die Bewohner von Is. Gott hatte sie zur Strafe für ihre Sünden dem Satan preisgegeben.

Zum Glück war Saint-Guénolé gerade beim König zu Besuch und konnte ihn noch rechtzeitig wecken. Sie schwangen sich auf ihre Pferde, Gradlon hatte seine Tochter auf die Kruppe genommen. Sein Pferd kam aber durch die doppelte Last nicht schnell genug voran. Da befahl Guénolé dem König, die Last abzuwerfen. Gradlon gehorchte erst beim zweiten Befehl, obgleich Dahud sich verzweifelt an seinem Gewand festhielt. Der Heilige und der König gewannen das rettende Festland, während Is hinter ihnen schon eine Wasserwüste war. Den hochdramatischen Augenblick, als Gradlon die Tochter vom Pferd stößt, hat der Maler Evariste Vital Luminais auf seinem Bild in der Gemäldegalerie von Quimper festgehalten.

Die weit verbreitete Sage von Is birgt archaische Züge. Dahud als lockendes Weib und bestrafte Sünderin, die Flutkatastrophe als Höhepunkt, das lasterhafte Volk von Is der Tücke des Satans preisgegeben, der gute König als Gerechter gerettet, das alles steht in einem Zusammenhang, der weit über die Bretagne hinaus führt. Forscher neigen dazu, in der Gestalt der Dahud die keltische Wassergottheit Morgane zu sehen. Daß heidnische Motive christianisiert wurden, bezeugen zahlreiche Beispiele.

Die Legende von Is hat wahrscheinlich einen wahren Kern. Sogar die Verlegung der Stadt an die Bucht von Douarnenez scheint gerechtfertigt. Durch Absinken des Granitsockels sind tatsächlich Siedlungen allmählich im Meer versunken, sei es im Norden an der Bucht des Mont-Saint-Michel oder auch unweit von Douarnenez. Dafür sprechen eher geologische Erkenntnisse als das Glockengeläut aus der Tiefe, das die Fischer ehemals bei Meeresstille zu vernehmen glaubten.

Douarnenez ist locker mit einer anderen Legende aus dem Schatz der ›Matière de Bretagne‹ verbunden, auf die wir schon im Vorwort eingingen. Vor der Nordwestspitze der Hafenstadt liegt die kleine Ile de Tristan, die heute in Privatbesitz ist. Der Neffe König Markes soll sich einmal vor Verfolgern durch gewagten Sprung von einer hoch gelegenen Kapelle aus auf den Klippenrand gerettet haben. Daher erhielt die Insel ihren Namen. Angeblich lag König Markes Palast auf der Tristan-Insel.

Historisch gesehen, ist die kleine Insel vor Douarnenez durch den Seeräuber und Banditen Guy Eder, der sich La Fontenelle nannte, berühmt geworden. Er lebte am Ende des 16. Jahrhunderts und hatte sich auf der Tristan-Insel verschanzt. Das Baumaterial verschaffte er sich, indem er 1595 die Befestigungsanlagen der kleinen Hafenstadt auf dem Festland zerstörte und die Steine verwendete. Die Erinnerung an seine mit unerhörter Grausamkeit verbundenen Unternehmungen blieben noch lange in Cornouaille lebendig. Bei Raubzügen auf der Halbinsel von Penmarc'h soll er insgesamt 5000 Bauern umgebracht, ihre Häuser verbrannt und die Beute auf 300 Schiffen zu seiner befestigten Insel gebracht haben. Wir werden darauf noch zu sprechen kommen. Während der Religionskriege brachte La Fontenelle es fertig, Heinrich IV. zu einem Kompromiß zu zwingen. Nur wenn man ihm die Tristan-Insel ließe, würde er die Waffen niederlegen. So blieb er in Sicherheit, bis 1602 eine Verschwörung aufgedeckt wurde, in die er verwickelt war. Das Parlament in Rennes verurteilte ihn zum Tod auf dem Rad.

Die Fassade von Pont-Croix

Das Binnenland von Cornouaille ist in seinem westlichen Teil eintönig. Der Besucher, der von Douarnenez zur Pointe du Raz will, trifft bei Audierne auf die Strecke, die direkt von Quimper zum Kap führt. Noch ehe er Audierne erreicht, liegt ein kleiner Ort mit einer höchst sehenswerten Kirche am Wege. Wie wir schon erwähnten, hat der elegante Turm auf der Vierung von *Notre-Dame-de-Roscudon* in Pont-Croix als Vorbild für die Helmspitzen der Kirche von Quimper gedient.

Der älteste Teil von Notre-Dame-de-Roscudon, der später ergänzt wurde, stammt vom Anfang oder aus der Mitte des 13. Jahrhunderts. Die Eigenart seines Schiffs hat auf Kapellen und Kirchen im Westen von Quimper so viel Einfluß gehabt, daß Kunsthistoriker von einer ›Schule‹ oder ›Werkstatt‹ von Pont-Croix reden. Die Originalität zeigt sich bei den Rundpfeilern im Schiff, die aus einem Bündel von wechselnd vier, sechs oder acht schlanken Säulen bestehen. Die Rundbögen der Arkaden enden zugespitzt auf den Kapitellen. Darüber verläuft schlichtes, unverputztes Mauerwerk bis unter die Decke. Die schöne Wirkung beruht auf der Harmonie der Proportionen, auf dem Schwingen von einer Arkade zur anderen. Einfachheit und Ruhe kennzeichnen dieses Schiff. Als berühmtestes Beispiel für den Einfluß von Pont-Croix gilt die Kapelle von Languidou im Südosten von Pont-Croix. Sie wurde während der Revolution zerstört. Jetzt sieht man im Freien und auf Grasboden die Reste säulenumkleideter Pfeiler und Arkaden, dazu im ehemaligen Chor eine herrliche gotische Fensterrose aus dem 14. Jahrhundert.

Auch das Südportal von Notre-Dame-de-Roscudon ist originell. Daß die Vorhallen im Süden, die auch als Versammlungsort der Notabeln dienten, reich geschmückt sind und häufig als phantasievolle Architektur ein Eigenleben führen, beweist sich an zahlreichen Beispielen. In Pont-Croix steigt am Eingang zur Vorhalle ein riesiger Wimperg empor, der von zwei schmalen und kurzen Wimpergen gerahmt wird. Der dreieckige, sehr spitz zulaufende Ziergiebel ist mit dekorativem Blendmaßwerk in Kleeblattform gefüllt. In kreisförmiger Anordnung verjüngt es sich nach oben. Das kreist und kreist vor den Augen des Betrachters und fügt sich doch in den strengen Dreiecksrahmen. Der Wimperg endet nicht, wie üblich, in einer Kreuzblume, sondern in einem recht plumpen Kruzifix.

Berüchtigte Pointe du Raz

Bei der weiteren Fahrt zum Kap wird die Vegetation rechts und links der Straße immer spärlicher. Sie besteht aus Stechginster, Heide, ein paar verkrüppelten Bäumen auf dürrem Land, das kaum besiedelt ist. Kurz vor dem Kap passiert man einen Weiler mit niedrigen weißen Häusern und blauen Fensterläden. Das ist *Plogoff*, das vor einigen Jahren Schlagzeilen in Frankreichs Zeitungen machte. Ab 1976 nahm man Bodenprüfungen für den Bau eines Kernkraftwerks vor. Sofort bildete sich ein heimisches ›Comité de défense‹. Die Einwohner von Plogoff wehrten sich. 1980 spitzte sich die Angelegenheit so zu, daß Polizei eingreifen mußte. Der geplante Bau wurde vorläufig aufgegeben.

Ab Plogoff erschließt ein erster Blick die hohe Küste und das Meer. Von der Vegetation gibt es nun keine Spur mehr. Vor der Pointe du Raz hat man große Parkplätze für Autos und Busse angelegt. Links liegt ein Gebäudekomplex mit dem Semaphor, rechts umgeben ebenerdige Souvenirläden und Gaststätten drei Seiten eines Hofs, der ein wenig Windschutz bietet. Auf dem Pfad zur Kapspitze umkreist man eine schneeweiße Denkmalsgruppe von 1904, die den Schiffbrüchigen gewidmet ist. Die Gottesmutter streckt einem knienden Jüngling das Jesuskind entgegen, das seine Ärmchen ausbreitet. Auf flachem, steinigem Gelände sind Fernrohrautomaten installiert, auch gibt es Münz-Tonbandgeräte mit Erklärungen in Fremdsprachen. Solche banalen Einzelheiten verlieren sich jedoch bald in der ungeheuren Landschaft. La Pointe du Raz ist selbst an Sommertagen ein wüstes Kap, das Schauder einflößt.

Wie auch bei anderen Vorsprüngen dieser Art setzt sich das Plateau an der Spitze in Schroffen und Zacken fort. Hier liegt diese äußerste Felspartie so viel tiefer, daß man zu ihr hinabklettern muß, um die Landzunge bis zur äußersten Spitze zu erforschen, aber es ist ein nicht ungefährliches Unternehmen. Der jähe Abbruch über dem Wasserspiegel beträgt siebzig Meter. In Spalten wie der ›Hölle von Plogoff‹ tost die Brandung so stark, daß man es angeblich über fünf Kilometer bis nach Plogoff hört. Ähnlich wie bei der Pointe de Penhir mit den ›trois pois‹ setzt sich auch hier der Fels in aufragenden Klippen fort, die ehemals eine Landbrücke bis zur vorgelagerten kleinen Ile de Sein bildeten. Auf der äußersten dieser Klippen erhebt sich der Leuchtturm de la Vieille.

Unterwasserklippen dieser Landbrücke von einst und dazu starke Meeresströmungen mit einer Geschwindigkeit von acht bis zehn Knoten machen den Raz de Sein zu einem gefährlichen Fahrwasser. Kein Küstenstrich der Bretagne ist so berüchtigt wie dieser. Es gibt alte, häufig zitierte Aussprüche der Seefahrer, die sich darauf beziehen. Der Name ›Sein‹ reimt sich auf ›fin‹, das Ende. Ein Gebet lautet in der Übersetzung: »Gott, hilf mir bei der Überfahrt du Raz, denn mein Boot ist klein und das Meer groß.«

Die westliche Spitze von Cornouaille wird unter der Bezeichnung Cap de Sizun zusammengefaßt. Dazu gehören als weit vorgeschobene Punkte die Pointe du Raz, die Pointe du Van und zwischen diesen beiden Kaps die Baie des Trépassés, die Bucht der Verstorbenen. Sie liegt hinter einem sanft geschwungenen, schmalen Strand. Das stille Hinterland ist öde und sumpfig. Angeblich soll die Bucht so heißen, weil immer wieder Leichen von Schiffbrüchigen angeschwemmt wurden, aber für Bretonen ist diese Erklärung wohl zu einfach. Ist man doch im äußersten Westen und damit am Ende der Welt! Die Abgeschiedenen sind nicht auf See umgekommen, sondern haben sich nach keltischem Glauben nach dem Tod gen Westen in Bewegung gesetzt, der sinkenden Sonne nach. Jenseits lag eine Insel oder ein Kontinent, immer anders, aber immer poetisch benannt. Am bekanntesten ist Avalun, die Insel, zu der der tote König Artus überführt wurde. An die Baie des Trépassés knüpft sich noch eine andere Legende. An jedem Allerseelenfest im November versammeln sich die Ertrunkenen an der Bucht und suchen nach den Lebenden, die sie geliebt haben. Noch irren sie in einem Zwischenreich umher, das als Fegefeuer gedeutet werden kann. Wer ihr Gemurmel hört, möge für sie ein De profundis beten.

Ile de Sein

Wer die Ile de Sein besuchen will, muß sich in Audierne einschiffen. Die Überfahrt dauert etwa eine Stunde. Man hat Sein als Insel des Schweigens bezeichnet. Keine Autos, enge Straßen, Häuser zusammengerückt, als ob sie sich vor dem Wind schützen wollten, wortkarge Frauen, Kinder. Von den 600 Einwohnern der nur 5,6 Hektar großen Insel sind die Männer meist abwesend auf Fischfang oder am Hafen dabei, die Hummer- und Langustenkörbe zu reinigen und auszubessern.

Die völlig flache, an Vegetation arme Insel erhebt sich nur um 1,5 Meter über den Meeresspiegel. Bei Sturm schlägt die Gischt an die Hausmauern. Die Senans pflanzen Kartoffeln und Gemüse auf kargem Boden an, im Schutz von Mäuerchen gegen den Wind, aber das genügt nicht zur Versorgung der Einwohner. Für Lebensmittel und Dinge des täglichen Bedarfs sind sie auf Import vom Festland angewiesen. Regenwasser muß in Zisternen gesammelt werden, denn Sein hat kein Quellwasser.

Diese karge, öde Insel soll eine Kultstätte druidischer Priesterinnen gewesen sein, die hier ihre Orakelsprüche verkündeten. Ähnlich wie König Artus auf Avalun fanden tote Druiden aus Cornouaille auf Sein ihre letzte, meerumtoste Ruhe. Die Wirklichkeit war weniger verklärt. Auf der Insel ließen sich Fischer nieder, da die Fanggründe reiche Beute lieferten und die Gelegenheit zum Strandraub nach Schiffbruch außerordentlich günstig war. Nachdem Jesuiten im 16. Jahrhundert die noch halb heidnischen Inselbewohner an sanftere, christliche Sitten gewöhnt hatten, entwickelten die Senans mehr menschliche Solidarität und bewährten sich als Retter aus Seenot.

Die Hauptstadt, schlicht ›Bourg‹ genannt, liegt an der Ostküste. Im Hafen liegen neuerdings auch Sportfahrzeuge vor Anker. Am Quai des Français libres gilt das Lothringerkreuz als Sehenswürdigkeit, das General de Gaulle 1960 den Senans übergab. Es trägt die stolze Devise »Kentoc'h mervel«, was »Eher sterben!« bedeutet.

Die Inselbewohner haben es bewiesen. Als de Gaulle 1940 von England aus zum Widerstand gegen die deutsche Besetzung aufrief, folgten alle wehrfähigen Männer der Insel sofort dem Ruf und setzten zur englischen Küste über. Von 144 Mann kehrten 36 nicht zurück. Der General anerkannte die Opferbereitschaft mit dem Spruch »Die Ile de Sein hat sich vor der feindlichen Invasion geweigert, ihr eigenstes Schlachtfeld preiszugeben, das Meer.«

Das Pays Bigouden

DER SÜDLICHE TEIL von Cornouaille heißt ›Pays Bigouden‹, die Hauptstadt ist *Pont l'Abbé*. Es wird den Abbistes nachgesagt, daß sie stolze Traditionalisten sind und sich noch bretonischer fühlen als ihre Landsleute. Als ein Zeichen der Traditionspflege unter anderen sieht man noch heutzutage auf den Straßen, im Bus, im Laden alte Frauen mit den merkwürdigen, hohen, röhrenförmigen Hauben aus weißer Spitze. Anderswo werden Hauben nur noch beim Kirchgang oder bei Festen getragen. Das Bigouden liegt abseits von den großen, touristischen Routen und ist nur dürftig an das Verkehrsnetz von Finistère angeschlossen. Das mag zur Bewahrung von Althergebrachtem beigetragen haben.

Die bäuerliche Bevölkerung dieses Landstrichs hatte unter Ludwig XIV. den Mut der Verzweiflung und mußte es bitter büßen. Hier nahm die ›Stempelpapier-Revolte‹ von 1675 ihren Anfang, über die sich Madame de Sévigné in ihren Briefen geäußert hat und über die wir schon berichteten. Bei der folgenden Strafexpedition wurde das Schloß von Pont l'Abbé geplündert, heute beherbergt es das Rathaus und ein Heimatmuseum. Die Stadt ist ein lebhafter Umschlagplatz für landwirtschaftliche Produkte, vor allem Frühgemüse aus der Umgegend.

Schlichte Romanik in Loctudy

Eine der besterhaltenen romanischen Kirchen der Bretagne befindet sich nur sechs Kilometer von Pont l'Abbé entfernt an der Südküste. Loctudy ist ein Fischerstädtchen, das sich zu einem bescheidenen Seebad entwickelt. Die Kirche liegt unmittelbar an der Hauptstraße. Mit einer erneuerten Fassade und einem Glockenturm aus dem 18. Jahrhundert zeichnet sie sich zunächst wenig aus. Der Weg führt durch einen

dieser typisch bretonischen Friedhöfe, ohne Grün, mit Kies-
wegen, Steinfassungen um die aufgereihten Gräber, mit
Kreuzen und farbigen Keramikblumen auf den Grabplatten
als Schmuck. In diesem Umkreis überrascht ein über zwei
Meter hoher Menhir mit einem Kreuz auf der Spitze, der als
gallische Grabstele gedeutet wird.

Man betritt die Kirche durch ein Seitenportal, sollte aber
drinnen gleich zum Hauptportal gehen und von dort aus das
Schiff bis zum Chor überblicken. Dieser schlichte Bau aus
dem 12. Jahrhundert, ohne Querschiff und schmucklos, ist
die lichtdurchflutete Schöpfung unbekannter Meister. Der
Grundriß mit einem Schiff von 33 Metern Länge und schmalen Seitenschiffen, einem halbrunden Chor mit drei Kapellen
ist in keiner Weise außergewöhnlich. Überhaupt finden sich
überall die vertrauten und häufig verwendeten architektonischen Elemente der romanischen Epoche. Der Zauber dieser
kleinen Kirche geht vom Chor aus, der rustikale Grazie hat,
so seltsam das klingen mag.

Vier Säulen erheben sich als Abschnitt eines Halbkreises
vor dem Umgang, der durch große Fenster erhellt wird. Die
Säulen dienen als Stütze für gemauerte Rundbögen von geringem Durchmesser. Die darüber verlaufende Mauer ist
geweißt, nur die rahmenden Backsteine der Bögen heben sich
rötlich ab und bilden auf einfachste Weise ein stark dekoratives Element. Im durchsichtigen Innenraum dieser Kirche
kann man die verzierten Kapitelle der stützenden Säulen und
die Basen der kurzen, vorgeblendeten Säulen im Chorumgang gut erkennen. Sie zeigen geometrische und vegetative
Muster, auch Tiere und menschliche Figuren, abgewetzt,
aber voller Bewegung. Sehr unbefangen gibt sich an einer
Säulenbasis ein nacktes Männchen neben einem nackten
Weibchen, beide mit erhobenen Armen und weit gespreizten
Schenkeln. Zur hölzernen, dunkelbraunen Tonnendecke des
Schiffs steht das Grau der steinernen Bogen, die die Joche
unterteilen, in malerischem Kontrast.

Penmarc'h – Schauplätze bretonischer Sagen

Die Südküste ist flach. Abzweigungen der Hauptstraße nach Penmarc'h führen zu kleinen Fischereihäfen, unter denen *Guilvinec* ein Lob verdient. Das lange, schmale Hafenbecken wird vielfach von alten, einstöckigen Häusern eines Typs gesäumt, der im Süden der Bretagne weit verbreitet ist. Rund um die Haustür und die Fenster ist der Granit ausgespart. Im übrigen sind die Häuser weiß verputzt, die Fensterläden knallblau gestrichen, manchmal grün, andere Farben gibt es nicht. Die Rahmung aus Granit besteht aus Blöcken, die abwechselnd aufrecht stehen oder quer liegen, leicht unregelmäßig, mit sehr plastischer Wirkung. Häuser dieser Art haben sich ihre Urwüchsigkeit bewahrt.

Im Hafen von Guilvinec liegen bunt gestrichene Fischerboote am Quai. Netze mit Kugeln sind zum Trocknen ausgebreitet, aufgedockte Boote werden überholt und gestrichen. Die neue Farbschicht überdeckt altes, angegriffenes Holz. Am Ende der Mole liegt einer jener altmodischen, gedrungenen, weiß und roten Leuchttürme, auf denen in riesigen Lettern der Name des Hafens prangt. Sie werden von Einheimischen und Touristen geliebt.

Landeinwärts lockt *Penmarc'h* mit seiner spätgotischen Kirche Saint-Nonna als Ziel. Auch bieten sich Schauplätze einer recht verwirrenden Legende aus dem Kreis der Artus-Sagen. Das Gebiet von Penmarc'h erstreckt sich durch mehrere eingemeindete kleine Plätze bis zur Küste. Der bretonische Name Penn-Marc'h bedeutet Pferdekopf. Früher hieß die ganze Südwest-Spitze von Cornouaille Cap Caval, entsprechend dem lateinischen caput caballi.

Saint-Nonna wurde nach einem keltischen Bischof aus dem 6. Jahrhundert benannt. Die kurz nach 1500 entstandene Kirche hat einen flachen Chorabschluß unter spitzem Giebel. Das eingelassene hohe Mittelfenster und die kleineren Seitenfenster sind im oberen Teil mit Fischblasen-Maßwerk gefüllt. Es erinnert an züngelnde Flammen: Ein treffendes Beispiel für das Beiwort ›flamboyant‹, mit dem im Französischen die Spätgotik bezeichnet wird. Der Glockenturm ist ein durchsichtiges Gehäuse, zu dem man durch zwei Treppentürmchen rechts und links gelangt. Da diese Türme mit der Glockenstube durch eine kurze Galerie mit durchbrochenem Geländer verbunden sind, ergibt sich das originelle Bild einer fast koketten Architektur, auf die man abgewandelt immer wieder trifft.

Penmarc'h besaß einen bedeutenden Hafen. Wohlhabende Kaufleute und Schiffseigner haben sich an beiden Seiten des Hauptportals und auch außen an den Spitzgiebeln der Längswände ein Denkmal gesetzt. Man erkennt die Reliefs alter Schiffstypen mit Mast und hohem Aufbau am Heck. Die Herren hatten geholfen, den Bau zu finanzieren. Im schlichten, hellen, großräumigen Innern fällt die schöne hölzerne Deckenkonstruktion auf, vor allem durch die Art, wie sie sich von der Tonnenwölbung des Mittelschiffs aus elegant mit der tief heruntergezogenen Holzverkleidung in den Seitenschiffen verbindet.

In dieser Kirche verübte der Seeräuber La Fontenelle eine seiner Greueltaten. Während der Religionskriege plünderte er mehrfach das Cap Caval. Dabei fiel ihm auch das wohlhabende Penmarc'h in die Hände. Die Bürger wurden ausgeraubt, die meisten Häuser in Ruinen verwandelt. 1595 ließ La Fontenelle etwa dreitausend Personen in die Kirche einsperren und dort umbringen. Die grauenvolle Erinnerung an diesen Übeltäter blieb lebendig. Wenn im Ödland um Penmarc'h nachts ein unerklärliches Licht aufflackerte, glaubte die Bevölkerung, es sei der Geist des verdammten La Fontenelle mit seiner Brandfackel.

Caput Caballi geht auf die Legende von Midas-Marke mit den großen Ohren zurück. Im antiken Mythos erhält der phrygische König Midas die Eselsohren vom zornigen Apollon, weil der König ihm beim Musikerwettstreit den Pan vorgezogen hatte. Marke, König von Poulmarc'h, hatte ein windschnelles Pferd, das er über alles liebte. Als er bei einer Verfolgungsjagd bis zur Küste ein erschöpftes Reh mit dem Pfeil töten wollte, traf das Geschoß statt dessen das Pferd mitten ins Herz. Das Reh verschwand. An seiner Stelle stand

MARKES PFERDEOHREN

eine junge Frau, die mit Seetang bekränzt war. Es war Dahud,
denn die Jagd hatte dort geendet, wo ehemals Is in den Fluten
versunken war. Da sie mit dem unschuldigen Reh identisch
war, verfluchte die Zauberin den König und setzte ihm die
Ohren seines Pferdes auf, ehe sie im Meer verschwand.

Bis hier gehen also Mythos und bretonische Sage weit aus-
einander, aber dann gleichen sie einander Zug um Zug. Der
Phrygerkönig trug eine Purpurmütze, um die Schande zu
verbergen, konnte sie aber vor seinem Barbier nicht geheim-
halten. Dieser zum Schweigen verpflichtete Mann hielt es
eines Tages nicht mehr aus, grub ein Loch in die Erde und
sprach hinein: »König Midas hat Eselsohren.« Obgleich er das
Loch mit einem Stein zugedeckt hatte, wisperten die Gräser,
die um das Erdloch wuchsen, bei Südwind deutlich für
jedermann: »König Midas hat Eselsohren.«

Auch Marke verbirgt seine Pferdeohren, die nur die Bar-
biere kennen, welche nach jedem Haarschnitt verschwinden.
Einzig seinen Milchbruder verschont der König gegen das
Versprechen zu schweigen. Aber auch der ertrug auf die
Dauer das Geheimnis nicht. Er bohrte ein Loch in den Sand
und sprach hinein: »König Marke hat die Ohren seines
Pferdes.«

Midas wurde nur durch Lächerlichkeit bestraft, die Bretonen ließen ihren König nicht so leicht davonkommen. Als
Marke mit einem speziell angefertigten Hut auf dem Kopf,
seiner Tochter die Hochzeit ausrichtete, waren den Musi-
kern im Orchester die Mundstücke ihrer Dudelsäcke gestohlen worden. Sofort beschaffte man als Ersatz drei frisch ge-
schnittene Schilfrohre. Zum Erstaunen der Tänzer wisperten
diese: »König Marke hat die Ohren seines Pferdes.« Der ent-
setzte König will fliehen. Ein Windstoß entführt ihm den Hut,
er stürzt und fällt mit dem Kopf gegen einen Stein. Jetzt
reitet auch noch eine Frau auf einem Pferd mit Menschen-
ohren vorbei und verkündet gellend Markes Schande. Es ist
die beleidigte Wasserfee Dahud. Der König stirbt, aber das
Fest geht weiter. Erst am Abend, als die Menge verschwunden ist, entdeckt man ein Wunder. Der Stein, an dem Marke
sich stieß, hatte die Form eines Männerkopfes mit Pferde-

ohren angenommen. Seitdem ist aus Poulmarc'h Penmarc'h geworden, was ›Pferdekopf‹ bedeutet.

Der Fischereihafen *Saint-Guénolé* gehört zur Gemeinde Penmarc'h. Dieser Ort mit einem 1920 gegründeten kleinen Museum für Vor- und Frühgeschichte ist durch die Tristan-Sage in den bretonischen Sagenkreis einbezogen. Nachdem Isolde zu König Marke nach Tintagel zurückgekehrt war, hatte sich Tristan im bretonischen Carhaix mit Isolde Weiß-hand vermählt. Als er aber durch eine Schwertwunde ver-giftet wurde und den Tod nahen fühlte, sandte er nach der blonden Isolde und erwartete ihr Boot mit dem weißen Segel auf den Klippen von Penmarc'h. Wie man weiß, täuschte ihm Isolde Weißhand vor, daß ein schwarzes Segel gesetzt sei, und Tristan starb vor Kummer.

Es ist verständlich, daß sich verschiedene Plätze an der Küste von Penmarc'h um die Ehre streiten, Tristans letztes Lager gewesen zu sein. Die ›rochers‹ bei Saint-Guénolé regen in diesem Zusammenhang die Phantasie an. Die Felsblöcke sind nur zum Teil flach und wenig für ein Lager geeignet, aber wild und romantisch genug, um eine Kulisse im Ge-schmack Wagners abzugeben.

Nach anderer Auslegung hätte sich die Tragödie weiter südlich bei der Pointe de Penmarc'h abspielen können. Die Auswahl ist nicht groß, denn auf der ganzen Strecke zwischen Guilvinec und Saint-Guénolé herrscht Sandstrand mit Dünen vor. Dabei soll Tristan überhaupt nicht auf einer Klippe ge-storben sein. Der Sage nach hatte sich Isoldes Schiff durch einen Sturm so sehr verspätet, daß Tristan auf den Felsklip-pen dahinsiechte. Er mußte zu seinem Bett in Carhaix zu-rückgebracht werden. Dort starb er, nachdem Isolde Weiß-hand ihm durch ihre Lüge jede Hoffnung genommen hatte. Auf dem letzten Lager vereinigte sich die blonde Isolde mit ihm im Liebestod.

Wahrzeichen an Fels und Meer

Das Wahrzeichen der äußersten Westspitze, der Pointe de Penmarc'h, ist der *Leuchtturm von Eckmühl*. Nach der siegreichen Schlacht bei Eckmühl gegen die Österreicher 1809 hatte Napoleon den Marschall Davout mit dem Titel Fürst von Eckmühl ausgezeichnet. Die Tochter des Fürsten stiftete später den 65 Meter hohen Turm, der 1897 eingeweiht wurde. Im Lauf der Zeit ist er mit moderner, automatisch funktionierender Technik ausgestattet worden. Die mittlere Reichweite seines Lichtkegels beträgt 54 Kilometer. In der Anlage befinden sich noch ein alter, niedrigerer Leuchtturm und ein Semaphor.

Aus der Ferne erblickt man also drei Türme, wobei der braune Eckmühlturm die anderen bei weitem überragt. Er zählt zu den berühmtesten Leuchttürmen der Bretagne, wenn auch nicht zu den schönsten. Über viereckiger, gemauerter Basis steigt der Schaft mit je sechs eingelassenen Fenstern auf jeder Seite an und endet unter einer gestützten Galerie, die die Plattform umgibt. Darüber erhebt sich die schlanke, silbern leuchtende Kuppel. Der Gesamteindruck ist düster, eher einer Festung angepaßt, aber imposant. Man kann den Turm besteigen und von der Galerie aus bei klarem Wetter die ganze Bucht von Audierne überblicken.

Zwischen Eckmühl und Saint-Guénolé liegt die *Kapelle Notre-Dame-de-la-Joie* auf felsigem Grund unmittelbar am Meer. Das Bigouden-Land ist reich an alten, stimmungsvollen Kapellen, aber nur Notre-Dame-de-la-Joie hat diese exponierte Lage. Seit dem 15. Jahrhundert, als man sie am einsamen Strand erbaute, haben Seefahrer und ihre Frauen und Kinder hier Trost gesucht. Der Bau ist äußerst wetterfest angelegt. Die Westfassade mit dem Glockenturm und die Längsseiten der Kapelle sind stark gestützt, dennoch war es nötig, eine niedrige Schutzmauer zusätzlich zu errichten.

Warum hat man eine Kapelle an einen so gefährdeten Platz gesetzt und sie obendrein ›Unserer lieben Frau von der Freude‹ geweiht? Darauf gibt eine Legende die Antwort. Während der Kreuzzüge waren drei Edelleute aus der Picardie in die Gefangenschaft eines sarazenischen Fürsten geraten. Durch die Hilfe der Tochter des Fürsten konnten sie entweichen und sich nach Frankreich einschiffen. Am ersten Landeplatz, den sie erblicken würden, wollten sie der Jungfrau eine Kapelle errichten. Es war die Küste von Penmarc'h. Das karge Innere der Kapelle ist mit einigen Statuen und seemännischen Exvotos geschmückt. Der Pardon am 15. August ist durch seinen farbigen, maritimen Charakter berühmt geworden. Er hat in früherer Zeit Malern als Motiv gedient. Damals gingen im streng geordneten Zug die Frauen in Trauerkleidung hinter den Geistlichen her, und die aus Seenot Geretteten folgten barfuß.

Von Sonne und Wind verwittert: Der Calvaire von Tronoën

Die Wallfahrt der Kunstfreunde in dieser Region gilt dem Calvaire von Tronoën, nordöstlich von Saint-Guénolé. Es ist der älteste, der am meisten verwitterte und für viele Bretonen und Besucher der eindrucksvollste unter den großen Calvaires der Bretagne. Der Calvaire und die Kapelle von Tronoën sind nicht zu einem Enclos zusammengefaßt und bilden auch nicht den Mittelpunkt eines Städtchens oder eines Weilers. Felder auf der einen Seite der Landstraße, Ödland auf der anderen nahe der Küste, ein bäuerliches Haus hinter dem flachen Chor der Kapelle, ein paar andere niedrige Häuser in der weiteren Umgebung – das ist alles. Dieser Flecken Erde hinter dem Dünenrand liegt völlig isoliert, abseits vom ohnehin spärlichen Verkehr, baumlos und ungeschützt der Witterung preisgegeben.

Funde, die wir schon in der Einführung erwähnten, haben bewiesen, daß es hier ein ›oppidum‹, eine gallisch-römische Siedlung gegeben hat. Von den durch Brand vernichteten Wohnstätten entdeckte man die Fundamente, dabei auch Schwerter aus Eisen, Lanzenspitzen, Fibeln, Münzen, Tongefäße und Schmuckstücke. Auch fand man das Skelett eines jungen Mannes und eines Hundes. Die Archäologen, die im 19. Jahrhundert gruben, förderten eine Menge kleiner Tonfiguren der Göttin Venus oder einer heidnischen Muttergott-

WEICHER GRANIT

heit zutage. Vermutlich hat es in Tronoën eine sehr alte Kultstätte der Venus gegeben, die nach der Christianisierung umgewandelt wurde.

Wenn der salzhaltige Wind von der See kommt, wirbelt er
feinsten Dünensand gegen den Calvaire – und das seit vierhundert Jahren! Dadurch sind ganze Partien bis fast zur
Unkenntlichkeit abgeschliffen. Auch hat man beim Bau des
Calvaire zum geringeren Teil den widerstandsfähigen Granit
aus Kersanton verwendet, zum größeren Teil den Granit aus
Scaër, der weniger hart und außerdem anfällig für den Belag
mit Flechten ist. Den Besucher erwartet also keine prächtige
und kunstvoll komponierte Kulisse für geistliches Theater
wie in Guimiliau, Saint-Thégonnec oder Pleyben, sondern
ein verwittertes Gebilde auf einem staubigen Platz vor einer
Kapelle, das gerade darum seltsam anrührend ist. Eines
Tages wird man die neunzehn aus Stein gehauenen Szenen
nicht mehr ablesen können. Eine Restaurierung ist ebenso un-
denkbar wie die Versetzung in ein Museum.

Der *Calvaire* besteht aus einem in sich geschlossenen, rechteckigen steinernen Sockel von viereinhalb mal drei Metern,
darüber einem Figurenfries, über ihm eine Plattform. Ganz
oben erheben sich die drei Kreuze. Aber schon beim ersten
Blick fällt eine Abweichung gegenüber später entstandenen
Calvaires auf. Die Darsteller der Passion, die sonst voll-
plastisch auf der Plattform agieren, sind hier vor eine Wand
gesetzt, ähnlich wie die Figuren auf dem Fries. Frei vor dem
Himmel zeichnen sich nur die Gestalten der Maria, des Johannes und eines knienden Mönches ab. Der Johannes-Figur
fehlt der Kopf. Die beiden Heiligen Veronika und Jacobus
lehnen sich an die Schäfte der Schächerkreuze.

Zur Fixierung des Entstehungsdatums hat man die Kostümierung der Personen und die ganze Komposition zuhilfe
genommen. Die Wissenschaftler setzen dafür die Jahre 1450
bis 1470 an. Wer die Szenen in chronologischer Folge ablesen
will, muß an der Ostseite im unteren Fries mit der ›Verkündigung‹ beginnen. Darauf folgt an der Nordseite die ›Heim-
suchung‹. An dieser Seite ist die berühmteste unter den Darstellungen dieses Calvaire leidlich gut erhalten: Maria liegt

als Wöchnerin mit gescheiteltem Haar und nackten Brüsten auf einem Lager aus Rohrgeflecht. Die gefaltete Überdecke ist zurückgeschoben. Die Mutter streckt beide Arme flach auf der Decke wie verlangend nach dem Sohn aus. Jesus steht jedoch im langen Gewand als schon etwa siebenjähriger Knabe ganz ungerührt vor ihr, hebt eine Hand segnend empor und hält in der anderen die Weltkugel. Der Steinmetz hat hier zwei zeitlich auseinanderliegende Szenen einander gegenübergestellt und damit die theologische Deutung offengelassen.

Auf dem Fries der Westseite fällt die Taufe Christi auf. Sie ist zweimal dargestellt: Mit der gleichen Gebärde leert Johannes der Täufer über dem Haupt des knienden Christus hier wie dort einen Krug aus. Ein Engel, der ein Gewand ausbreitet, trennt die beiden Gruppen. Die Absicht des Künstlers bleibt rätselhaft. Auf der Südseite ist ein Relief, das das Jüngste Gericht darstellen soll, so abgeschliffen, daß nur noch einige Köpfe und Arme zu sehen sind. Auch das ›Abendmahl‹ ist stark verwittert. Hier ist das Motiv des Lieblingsjüngers, der an der Brust des Herrn ruht, anders gelöst als üblich. Johannes als Eckfigur am Tisch schmiegt sich kindlich an Christi Schulter. An seiner anderen Seite sind nur vier Apostel aufgereiht. Mit dem Garten Gethsemane, der durch einen pilzartigen Baum symbolisiert wird, schließt der Fries ab.

Am oberen Fries nimmt die ›Kreuztragung‹ zwei Drittel der Westseite ein. Dem Herrn, der aufrecht sein riesiges Kreuz schleppt, folgen die beiden Schächer mit kleineren Kreuzen in T-Form. Auf den Calvaires sind sie in der Regel an diese Art von Marterholz gebunden und nur selten an ein Kreuz mit durchlaufendem Schaft. Ungewöhnlich ist in Tronoën die Darstellung, wie Christus und die Schächer am Strick von Soldaten vorwärtsgezerrt werden. Der auferstehende Herr steigt stürmisch mit Siegesgebärde über den hohen Rand des Grabes. An der Ostseite tut sich der Höllenrachen auf, und Adam und Eva nähern sich scheu dem Befreier. Am Kreuz Christi fangen die Engel das Blut aus den Händen des Herrn nicht wie sonst mit einem eleganten Schwung auf, sondern recken sich angestrengt hoch. Auch

sind sie bei der Pietà-Gruppe zugegen und lüpfen liebreich Marias Kopftuch. Nur in Tronoën gibt es die Szene ›Noli me tangere‹, dagegen fehlt die Grablegung.

Die Steinarbeiten sind viel archaischer als die anderer großer Calvaires. Ein ganzes Jahrhundert liegt dazwischen. Sie wirken aber gerade durch ihre Unbeholfenheit: Der Christus an der Martersäule mit viel zu großem Kopf und zu langen Beinen wird zum Inbegriff der Würde im Leiden. Man pflegt bei der Schilderung von Tronoën auf den einzigen Calvaire hinzuweisen, der etwa gleichzeitig entstanden ist und bei der Darstellung der Kreuztragung ebenfalls die Schächer mit Stricken zeigt, aber ohne ihre Kreuze: den kleinen Calvaire von *Kerbreudeur* bei Carhaix. Doch verdient dieser kaum den Namen Calvaire. Er hat einen ganz anderen Aufbau und ist völlig verstümmelt. Über einem Sockel erhebt sich eine tiefe Nische, in der einige Flachreliefs kaum noch zu erkennen sind. Die Szene mit der Kreuztragung bedeckt den Teil des Sockels unter der Nische. Die beiden Schächer-kreuze stammen aus dem 15. Jahrhundert, das Kreuz Christi wurde ergänzt. Diese Vorform eines Calvaire liegt abseits der Straße und ist dem Verfall preisgegeben.

Die Nordseite der *Kapelle Notre-Dame-de-Tronoën* ist schlicht belassen. Auf der Südseite, zum Calvaire hin, öffnen sich zwei tief gewölbte Portale unter gotischen Spitzgiebeln. Der Turm mit offener Glockenstube unter dem Helm und flankierenden Treppentürmchen hat dem Turm von Saint-Nonna in Penmarc'h als Vorbild gedient. Unter dem Einfluß der Witterung hat der Turm eine rostige Farbe angenommen, ein Phänomen, das man oft an bretonischen Kirchen beob-achtet. Die Kapelle besteht aus einem Hauptschiff und einem Seitenschiff, beide mit steinernen Gewölben, was für kleine Kapellen nicht üblich war. Zur Zeit werden im Schiff alte Fotografien des Platzes ausgestellt und Postkarten und Bro-schüren verkauft. Man vermutet, daß Notre-Dame etwa gleichzeitig mit dem Calvaire oder etwas früher entstanden ist. Eine Restauration, die für den Außenbau bereits einge-leitet ist, dürfte den melancholischen Eindruck mildern, der auf der Kapelle lastet.

Im Süden der Bretagne

Entlang der Sonnenküste

DIE SÜDKÜSTE der Bretagne am Atlantik unterscheidet sich wohl geographisch und klimatisch von der Nordküste, kaum jedoch in Kultur und Kunst. Der Festlandssockel der gesamten bretonischen Halbinsel senkt sich von Norden nach Süden. Am Kanal gibt es Steilküsten bis zu fast hundert Metern über dem Meeresspiegel. Auf großen Abschnitten sind ihnen Klippen vorgelagert. Dadurch sind diese Abschnitte reich an Krustentieren und verwertbaren Algen, aber durch Klippen unter Wasser auch gefährlich für die Schifffahrt. Die Südküste ist dagegen, mit wenigen Ausnahmen, sanfter. Der bei weitem nicht so schroffe oder bizarre Übergang des Festlandssockels zum Meer beträgt höchstens bis zu fünfzehn Metern. Große Partien sind flach, die Strände ausgedehnter als im Norden. Die Absenkung des Festlands hat sich noch in erdgeschichtlich jüngerer Zeit fortgesetzt. So ist der Golf von Morbihan mit seinen zahlreichen Inseln entstanden. Nirgends zeigt sich dieser Prozeß so deutlich wie in dieser Gegend mit ihren vorgeschichtlichen Denkmalen, von denen man gesagt hat, daß sie mit »den Füßen im Wasser stehen«. Wir werden noch näher darauf eingehen.

An der Südküste herrscht ein milderes Klima, die durchschnittliche Temperatur beträgt drei Grad mehr als im Norden. Während das Land am Kanal den heftigen Nordwestwinden ausgesetzt ist, kommt das schlechte Wetter zur Atlantikküste aus Südwesten, doch wirkt sich der Einfluß des Hochdruckgebietes bei den Azoren günstig aus. Dem warmen Klima entsprechend schiebt sich subtropische Vegetation sogar bis zur westlichen Halbinsel Crozon vor.

Viele Besucher bevorzugen die wilde und abwechslungsreiche Nordküste, aber auch der Ruhm der sanften Südküste weitet sich mehr und mehr aus. Verschiedene Orte an der

MILDES KLIMA 319

Küste und in Küstennähe entwickeln sich zu gepflegten Erholungsgebieten. Wo beginnt die ›Côte du soleil‹, wo endet sie? Im allgemeinen rechnet man den Abschnitt von der Mündung des Odet bis zum Golf von Morbihan dazu, aber auch der weiter östlich bis zur Loire-Mündung verlaufende Landstrich dürfte als ›Sonnenküste‹ bezeichnet werden. Daß er nicht mehr zur Bretagne, sondern zum Département Loire-Atlantique gehört, ist eine innenpolitische und verwaltungstechnische Angelegenheit, die den Bretonen ärgert, aber dem Sommerfrischler gleichgültig ist. Hier liegt La Baule, das größte und modernste Seebad der Halbinsel, hier liegt Nantes, früher zeitweilig die Hauptstadt der Bretagne.

Romanisches und Verwunschenes in Fouesnant

Die edle, kleine, romanische Kirche von Loctudy hat ein Gegenstück in *Fouesnant*, jenseits der Mündungsbucht des Odet. Auch sie stammt aus dem 12. Jahrhundert, wurde zum Teil im 18. Jahrhundert umgebaut und kürzlich restauriert. Die Sankt Petrus geweihte Kirche hat ein Schiff mit schmalen Seitenschiffen, aber anders als Loctudy ein kurzes Querschiff und einen schlichteren Chor. Durch große Fenster im Obergaden ist sie hell. Weitgehender Verzicht auf Ausstattung trägt dazu bei, die Ruhe und Harmonie im Rhythmus der Arkaden zu betonen.

Vier Säulen umfangen die Pfeiler, deren prächtige, romanische Kapitelle mit denen von Loctudy an Erfindungsreichtum wetteifern. Abstrakte Motive, vor allem Schnecken, Kreise und Sternchen mit acht Strahlen, werden ständig abgewandelt. Sie umrahmen tänzerische Figuren oder krönen hockende Giganten, die mit ihren Köpfen und Händen die abschließende Platte stützen. Ein Tischaltar steht unter der Vierung. In den Querschiffen und an einer Hälfte der restaurierten Apsiswand dienen vorgeblendete Rundbogenarkaden als dekoratives Element. Im übrigen ist die geschwungene Wand der Apsis schlicht belassen und geweißt. So entsteht ein wirkungsvoller Hintergrund für drei regelmäßig verteilte Statuen und eine Pietà.

Nahe beim Städtchen Fouesnant findet man am Rand der Straße nach Quimper einen der zahlreichen heiligen Brunnen, die abseits der Kapellen und meist mehr oder minder versteckt liegen. Oft sind sie vernachlässigt, trübe oder ausgetrocknet. Die Forschung hat ermittelt, daß die sakrale Funktion der Quellen keltischen Ursprungs ist. Als Herren von Wasser und Feuer beschworen die Druiden magische Kräfte, vor allem für Heilung von Krankheit. Die Einheimischen bewahrten den Glauben an die Heilkraft der Quelle, und der Klerus ließ diesen Glauben unter anderem Vorzeichen bestehen. Er stellte die Quellen unter das Patronat der Jungfrau oder eines heilkräftigen Heiligen. Später faßte man die Quellen und baute Brunnenhäuschen mit Nischen, die Statuen bargen. Diese Statuen sind meist abhanden gekommen, aber es gibt Ausnahmen.

In der Nische des Brunnens *Saint-Drennec* bei Fouesnant sitzt die Gottesmutter unter einem mit Krabben und Kreuzblume verzierten Wimperg und hält den toten Sohn auf dem Schoß. Dem Wimperg dient ein Mäuerchen als Hintergrund, so daß eine selbständige Architektur entsteht. Aus zwei in Granit gefaßten Becken fließt das Quellwasser ab. Das kleine, leicht verwitterte Meisterwerk aus dem 15. Jahrhundert liegt am Rasenhang vor einer Kapelle und ist leicht zugänglich, während die meisten anderen Brunnenhäuser tief in ländliche Einsamkeit versunken sind.

Concarneau – Im Zeichen der Fische

Die Umgebung von Fouesnant und dem weiter südlich gelegenen Ferienort La Forêt Fouesnant ist fruchtbar und lieblich. Aus den Äpfeln der Obstplantagen wird angeblich der beste Cidre der Bretagne gewonnen. Der ›forêt‹ ist nur ein kleiner Wald an einem sanften Wiesental, aber die Verbindung verschiedener Landschaftselemente ist hier besonders reizvoll. Da gibt es Gärten mit Apfel- oder Feigenbäumen und Tamarisken, kleine Plätze mit netten, weißen Häusern, den Ausblick auf die Küste, auf Yachthäfen oder das unendliche Blau oder Grau bis zum Horizont. Das Gelände ist leicht

FISCHVERSTEIGERUNG

gewellt, fällt aber nach Osten, gegen Concarneau, steil ab. Dieser bedeutendste Fischereihafen der Bretagne besitzt in seiner ummauerten Altstadt auf einer Insel ein architektonisches Ensemble, das Ströme von Besuchern anlockt.

Concarneau hat drei unterschiedliche Aspekte. Wenn man von Westen an der Baie de la Forêt auf die Stadt zufährt, trifft man zunächst auf ein Viertel mit altmodischen Villen an einer Corniche mit felsigem Uferrand. Hinter einer niedrigen Brüstung, über die gelegentlich die Brandung schlägt, führt der Boulevard Katherine Wylie entlang. Im Westen schließen sich ›les sables blancs‹, zwei Strände mit feinem Sand, an. Man glaubt sich in eines der traditionellen Seebäder versetzt. Aber das Bild ändert sich, sobald man zum Kern von Concarneau gelangt. Auf der Landseite erheben sich moderne Apartmenthäuser und Hotels zwischen älteren Gebäuden, auf der Wasserseite liegt die kleine, köstliche Altstadt im Mauerkranz. Am Kai reihen sich endlos die Autos auf den Parkstreifen.

Der dritte Aspekt betrifft den modernen *Fischereihafen* nahe der Altstadt. Hier herrscht von morgens bis abends Betrieb. Wirtschaftlich bedeutet er den Schwerpunkt der Stadt, des ganzen Küstenabschnitts. Der Besucher hat weitgehend Zutritt zum Hafen, der sich in großem Umkreis um die Altstadt legt. Man mache sich allerdings keine Illusionen über den romantischen Charakter eines solchen Großbetriebes! Alles was mit Fischanlandung, Versteigerung und Transport zu tun hat, ist überwiegend eine kalte, glitschige und streng riechende Angelegenheit. Die ›criée‹ genannte Versteigerung beginnt um sieben Uhr in der Frühe und ist automatisiert. Der Fang wird jedoch schon am Vorabend angelandet. Bei Neonlicht geht die Arbeit am Kai die ganze Nacht über vor sich. Die Teilnahme an diesem Schauspiel erfordert also einen gewissen Enthusiasmus.

Die Altstadt wird oft mit Saint-Malo verglichen, aber die Ähnlichkeit trifft nur für die Ummauerung zu. Die Concarneau-Insel ist viel kleiner, mißt nur 350 Meter in der Länge und 100 Meter in der Breite. Im Gegensatz zu Saint-Malo hat sie musealen Charakter. Alle öffentlichen oder wirtschaftlich wichtigen Betriebe sind ausgegliedert. Von überregionalem oder sogar internationalem Interesse dürfte nur das Fischereimuseum an der Hauptstraße sein.

Die *Ville close* ist von außen am schönsten. An Sommertagen oder warmen Abenden hat sie mittelmeerischen Zauber. Man gelangt über zwei Brücken zwischen einer gewaltigen Wehranlage zum Eingangsportal. Links erhebt sich der Uhrturm. Unter dem großen, weißen Zifferblatt wirft der Stab einer alten Sonnenuhr seinen ungewissen Schatten. Sonnenuhren pflegen mit melancholischen Sprüchen an die Vergänglichkeit zu mahnen, so auch der Spruch unten am ›cadre solaire‹. Er lautet »Tempus fugit velut umbra«. Die Zeit flieht wie ein Schatten vorbei.

An der Innenseite des Uhrturms liegt das Büro, in dem der Besucher die Eintrittskarten für die Umrundung der Wälle kauft. Anders als in Saint-Malo verläuft der Rundgang nicht durchgehend. Man muß nach dem ersten Teil zum Ausgangspunkt zurückkehren, um beim zweiten Anlauf auf den Mauern an der Südseite entlangzugehen. Der Blick auf die Dächer und Hinterhöfe der Altstadt ist wenig interessant, der Blick auf den Arrière-Port nur durch Schießscharten möglich. Wo Stufen zu einem Aussichtspunkt hinaufführen, ist die Aussicht allerdings lohnend. Vom nördlichen Wall aus schaut man hinüber zu den Kais am Fischereihafen und sieht unterhalb der Mauer Fischerboote vor Anker liegen, die vom Salzwasser und schweren Wettern gezeichnet sind. Auf der Südseite gewinnt man dagegen einen Überblick über den heiteren Yachthafen mit seinen blanken Masten und die freundlichen Uferränder des Avant-Port mit der Ausfahrt zur See.

Unterhalb der Mauer, die sich um die Südbucht legt, verläuft die schmale Rue des Remparts. An der Südspitze der Insel liegt eine schüttere Grünanlage an der Esplanade du Château, wo in alter Zeit ein Schloß oder ein befestigter Turm gestanden haben soll. Auf der Hauptstraße der Altstadt, der Rue Vauban, drängen sich während der Saison die Besucher. Dadurch fällt es schwer, die hübschen, alten Fassaden in Ruhe zu betrachten. Gaststätten, Souvenirläden und Galerien säumen beide Straßenseiten.

VILLE CLOSE   323

Eine Spezialität von Concarneau sind Arbeiten aus zusammengesetzten Muscheln und sogar den Schalen von Krustentieren. Der Käufer hat die Wahl zwischen diesen und anderen Produkten der Andenkenindustrie, unter denen man aber auch gute Stücke bretonischer Keramikkunst finden wird. Bei Dunkelheit entzünden sich die Hängelaternen, die über die Rue Vauban gespannt sind. Dann ist es stiller. Die Gäste sitzen vor den Restaurants und essen zu Abend. Auf dem kleinen Platz Saint-Guénolé am Ende der Hauptstraße wird ein verspielter, grün gestrichener Eisenbrunnen aus dem 19. Jahrhundert angestrahlt. Auf seinem Sockel lagern junge Krokodile. Ein ausgewachsenes Tier reckt sich in die Höhe und schnappt nach einem Fisch. Der schnellt sich empor und bringt es dabei fertig, eine Laterne zu tragen. Man geht ein paar Schritte durch die Porte au vin, das einzige alte Tor in der nördlichen Mauer. Vom schmalen, alten Kai aus, der sich hier entlangzieht, sieht man auf die glitzernde Lichterkette am Hafen.

Das *Musée de la Pêche* am Eingang zur Rue Vauban ist in ehemaligen Kasematten rund um einen großen Innenhof untergebracht. Die beiden riesigen, sehr hohen Hallen des Museums enthalten alles, was mit Fischerei, der dafür notwendigen Navigation, dem Schiffsbau, den Fangmethoden und der Versteigerung des Fangs zusammenhängt. Es ist eine umfassende Sammlung sehr spezieller Art mit Erklärungen in einer Fachsprache, die der ausländische Tourist kaum in seiner Muttersprache beherrscht. Auch fehlt es an pädagogischer Anordnung moderner Museen. Trotzdem ist es eine anregende Schau, die nicht nur zum Verständnis der bretonischen Fischerei beiträgt. Im Saal für die Geschichte von Concarneau gibt es interessante Modelle der Hafenanlagen aus dem Zeitraum von 1912 bis 1967. Am Anfang des Jahrhunderts erstreckte sich dort, wo jetzt die Fischhallen stehen, noch Sandstrand. Um sich über die Gegenwart zu informieren, empfiehlt sich ein Spaziergang zu den Kais am Arrière-Port. Dort liegen nach dem neuesten Stand der Technik ausgerüstete Einheiten für die Hochseefischerei vor den Küsten von Afrika und Südamerika.

Die *Stadtgeschichte* von Concarneau auf der felsigen Insel
ist die Geschichte ihrer Befestigungen. Man hatte sich schon
im 9. und 10. Jahrhundert durch Gräben, Erdwälle und
Palisaden aus Baumstämmen für die Verteidigung vor allem
an der Südspitze gerüstet. Im 14. Jahrhundert ist Concarneau
zum Rang eines wichtigen befestigten Platzes aufgerückt.
Eine steinerne Mauer umgibt die ganze Insel. Im Erbfolgekrieg halten die Concarnois zu Jean de Montfort, dem Verbündeten der Engländer. Diese legen eine Garnison in die
Stadt. Der große Feldherr auf der Seite der Gegenpartei,
Du Guesclin, greift dreimal vergeblich an. 1378 wird Concarneau wieder bretonisch, nachdem es mehr als dreißig Jahre
der Besatzung durch die englischen Verbündeten des siegreichen Montfort unterstanden hatte.

Die Mauern wurden im 15. Jahrhundert auf Befehl bretonischer Herzöge verstärkt. In ihrem Schutz entwickelte sich
eine kleine Stadt mit einer Saint-Guénolé geweihten Kirche,
einem Friedhof, einem Krankenhaus, einem Gefängnis und
anderen Einrichtungen eines Gemeinwesens jener Zeit. In
den Religionskriegen kam die Ville close glimpflich davon.
Die Einwohner standen auf der Seite der Katholischen Liga
und waren nicht in Kämpfe verwickelt, bis sie einem Überraschungsangriff der Hugenotten aus dem Morbihan erlagen.
Nach drei Tagen wurden sie jedoch befreit.

Die große Zeit für die endgültige Gestaltung der Befestigungen ist das 17. Jahrhundert. Die Rue Vauban erinnert an
den Festungsbaumeister Ludwigs XIV., auf dessen Werk man
überall in der Bretagne trifft. Vauban ließ die Turmspitzen
abtragen und Plattformen anlegen, die noch heute erhalten
sind. Dort wurden Kanonen aufgestellt. Der restliche Mauer-
abschnitt wurde ausgebaut und durch zwei Türme ergänzt.
Damit bot Concarneau jenes geschlossene Bild, das für spätere Geschlechter zu einer Sehenswürdigkeit geworden ist.

Gauguin und die Schule von Pont-Aven

Der Stolz der Pont-Avenois

Pont-Aven hat ein dreifaches Renommée. Das erste verdankt es der Malerschule, die mit dem Namen Paul Gauguin verbunden ist, das zweite dem Heimatdichter Théodore Botrel, das dritte der Herstellung vorzüglicher Butterkekse. Bei der sommerlichen Überflutung von Touristen gibt es Interessenten für jeden der drei Aspekte. In der Hauptstraße – und Pont-Aven besteht im wesentlichen aus dieser Straße – ist das Gedränge groß. Der Ort im Tal des Aven hat Charme und verlockt zu Spaziergängen, sei es flußaufwärts am Aven, sei es hügelaufwärts zum Bois d'Amour über dem Flußtal. Von vergleichbaren Städtchen unterscheidet sich Pont-Aven durch seinen Stolz auf die Künstlerkolonie vom Ende des vorigen Jahrhunderts. Die Häuser sind gepflegt. Es gibt viele Plakate mit Hinweisen auf Kunstausstellungen und so gut wie keinen Andenkenkitsch.

Die Straße, die Concarneau via Pont-Aven mit Quimperlé verbindet, überquert den Aven auf einem alten, steinernen Brückchen. Der schmale, aber stark strömende Fluß wurde früher für den Antrieb von Mühlen genutzt. Noch jetzt sieht man ein Mühlrad an dem einen oder anderen Haus. Wenn man der Uferstraße nach Süden folgt, hat man den munter zwischen Felsbrocken plätschernden Fluß auf der einen Seite und auf der anderen Hügelgelände mit Gärten, in denen die weißen Blütenblätter der Calla leuchten. Das erweiterte Flußbecken dient als Binnenhafen, doch wirkt Pont-Aven durchaus als Landstadt.

Auf der linken Seite des Flusses liegt hinter Bäumen das Haus, in dem Botrel wohnte. Er ist auch in Pont-Aven begraben. Auf der rechten Flußseite hat man ihm in einer Anlage mit einer riesigen Araukarie ein Denkmal errichtet. Der

volkstümliche Dichter, der den Bretonen die uns schon be-
kannte ›Paimpolaise‹ schenkte, steht hier als schnurrbärtiger
Herr, mit dem breitrandigen bretonischen Hut in der Hand.
Einen Arm reckt er verzückt zum Himmel. Botrel schuf ein
Volksfest für Pont-Aven, das jährlich im August stattfindet.
Nach dem Stechginster, der das Land mit seinem lebhaften
Gelb erheitert, ist es ›La fête des fleurs d'ajonc‹ benannt.

Um nach Trémalo und zum Bois d'Amour zu gelangen,
folgt man zunächst ein kleines Stück der Straße nach Concarneau und biegt dann an einer scharfen Kurve ab. Ein ansteigender, schattiger Hohlweg führt auf ein Hochplateau mit
Feldern, weit gestreuten Gehöften und Waldpartien. Am
Rand eines Gehöfts und vor einer Kulisse alter Eichen liegt
die *Kapelle von Trémalo* aus dem 17. Jahrhundert, die Gauguin
häufig besuchte. Ihr Schieferdach ist auf einer Seite fast bis
zur Erde herabgezogen. Gotisches Maßwerk füllt das Mittelfenster des gotischen Chorabschlusses. Das Innere ist denkbar schlicht: Spitzbogenarkaden, eine holzverkleidete Decke,
Querbalken mit Krokodilsköpfen, naive, bemalte Holzfiguren
auf Sockeln, auf einem Altar eine heilige Anna, die mütterlich
besorgt der jungen Maria das Lesen beibringt.

Das alles sind vertraute Dinge in bretonischen Dorf-
kapellen. Auch der Cruzifixus zwischen zwei Bogenöffnungen
vor einem weiß getünchten Zwickel ist in seiner Gestaltung
nicht außergewöhnlich. Um den gestreckten, hageren Körper
schlingt sich ein gelbes Lendentuch. Dieser Cruzifixus aber
ist als ›Le Christ jaune‹ in die Kunstgeschichte eingegangen:
Gauguin hat ihn zweimal in eine Bildkomposition hineinge-
nommen, einmal mit andächtigen Frauen in bretonischer
Landschaft (›Der gelbe Christus‹, 1889) und ein zweites Mal
im Hintergrund eines Selbstporträts (›Selbstporträt mit dem
gelben Christus‹, um 1889).

Die Wiege des Synthetismus

Schon ehe Gauguin 1886 zum ersten Mal nach Pont-Aven
kam, bestand dort eine Künstlerkolonie. In der Pension der
Marie-Jeanne Goanec trafen sich im Sommer Maler aus aller

GAUGUIN

Welt, vor allem aus Amerika und den nordeuropäischen Ländern. Franzosen waren nur vereinzelt darunter. Man schloß Freundschaften, es bildeten sich Cliquen. Marie-Jeanne wird als verständnisvolle, dabei aber distanzierte Frau geschildert, die von den Malern respektiert wurde, ihrerseits ihre Gäste respektierte und es mit der Bezahlung nicht eilig hatte. Noch zeigt man in Pont-Aven ihr Haus in der Hauptstraße.

Die Bevölkerung hatte sich daran gewöhnt, während der Saison salopp gekleidete Künstler mit Zeichen- und Malgerät unter dem Arm in ihr malerisches Flußtälchen einfallen zu sehen. Der große, kräftige Gauguin mit der Hakennase und den scharf blickenden Augen unter schweren Lidern fiel trotzdem noch auf. Er trug die einheimischen Holzpantoffeln, einen geschnitzten Stock und ein grünes Barett mit Silberquaste. Seine Neigung zu bizarrer Kleidung sollte später noch extremere Formen annehmen.

Der 1848 in Paris geborene Paul Gauguin hatte die Karriere eines Börsenkaufmanns und dreizehn Ehejahre mit der Dänin Mette Gad hinter sich. Er war Vater von fünf Kindern, die mit der Mutter in Kopenhagen lebten. 1883 hatte er seinen Beruf aufgegeben, um sich nur der Malerei zu widmen. Schwere pekuniäre Sorgen und die Trennung von seiner Frau waren die Folge dieses Schrittes. Großstadtflucht und die Möglichkeit, billiger zu leben als in Paris, hatten ihn in die Südbretagne getrieben. Er liebte sie vom ersten Augenblick an. Seinen Ruhm hat Gauguin als Tahiti-Maler erworben. Es ist außerhalb Frankreichs weniger bekannt, daß er in der Bretagne zu seinem Stil fand.

Schon bei seinem ersten mehrmonatigen Aufenthalt in Pont-Aven war Gauguin mit Emile Bernard bekannt geworden. Dieser begabte achtzehnjährige Jüngling fand bereits als Maler Beachtung. Er war groß und schlank, hatte blaue Augen mit sanftem Blick und einen blonden Spitzbart. Bernard war Grübler und Theoretiker, las viel und schrieb Gedichte. Aus Pont-Aven berichtete er seinen Eltern: »Hier ist auch ein Impressionist mit Namen Gauguin, ein merkwürdiger Bursche. Er ist 36 Jahre alt und zeichnet und malt sehr gut.« Die Beziehung, die sich zwischen dem so viel jüngeren Mann und Gauguin entwickelte, sollte für die Schule von Pont-Aven bedeutungsvoll werden. Bernard war eng mit van Gogh befreundet, der noch nicht nach Arles übergesiedelt war. Zeitweilig gab es einen anregenden Gedanken- und Bilderaustausch zwischen den drei Malern.

Inspiriert von japanischen Farbholzschnitten, aber vor allem von der Technik alter, religiöser Glasmalerei, bekannte Bernard sich zu einem Stil, der als ›Synthetismus‹ bezeichnet wird. Kernpunkt dieses Stils ist die Hervorhebung des Wesentlichen durch Vereinfachung, flächige Darstellung, Betonung des Umrisses, dazu starke, reine Farben mit Verzicht auf Zwischentöne. Es war eine Absage an den Impressionismus und ein erster Schritt in eine neue Richtung. Bernard war ihr Vorkämpfer und begegnete in Gauguin einem Künstler gleicher Denkungsart.

Als andere französische Maler in Pont-Aven eintrafen, wurde Gauguin bereits als Autorität verehrt. Sein treuester Gefolgsmann war Charles Laval, der ihn im folgenden Jahr nach Martinique begleitete. Beim zweiten Aufenthalt in Pont-Aven im Sommer 1888 verdichteten sich die gemeinsam gesuchten Ansätze zum ›Synthetismus‹ zu einem Höhepunkt. Man kann diese Monate als Geburtsdatum der Schule von Pont-Aven und den Eßsaal in der Pension Gloanec als deren Geburtsstätte bezeichnen. Dort wurde nämlich in endlosen, hitzigen Gesprächen bis Mitternacht theoretisiert. Gauguin und der junge Bernard waren die großen Anreger.

Die Schule von Pont-Aven mit Gauguin als führender Kraft hat gewiß nicht allein den Funken entzündet, der in der Folge eine ganze Revolution in der Malerei auslöste, aber ihre Rolle darf auch nicht unterschätzt werden. Zu den begeisterten Anhängern der heiß umstrittenen, flächigen Malweise und der reinen Farben gehörte in jenem bedeutungsvollen Sommer der 23jährige Paul Sérusier. Er ließ sich schlagartig von der Malweise Gauguins überzeugen, und das an Ort und Stelle im Bois d'Amour, einem Gehölz, das die Maler gern für Naturstudien aufsuchten.

Was Paul Sérusier im Oktober nach Paris zurückbrachte und erstaunten Malerfreunden zeigte, war ein Holztäfelchen

SYNTHETISMUS

von 27 mal 22 Zentimetern, das er seinen ›Talisman‹ nannte.
Im Bois d'Amour hatte Gauguin ihm vor einem Motiv knappe
Hinweise gegeben. Sérusier trug in starken Ölfarben eine
völlig abstrahierte Baumkulisse auf das Täfelchen auf. Die
Freunde reagierten zunächst verblüfft. Ähnlich wie Bernard
bemühte auch Sérusier sich um theoretische Begründung des
neuen Stils. Es ging um nichts Geringeres als die Rolle der
Natur im Kunstwerk. Als Sérusier später Gauguin nach Le
Pouldu folgte, wurden dort im kleinsten Kreis die Rede-
schlachten fortgesetzt.

Über das Leben und die Arbeitsweise der Gruppe in den
Sommermonaten 1886, 1888 und im Frühsommer 1889 gibt
es amüsante und detaillierte Schilderungen. Außer Gauguin,
Bernard, Laval und Sérusier gab es etwa ein halbes Dutzend
mehr oder minder talentierte Anhänger. Fleiß, Fröhlichkeit
und Schwung zeichneten die Gruppe in der besten Zeit aus.
Man trieb gemeinsam Sport, wanderte, musizierte und legte
sich auch gelegentlich mit anderen Cliquen an. Amerikanische
Kunstjünger schüttelten den Kopf und hielten die Franzosen
für verrückt. Pont-Aven war damals ein Tummelplatz junger
Talente.

Der Ort wurde schnell bekannt, lockte auch Touristen an
und platzte beinahe aus den Nähten. Um dem Rummel zu
entgehen, siedelte Gauguin im Juli 1889 von Pont-Aven nach
Le Pouldu über. Zunächst begleitete ihn nur der holländische
Maler Meyer de Haan. In einem Brief an seine Frau behauptete Gauguin, daß der winzige Fischerort nur 150 Einwohner
habe. Jetzt ist Le Pouldu im Süden von Quimperlé ein auf-
blühendes Seebad. Der Strand hat eine Felskulisse, die damals
die Maler entzückte. Hohes Gelände mit einem Grasplateau
fällt zur See hin ab. Gauguin und de Haan fanden auch hier
eine verständnisvolle Wirtin in Marie Henry, die Unterkunft
war allerdings viel primitiver als in Pont-Aven. Von den Ge-
treuen gesellten sich vorübergehend Sérusier, Laval und
andere hinzu. Mit Bernard stand Gauguin in Briefwechsel.

Wie in den vergangenen Jahren lebte die kleine Gruppe
naturverbunden und arbeitete fleißig. Im Herbst verließen
die Maler die Küste, nur Gauguin blieb aus Geldmangel bis

Januar. Er war deprimiert, und die Bretagne zeigte ihm ihr grämliches, winterliches Gesicht. Im Sommer 1890 kehrte er noch einmal nach Le Pouldu zurück. Es war eine gute Zeit mit fruchtbarer Arbeit im Kreis der Malerkollegen und Verehrer. Sie sollte sich nicht wiederholen.

Das Ende der Künstlergemeinschaft

Im Jahre 1891 reiste Gauguin zum ersten Mal nach Tahiti, 1893 war er wieder in Paris, wo er mit Annah, einer Halbblut-Javanerin, zusammenlebte. Er nahm sie 1894 nach Pont-Aven zu Marie-Jeanne Gloanec mit. Der vertraute Kreis war in Auflösung begriffen. Sérusier widmete sich seiner Freundesgruppe, den ›Nabis‹. Seit der Zeit des ›Talisman‹ hatten sie Anregungen aus Pont-Aven aufgenommen. Daß Gauguin von ihnen als von seinen Schülern sprach, war allerdings sehr übertrieben. Bernard, der nicht zu den ›Nabis‹ gehörte, hatte sich bereits abgesetzt.

Der 46jährige Gauguin malte noch einige Bilder in Pont-Aven, bis ihm ein grotesker Unfall zustieß. Als er, selbst exzentrisch gekleidet, mit der aufgetakelten, exotischen Annah nach Concarneau fuhr, um Sérusier zu besuchen, rannten die Kinder aus Concarneau spottend hinter ihm her. Die Väter, auch Matrosen, mischten sich ein. Es kam zu einer Prügelei, aus der Gauguin mit einem komplizierten Beinbruch hervorging. Der Bruch wollte nicht heilen, und der verbitterte Gauguin konnte kaum arbeiten. Erst am Jahresende glückte die Rückkehr nach Paris. 1895 brach er zum zweiten Mal nach Tahiti auf, wo er bis 1901 blieb. Schwierigkeiten mit der Kolonialverwaltung ließen ihn dann auf den Marquesas-Inseln Zuflucht nehmen, wo er 1903 starb.

Ende der neunziger Jahre hatte sich der Streit mit Emile Bernard um die Priorität bei der Einführung des ›Synthetismus‹ für Auffassung und Technik bei der Gestaltung der Bilder zugespitzt. Bernard nahm eine Art von Urheberrecht für sich in Anspruch, und das nicht ganz zu Unrecht. Er hatte sich indes zu einem Maler und Graphiker von Format entwickelt. Gauguin schäumte. Freunde berichteten ihm über

DER GRÜNE CHRISTUS
331

den Verlauf der Angelegenheit nach Tahiti. Für ›le petit Bernard‹ empfand Gauguin nur noch tiefste Verachtung.

Gauguins bretonische Motive

Das letzte Bild, das Gauguin auf der Marquesas-Insel Hiva-Oa malte, hatte ein bretonisches Motiv: Im Februar 1894 hatte Pont-Aven unter einer Schneedecke gelegen, zur großen Begeisterung des Malers. Vom Bild ›Bretonisches Dorf im Schnee‹ schuf er mehrere Fassungen. Die letzte von 1903 blieb unvollendet und wurde in Papeete versteigert, da Gauguin Schulden hinterlassen hatte.

Von den Bildern aus der Zeit der Selbstfindung des Künstlers gilt das Gemälde ›Vision nach der Predigt – Jakobs Kampf mit dem Engel‹ als Zeugnis des Durchbruchs zum neuen Stil. In dieser ungewöhnlichen Komposition von 1888 spielt sich der Kampf kleinfigurig am oberen, rechten Bildrand ab. Den Vordergrund beherrschen die weißen Hauben der andächtigen Bäuerinnen. Perspektivisch verkleinert füllen diese Frauen auch den gesamten linken Bildrand aus. Die Szene spielt sich auf einem roten Grund ab, der durch einen dunklen Baumstamm diagonal unterteilt wird. Gauguin hatte das schockierende Bild dem Pfarrer von Nizon bei Pont-Aven angeboten und war enttäuscht, als der es zurückwies. Drei Jahre später wurde es auf einer Auktion in Paris für den damaligen Spitzenpreis von neunhundert Francs verkauft.

Auf dem Friedhof von Nizon gab es einen Calvaire, der Gauguin in ähnlicher Weise anregte, wie der ›gelbe Christus‹ von Trémalo es getan hatte. Am Fuß des Kreuzes halten drei trauernde Frauen den herabgesunkenen Leichnam Christi. Gauguin kopierte diese Gruppe genau und stellte sie vor einen Hintergrund mit Dünen und Meer. Im Vordergrund hockt eine Bäuerin, die sich in ihrer Haltung dem erschlafften Leichnam anpaßt. Dieses Bild von 1889 nannte Gauguin ›Der grüne Christus‹.

Seine bevorzugten Motive jener Periode waren Menschen in bretonischer Tracht, also vor allem Frauen, auch Kinder in ihrer Umgebung. Frauen sammeln Tang und laden ihn auf,

Kinder drehen sich im Reigen. Es gibt aber auch reine Land-
schafts- und Dorfbilder. Die kräftigen Farben und der
strenge Stil verleihen manchen Motiven einen symbolischen
Charakter, und gerade das hatte die Schule von Pont-Aven
beabsichtigt.

Man hat Gauguin und seinem Kreis in Le Pouldu ein origi-
nelles Denkmal gesetzt. An der Hauptstraße, die zum Strand
führt, liegt vertieft ein großer Platz mit Grasboden, von alten
Bäumen umrahmt. In der Mitte steht eine der typischen
Landkapellen, aber ohne Friedhof, Kreuz oder sonst einen
kirchlichen Bezug. Ehe man zur Kapelle hinuntergeht, erblickt man am Rand der Stufen am Boden eine unscheinbare
Gedenktafel. In schwarzen Lettern sind die Namenszüge der
Mitglieder der Schule von Pont-Aven auf Stein verewigt, nur
Gauguins Name in roten. Die gotische Kapelle Notre-Dame-
de-la-Paix befand sich ursprünglich in Nizon und stand zum
Verkauf. Man hat sie zerlegt und 1959 Stein für Stein in Le
Pouldu wieder aufgebaut und mit modernen Glasfenstern
ausgestattet. Schulklassen lagern im Schatten der Bäume,
junge Leute wandern mit einem Buch in der Hand auf und
ab, Besucher verzehren einen Imbiß auf der Bank zwischen
Taxushecken. Die Gedenkstätte lebt.

Kirchenkunst im Landesinnern

Das heilige Kreuz von Quimperlé

Quimperlé an der Ostgrenze des Finistère zum angrenzenden Département Morbihan ist eine kleine Stadt am Zusammenfluß zweier Flüsse. Der Name verrät es. Wie wir schon bei Quimper erwähnten, bedeutet das bretonische ›Kemper‹ Zusammenfluß. Das ›lé‹ am Ende des Wortes hat nichts mit Verkleinerung zu tun, sondern ist die Verkürzung des Flußnamens Ellé. Isole und Ellé vereinigen sich hier zur Laïta. An ihrem idyllischen Ufer zieht sich eine Promenade mit Bänken entlang, über der das Hügelgelände steil ansteigt.

Quimperlé teilt sich in eine Oberstadt und eine Unterstadt, die von den beiden Flüßchen eingerahmt wird. Zu Fuß gelangt man, wie in Morlaix, über Treppenwege von einem Stadtteil zum anderen. Der Verkehr wird über außerordentlich steile Straßen geleitet oder muß einen großen Bogen beschreiben.

Den Mittelpunkt der Oberstadt bildet die spätgotische Kirche *Notre-Dame-de-l' Assomption*. Über eine gewundene Straße an der Apsis spannen sich zwei horizontale Bogen des Strebewerks bis zu den Häusern rechts und links hinüber. Der hohe, eckige Turm von Notre-Dame beherrscht die ganze Oberstadt. Das nördliche Seitenportal ist wegen seiner Vorhalle berühmt, die von einer Säule mit kunstvoller Steinmetzarbeit unterteilt wird. Das einschiffige Innere stammt aus dem 13. Jahrhundert, der Chor mit den wuchtigen Pfeilern aus dem 15. Jahrhundert. Vor der Fassade und an der Südostseite erstreckt sich ein großer, öde wirkender Platz. Die Oberstadt hat sich recht unorganisch um die Kirche entwickelt; zu verschieden sind ihre architektonischen Elemente, als daß sie sich zu einem harmonischen Bild zusammenfügen ließen.

Dagegen ist die alte Unterstadt als Ganzes eindrucksvoll. Die Häuser sind auf engem Raum zwischen Isole und Ellé zusammengedrängt. Am Isole gibt es reizende Brückchen zur Hinterseite der Häuser. An der Rue Dom Morice entdeckt man eine kurze, aber stilvolle Passage mit Fachwerkhäusern. Am stattlichsten ist ›la Maison des Archers‹, das Haus der Bogenschützen. Über einem Erdgeschoß aus hellem Stein zeichnen sich vor weißer Wand die vertikalen, diagonalen oder verzweigten Holzbalken des Fachwerks ab. In zwei Stockwerken laufen Reihen von Fenstern mit dunklen Butzenscheiben.

Die Kirche *Sainte-Croix* im Herzen der Altstadt hatte ein seltsames Schicksal, das man kennen muß, um die Anlage zu verstehen. An einer Seite des gewaltigen romanischen Zentralbaus erhebt sich ein Campanile im gotischen Stil, der als Fremdkörper wirkt. Ursprünglich war der Bau von einem Turm mit Laterne gekrönt, der 1679 noch erhöht wurde, aber man hatte den Druck dieser Konstruktion unterschätzt. Die Pfeiler in der Mitte der Rotunde, die die Last auffingen, gaben nach und mußten 1728 verstärkt werden. Ein Jahrhundert später warnten Ingenieure die Stadtverwaltung und den Klerus vor einer Katastrophe. Vergebens! Am 21. März 1862 stürzte der zentrale Turmaufbau mit solcher Wucht ein, daß die Kirche bis auf den Chor, die darunterliegende Krypta und ein Portal zerstört wurde. Zwei Menschen fanden den Tod unter den Trümmern. Der Wiederaufbau nach den alten Plänen dauerte vier Jahre und war 1868 vollendet. Bald darauf wurde der Campanile errichtet.

Sainte-Croix wirkt heute weder im Innern noch im Äußeren rekonstruiert. Es ist eine majestätische Kirche, die den Besucher sofort in die Kreisbewegung der Anlage einbezieht. In der Bretagne gibt es sonst nur noch die Ruine des schon erwähnten Tempels von Lanleff als Zentralbau. Nach Meinung der Kunstwissenschaft soll die Grabeskirche in Jerusalem den Bau der Abteikirche von Quimperlé inspiriert haben.

Im Unterschied zu den drei abgerundeten Absiden an der Rotunde, die dem Grundriß insgesamt die Form eines griechischen Kreuzes geben, ist der Mönchschor länglich gestaltet. Zwischen vier gewaltigen Pfeilern, die ehemals den Turm mit der Laterne trugen, befindet sich eine stark erhöhte, quadratische Bühne unter der zentralen Wölbung. Man steigt zu diesem Vorchor über eine Treppe von elf Stufen hinauf. Von dieser zentralen Bühne aus liest der Geistliche die Messe. Die Gemeinde sitzt unterhalb im Halbkreis. Wie in anderen romanischen Kirchen dienen auch hier rötlichgraue Rundbögen und vorgeblendete Arkaden als Stütze und Dekoration vor weiß getünchten Wänden. Der einzige, höchst kunstvolle, beinahe maniriert wirkende Schmuck ist ein hoher und langer steinerner Altaraufsatz von 1541 mit Figuren in üppig umrahmten Nischen. Er befindet sich an der Innenseite eines geschlossenen Seitenportals.

Die am Ende des 11. Jahrhunderts entstandene und beim Einsturz verschonte *Krypta* liegt 1,30 Meter unter dem Boden des Vor-Chors. Man steigt einige Stufen hinab und wird vertrauensvoll gebeten, die Beleuchtung selbst zu bedienen. Der kleine Raum der Krypta ist dreischiffig. Kurze, plumpe Säulen stützen das Kreuzgrat-Gewölbe. Zum Glück liegen die reich skulptierten Kapitelle mit fein gemeißeltem Blattwerk in Augenhöhe des Betrachters. Die Basen ruhen auf Wülsten und ineinander verschlungenen Schnecken. Im Mittelschiff entdeckt man zwei Sarkophage mit Liegefiguren. Die eine zeigt stark verwittert einen Mann in angedeuteter Abtskleidung, angeblich den heiligen Gurloës, die andere den 1453 gestorbenen Abt Henry de Lespervez.

Die Fassade der Kirche ist, wenn auch erneuert, von romanischem Geist erfüllt. Über dem Portal sind vier zierliche Säulenarkaden einem Mauerquadrat vorgeblendet. Der Tambour darüber ist in seinem unteren Querband durch zwei Fensternischen gegliedert, denen im oberen Querband zwei schmalere entsprechen. Kräftige Widerlager rahmen diesen Aufbau ein, den Licht und Schatten plastisch gestalten. Von der Rue Ellé aus, die beim Campanile abzweigt, hat man den bestmöglichen Blick auf den Baukörper mit dem gestreckten Chor. Als ehemalige Abteikirche ist Sainte-Croix nämlich einem alten Häuserkomplex eingegliedert und liegt nicht frei. Die anschließenden Gebäude aus dem 18. Jahrhundert wurden seinerzeit von den Mönchen genutzt. Jetzt sind hier unter anderem die Post und die Gendarmerie untergebracht.

Der Ursprung der Abtei ist nicht geklärt. Der Überlieferung nach ist Guthierne, ein Prinz aus Britannien, ihr Gründer. Er kam gegen 550 in die Bretagne, wo ihm ein Graf Grallon den Baugrund für die Abtei am heutigen Platz zur Verfügung stellte. Guthierne hatte sich als Büßer dem frommen Leben zugewandt, nachdem er, wenn auch unwissentlich, seinen Neffen im Kampf getötet hatte. Von der ersten Abtei blieb nichts übrig. Vermutlich wurde sie völlig von den Normannen zerstört. Historisch belegt geht die Gründung von Sainte-Croix auf den Grafen Alain Canihart zurück. Während einer schweren Krankheit soll sich ihm im Traum ein goldenes Kreuz vom Himmel herab in den Mund gesenkt haben, woraufhin er genas. Aus Dankbarkeit schenkte er Land für die neue Abtei, die nach dem Heiligen Kreuz benannt wurde. Das Dokument der Gründung trägt das Datum 1029. Der erste Abt war Gurloës, den die Bretonen heiligsprachen, während der Papst die Heiligsprechung als unbegründet ablehnte. Im Lauf der Jahrhunderte wurde die Benediktinerabtei reich ausgestattet und besaß eine kostbare Bibliothek, die jedoch während der Revolution verstreut wurde.

Die Landkapellen von Le Faouët

Quimperlé ist ein geeigneter Standort, um in nördlicher Richtung das etwa 25 Kilometer entfernte Städtchen Le Faouët aufzusuchen. Ungefähr im Halbkreis um den Ort verstreut, liegen vier überraschend schöne Kapellen in reizvoller ländlicher Umgebung. Früher war das kleine Faouët ein bedeutendes Handelszentrum für landwirtschaftliche Produkte. Davon zeugt die gut erhaltene, offene Markthalle aus dem 16. Jahrhundert, die berühmteste der Bretagne. Sie ist lang, hoch, luftig und überdimensional im Verhältnis zu ihrer Umgebung. Das tief heruntergezogene Schieferdach wird an den Längsseiten von kurzen, dicken Säulen aus Granit gestützt, denen ein gemauerter, niedriger Sockel als Funda-

DER LETTNER VON ST-FIACRE

ment dient. Die Eingänge an den Schmalseiten öffnen sich
unter Spitzgiebeln aus Schiefer. Ein kokettes Uhrtürmchen
über dem mittleren Eingang lockert das strenge Bild auf.
Innen ist die Halle sorgfältig mit Holz verkleidet. Ein Profanbau mit der Würde vollendeter Funktionalität!

Knapp drei Kilometer südlich von Le Faouët liegt am Wegrand zwischen Wiesen, Feldern und den Häusern eines Gehöfts die Kapelle von *Saint-Fiacre*, dem Heiligen der Gärtner.
In dieser bäuerlichen Umgebung überrascht die Kirche mit
einem Turm, der an Bizarrerie anderen phantasievollen bretonischen Kirchtürmen noch überlegen ist. Das bekannte
Motiv mit offener Glockenstube und flankierenden Treppentürmchen hat hier eine neue Variante erfahren. Der Turm
steigt mit seinen Öffnungen, verzierten Wimpergen und
einem Spitzhelm mit Krabben über der Spitze des Dreieck-
giebels empor. Die Verbindung zu den relativ hohen und
kräftigen Treppentürmen wird von einem Sockel mit durch-
sichtigem Geländer aus hergestellt, so daß ein einzigartiger
Dreiklang mit dem Glockenturm entsteht: Bei ähnlichen
Konstruktionen, wie etwa in Penmarc'h, ist das nicht so.

Die Fassade der Kirche ist asymmetrisch und schlicht, nur
die mittlere Partie über dem Portal ist mit drei flachen, leeren
Nischen unter gotischen Bögen versehen. Früher enthielten
diese Nischen Wappen der Familien, die im 15. Jahrhundert
als Beweis ihrer Frömmigkeit Kirchen und Kapellen bauen
ließen. In diesem Fall waren es die Familie Bouteville, die am
herzoglichen Hof eine Rolle spielte, und das regierende Haus
Monfort selbst mit Herzog Jean v. Leider ist Saint-Fiacre zur
Zeit innen wie außen vernachlässigt, was mit der isolierten
Lage zusammenhängen mag.

Das asymmetrische Innere mit einem Schiff und einem
Seitenschiff ist schwach erhellt, nur der wundervoll geschnitzte und farbig gefaßte *Lettner* aus dem Jahr 1480 wird
angestrahlt: Seinetwegen kommen die Besucher. Von der
verblichenen Bemalung geht ein besonderer Reiz aus; es sind
Farbnuancen entstanden, die an orientalische Teppichkunst
erinnern. An diesem Lettner hat sich die Phantasie der Volkskunst beinahe überschlagen. Es ist unmöglich, alle Einzel-

heiten zu erfassen. Als Abweichung vom üblichen Aufbau fällt die ungewöhnliche Anordnung und Anbringung der Golgatha-Gruppe auf. Mit den Kreuzen der Schächer beherrscht sie die gesamte Schauseite. Der Gekreuzigte, erbarmungswürdig mager und fast mit dem Stamm verwachsen, ragt hoch über den oberen Rand hinaus. Weiter unten windet sich auf einer Seite der böse Schächer, gräßlich im Schmerz verzerrt, am Marterholz, während der gute Schächer auf der anderen Seite gequält, aber doch erhobenen Hauptes auf den Tod wartet. Das spielt sich vor dem kunstvollsten Hintergrund ab, den spätgotische Schnitzerei hervorbringen kann. Das breite, horizontale Band, das sich über den unteren Öffnungen hinzieht, ist durch gleichmäßige Kielbogen unterteilt. In diesen Rahmen ist ein Maßwerk, leicht getönt und zart wie Filigran, eingepaßt, das sich immer feiner verästelt und auch nach unten fortsetzt. Die Zwickel zwischen den Bogenöffnungen enden freischwebend im Leeren, der Stumpf wird von den entfalteten Flügeln fragiler Engelchen aufgefangen. Unter dem Fuß des Kreuzes sind Maria und Johannes als große Gestalten aufgestellt. Viel kleiner rahmen Adam und Eva den Stamm des Apfelbaums. Sie sind nackt, aber mit einem soliden Feigenblatt versehen.

Auf der Rückseite sind sündhafte Weltkinder versammelt. Unter ihnen gibt es einen Dudelsackpfeifer, der für andere, nützlichere Tätigkeiten zu faul ist. Ein Bauer pflückt Äpfel vom Baum und verkörpert wohl den Diebstahl. Die Trunkenheit wird durch eine Figur dargestellt, die in sehr drastischer Anspielung an die üblen Folgen einen Fuchs herauswürgt. Ein Liebespaar soll vor der Sünde der Unzucht warnen. Auf dieser Chorseite wird überhaupt jeder noch so kleine Platz auf den Querbalken oder unter den hängenden Basen der Bogen für rätselhafte, phantastische Darstellungen von Mensch oder Tier genutzt, wie man sie von den ›sablières‹ her kennt.

Sainte-Barbe läßt sich mit keiner bretonischen Kapelle vergleichen, und das nicht wegen einer bestimmten Extravaganz in Bau oder Ausstattung, sondern wegen ihrer Lage: Es ist eine Waldkapelle in einer Felsschlucht. Von Le Faouët im Wagen ankommend, parkt man auf einem grasigen Hochplateau inmitten einer spröden Landschaft mit Stechginster und Dorngesträuch. Ein schöner Fernblick erfaßt das bewaldete Tal des Ellé. Nach wenigen Schritten trifft der Besucher auf das einfache Haus eines Wärters und auf eine Glocke, die unter einem Schutzdach im Freien hängt. Dann tut sich zu seinen Füßen zwischen Felswand und Wald eine Schlucht auf. Auf schmaler Felsterrasse klebt die Kapelle, auf deren Dach er nun herabblickt. Erstaunlich breite Treppen führen hinab. Am Ende einer steinernen Bogenbrücke liegt ein kleines, geschlossenes Sanktuarium des heiligen Michael. Der Blick auf die Anlage ist zunächst verwirrend, und die Zuordnung klärt sich erst nach und nach. Wenn man dagegen von Le Faouët einen Fußweg durch den dichten Wald nimmt, baut sich der Komplex am Ziel organischer auf. Allerdings muß man zum Schluß steil bergauf klettern.

Die Gründungsgeschichte der Kapelle ist im Kern wahr, auch glaubhaft, aber durch Ausschmückung legendär geworden. Barbara wird als Heilige für Schutz gegen Blitzschlag verehrt. Eines Tages ging Jehan de Toulbodou, ein Edelmann aus dieser Region, im Wald auf Jagd. Dabei wurde er von einem fürchterlichen Gewitter überrascht. Der Regen löste Sturzbäche aus, die Felsblöcke mit sich rissen. Es blitzte und donnerte ununterbrochen. An die Felswand gepreßt, flehte Jehan die heilige Barbara um Schutz an, und sie erbarmte sich seiner. Als Dank errichtete er die Kapelle auf der Felsterrasse. Nach einer erweiterten Fassung der Geschichte geschah sogar ein Wunder: Durch das Eingreifen der Heiligen kam ein Felsblock zum Stillstand, der sonst den Jäger zerschmettert hätte.

An der Barbara-Kapelle baute man von 1489 bis 1512. Es muß ein mühseliges Unterfangen gewesen sein, das Material hinaufzuschleppen oder vom Plateau abzuseilen. Der Höhenunterschied zum Tal des Ellé am Fuß des Waldes beträgt rund hundert Meter. Das Gelände ist steil, hat schlüpfrigen Grund, ist im Sommer kühl und schattig, aber im Winter fast unpassierbar. Es ist ein Stück Gebirge ›en miniature‹. Die Kapelle besteht nur aus einem Querschiff mit Chor. Ein eckiger Turm an der dem Fels zugewandten Seite überragt kaum den

KIRCHENKUNST

Dachfirst. Der Baukörper im spätgotischen Stil wird nur durch Fenster und Widerlager mit hohen Fialen gegliedert. Im Innern ruht eine bemalte, hölzerne Figur der Heiligen unter dem Altar im Chor. Auf alten Glasfenstern wird ihre Legende erzählt.

Die Anlage der im Jahr 1700 entstandenen monumentalen Treppe mit 78 Stufen und einem prachtvollen Balustraden-geländer bleibt rätselhaft. Man könnte sie eventuell mit dem großen Pardon in Zusammenhang bringen, der hier am letzten Sonntag im Juni und am 4. Dezember gefeiert wird. Eine Ab-zweigung führt zum kleinen Oratorium Saint-Michel auf dem Felssporn über dem Abgrund, auf gleicher Höhe wie die Glocke unter dem Schutzdach. Das Glockengeläut hallt in der Schlucht wider, und nicht nur Kinder auf ihrem Schul-ausflug, sondern auch erwachsene Touristen hängen sich mit Vorliebe an den Strang, um es auszuprobieren. Wenn auch der Zusammenhang von Kapelle, Oratorium und Treppen-läufen, die Versailles würdig wären, unorganisch bleibt, so trägt er doch gerade zum romantischen Zauber bei, der vom frommen Werk des geretteten Jägers ausgeht.

Auch die kleine Kapelle von *Saint-Nicolas-en-Priziac* wird, ähnlich wie Saint-Fiacre, wegen ihres Lettners aufgesucht. Von Sainte-Barbe aus gelangt man nach wenigen Kilometern zu dem kleinen, in Grün gebetteten Ort Priziac. Der Lettner in der Kapelle ist schlichter und übersichtlicher als das be-rühmte Beispiel in Saint-Fiacre, auch ist er später, in der Re-naissance, entstanden. Ein dreiteiliges hölzernes Gitter ver-läuft in straffen Formen unter einem horizontalen Fries. Bei dem Kruzifix über dem Fries fehlen Begleitfiguren. Die drei Bogenöffnungen im Gitter werden von gedrechselten Säulen getragen. Darüber reihen sich neun Felder mit geschnitzten und zart bemalten Szenen aus dem Leben des heiligen Niko-laus. Schmale Felder mit Karyatiden dienen, dem Geschmack der Renaissance entsprechend, als trennendes Element. Alles ist da einfach und klar, ohne trocken zu sein. Die Taten des Heiligen sind mit einer Frische und Naivität dargestellt, die an die köstlichen steinernen Figuren und Gruppen in den Laibungen bretonischer Kirchenportale erinnert.

DIE FRESKEN VON KERNASCLÉDEN 341

Die Kirche *Kernascléden* ähnelt der Kapelle Saint-Fiacre in
Einzelheiten, etwa in der Anlage des Glockenturms. Man
kennt auch den Grund. Engel, die es mit der Zeitrechnung
nicht allzu genau zu nehmen brauchen, führten täglich die
Handwerker mit ihrem Werkzeug auf wundersame Weise von
einem Bauplatz zum anderen, denn beide Gotteshäuser sollten gleichzeitig in die Höhe wachsen. Die Realität will es
anders. Die Kirche von Kernascléden, östlich von Saint-
Fiacre, wurde 1453 geweiht, ist also älter. Vor allem ist sie viel
prächtiger, ein hervorragendes Beispiel bretonischer Spätgotik. Auch für diesen Bau hatte eine berühmte Familie das
Mäzenatentum übernommen, die Rohan, von denen noch die
Rede sein wird. Der kunstliebende Herzog Jean v. hatte sowohl für Saint-Fiacre als auch für diesen Kirchenbau ge-
spendet.

Saint-Fiacre sucht der Kunstfreund wegen des Lettners
auf, Kernascléden wegen der Fresken. Freskenmalerei ist in
der Bretagne äußerst selten, Kernascléden gilt als Ausnahme.
Das Innere der Kirche hat ein steinernes Gewölbe. Die Male-
reien sind hoch angebracht, nämlich in den Zwickeln zwischen den Spitzbögen der Arkaden. Sie stellen das Leben
Christi und Mariens dar. Auf Wandflächen werden die Themen Totentanz und Höllenqualen abgehandelt. Während das
Totentanzfresko in Kermaria-en-Iscuit seinen Figuren-
reigen eher schematisch vorführt, ist der verblaßte Totentanz
von Kernascléden weit bewegter. Gestalten verschiedener
Größe sind auf zwei Ebenen verteilt. Das Gemälde der
Höllenqualen zeugt von einer Phantasie, die das Gräßliche
mit einem gewissen naiven Behagen ausmalt. Diese Fresken
unterscheiden sich stilistisch völlig von der Malerei in den
Zwickeln, die auch zwischen 1469 und 1470 entstand. Diese
ist delikat in der Farbgebung, zart in der Behandlung der
Gesichter und Gebärden und weit entfernt von der derben,
originellen und auch rührenden Art, die kirchliche Kunst in
der Bretagne bis ins späte Mittelalter häufig charakterisiert.
Man nimmt an, daß der unbekannte Freskomaler am herzoglichen Hof gearbeitet hatte und Einflüsse von der Loire, wenn
nicht gar aus Italien mitgespielt haben.

Geschichte und Geschichten von Auray
bis zur Belle-Ile

Ein Blick auf Auray

Die rege Kleinstadt Auray scheint zunächst keine außergewöhnlichen Reize zu besitzen. Man fährt oder geht durch belanglose Straßen mit dem Ziel, den historischen Kern zu entdecken. Wenn es dem Fußgänger aber glückt, den schmalen
Zugang zur hohen, bewaldeten Promenade du Loch zu finden,
dann sieht er auf eines der anmutigsten Stadtbilder herab, die
die Bretagne zu bieten hat. Da liegt gegenüber an der Flußschleife des Loch das alte Viertel *Saint-Goustan* mit seinen
Häusern am Steilhang und den Türmen der beiden Kirchen.
Über den Fluß führt eine schöne Steinbrücke mit jeweils drei
eckigen, wie ein Bug vorspringenden Pfeilern. Sie bildet eine
Klammer zwischen dem Oberlauf des Loch und dem breite-
ren Unterlauf, der als Hafen dient.

Von Steilstraßen und Treppen durchzogen, weist Saint-
Goustan noch Wohnhäuser aus dem 16., ja sogar aus dem
15. Jahrhundert auf. Auf der Place Saint-Sauveur am Kai
sitzen in der guten Jahreszeit die Gäste im Freien vor einem
Restaurant. Sie knacken und schlürfen frische Krustentiere
und schlendern anschließend über den Kai, der nach Benjamin Franklin benannt ist. An einem Haus erinnert eine Tafel
daran, daß er hier 1776 abstieg, um nach der Unabhängig-
keitserklärung der Vereinigten Staaten mit Frankreich einen
Bündnis- und Handelsvertrag abzuschließen. Allerdings verdankt Auray diese Ehre einem Zufall. Durch widrige Winde
war Benjamin Franklin gezwungen worden, den Loch stromaufwärts zu segeln, während er beabsichtigt hatte, in Nantes
an Land zu gehen.

Zwei schicksalhafte Schlachten

In der Umgebung von Auray kam es im Lauf der Geschichte zweimal zum tragischen Akt eines Bruderkrieges von Franzosen gegen Franzosen. Die Schlacht von Auray 1364 war schicksalhaft für die Bretagne, die Hinrichtung der Royalisten von 1795 beendete den heldenhaften Kampf der Revolutionsgegner. Danach gab es nur noch einen Einzelgänger, der sich zum Rächer berufen fühlte. Der ›letzte Chouan‹ hieß Georges Cadoudal und stammte aus Kerléano bei Auray.

Am 29. September 1364 wurde der sich endlos hinschleppende bretonische Erbfolgekrieg entschieden. Dieser Krieg, der mit seinen breit gestreuten Unternehmungen in der ganzen Bretagne wütete, hatte 1341 begonnen. Die Erbitterung der beiden Prätendenten für die Herzogswürde, Jean de Montfort und Charles de Blois, hatte so weit geführt, daß es vor der letzten Schlacht auf beiden Seiten zu dem Tagesbefehl kam: Kein Pardon! Weder für Montfort noch für Blois! Der Verlierer sollte sofort getötet werden, damit der Bruderkrieg endlich aufhörte.

Die Schlacht fand in sumpfigem Gelände wenige Kilometer südlich von Auray statt. Montfort mit den verbündeten Engländern hatte zweitausend Mann und tausend Bogenschützen aufgestellt. Für seine Sache kämpfte der berühmte Feldherr Du Guesclin. Ihm stand Blois mit etwa viertausend Berittenen gegenüber, unter ihnen viele französische Edelleute. Beim blutigen Gemetzel starb Charles de Blois durch Dolchstiche, die ihm ein Engländer versetzt hatte. Als man den Leib des frommen Mannes entkleidete, entdeckte man auf seinem Körper ein Büßerhemd. Tief erschüttert stand der Sieger Jean de Montfort vor der Leiche seines Vetters. Zum Gedenken an den gefallenen Rivalen ließ er auf dem Schlachtfeld eine Kirche und eine Abtei errichten, die Sankt Michael geweiht wurde. 1482 zogen hier Kartäuser ein. Noch jetzt erhebt sich auf dem Gelände ein Bauwerk mit dem alten Namen La Chartreuse, das jedoch aus jüngerer Zeit stammt. Reste der historischen Bauten wurden 1968 durch Feuer zerstört und dann durch neue ersetzt. Die Chartreuse dient heute als

VON AURAY ZUR BELLE-ILE

Heim für taubstumme Kinder, die Kirche und die vom Feuer verschonte Grabkapelle wurden restauriert.

Auf dem nahen ›Champ des Martyrs‹ können sich die Besucher die Tragödie vergegenwärtigen, mit der die sogenannte zweite Chouannerie ihr Ende fand; über die erste berichteten wir bereits bei der Beschreibung von Fougères. Die zweite Chouannerie spielte sich im südlichen Morbihan mit Schwerpunkt in Quiberon ab. 1795 versuchten etwa zehntausend nach England emigrierte Royalisten eine Invasion an der Bucht von Quiberon. Am 25. Juni warf eine englische Flotte Anker vor dem Strand von Carnac im Norden der Bucht. Zwei Tage darauf waren 4500 Mann an Land gesetzt. Bretonische Chouans standen ihrerseits bereit. Ein Überraschungsangriff war geplant, aber Uneinigkeit unter den Führern der Royalisten verzögerte und schwächte den Einsatz.

Der vom Konvent entsandte junge General Lazare Hoche hatte dadurch Zeit genug, um eine Verteidigung vorzubereiten, die einer Umzingelung gleichkam. Verzweifelt versuchten die Männer des Expeditionskorps, bei Port Haliguen an der Ostküste der langen, schmalen Halbinsel Quiberon auf die Schiffe zu flüchten. Die starke Brandung ließ es nicht zu. Es kam zu entsetzlichen Szenen. Die Revolutionsarmee schoß vom Ufer aus auf die Köpfe der Flüchtenden, die in Erwartung englischer Schaluppen bis zum Hals im Wasser standen. Am 21. Juli befahl der General Sombreuil dem Rest der geschlagenen royalistischen Armee, die Waffen zu strecken. Sie hatte 1200 Mann und 192 Offiziere verloren. 1800 Royalisten war die Rettung auf die Schiffe gelungen. Die Gefangenen wurden zur Exekution nach Vannes und Auray gebracht.

Die Sühnekapelle für jene 952 Royalisten, die in Auray vom 1. bis 25. August 1795 füsiliert wurden, erhebt sich auf einer tiefer gelegenen Wiese, lieblich zwischen Waldsaum und Fluß gebettet. Die Vorhalle der Kapelle ist einem griechischen Tempel nachgebildet, allerdings mit einem Kreuz auf dem Giebel. Eine lapidare Inschrift an der Fassade besagt »Hic deciderunt«. Hier sind sie umgekommen. Der Tempel stammt aus der Epoche der Restauration. Innen und außen verfallen, bietet er zur Zeit ein trostloses Bild.

IV

Paul Gauguin

Der grüne Christus, 1889

Öl auf Leinwand, 92 x 73 cm
Brüssel, Musées royaux des Beaux-Arts
de Belgique

346 VON AURAY ZUR BELLE-ILE

Die oben erwähnte restaurierte Grabkapelle im Komplex der Chartreuse ist dagegen nicht nur für den Historiker, sondern auch für den Kunstfreund interessant. In den erzählenden Reliefs an den Wänden und im Mausoleum aus weißem Marmor mitten in der Kapelle prägt sich der kühle, klassizistische Stil der Frühzeit der Restauration rein aus. Im Mausoleum sind die Gebeine der Hingerichteten vom Feld der Märtyrer beigesetzt, die man 1814 exhumiert hatte. Hier lautet die Inschrift am Mausoleum »Pro Deo, pro rege nefarie trucidati«. Für Gott, für den König frevelhaft erschlagen. Ihre Namen werden an anderer Stelle in der Kapelle aufgeführt.

Der ›letzte Chouan‹

Held des zweiten Aufstands ist Georges Cadoudal, der ›letzte Chouan‹. Er wurde 1771 geboren. Georges stammte aus einer wohlhabenden Bauernfamilie und war der Älteste von zehn Geschwistern. Der große, kräftige und stolze Jüngling besuchte das Collège in Vannes, eine Pflanzstätte der Chouannerie. Wie viele seiner Kameraden begrüßte er 1789 den Ausbruch der Revolution, wechselte aber bald zur Gegenseite über. 1793 schloß er sich den Aufständischen an. Schon damals erwies sich der 22jährige Cadoudal als geborener Führer. Nach etlichen Abenteuern des Untergrundkampfes hatte er die Chouannerie des Morbihan in der Hand, entging der Niederlage von Quiberon und deren Folgen und fügte sich vorübergehend im Sommer 1796 der durch General Hoche verkündeten Befriedung. Aber schon 1799 stand er wieder an der Spitze aufständischer royalistischer Truppen, die während der sogenannten dritten Chouannerie Teilerfolge hatten.

Nach dem Staatsstreich vom November 1799, aus dem Napoleon als Erster Konsul hervorging, legte Cadoudal die Waffen nieder. Als eingefleischter Royalist blieb er jedoch der erbitterte Feind Napoleons, der seinerseits den tapferen Bretonen achtete und ihn gern für sich gewonnen hätte. Die Chouannerie löste sich auf, aber einige Hitzköpfe kämpften im Untergrund weiter. Cadoudal hatte zunächst die bizarre Idee, den Ersten Konsul zu entführen, entschloß sich aber

GEORGES CADOUDAL 347

dann zu einem Attentat, das mißglückte. Er wurde verhaftet, verurteilt und am 12. Juni 1804 hingerichtet. Das Nachspiel ist makaber. Seine Leiche wurde Medizinstudenten zur Sektion überlassen. Der Chirurg Larrey bewahrte das Skelett. Der körperliche Rest dessen, der wie kein anderer zum Ruhm der Chouannerie beigetragen hatte, wurde in einem schlichten Mausoleum beigesetzt, das man seinem Elternhaus gegenüber in Kerléano errichtete.

Wallfahrtsort Sainte-Anne-d'Auray

Eine rein geistige, von inniger Frömmigkeit getränkte Atmosphäre beherrscht den Wallfahrtsort Sainte-Anne-d'Auray. Er liegt eine gute Wegstunde nördlich von Auray. Der Turm der Basilika von Sainte-Anne ist weithin sichtbar und beherrscht die ganze flache Umgebung. Diese größte Wallfahrtsstätte der Bretagne ist für den Empfang von Zehntausenden von Pilgern eingerichtet. Sie treffen das ganze Jahr über ein, besonders zahlreich zu Pfingsten. Der große Pardon findet am 26. Juli statt und wird am Vorabend mit einer Lichterprozession feierlich eröffnet.

Der Ort hieß in alter Zeit Keranna. In seiner Nähe befand sich auf dem Feld von Bocenno eine Kultstätte, von der sich nur die Kunde erhalten hat. Ob sie einer heidnischen Muttergottheit oder der Mutter Mariens geweiht war, ist umstritten. Über die Errichtung von Sainte-Anne-d'Auray läßt die fromme Legende jedoch keinen Zweifel: Die heilige Anna persönlich gab den Auftrag zum Bau. Ab 1623 erschien sie mehrmals dem schlichten Landmann Yves Nicolazic und mahnte ihn, an einer bestimmten Stelle zu graben und dort ihr zu Ehren eine neue Kapelle zu errichten. Yves gehorchte, grub bei Bocenno und fand tatsächlich am 7. März 1625 eine bemalte Holzstatue der Heiligen. Nun waren Klerus und Volk von den Visionen des Landmanns überzeugt, den sie vorher verspottet hatten. Sainte-Anne erwuchs zu einer Gnadenstätte höchsten Ranges und ist es noch heute. An der Stelle der alten Kirche entstand zwischen 1866 und 1872 eine geräumige Basilika. Im Innern birgt sie auf einem Altar eine neuzeitliche Annen-Statue mit einem Stück vom Kopf der alten Statue, die Nicolazic seinerzeit ausgegraben hatte und die 1796 während der Revolution bis auf einen Rest verbrannte.

In dem großzügig angelegten Komplex erschüttern Mahnmale für die Kriegsopfer. Vor allem sei die halbkreisförmige Anlage an der Esplanade genannt. Auf ihr sind Namen von 175000 bretonischen Gefallenen aus dem Ersten Weltkrieg verzeichnet. Wir wiesen schon darauf hin, daß die besonderen Bedingungen der isolierten Bretagne zu einer ungewöhnlich hohen Ausblutung der nordwestlichen Region geführt haben.

Die Halbinsel Quiberon

Auray ist ein günstiger Ausgangspunkt für den langen, schlanken Sporn der Halbinsel Quiberon, die man wegen ihrer Form auch mit einer Fischreuse verglichen hat. Früher war Quiberon eine Insel, aber angeschwemmter Sand sorgte für eine Verbindung mit dem Festland. Die Herzöge der Bretagne hatten hier ihr Jagdgebiet im dichten Wald, der sich vom 13. Jahrhundert an lichtete.

Vom Festland aus führt die Zufahrt zunächst durch ödes Terrain: Kiefern zur Befestigung der Sanddünen, Felder, eine schnurgerade südwärts führende Straße. Bei Penthièvre verengert sich das Gelände zu einer ›Taille‹ von nur 22 Metern, knapp Platz genug für die Fahrstraße neben dem Eisenbahngleis. Rechts liegt das trotzige, im 19. Jahrhundert überholte Fort Penthièvre erhöht auf einem Felsvorsprung. Hier wird noch einmal die Erinnerung an das katastrophale Ende des royalistischen Expeditionskorps wachgerufen. Während der Kämpfe auf der Halbinsel gelang es der Hoche unterstellten Truppe, das strategisch wichtige Fort einzunehmen. Dazu hatte der Verrat einiger republikanischer Soldaten beigetragen, die als Gefangene der Engländer zum Einsatz gegen ihre eigenen Leute gezwungen worden waren.

An der Ostküste der Halbinsel erstrecken sich lange Sandstrände. Hier ist Saint-Pierre ein beliebtes Zentrum für Wassersport jeder Art. Der Ort Quiberon an der Südspitze war ehemals Frankreichs bedeutendster Hafen für Sardinen-

NATUREREIGNIS 349

fischerei. Nach dem Zweiten Weltkrieg wandelte er sich zu einem überaus beliebten Seebad, das entsprechend überfüllt ist. Die Bevölkerung der ganzen Halbinsel beträgt etwa 7000 Einwohner, im Sommer zählt man jedoch durchschnittlich 100000 Gäste. Mittelpunkt des schön gelegenen, im übrigen gesichtslosen Ortes Quiberon ist die Place Hoche mit einer Bronzestatue des tapferen Generals, die 1905 geschaffen wurde und nach wie vor Verfechter einer autonomen Bretagne verdrießt.

Das große Naturereignis der Halbinsel spielt sich an der Côte sauvage, der fast unbewohnten Westküste ab. Hier reiht sich Landzunge an Landzunge, Bucht an Bucht. Das Hinterland ist flach und dürr. Hier und da ragen kleinere Menhire empor. Am Straßenrand findet der Autofahrer zahlreiche Parkmöglichkeiten, um auszusteigen und in Ruhe ein Naturschauspiel zu bewundern, das selbst für die Bretagne außerordentlich ist. Von flachen, mit Gras bewachsenen Plateaus aus verfolgt man den Anprall der vom Westwind aufgerührten See gegen die Steilküste. Die Brandung hat Grotten aufgerissen, in denen das Wasser gurgelt, oder den Fels zu Bögen ausgehöhlt. In regelmäßigem Rhythmus rollen einzelne Wellen heran, brechen und verspritzen sich. Gischtstreifen legen sich wie Girlanden um vorgelagerte Klippen. Überall stehen Warntafeln mit Rettungsringen und sogar Telefonsäulen für Hilferuf. Daß das Baden an dieser Küste streng verboten ist, leuchtet ein, aber immer wieder wagen sich auch Angler auf Klippen vor, die überspült werden können.

Belle-Ile-en-Mer

Die Insel vor der Küste von Quiberon verdankt ihren Ursprung – wie könnte es anders sein im Land der wundersüchtigen Kelten – einer Feengabe. Als diese holden Geschöpfe sich aus Armorika zurückziehen mußten, weinten sie so bitterlich, daß sie mit ihrer Tränenflut den Golf von Morbihan füllten. Beim Abschied warfen sie ihre Blumenkränze ins Wasser, die sich zu Inseln im Golf verwandelten. Der schönste Kranz vom Haupt der Feenkönigin trieb jedoch ab

in die offene See und wurde zur Belle-Ile. Die größte Insel
der Bretagne mit einer Fläche von rund 8460 Hektar ist tatsächlich schön, wenn auch in einer wilden, eher erschrecken-
den Art. Darin ähnelt ihre Westküste der Côte sauvage von
Quiberon, übertrifft sie womöglich noch.

Die Geschichte der Feeninsel verlief keineswegs friedlich.
Seit dem 9. Jahrhundert im Besitz der Abtei von Sainte-
Croix in Quimperlé, wurde Belle-Ile-en-Mer 1572 an das
Adelsgeschlecht der Gondi de Retz verkauft. Diese Herren
verstärkten die Zitadelle, die 1549 über dem Hafen von Le
Palais an der Ostküste erbaut worden war. Etwa hundert
Jahre später wechselte Belle-Ile wieder den Besitzer. Nicolas
Fouquet, der reiche und protzige ›Surintendant des Finances‹
unter Ludwig XIV. richtete sich prachtvoll auf der Zitadelle
ein und bestückte sie reichlich mit Kanonen. Der König faßte
dies als Provokation auf, die zur Verhaftung des Intendanten
1661 beitrug. 1719 fiel Belle-Ile an die Krone. Vauban hatte
die Zitadelle zusätzlich mit Bastionen versehen. Dieses starke
Bollwerk war mehrfach Angriffen der Holländer und Engländer ausgesetzt, blieb jedoch ab 1763 fest in französischer
Hand.

Heute gehört Belle-Ile zu jenen bretonischen Stätten, die
in der Saison von Sommergästen überschwemmt werden.
Von der Gare Maritime in Quiberon aus besteht ständige
Fährverbindung mit der Hauptstadt Le Palais. Die Überfahrt
dauert eine knappe Stunde. Viele Besucher begnügen sich mit
einer Rundfahrt zu den größten Sehenswürdigkeiten der
Insel, die alle am Küstensaum liegen und von den Parkplätzen
aus nur zu Fuß erreichbar sind. Das öde, windgepeitschte
Binnenland, das immerhin teilweise für Getreideanbau kultiviert worden ist, stürzt im Westen mit aufgesplitterten Steilküsten zum Meer ab. Bei den Aiguilles de Port-Coton bildet die Brandung zwischen Felsnadeln und Küste einen
Schaumteppich, der zur Bezeichnung ›Wattehafen‹ geführt
hat. Einem eigenartigen Phänomen verdankt die Grotte de
l'Apothicairerie ihren Namen. Hier haben Kormorane ihre
reichlich weiß bekleckerten Nester so regelmäßig in Spalten
der grauen Felswand eingerichtet, daß man an aufgereihte

DIE APOTHEKENGROTTE 351

Gefäße in Apotheken erinnert wird. Zu Füßen der Felswand öffnet sich eine riesige Grotte dort, wo die anbrandende See sich durch das Gestein gebohrt hat. Die Côte sauvage von Belle-Ile ist reich an bizarren Naturerscheinungen, die auf den Besucher eine so starke Faszination ausüben, daß er zuweilen die nötige Vorsicht vergißt. Die Schönheit, aber auch die Tücke und Wut der See gehören zum großen Erlebnis, das die Insel bietet.

Carnac

Rätselhafte Steinmale

Auf dem höchsten Punkt von *Le Ménec* steht eine Steinbank. Im Rücken des Besuchers, der sich hier ausruht, erstreckt sich ein Gelände mit magerer Vegetation, mit Weiden und Feldern, die durch Hecken abgegrenzt sind. Ein weißes Haus im nahen Gehöft ist als ›Crêperie‹ gekennzeichnet. Soweit unterscheidet nichts den Platz von einer beliebigen, recht unfruchtbaren und wenig attraktiven Region irgendwo in der Bretagne. Die Bodenschwelle mit der Bank bildet jedoch den westlichen Endpunkt der berühmtesten vorgeschichtlichen Steinallee Europas. Von hier aus kann man die elf Reihen, ›alignements‹ genannt, nicht ganz überblicken, aber doch einen ersten Eindruck gewinnen. Man hat es mit einem der rätselhaftesten Werke aus Menschenhand zu tun. Nach Carnac, dem größten Komplex dieser Art, zieht es alle, die sich für Vorgeschichte interessieren oder einfach staunen wollen.

Im Umkreis unserer Bank stehen hohe, seltsam geformte, verwitterte Menhire. Der höchste mißt vier Meter. Andere liegen am Boden. Wenn auch nicht mehr im Zusammenhang erhalten, gehören sie zu einem Cromlech, einer halbrunden oder ovalen Steinanordnung, in der Regel Endpunkt der Alignements. Bei der Wanderung im leicht abfallenden Gelände tut sich die Breite der Anlage auf, verliert sich jedoch der Überblick über die Ausdehnung in der Länge. Die Reihen der immer kleiner werdenden Menhire verlaufen nicht schnurgerade, sondern in leichten Krümmungen. Vor allem an den Rändern sind sie unregelmäßig, verlieren sich, tauchen wieder auf. Eine Querstraße unterbricht das Ende der Alleen. Im dichten Gestrüpp mit Stechginster sind manche Steine kaum noch zu erkennen.

Die Überraschung und Überwältigung im ersten Augenblick ist in *Kermario* womöglich noch größer als in Le Ménec. In einiger Entfernung schließt sich diese zweite Steinallee in gleicher Westostausrichtung mit nördlicher Orientierung an. Vom Parkplatz aus prallt der Besucher sofort auf bizarre, riesige Steine, die eng beieinander stehen. In zehn Reihen senken sich die Alignements über eine Länge von 1100 Metern. Anders als in Le Ménec ist das Gelände gewellt. Es steigt zum Gehöft ›La petite Métairie‹ an, hinter dem sich die Reihen fortsetzen. Der höchste Stein mißt 6,24 Meter, aber da er nicht aufrecht steht, kann man diese gewaltige Höhe kaum ermessen.

Bei Kermario wirkt die Natur kräftiger mit, um den romantischen Rahmen dieses Kultplatzes zu schaffen, der die Phantasie des Besuchers beflügelt. Baumkulissen machen das Terrain weniger eintönig. Es ist allerdings nachgewiesen, daß die Umgebung früher anders beschaffen war. Zu Beginn des 19. Jahrhunderts wurden Nadelhölzer angepflanzt, um das Ödland zu nutzen. Ursprünglich hatten hier Eichen und Buchen gestanden, von denen aber auch schon damals nichts mehr übriggeblieben war.

Im Nordosten von Le Ménec und Kermario liegen noch zwei weitere Steinalleen, Kerlescan und Petit Ménec, die aber als unbedeutender angesehen und weniger besucht werden. Immer wieder hat es Fachleute gereizt, die Zahl der Steine in diesem Gebiet insgesamt zu schätzen. Für die ganze Region gibt man sie mit rund 4000 an, davon stehen 1099 in Le Ménec und 1029 in Kermario. Abweichungen von derart fixierten Zahlen sind verständlich, bleiben jedoch gering. Dem Laien sagen genaue Angaben dieser Art aber nicht viel. Ihn überwältigt vielmehr der Gesamteindruck, die Gestalt der aufgerichteten Steine und ihre Anordnung. Carnac gibt ungelöste Rätsel auf, die die Einbildungskraft beschäftigen.

Nach neuerer Forschung geht die Errichtung der Menhire auf den Zeitraum zwischen 4500 und 4000 v. Chr. zurück. Einen Anhaltspunkt für die Datierung bieten kleine Steine und Tonscherben, die für die Verkeilung in den ›Pflanzlöchern‹ benutzt wurden. Am Fuß der Menhire hat man zudem Reste von Holzkohle und Asche gefunden, auch vom Feuer gerötete Steine und polierte Axtschneiden. Sie stimmen mit Funden aus Gräbern überein, die ihrerseits typisch für das Neolithikum sind. Der Theorie einer Errichtung zu späterer Zeit liegt die Annahme zugrunde, daß sich das gigantische Werk über etwa zweitausend Jahre hingezogen hat.

Über den Transport und das Aufrichten der Monolithen gibt es nur Vermutungen. Es handelt sich überwiegend um mittelgroße Steine von ein bis zwei Tonnen Gewicht. Menhire, die drei oder vier Meter messen, werden auf ein Gewicht von zehn bis zwölf Tonnen geschätzt. Die Kolosse am Kopfende der Alignements dürften fünfzig bis hundert Tonnen wiegen, aber das ist eine Ausnahme. Je nach Beschaffenheit des Geländes hat die Zahl der Transportarbeiter in der Gruppe vermutlich gewechselt. Rechnerisch ist man auf die Formel ›fünfzehn bis zwanzig Personen pro Tonne‹ gekommen, und zwar im Vergleich zu entsprechender Arbeitsleistung heutzutage. Das Material für Rollen, Gleitflächen und Hebel war Holz, für Riemen verwendete man vermutlich Tierhäute. Aber woher kamen die Blöcke überhaupt? Sie scheinen nicht aus Steinbrüchen zu stammen, sondern wurden vermutlich im Naturzustand aufgefunden. Die Erosion hatte vorgearbeitet. In der Bretagne hat es häufiger als anderswo das Phänomen des Felschaos gegeben – man denke nur an die Blöcke in den Waldschluchten von Huelgoat. Es ist also durchaus möglich, daß die Steinzeitmenschen solche Felsblöcke an Ort und Stelle vorfanden: Die Menhire sind nämlich alle aus einheimischem Granit.

Ab 1882 begann der Staat, die Parzellen mit den Alignements aufzukaufen, die bis dahin in Privatbesitz waren. Schon 1879 hatte die ›Sous-Commission des Monuments mégalithiques‹ Maßnahmen getroffen, um das Terrain gütlich zu erwerben. Als aber die Grundbesitzer die Preise in die Höhe trieben, mußte zum Teil zwangsweise enteignet werden. Dabei ging die Sous-Commission im großen und ganzen nicht energisch genug vor, sehr zum Kummer späterer Generationen von Denkmalspflegern. Man hatte zum Beispiel in Kermario nur das Terrain eines Gehöfts gekauft, nicht aber

FORSCHUNG

die darauf stehenden Gebäude. Im Zeitalter der ersten Automobile wurde die Lage bedrohlich. Parkplätze rückten allzu dicht an die Steinalleen heran. Fahrer parkten ungeniert sogar zwischen den Monolithen. 1953 kam es zu einem Skandal. Die Verlängerung der Fahrstraße am westlichen Ende von Le Ménec sollte zwischen die Menhire gelegt werden. Die Grabungen, die schon begonnen hatten, mußten wieder zugeschüttet, die Trasse mußte verlegt werden.

Als man Anfang des vorigen Jahrhunderts mit der wissenschaftlichen Erfassung begann, stellte man fest, daß viele Megalithen umgestürzt waren. In Carnacs Steinalleen war es mehr als die Hälfte. Nur etwa 36 Prozent der Menhire, die wir heute aufrecht sehen, hatten an ihrem Platz standgehalten, die meisten wurden wieder aufgerichtet. Da der Boden mager und ungünstig für tiefere Bohrungen war, konnte man nur relativ flache Gruben ausheben, in die man die Steine versenkte. Manche Menhire wurden sogar einfach auf felsigen Sockel aufgesetzt und hielten sich durch das Eigengewicht aufrecht. Zacharie Le Rouzic, der große, alte Mann der Carnac-Forschung, ließ in den dreißiger Jahren die wieder aufgerichteten Steine durch kleine, mit rotem Zement gefüllte Löcher markieren und bewies damit wissenschaftliche Gründlichkeit.

Die Restauratoren beschränkten sich insgesamt darauf, die Monolithen wieder aufzurichten und kleinere Steine an ihren ursprünglichen Bestimmungsort zurückzuführen. Sie waren nämlich von den Bauern der Umgegend dazu genutzt worden, niedrige Grenzmauern zwischen den Feldern zu errichten. Aber nicht nur die Bauern griffen zu. Im ersten Drittel des 19. Jahrhunderts wurde Material aus den Steinalleen von Kermario für den Bau des Leuchtturms von Belle-Ile vor der Küste von Quiberon verwendet. Als man im 17. Jahrhundert in Carnac die Kirche Saint-Cornély erbaute, bediente man sich ebenfalls des nahen ›Steinbruchs‹ von Le Ménec. Allerdings hat man den Bauern zu verdanken, daß die niedrigeren Steine nicht ganz von der Vegetation verschlungen wurden. Sie brauchten das Gestrüpp, den Ginster und den Farn als Streu für ihr Vieh, auch als Viehfutter. Nach Übernahme durch den Staat schoß das Unkraut wieder empor. Jetzt haben lokale Organisationen es übernommen, einmal im Jahr die Basen freizulegen.

Die Geschichte der Forschung in diesem Gebiet beginnt in der Mitte des 18. Jahrhunderts. F. de la Sauvagère gab 1755 einen Plan und eine Beschreibung der Steinalleen heraus, die als erstaunlich korrekt bezeichnet werden. La Sauvagère schätzte bereits die Gesamtzahl der Steine auf etwa 4000, was sich mit moderner Forschung deckt. Auch bei der Berechnung der Höhe der Megalithen hat er sich kaum geirrt. Der Graf A. de Caylus hält in einer Veröffentlichung von 1764 ein Volk, das vor den Galliern in der Bretagne ansässig war, für die Erbauer der Monumente und meint, daß sie Kultzwecken dienten. Das Schlagwort ›Kelten‹ kommt von nun an auf und behauptet sich bis zur Mitte des 19. Jahrhunderts. Dabei hielt man die Kelten für eine Art von Urgeschlecht mit einer Ursprache. Nach 1860 klärte sich die Suche nach dem Ursprung zumindest so weit, daß dieser Irrtum korrigiert wurde: Die typisch keltische Zivilisation in Gallien hatte erst viel später, nämlich zu Beginn der Eisenzeit etwa 500 v. Chr., eingesetzt.

Seit Anfang des 19. Jahrhunderts begeben sich mehr und mehr Archäologen nach Carnac. Außer den Franzosen sind es vor allem Engländer, die mit der keltischen oder vorkeltischen Vergangenheit vom eigenen Land her vertraut sind. Jetzt verfallen auch Maler und Graphiker dem romantischen Zauber, der von den Steinalleen und einzelnen Kolossen ausgeht. Nicht alle huldigen dem Zeitgeschmack durch Übertreibung. Die 1830 veröffentlichten Lithographien von J. Joran sind exakt, und Zeichnungen der Engländer C. A. Stothard und F. Ronalds von 1818 und 1834 bestechen durch Feinheit und Genauigkeit. Das Thema begeisterte so sehr, daß auch Künstler es bearbeiteten, die niemals in Carnac gewesen waren.

Schon früher stellte sich nicht nur die Frage nach den Erbauern, sondern auch nach der Deutung dieser Steinmale. Die beiden großen, endlos diskutierten Theorien sind auch heute nicht eindeutig geklärt: Totengedenken und religiöser

DEUTUNG 357

Kult oder astronomische Berechnung, Freilufttempel oder Kalender aus Stein? Als Generalinspektor der historischen Monumente lieferte Prosper Mérimée 1835 einen Reisebericht an den Innenminister. Darin resümierte er die Deutungsversuche früherer Zeit und schloß sich der Meinung an, daß die Steinalleen einem Kultzweck gedient hätten. Diese Deutung hält sich beharrlich. Ihr Verfechter Zacharie Le Rouzic (1864-1939) schrieb dazu: »Wahrscheinlich handelt es sich um eine Versammlung von Wesen menschlicher oder göttlicher Art, die einen feierlichen Aufmarsch vollführen. Diese Alleen waren die Prozessionsstraßen, und die Cromlechs waren die Tempel, wo die Priester den Kult ausübten.« Ob man dieser Erklärung folgt oder nicht, so bleibt die auf Totenkult und Religion zielende Deutung die tiefsinnigste. Man hat die schöne Formulierung von den ›stummen Kathedralen‹ gefunden.

Neben der religiösen Deutung ist die astronomische zäh und mit der Bemühung um exakte Daten verteidigt worden. 1874 glaubte H. du Cleuziou aus der Ausrichtung der Menhire Bestimmungen für Sonnenwende und Tagundnachtgleiche entnehmen zu können. Von Sonnenkult in Verbindung mit Astronomie hatte schon 1805 J. Cambry aus Lorient, Gründer einer keltischen Akademie, geschrieben, ohne die Ausrichtung der Steine zu berücksichtigen. Die Astronomie glitt leicht zur Astrologie hinüber. Vertreter der ›Schlangentheorie‹ fühlten sich durch die teilweise geschlängelten Linien der Reihen inspiriert und brachten sie in Zusammenhang mit der Schlange als Symbol der Sonne. Die Versuche, der Anordnung der Steine geometrische Regeln zu unterlegen, haben ebensowenig zu einwandfreier Deutung geführt. Noch so leichte Verschiebungen oder Ergänzungen durch die Restauration machen solche Berechnung ohnehin zunichte.

Die anthropomorphen Deutungen sind zahlreich. Wir sind ihnen schon bei den isolierten Menhiren begegnet, die durch ihre eigenartige Formung oder den Standort besonders dazu reizen. Bei den Alleen stellt sich eine andere Frage. Welches versteinerte Heer ist hier aufmarschiert? Die Legende gibt

Antwort: Es sind die Soldaten des heiligen Cornelius. Cornély war ein römisch-christlicher Priester, der unter Kaiser Decius 253 mit 22 Gefährten das Martyrium erleiden sollte. Als er sich von den heidnischen Soldaten bedroht fühlte, verließ er Rom. Als Transportmittel diente ihm eine Karre, die von zwei Ochsen gezogen wurde. Ständig von den römischen Legionären verfolgt, durchquerte er Italien und Gallien, bis er in Carnac angelangt war. Als er sich umwandte, sah er eine ganze Armee in Schlachtordnung auf sich zukommen. Da schleuderte Cornély ihnen eine so fürchterliche Verwünschung entgegen, daß sie zu Stein erstarrten. Diese hübsche Legende rückt in die Nähe einer phantastischen pseudohistorischen Annahme. Die Steinsetzungen werden schlicht als Reste römischer Zeltlager in Gallien erklärt.

Der Fürstenhügel Saint-Michel

Zwischen Le Ménec und dem Ort Carnac erhebt sich ein langgestreckter Hügel. Auf einem kurzen, steilen Pfad gelangt man hinauf zum Plateau und steht vor der Kapelle Saint-Michel, die Mitte des 17. Jahrhunderts errichtet wurde. Vielleicht setzt man sich auf eine windgeschützte Bank an der Südseite oder geht am verwitterten Figurenkreuz vorbei zur Orientierungstafel am anderen Ende des Plateaus. Der Blick erfaßt den Küstensaum mit den Kiefernpflanzungen des freundlichen Seebads Carnac-Plage, ein Schachbrett von Feldern, Heideland und im Nordwesten einen Teil der Steinalleen. Aus dieser Höhensicht erscheinen sie klein, die Reihen treten deutlich hervor. Inmitten einer Kulturlandschaft mit den weißen Häusern zerstreuter Gehöfte wirken die Alignements wie vergessenes Riesenspielzeug. Im Frühjahr setzt blühender Ginster eine Farbnote, und weiße Schlehenblüte steht wie Schaum am Fuß des Hügels.

Mit 120 Metern Länge, sechzig Metern Breite und zwölf Metern Höhe ist er der größte Tumulus der Bretagne. Er trägt als Kuppe zwei Schichten aus Stein mit einer Erdschicht dazwischen. Man kann die Grabkammern besichtigen. Der schmale, niedrige Zugang wurde künstlich angelegt, als man

REICHE FUNDE

zwischen 1862 und 1864 den Tumulus durch Grabungen
erschloß. Im Innern fand man zwei Grabkammern mit vierzehn Steinkisten, die zum Teil Tierknochen enthielten. Bei
weiterer Grabung entdeckte man eine dritte, kleine Kammer,
die offenbar bei Errichtung des Hügels schon vorhanden war
und mit einbezogen wurde. Reiche Funde, die man hier
machte, sind vor allem im Museum in Vannes ausgestellt und
rechtfertigen die Bezeichnung ›Fürstenhügel‹.

Seine Entstehung setzt man auf das Ende des 4. Jahrtau-
sends v. Chr. an. Über die Anhäufung von kleinen Steinen
für die Decke des Tumulus hat sich die Bevölkerung Gedanken gemacht. Vielleicht hatten die Frommen, die zu Saint-
Cornély in Carnac pilgerten, die Gewohnheit, einen Stein auf
dem Hügel zu deponieren, oder es wurde ihnen nach der
Beichte als Sühne auferlegt. Ein solches Werk konnte ja nur
durch die Mithilfe aller entstehen. Einer alten Tradition
folgend, wird das erste Sonnenwendfeuer auf dem Höhenrücken von Saint-Michel entfacht, dem andere folgen.

Der heilige Cornély von Carnac

Im Ortskern von Carnac liegen Rathaus, Kirche und Museum
dicht beieinander. Le Musée de Préhistoire wurde von dem
Schotten J. Miln und Zacharie Le Rouzic eingerichtet und
trägt beider Namen. Es enthält Funde, die eine wertvolle Ergänzung des archäologischen Museums in Vannes darstellen,
außerdem instruktive Modelle und Abgüsse von Gravierungen auf den Steinen aus der ganzen Region. Mit Le Ménec
und Kermario ist der Reichtum an Zeugnissen der Vorgeschichte keineswegs erschöpft. Das ganze Gebiet im Hinterland von Carnac kann als riesiges Freiluftmuseum für alle
Arten vorgeschichtlicher Steindenkmale gelten.

Die Kirche Saint-Cornély stammt aus dem 17. Jahrhundert. An ihrer Nordseite hat man nachträglich, 1792, eine der
anmutigsten Vorhallen der Bretagne angebaut. Das Portal im
Stil der Renaissance besteht aus einem Rundbogen mit Dop-
pelsäulen an jeder Seite und einer Balustrade als oberen Abschluß. Über dieser Konstruktion aus hellem Granit erhebt

sich ein zierlicher, luftiger Baldachin in der Form einer Krone mit Kreuz. Er wird von Voluten gestützt. In einer Nische an der schlichten Westfassade der Kirche steht der heilige Cornély mit einer Mitra auf dem Kopf. Rechts und links zeigen naive Darstellungen die Schutzbefohlenen des Heiligen, nämlich zwei Ochsen vor angedeuteten Menhiren. Erinnern wir uns, daß der Verfolgte mit einem Ochsengespann seinen Häschern entrann.

Der Patron von Hornvieh und Schöpfer denkwürdiger Versteinerungen ist eine Figur, an der die Forscher herumrätseln. Sie fragen sich, ob er überhaupt mit dem Märtyrer Cornelius aus dem 3. Jahrhundert identisch ist. Als Zauberer scheint er eher der Zunft der Druiden als frühen christlichen Bekennern anzugehören. Den Bauern sind solche Erwägungen gleichgültig. Noch wird der Pardon des Heiligen am zweiten Sonntag im September stark besucht. Allerdings findet keine Tierprozession mit Segen mehr statt, wie es noch zu Anfang unseres Jahrhunderts üblich war.

Der Golf von Morbihan

Traditionsreiches Vannes

Vannes, am Golf von Morbihan, war in römischer Zeit vom Stamm der Veneter bewohnt. Ob es sogar der Hauptort dieser kriegerischen Gallier war, steht nicht fest. Immerhin gab es zur Zeit Cäsars am Golf schon mehrere Siedlungen, die sich den Rang hätten streitig machen können. Der Kampf der Veneter gegen die Römer fand nicht zu Lande, sondern zur See statt. Die Römer hatten an der Mündung der Loire wendige Schiffe bauen lassen. Unter dem Oberbefehl des Brutus wandte sich die Flottille nordwestwärts und ging beim Ausgang des Golfs vor Anker. Die Ereignisse sind in Cäsars ›De Bello Gallico‹ überliefert. Über die Lokalisation der Seeschlacht im Jahr 56 v. Chr. sind sich die Forscher uneins, doch nimmt man an, daß sie zwischen den Häfen Locmariaquer und Port Navalo stattgefunden hat.

Die Veneter griffen die Flotte der Römer mit 220 Schiffen an. Sie hatten den Vorteil der Überraschung, und die Römer erwogen sogar den Rückzug. Da blieb der Wind aus. Mit ihren hochbordigen, schwerfälligen Schiffen, deren Segel aus Leder waren, war die venetische Flotte nicht mehr manövrierfähig. Nun war der Vorteil auf Seiten der Römer mit ihren flinken Rudergaleeren. Der gallische Feind wurde eingekreist, seine ganze Flotte vernichtet. Das Strafgericht der Römer war hart. Cäsar wollte alle abschrecken, die sich in Zukunft gegen die siegreiche Weltmacht hätten erheben können. Die Veneter wurden als Kriegsgefangene in die Sklaverei verkauft, ihre Oberschicht wurde getötet, das von Menschen entleerte Land neu besiedelt.

Einige Römer blieben als Besatzungsmacht zurück und machten sich ansässig. Sie gründeten den Platz Venetis, der heute Vannes heißt. Bald ging von Venetis ein Straßennetz aus, auf dessen Spuren man noch heute stößt, auch erhielt die Römerstadt einen Hafen. Am Ende des 3. Jahrhunderts n. Chr. entstanden die ersten Befestigungen. Schon zu dieser Zeit war das Urbild von Vannes als befestigte Stadt mit guten Verbindungen zu Wasser und zu Lande gegeben.

Noch stand eine umfassende Christianisierung aus. 465 wurde Patern zum Bischof geweiht, ein Mönch aus der Abtei Saint-Gildas-de-Rhuys. Patern, der heute als Saint-Patern zu den sieben heiligen Gründern der Bretagne gerechnet wird, stieß bei den noch überwiegend heidnischen Gallo-Römern der Region auf so heftigen Widerstand, daß er die Bretagne für immer verließ.

Als später die Kunde seiner Wundertaten zu den Zweiflern drang, bereuten sie ihr Vorgehen und wollten die Leiche des Bischofs zurück haben. Mit wem sie den frommen Handel abschlossen, ist nicht überliefert. Dagegen weiß die Legende, daß Patern sich im Tod so schwer machte, daß man seinen Leichnam nicht bewegen konnte. Er wurde erst transportfähig, nachdem der reumütige Teil der Gemeinde große Geldgaben für eine künftige Kathedrale und den Klerus gelobte. Die Kathedrale, die heute die Stadt beherrscht, ist allerdings Sankt Petrus geweiht, aber auch Patern hat seine Kirche in Vannes, an der Rue de la Fontaine. Man steigt Stufen zum erhöhten Gelände hinauf und kann den Bau umrunden, der 1727 auf den Resten einer romanischen Kirche errichtet wurde. Das Innere ist hell, unauffällig ausgestattet und gepflegt.

Aus der Römerstadt war eine christliche Stadt geworden. Nominoë, von dem wir in der Einführung berichteten, machte Vannes zur Hauptstadt. 919 fielen die Normannen plündernd und sengend ein. Die Vannetais bauten ihre Stadt wieder auf. Trotz der verstärkten Befestigungen war sie im Mittelalter immer von neuem wechselndem Kriegsglück ausgesetzt. Allein im Jahr 1342 wurde Vannes viermal belagert. Als Jean v., Sieger im Erbfolgekrieg, die Stadt zu seiner bevorzugten Residenz machte, folgte eine Epoche kraftvoller Entwicklung. Am Anfang des 16. Jahrhunderts erlebte Vannes einen Höhepunkt. König François i., dem das Herzogtum durch Heirat mit Claude, der Tochter der Anne de Bretagne, zugefallen war, bestimmte Vannes zum Sitz des Parlaments. Auch bestätigten ihm die ›États‹, die Landstände, die ewige Vereinigung des Herzogtums mit der Krone Frankreichs. Der 13. August, an dem das geschah, grub sich indes als ein Datum der Schmach in das Gemüt vieler bretonischer Patrioten ein.

Die *Kathedrale Saint-Pierre*, auf deren Bau der tote Patern bestanden hatte, wurde zum Chor hin bedeutend verlängert und an der Nordseite durch den Anbau einer kreisrunden Kapelle geschmückt. Wenn man die Altstadt durch die belebte Porte Prison betritt, trifft man zunächst auf die schmale, erhöht liegende Apsis, geht dann auf steil ansteigender Straße am sich verbreiternden Baukörper entlang und steht schließlich oben auf der Place Saint-Pierre vor der Fassade. An dieser Kirche hat man vom 13. bis zum 19. Jahrhundert gebaut und umgebaut. Aus der ältesten Zeit stammt nur der linke Turm mit der schlichten, noblen Gliederung durch schlanke, vorgeblendete Säulen, die Spitzbogen stützen. Der südliche Turm aus dem 19. Jahrhundert wirkt dagegen überladen. Die 1537 angebaute Rundkapelle im Renaissancestil wäre freistehend meisterhaft, bleibt aber so ein Fremdkörper.

Im Inneren weitet sich diese Kapelle zu einem lichten Raum mit harmonischen Proportionen. Sie ist einem spanischen Dominikaner gewidmet, Vicente Ferrer aus Valencia, den die Franzosen Vincent Ferrier nennen. Die vergoldete Büste dieses Mannes, der heiliggesprochen wurde, steht in der mittleren Nische der Kapelle. Eine peinlich genaue Inschrift erklärt, daß die Büste den ganzen Kopf des Heiligen enthalte, mit Ausnahme des Unterkiefers. Vermutlich sind es die Knochen, die man gewissenhaft gesammelt hat und die im übrigen in einem silbernen Schrein hinter einem Gitter verwahrt werden. Im Halbrund aufgehängte flandrische Bildteppiche von 1615 sind so verblaßt, daß man ihre Illustrationen zum Leben des Heiligen kaum noch ablesen kann.

Herzog Jean v. hatte den Valencianer als Bußprediger in die Bretagne kommen lassen. Am 8. März 1418 zieht Vincent auf

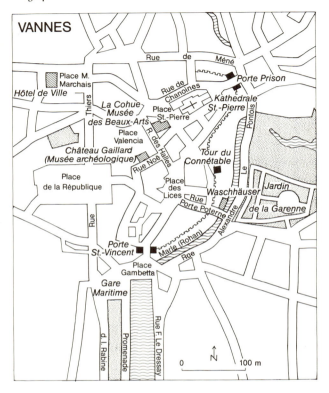

einem Esel in Vannes ein. Er ist bereits für die Gewalt seiner Predigt und für seine Wundertaten berühmt. Die Stadt empfängt ihn mit ehrfürchtiger Neugier. Sofort beginnt Ferrier mit einem Predigtzyklus, der sich über 24 Tage erstrecken wird. Er mahnt zur Buße und zur Besserung verwilderter Sitten. Meist predigt er im Freien, da keine Kirche die Menge der Andächtigen faßt. Nach dieser Leistung verläßt Vincent die Stadt und kehrt erst nach einem Jahr zurück. Unterdes ist er als Bußprediger durch die ganze Bretagne gezogen, was ihn im wahren Sinn des Wortes zu Tode er-

ZWEI UNERSCHROCKENE CHRISTEN

schöpft hat. Er möchte auf Spaniens Boden sterben, aber es gelingt ihm nicht mehr, sich einzuschiffen. Der Herzog, die Herzogin, die Hofärzte bemühen sich um ihn, aber am 5. April 1419 stirbt der Dominikaner. Er wird in der Kathedrale beigesetzt. Vergebens reklamieren die Spanier später seine Gebeine.

In der Kathedrale gibt es am Zugang zu einer Seitenkapelle ein weiteres Denkmal, das an das Leben und Sterben eines unerschrockenen Christen erinnert. Eine moderne Statue aus Stein stellt den Priester Pierre René Rogue dar. Er schlingt die Arme schützend um ein Gefäß mit der Hostie. Er hatte sie am Weihnachtsabend des Jahres 1795 einem Sterbenden bringen wollen, was streng verboten war. Eine Inschrift schildert mit erschütternder Knappheit, was in jener Nacht geschah: »Festgenommen am 24. 12. 1795, als er die Kommunion bei sich trug. Guillotiniert am 3. März 1796. In Rom 1934 seliggesprochen.«

An einem alten Fachwerkhaus nahe der Kathedrale zeigt eine Gedenktafel die Stelle an, an der Rogue verhaftet wurde. Das stattliche, im 16. Jahrhundert umgebaute Haus an der *Place Valencia*, in dem Vincent Ferrier kurze Zeit wohnte und wo er starb, dient noch heute frommen Zwecken mit Veranstaltungen und ausgelegter Lektüre. Die Place Valencia bildet den Kern einer kleinen, sehr malerischen Altstadt. An einem Eckhaus zur Rue Noë entdeckt man als groteske Verzierung die bemalten, derben, pausbäckigen Köpfe eines Mannes und einer Frau, die der Volksmund ›Vannes und seine Frau‹ nennt. Der Madame Vannes hat man ein Brillengestell aufgesetzt.

Der bedeutendste mittelalterliche, kürzlich renovierte Profanbau ist *La Cohue*, die ehemalige Markthalle gegenüber der Kathedrale, mit einem Ausgang zur Place Saint-Pierre, dem anderen zur Rue des Halles. Der älteste, romanische Teil soll vor 1220 entstanden sein. Im 14. und 16. Jahrhundert hat man La Cohue ausgebaut. Der Besucher durchschreitet imposante, sehr hohe steinerne Hallen. Hier waren die Stände der Segeltuchmacher, der Kurzwarenhändler, der Metzger und Bäcker aufgeschlagen. Die Händler hatten sich schon früh spezialisiert, so wurde zum Beispiel das dunkle Gerstenbrot, Grundnahrung für das Volk, im westlichen Teil verkauft, das feine Weizenbrot unter dem zentralen Gewölbe. Die Vannetais liebten kräftige Fleischnahrung. 1790 boten nicht weniger als 36 Metzger ihre Ware an!

Gegen 1840 hatte sich der Handel stärker dezentralisiert. In La Cohue rückte die Feuerwehr nach, dann das Militär der Garnisonstadt. Im Obergeschoß hatte das Gericht seinen Sitz. Große staatliche Aktionen hatten hier seit je stattgefunden, so zum Beispiel die Versammlung der Generalstände. 1792 tagte das Revolutionstribunal in La Cohue. Jetzt wird der Bau für Folkloredarbietungen, Theater oder Kunstausstellungen genutzt. Im Obergeschoß ist das Musée des Beaux-Arts untergebracht.

Vannes weitete sich vor allem nach Osten aus. Hier gibt es breite Straßen, große Plätze, Gebäude der Verwaltung und der öffentlichen Dienste. Das Rathaus von 1886 liegt außerhalb der Altstadt an der schnurgeraden Achse Rue Thiers. Seine prunkvolle Fassade wurde durch das Pariser Hôtel de Ville inspiriert. Die Rue Thiers führt auf den Hafen zu, und hier zeigt die Stadt ihr zweites, südlich-heiteres Gesicht, das dem Golf zugewandt ist. Die große *Place Gambetta* im Halbkreis klassizistischer Häuser gleicher Bauweise ist nach Süden zum alten Hafen offen. Es ist die gute Stube der Stadt, überaus belebt, in der warmen Jahreszeit mit Tischen und Stühlen im Freien vor Bars und Gaststätten, Treffpunkt der Jugend und Mittelpunkt des Tourismus. Die gerundete Kulisse der rahmenden Häuser erhält einen besonderen Akzent durch die *Porte Saint-Vincent.*

Die Fundamente eines alten Tors an dieser Stelle waren vom Meer so stark unterspült, daß sie nicht mehr trugen. Das Tor mußte erneuert werden. Das Bauwerk von 1704, das man heute bewundert, hat einen wenig wehrhaften Charakter. Es wendet seine Schauseite im reinen Renaissancestil dem Hafen zu. In der Mitte über dem Durchgang ist ein großes Stadtwappen angebracht. Darüber steht die Statue des heiligen Vincent in einer Nische. Er hebt segnend die Hand. 1793 hatten ihn die Republikaner heruntergeholt und durch die Statue eines Sansculotte mit phrygischer Mütze ersetzt.

ROMANTISCHE INNENSTADT

Im schmalen Hafenbecken, das an der Place Gambetta endet, ankern jetzt Yachten; der Hochseehafen ist an den Golf verlegt. Ein altes Langustenfangboot liegt als historisches Denkmal vor dem Kai. Als Baujahr ist 1931 vermerkt. Auf diesem Boot hatte sich 1940 die Mehrzahl der wehrfähigen Männer von der Ile de Sein, über die wir bereits berichteten, nach England eingeschifft.

Die *Stadtwälle* hat man vom 13. bis zum 17. Jahrhundert ausgebaut. Ihr östlicher Teil mit der beherrschenden Tour du Connétable und dem Brückchen bei der Porte Poterne zählt zu den reizvollsten Ausschnitten alter Städtebilder in der Bretagne. Die Straße führt außen an den Mauern entlang. Statt des ehemaligen Grabens zieht sich ein bepflanzter Streifen am Fuß der Mauern hin. Im Frühjahr entstehen hier abgezirkelte Blumenbeete im französischen Stil, die Anlagen sind jedoch nicht zugänglich. Man mag das Nebeneinander von trotzigem, wuchtigem Mauerwerk und eleganter Bepflanzung im Schloßparkstil als Dissonanz empfinden, mag andererseits den Gegensatz als Pikanterie genießen.

Der Zauber der gesamten Anlage erhöht sich durch das Flüßchen Marle, auch Rohan genannt, das zwischen Straße und Gartenstreifen verläuft und am Brückenbogen bei der Porte Poterne gestaut wird. Hier spiegelt sich das *Waschhaus* aus dem 17. und 18. Jahrhundert im stillen Wasser. Die leicht geschwungenen ›lavoirs‹ liegen im Schutz eines tief herabgezogenen Schieferdachs. Ein kleinerer Oberbau mit Fachwerk krönt das Ganze. Dachluken unter Spitzgiebeln aus Schiefer und üppiger Geranienschmuck erhöhen noch den romantischen Eindruck dieses Ortes. Ein Bild voller Poesie.

Den Wällen gegenüber liegt das Hügelgelände von La Garenne. Steile Treppen führen hinauf. Der belaubte Hang und das obere Plateau gehörten ehemals zum herzoglichen Schloß, das es nicht mehr gibt. Im Mittelpunkt des Parks von heute erhebt sich auf einem von Baumalleen gesäumten Rondell ein Denkmal mit Engel und Lorbeerkranz für die Gefallenen der Weltkriege. Am Rand dieser teils nüchternen, teils pompös gestalteten Anlage erinnert eine verwitterte Tafel an der

Mauer an die Hinrichtung der Führungselite der besiegten Royalisten nach der Niederlage von Quiberon, über die wir bereits berichteten. Die Tafel verzeichnet die Namen von sechzehn Männern, die hier am 1. Thermidor 1796 exekutiert wurden. Der Comte de Sombreuil ist dabei und auch de Hercé, Bischof von Dol. Sie waren nach Vannes ausgeliefert worden und hatten im Gefängnis der Porte Prison das Ende erwartet. Andere Gefangene hatten in der Umgegend von Vannes dasselbe Schicksal erlitten.

Kehren wir zum Abschluß unseres Stadtrundgangs noch einmal zurück zur Rue Noë. Dort ist im Château Gaillard das *Musée archéologique* untergebracht, das eine beachtliche Sammlung vorgeschichtlicher Funde aus dem Umkreis des Golfs von Morbihan besitzt. Dieses Château mit seinem vorgebauten Treppenturm gleicht eher einer Befestigung als einem vornehmen Wohnhaus, und schon gar nicht einem Museum. Es wurde im 15. Jahrhundert von Jean de Malestroit erbaut, der später Bischof von Nantes und Kanzler des Herzogs Jean V. wurde. 1456 residierte hier der Präsident des bretonischen Parlaments, das nach dem Willen des Herzogs seinen Sitz in Vannes hatte. Am Ende des 18. Jahrhunderts diente das Haus als Schule, seit 1920 als Museum.

Man steigt im Turm eine Wendeltreppe hinauf und betritt im ersten Stock die Räume der Sammlung. Sie sind in einem großen und zwei mittelgroßen Sälen untergebracht, deren alte Decken und Kamine noch erhalten sind. Wenig Platz zwischen den Vitrinen und eine unzureichende Beleuchtung sind kleine Mängel, die aber kaum ins Gewicht fallen. Die Objekte sind weder durch Isolierung überbetont, noch durch Häufung langweilig. Es gibt ausführliche Erklärungen, auch auf deutsch. Die Sammlung ist chronologisch aufgebaut, vom Paläolithikum bis zum für die Bretagne wichtigen Neolithikum und zur Bronze- und Eisenzeit. Diese fällt mit der Römerzeit in Gallien zusammen.

Besonders die Funde aus der jüngeren Steinzeit, auch Zeit der geglätteten Steine genannt, faszinieren. Da gibt es unter den Äxten eine große, schwarze, wundervoll geschliffene Klinge, an die wir zurückdenken werden, wenn wir die Axt-

ARCHÄOLOGISCHES MUSEUM 369

motive in den Ganggräbern von Locmariaquer betrachten.
Von dort, von Carnac und von der Halbinsel Rhuys stammen
Gegenstände, die wahrscheinlich Votivgaben waren, darunter Schmuckstücke, Halsketten und Spangen. Trotz ihrer
relativ groben Form verraten sie schon ein Spiel mit dem
Material. Spätere Epochen sind mit Keramik und Metall-
arbeiten belegt. Solche findet man reichlich auch in anderen
Museen, während die hier gezeigten Objekte aus vorgeschichtlicher Zeit geheimnisvoll bleiben und den Betrachter
für den Besuch der Stätten am Golf von Morbihan ein-
stimmen.

Schiffsrundfahrt im zauberhaften Golf

Von der Place Gambetta in Vannes führt die schöne Promenade de la Rabine unter doppelten Baumreihen am kanalisierten Hafenbecken entlang zur Gare Maritime, dem großen
Hafen am Golf. Das Land ist flach, noch deutet nichts die
Nähe der See an. Dann weitet sich der alte Hafen zum Ausläufer einer Bucht. Rechts von der Gare Maritime mit den
großen Parkplätzen erhebt sich der Neubau eines Aquariums,
links liegt am Kai die kleine Flotte der Kursschiffe. Man kann
die Schiffe für Rundfahrten aller Art im westlichen Teil des
Golfs benutzen, kann die Fahrt unterbrechen und sich ein
Programm zusammenstellen. Den besten Eindruck von der
Eigenart des Golfs gewinnt man an Bord einer altmodischen
›vedette‹ mit ihren Holzbänken und einem Publikum, das aus
einem Gemisch von Inselbewohnern, Ausflüglern und aus-
ländischen Touristen besteht.

Zauber! Wenn man vom Golf von Morbihan spricht, beginnen die Bretonen zu schwärmen. Ein Archipel hat stets
seinen besonderen Reiz, im Golf besteht er in der Fülle
größerer und kleinerer Inseln, die während der Fahrt auf-
tauchen, ihre Gestalt beim Näherkommen verändern, zu-
rückbleiben und neuen Umrissen Platz machen. Auch die
Ufer des Festlandes sind mit ihren Buchten und Landzungen
äußerst abwechslungsreich. Die Vegetation ist teilweise
üppig, das Klima milde. Die mittelmeerische Atmosphäre
der Atlantikküste ist hier besonders ausgeprägt.

Dabei ist der Gesamteindruck eher herbe als lieblich und bei trübem Wetter unheimlich. Das Wasser hat starke Strömungen, die zum Meer hin zunehmen. Der Gezeitenwechsel wirkt sich bis weit in den Golf hinein aus. Wer die Fahrt bei Niedrigwasser antritt, muß die Verschlammung mit den aufsitzenden Booten in Kauf nehmen. Die Ein- und Ausschiffung an den Anlegestellen hängt vom Wasserstand ab: Während Ausflügler zum Beispiel bei der Ankunft auf der Ile aux Moines bei Niedrigwasser vom Oberdeck ausgeschifft werden, da das Schiff tief liegt, steigen sie Stunden später bei Flut auf das Unterdeck der ›vedette‹ zu.

Der bretonische Ausdruck ›Mor bihan‹ bedeutet Binnenmeer. Durch die Senkung des Festlandsockels in erdgeschichtlich jüngerer Zeit, die wir schon erwähnten, füllte sich ein elliptisches Erdbecken allmählich mit Meerwasser. Zu Lande war sozusagen schon Vorarbeit für die Überschwemmung geleistet worden, da sich Flußläufe durch Erosion in tiefe Einbrüche verwandelt hatten. Das trifft vor allem für die Flußtäler bei Auray und Vannes zu. Die Inseln im Golf sind also Überbleibsel des Festlandes, das reich mit Megalithen bestückt war, die man noch jetzt an den Ufern und auf den Inseln vorfindet.

Nach der Ausfahrt aus dem Hafen von Vannes passiert das Schiff auf Südwestkurs die Enge von Conleau mit nahe herangerückten Ufern. Dahinter weitet sich der Golf. Die Zahl seiner Inseln hängt davon ab, ob man auch die kleineren Klippeninseln berücksichtigt, was gerne übertrieben wird. Etwa vierzig bis fünfzig Inseln sind bewohnt, davon viele in Privatbesitz. Im Vorbeifahren entdeckt man kleine Wälder, einen felsigen Uferrand mit dem Bootsanleger und wohl auch eine Villa hinter Kiefern oder im Park mit exotischen Pflanzen. Es gibt im Archipel nur zwei größere Inseln mit ein paar hundert Bewohnern, die früher alle Fischer waren. Auch jetzt wird noch im Golf gefischt. Der größte wirtschaftliche Ertrag liegt jedoch in der Austernzucht.

Auf der *Ile d'Arz*, die sich über eine Länge von dreieinhalb Kilometern erstreckt, sind Obstgärten angelegt. Der reiche Baumbestand und kleine Strände prägen dieses Inselchen. Es

INSELWELT IM BINNENMEER

wird aber weniger besucht als die westlich davon gelegene größere *Ile aux Moines*. Diese ist bizarr geformt und hat eine Längenausdehnung von fünfeinhalb Kilometern. Der Hauptort, schlicht ›Bourg‹, Weiler, genannt, liegt auf dem höchsten Punkt. Zwischen Gärten mit Mimosen, Kamelien und subtropischen Gewächsen führt der Weg dorthin steil bergauf, vorbei an alten, liebevoll gepflegten Häusern mit blau oder grün gestrichenen Fensterläden. Zu den rund sechshundert Inselbewohnern haben sich Städter als Sommerfrischler gesellt, der Tourismus blüht. Wer sich Zeit nimmt, kann Pinienwälder durchstreifen, einen stattlichen Cromlech und einen Dolmen entdecken und Ausblicke auf den Golf genießen. Der Name Ile aux Moines erklärt sich durch die Vergabe der Insel an die Abtei von Redon im 11. Jahrhundert.

Bei der weiteren Fahrt in südwestlicher Richtung gibt es einen magischen Augenblick. Wieder passiert das Schiff eine Enge, aber diesmal schneller, denn hier ist die Strömung reißend. Auf der Insel rechts hebt sich der berühmteste vorgeschichtliche Grabhügel der Bretagne mit seiner Kuppe vor dem Himmel ab, links rauscht man an einem Inselchen mit Kiesrand, magerer Vegetation, zahllosen Seevögeln und aufrecht stehenden Steinen vorbei, die bis an das Wasser und sogar über den Uferrand hinaus reichen. Es ist Er Lanic mit den Menhiren aus einer Zeit, als hier noch Festland war. Die beiden Inseln Gavrinis und Er Lanic schlagen ein Kapitel der Vorgeschichte auf, das wir bald genauer nachlesen werden. Hier zeichnet es sich nicht vor dem düsteren Himmel des Nordens ab, sondern in der Lichtfülle und umspült von der Bläue des Golfs.

Locmariaquer im Westen und Port Navalo im Osten säumen den ›goulet‹, der die Verbindung zur offenen See herstellt. Wie beim Goulet von Brest schließt sich die Festlandszange und läßt eine Passage von nur einem Kilometer frei. An Bord der Kursschiffe spürt man den steiferen Wind und die immer stärker werdende Strömung. Der Blick erfaßt weniger Inseln, die meist kahl sind. Die Zahl der Schiffahrtszeichen und Bojen wird größer. Im Süden rollt die See mit Schaumköpfen heran. Der Golf hat sein Gesicht verändert.

*Ein spät entlarvter Tumulus, ein versunkener Cromlech
und ein zerbrochener Gigant*

Um die Insel *Gavrinis* zu besuchen, muß man sich in dem
kleinen Seebad Larmor-Baden am Westufer des Golfs einschiffen. Auf einer Barkassenfahrt von etwa einer Viertel-
stunde fährt man an Inseln mit Bäumen über dem felsigen
Saum entlang, kreuzt den Kurs von Segel- und Motoryachten,
erkennt das ferne Ufer der Ile aux Moines und geht dann am
schmalen Anleger von Gavrinis an Land. Während der Saison
verkehren die Barkassen zu festen Zeiten, sonst gibt es keine
Verbindung mit der Insel. Gavrinis ist in Privatbesitz, nur der
Tumulus gehört dem Staat.

Man steigt einen kurzen, steinigen Weg zwischen Brom-
beerhecken hinauf. Auf der Hügelterrasse vor dem Tumulus
werden die Besucher in Gruppen aufgeteilt, wie es auch beim
Tumulus Saint-Michel in Carnac nötig ist. Alles geht freundlich, zwanglos und mit jener angenehmen Lässigkeit vor sich,
die manchmal die Geduld auf die Probe stellt, aber andererseits dem Touristen den Verdruß übertriebener Organisation
erspart.

Der Gang ins Innere des Grabhügels mit der anschließenden Kammer wird durch kleine Neonröhren an der Decke
schwach erleuchtet. Tageslicht fällt dünn durch einige
Schlitze zwischen den Decksteinen ein. Die Kammer ist von
einer einzigen, riesigen Platte bedeckt. Das Licht aus der
Taschenlampe des Führers streicht über die rätselhaften,
geometrischen Ornamente auf den aufrecht stehenden Stützsteinen. Gang und Kammer sind so hoch, daß man sich nicht
zu bücken braucht. Die größte Aufmerksamkeit zieht der mit
unendlich verschlungenen Linien verzierte mittlere Stein an
der Rückwand der Grabkammer auf sich. Angeblich kann
man ein äußerst stilisiertes Männerporträt im Faltengewand
im Linienfluß entdecken, allerdings steht es auf dem Kopf.

Das enge Innere von Gang und Kammer steht im Gegen-
satz zu der riesigen Hülle. Gavrinis gehört zum Typ der
›Cairn‹, der Ganggräber mit Kammern unter einer Kuppe aus
Steinen, die von einer Grasdecke überzogen sind. Die Ent-

INSEL GAVRINIS

deckung des Hügels als vorgeschichtliches Mal ist verhältnismäßig jung. Gegen 1830 begann der Eigentümer der Insel,
Monsieur Cauzique, mit Grabungen. Mitten auf der gewölbten Oberfläche gab es einen Trichter oder Krater mit
einem Loch. Durch dieses Loch soll es bereits früher einen
Zugang zur Grabkammer gegeben haben. Im übrigen diente
der Trichter als eine Art natürlicher Müllschütte. Bei späteren Grabungen stieß man auf Schutt, Steine und Sand in der
Grabanlage. 1880 erwarb der Archäologe G. de Closmadeuc
die Insel. Auch seine Versuche, ins Innere des Hügels vorzu-
dringen, hatten noch keinen Erfolg. Der stellte sich erst in
der Zeit zwischen den beiden Weltkriegen ein. Zacharie Le
Rouzic war der Mann, dem die Wissenschaft exakte Forschung mit modernen Mitteln und eine gründliche wissenschaftliche Ausbeute verdankt.

Seit 1979 wird das Steinmal restauriert. Dabei tritt die
sinnvolle Konstruktion der ganzen Anlage zutage. Die auf-
gedeckten Teile der Ummauerung des Hügels beweisen, daß
Gavrinis nach einem genau festgelegten Plan erbaut wurde.
Die Restauration beschränkt sich darauf, Mauern zu ver-
stärken, Beschädigungen auszubessern, die Bekrönung des
Hügels zu regulieren, ohne sie künstlich zu erhöhen. Im
Innern wurde die Rückseite einiger Tragsteine freigelegt.
Zwei von ihnen zeigen Gravierungen, die sich von denen der
Vorderseite unterscheiden.

Der Grabhügel soll gegen 4000 v. Chr. entstanden sein.
Vermutlich war er damals viel höher. Ringsum fand man Tonscherben, Amphoren und Mühlräder zum Zermahlen von
Getreide aus der Römerzeit. Das läßt darauf schließen, daß
Gavrinis den Römern als Beobachtungsposten zur Kontrolle
der Golfeinfahrt gedient haben könnte. Die Zersetzung der
Bekrönung zu einer Kuppe mit Trichter soll erst im Mittelalter erfolgt sein. Der Besucher, der auf Gavrinis eine Gast-
stätte oder wenigstens einen Kiosk mit Postkarten zu finden
hoffte, wird enttäuscht. Zum Glück bleibt die Selbstherrlich-
keit der Stätte gewahrt.

Am Inselchen *Er Lanic* darf nicht angelegt werden, es ist
ein Naturschutzgebiet. Dem Ufer vorgelagert sind auch bei

Flut ein höherer, zentraler Menhir und im Umkreis mehrere
kleinere zu sehen. Bei Ebbe tauchen weitere Steine auf. Es
handelt sich um einen doppelten Cromlech, also zwei kreis-
förmige Anlagen mit einmal 24, einmal 23 Steinen, von denen
ein Teil unter Wasser steht. Beide Kreise bilden zusammen
eine Acht mit dem höchsten Menhir am Berührungspunkt.
Ihre Deutung bleibt rätselhaft. Für den Geologen ist Er Lanic
mit den Möwen auf jeder Steinspitze ein besonders inter-
essanter Platz im Golf. Bestätigen seine Menhire doch die
Vermutung, daß der absinkende Festlandssockel und der an-
steigende Meeresspiegel aus dem Festlandsbecken ein Meeres-
becken mit Inseln gemacht haben!

Locmariaquer ist eine Wallfahrt der Altertumsfreunde wert.
Sie kommen, um Relikte aus der jüngeren Steinzeit zu besichtigen, die auf dem grünen Rasen für jedermann zugäng-
lich sind. Das Gelände mit dem zerbrochenen Menhir und
dem Ganggrab ›Table des Marchands‹ liegt am westlichen
Rand des freundlichen Städtchens, das zum Golf hin ausgerichtet ist. Der in vier Teile zerbrochene Gigant besteht aus
Granit von der Halbinsel Quiberon. Es ist der größte bekannte Menhir mit einer Länge von 20 bis 30 Metern, je nach
Messung, und einem Durchmesser von etwa fünf Metern.
Sein bretonischer Name ›Men-er-Hroek‹ lautet auf deutsch
Feenhügel. Der Betrachter denkt allerdings weniger an Feen
als an Riesen, aber es leuchtet ein, daß die Vorfahren an über-
irdische Kräfte im Zusammenhang mit diesem Koloß glaubten. Wurde er überhaupt je aufgerichtet? Einige Wissenschaftler sind der Ansicht, daß er beim Versuch zerbrach,
andere vermuten eine Katastrophe durch Blitzschlag oder
Erdbeben. Da er sich nahe bei einem Ganggrab befindet,
sollte er vielleicht schon von weitem auf dieses Totenmal
hinweisen.

Man muß ein paar Schritte über den Rasen gehen, um zum
›Tisch der Kaufleute‹ zu gelangen, einer gewaltigen Deckplatte von etwa sechs Metern Länge und vier Metern Breite.
Hier hat die Umsicht von Altertumsforschern aus den dreißiger Jahren unseres Jahrhunderts zu einer gewagten Rekon-
struktion geführt. Von einer ehemaligen Stein- und Erdhülle

des Ganggrabes war kaum noch etwas übriggeblieben. Die Tragsteine mit der Deckplatte lagen frei, waren der Witterung ausgesetzt. Um die Gravierung der Steine zu erhalten, entschloß man sich, die ehemalige Erdhülle zu erneuern. Das Ganggrab liegt in einer Bodensenke. Man bückt sich beim Eintritt in den kurzen Gang, kann aber dann überall aufrecht stehen. Tageslicht erhellt den Raum so weit, daß man deutlich den berühmten, sich verjüngenden, gravierten Tragstein erkennt, auf dessen Spitze die Deckplatte aufruht.

Er bietet ein schönes Beispiel von magischer, vorgeschichtlicher Zeichensetzung. Seine Oberfläche ist in zwei Hälften unterteilt, die mit jeweils vier übereinanderliegenden Reihen von plastisch hervortretenden Krummstäben im Flachrelief verziert sind. An der Spitze der unbehauenen Mittelachse erkennt man schwach ein kreisförmiges Gebilde, vielleicht die Sonnenscheibe. Eine schmale, steinerne Einfassung mit winzigen Halbkreisen als Ornament rahmt den Stein. Da sich die Krummstäbe mit ihren Haken auf einer Hälfte nach links neigen, auf der anderen nach rechts, hat man sie als bewegte Kornähren deuten wollen. Auf der Unterseite des riesigen Steindeckels ist eine Axt mit Schaft und keilförmiger Schneide zu erkennen. Ob deren Bedeutung mit den ›Ähren‹ zusammenhängt, bleibt ebenso umstritten wie die Deutung der Motive überhaupt.

Außer diesem einzigartigen Schauplatz vorgeschichtlicher Steinmale kann man in Locmariaquer und der näheren Umgebung noch drei Ganggräber besichtigen: den Dolmen Mané Lud, den Dolmen Mané Retual und die ›Pierres Plates‹ an der Südküste. Sie alle sind aus skulptierten Steinen zusammengesetzt. Gegenstände aus diesen Gräbern gehören zum Schatz vorgeschichtlicher Funde im Museum von Vannes.

Die Halbinsel Rhuys

Die Halbinsel Rhuys umschließt den Golf von Morbihan im Osten und Süden. Das Ende dieses Arms mit Port-Navalo an der Spitze ist Schauplatz geschichtlicher Ereignisse und kulturgeschichtlich fesselnder Perioden gewesen. Die Ver-

nichtung der Veneter in der Seeschlacht 56 v. Chr., das Auf-
blühen der Abtei von Saint-Gildas-de-Rhuys und das höfi-
sche Leben im Schloß von Suscinio mögen als Beispiel dienen.

Rhuys ist schwach besiedelt, wird allerdings mehr und
mehr zum Ziel von Wassersportlern oder Stadtmenschen, die
sich in die Stille zurückziehen wollen. Es gibt eine Fülle
winziger Orte voller Charme mit einer besonders hübschen
Abwandlung des Haustyps. Wieder wirkt der ausgesparte
graue Granitrahmen um Haustür und Fenster im Gegensatz
zur weißgetünchten Wand stilvoll, besonders wenn er sich
über dem Eingang wölbt. Die Fensterläden sind blau gestrichen, in kleinen Nischen stehen Statuen von Heiligen oder
der Madonna, in steinigen Gärten gedeiht dennoch der
Blumenwuchs üppig. In der Crêperie solcher Orte versammelt sich ein Stammpublikum, dem man das intellektuelle
Gepräge anmerkt.

Das Städtchen *Sarzeau* mit seinen rund viertausend Einwohnern und einem lebhaften Marktbetrieb ist der einzige
größere Ort in Rhuys. Hier wurde Alain René Lesage (1668
bis 1747) geboren, der uns vor allem durch seinen Schelmen-
roman ›Gil Blas‹ bekannt ist. Von der Straße, die Sarzeau mit
dem westlich gelegenen Port-Navalo verbindet, geht bei
Arzon ein Feldweg ab. Er führt zu einer mit Buschwerk bewachsenen Hügelkuppe, dem *Tumulus von Tumiac*. Er wird
hartnäckig ›Cäsars Hügel‹ genannt. Die Vorstellung, daß
Cäsar im Krieg gegen die Veneter auf dieser fünfzehn Meter
hohen Kuppe im Flachland einen Beobachtungsposten errichten ließ, ist reichlich phantastisch.

An der Basis hat der Tumulus einen Umfang von 260 Metern. Er gehört zu den großen Tumuli mit zwei Schichten
unter der Vegetationsdecke: Unter einer Steinhülle gibt es
eine zweite aus trockenem Lehm. Die Grabkammer im Innern
wurde restauriert. Bei der Erforschung in der Mitte des
19. Jahrhunderts fand man Axtklingen aus Jadeit, Perlen aus
Callais, einer Art von Türkis, und Menschenknochen, die zum
Teil mit Kalk überzogen waren. Der Cäsar-Hügel wird heute
vor allem wegen der umfassenden Aussicht über den Golf und
die Bucht von Quiberon bestiegen.

CÄSARS HÜGEL

Saint-Gildas-de-Rhuys liegt an der Atlantikküste auf einem Plateau, das den Südweststürmen ausgesetzt ist. Die Römerstraße von Vannes nach Port-Navalo berührt Saint-Gildas. Die Region war also schon erschlossen, wurde aber erst im Mittelalter durch Mönche kultiviert. Mit Ausnahme der weithin sichtbaren Kirche ist der Ort unbedeutend. In jüngerer Zeit entstanden schmucke Sommerresidenzen an der Peripherie. Hinter der Kirche senkt sich das Gelände mit gekurvter Fahrstraße zum Strand von Port-Maria hinab, den niedrige Klippen rahmen. Bei der nördlich gelegenen Pointe du Grand Mont fällt es dagegen schroff ab, ohne jedoch den dramatischen Charakter der Kaps am Kanal oder im Finistère zu erreichen. Die Höhenzüge sind mit Gras bedeckt. Im Frühjahr setzen Veilchen, Gänseblümchen und eine kleine lila Orchidee Farbtupfen hinein. Wer hier rastet, kann sich kaum die wüste Landschaft vorstellen, die den Abt Abélard seinerzeit zur Verzweiflung trieb.

Gildas war einer aus der großen Zahl jener Mönche von jenseits des Ärmelkanals, die die Bretagne christianisierten. Im Gegensatz zu anderen hatte er schon eine reiche geistliche und weltliche Lebenserfahrung, ehe er sich auf der Halbinsel Rhuys niederließ. Er war 490 als Sohn einer frommen Familie in Schottland geboren, im heutigen Dumbarton. Mit vierzehn Jahren trat er in das Kloster Saint-Ildut ein, dem auch andere der ›Sieben heiligen Gründer der Bretagne‹ angehört hatten. Gegen 519 wurde Gildas zum Priester geweiht, danach begann seine Missionstätigkeit in England, Irland und Schottland. Etwa zehn Jahre später pilgerte er nach Rom. Auf dem Rückweg kam er zum ersten Mal in die Bretagne. Dort wollte er seine Landsleute begrüßen. Schnell wurde er bekannt, fand großen Zulauf und blieb zunächst mit seinen Anhängern auf der Halbinsel Rhuys.

Guérech, Herr im Gebiet von Vannes, schenkte dem Missionar das ›castrum‹ auf der hohen Küste über dem Atlantik. Dort entstand das Kloster von Rhuys. Allerdings trieb es den unruhigen, missionarisch engagierten Mann noch einmal nach Norden, nach Irland, wo er mehrere Klöster gründete. Mit einigen Begleitern kehrte er schließlich in die Bretagne zurück, führte den Bau der Abtei zu Ende, wählte dann aber die Einsamkeit eines Eremitendaseins, und zwar im Tal des Blavet nördlich von Auray. Gildas starb 570 im Alter von 80 Jahren. Sein Grab mit einer unverzierten Steinplatte aus dem 11. Jahrhundert befindet sich in der Abteikirche hinter dem Hauptaltar.

Das Kloster erlitt das übliche Schicksal aller geistlichen Stätten nahe der Küste. 919 flüchteten die Mönche mit den Reliquien vor den plündernden Normannen. Kloster und Kirche lagen 75 Jahre lang verlassen da und verfielen. Erst am Anfang des 11. Jahrhunderts begann man mit dem Wiederaufbau. Es war höchste Zeit, denn in einer alten Urkunde heißt es, daß bereits die wilden Tiere hier ihre Höhlen gebaut hätten. Da die Kirche von dichten Wäldern umgeben war, stellte sich den Benediktinern im Kloster die Aufgabe, zu roden und das Umland für Ackerbau brauchbar zu machen. Das ging jedoch zunächst nur langsam vor sich.

Der berühmteste Abt dieses Klosters, der hier von 1128 bis zu seiner Flucht im Jahre 1132 lebte, hat eine drastische Schilderung der Umgebung und der mönchischen Sitten hinterlassen. Es ist der Scholastiker Pierre Abélard (1079 bis 1142), der große Gelehrte und unselige Liebhaber seiner jungen Schülerin Héloïse. Er stammte aus Palet bei Nantes und wurde 1128 vom Kloster Saint-Denis aus nach Saint-Gildas versetzt.

In einem langen Brief an einen Freund beklagt er sich. »Ich wäre bereit, unter Gottlosen zu leben, und geriet in die Gesellschaft von Mönchen, die schlimmer sind als die Heiden«. In diesem rauhen Land verstand er nicht einmal die Sprache. Der Lebenswandel der Mönche war barbarisch. Die Pforten der Abtei schmückten Jagdtrophäen von Rehen, Bären und Wildschweinen. Der Hörnerklang und das Bellen der Meute dienten den Mönchen als einziges Wecksignal. Abélard nennt die bretonischen Einwohner grausam und zügellos, die Umwelt erschreckte ihn: auf der einen Seite der Ozean, auf der anderen der verfilzte Wald. Außerdem tyrannisierte ein mächtiger Herr die Abtei. Laut Abélard verlangte er von den Mönchen Tributzahlungen, »so als seien sie Juden«. Das Geld,

ABÉLARD UND HÉLOÏSE

das den Mönchen übrigblieb, brauchten diese, um ihre Konkubinen und ihre illegitime Nachkommenschaft zu ernähren. Teils erwarteten sie, daß ihnen der Abt bei ihren unlauteren Geschäften helfe, teils trachteten sie nach seinem Leben und versuchten angeblich, ihn mit einem schrecklichen Gesöff im Abendmahlskelch zu vergiften.

Abélard rettete sich zu einem Edelmann, der ihn vorläufig aufnahm. Sein bitterer Anklagebrief mag in Einzelheiten übertrieben sein, aber insgesamt wird die Beschreibung der zuchtlosen Mönche stimmen. Das Prestige der ehemals gerühmten Abtei sank im Lauf der Zeit ab. Erst während der Regierung Ludwigs XIV. setzten Benediktiner von Saint-Maur eine Reform durch.

Das Schiff der *Abteikirche* wurde im 17. Jahrhundert völlig erneuert, der Chor und das Querschiff blieben indes im romanischen Stil erhalten. Saint-Gildas-de-Rhuys war 1032 geweiht worden. Wenn man das Schiff vom Hauptportal aus betritt, ist der Eindruck nüchtern. Massige Pfeiler stützen Rundbogen, über denen sich die weiß getünchte Decke wölbt. Um so stärker hebt sich der halbrunde Chor mit Umgang und Absidialkapellen ab. Der hier verwendete Gneis ist rosa und zum Teil grünlich angelaufen. Vier Säulen stützen schlanke Rundbögen, über denen ein Band kleiner Blendarkaden verläuft. Die strenge Linienführung dieser Dekoration und das wechselnde Farbspiel des Baumaterials vor weißer Wand sind von großer Einfachheit und Würde.

Im Chorumgang ist es hell genug, um die kräftig skulptierten Säulenkapitelle mit ihren bretonisch-keltischen Motiven zu erkennen. Am Eingang dienen zwei gut erhaltene Kapitelle mit plastisch hervortretenden Pflanzenmotiven und stilisierten Tierköpfen als Weihwasserbecken. An der Wand des Chorumgangs lehnen alte Grabplatten von Äbten und jung verstorbenen Kindern aus der herzoglichen Familie im Schloß Suscinio, allerdings kann man die Inschriften kaum noch entziffern. Im übrigen wirkt die Ausstattung fast ärmlich bis auf einen gewaltigen, zweigeschossigen Renaissance-Altar, der die abschließende Wand im östlichen Arm des Querschiffs ganz ausfüllt, während der westliche Abschluß schlicht belassen wurde. In Saint-Gildas lohnt die Sakristei mit ihren Schätzen einen Besuch. Ein Schrein aus dem 14. Jahrhundert birgt Reliquien des Heiligen, ein Büstenreliquiar aus dem 17. Jahrhundert seinen Kopf. Ein Emaillekreuz ist mit Smaragden besetzt, Goldstickerei schmückt eine Mitra aus dem 16. Jahrhundert.

Die Apsis der Kirche gilt mit Recht als eine der schönsten in der Bretagne. Die mittlere Kapelle am Chorumgang springt weiter vor als die beiden flankierenden. Alle sind gleichermaßen mit Rundbogenfenstern und vorspringenden Mauerstützen versehen, aber sonst völlig schlicht gehalten. Die außerordentliche Wirkung liegt in der harmonischen Übereinstimmung der bräunlich-grauen Mauern mit den drei dunkelgrauen Schieferdächern darüber. Das riesige, kegelförmige Dach des Chors bietet eine ungeheure Fläche und überschneidet kühn das horizontale Dach des Querschiffs. Die unteren Ränder der drei Dächer scheinen zu schwingen. Das Ganze ist eine Symphonie von abgestuften Grautönen.

An der Kapellenmauer erkennt man ein stark abgeschliffenes Relief mit einem weltlichen Thema: Zwei Ritter gehen mit eingelegten Lanzen aufeinander los. Unterhalb der Dachtraufen drohen böse, kleine Köpfe von Menschen und Tieren. Eine Fratze streckt höhnisch die Zunge heraus. Hier verbirgt sich romanische Fabulierkunst am strengen Bau und wirkt auf den heutigen Betrachter befremdend und fast tückisch.

Die Bretagne ist reich an malerischen Schloßruinen. Eine der reizvollsten ist sicherlich *Suscinio* aufgrund ihrer Lage an der Atlantikküste bei Sarzeau. In öder Gegend erhebt sie sich so nahe am Meer, daß die Flut früher den Burggraben füllte. Durch Anschwemmung hat sich der Uferstreifen verbreitert. Die Strecke vom Schloß durch sumpfiges Gelände bis zu den Dünen beträgt etwa einen Kilometer. Schilf steht im feuchten Umland. Das stagnierende Wasser in den Burggräben ist mit Entengrütze bedeckt. Suscinio, großartig noch im Verfall, beherrscht weithin das flache, durch Hecken unterteilte Land.

MELANCHOLISCHES SUSCINIO

Die ursprüngliche Anlage stammt aus dem 13. Jahrhundert. Der Mauerring aus hellbraunen Feldsteinen ist an Höhe und Umfang enorm. Von acht Türmen sind sechs erhalten. Wuchtige Zwillingstürme säumen das Eingangsportal mit der ehemaligen Zugbrücke. Die Dächer der spärlich erhaltenen Innenbauten sind abgedeckt, nur hohe Kamine an den Schmalseiten ragen noch in die Luft. Wenn man den Bau umkreist, blickt man in schwarze Fensterhöhlen. Manche haben noch ihre Umrahmung im Stil der Renaissance behalten. Tauben flattern durch die Öffnungen aus und ein. Selbst an freundlichen Sommertagen erweckt Suscinio Melancholie.

Die Vorstellung fällt schwer, daß die bretonischen Herzöge diesen Platz als Sommerresidenz bevorzugten. Nicht nur das! Unter den Königen, denen der Sitz nach der Einverleibung der Bretagne zugefallen war, wurde Suscinio ein Lustschloß im Besitz der jeweiligen Günstlinge. In diesen grimmigen Mauern herrschte höchste Prachtentfaltung bei einer Reihe von Festen. Während der Revolution wurde das Schloß schwer beschädigt und diente als Steinbruch. Historisches Gewissen und zunehmender Tourismus haben die Ruine jedoch wieder aufgewertet.

Land unter Wasser: Die Halbinsel Guérande

WENN MAN VON VANNES aus die Route nach Nantes weiter
verfolgt oder aus dem Süden von Rhuys kommend auf sie
stößt, dann durchfährt man flaches, recht einförmiges Land in
einiger Entfernung von der Küste. Um sie wieder zu erreichen,
biegt man bei La Roche-Bernard scharf nach Süden ab und
durchschneidet dabei bereits einen Teil des Naturschutz-
gebietes La Grande Brière, das einen Besuch lohnt. Zunächst
reizt jedoch die schmale Landzunge, die in den Atlantik vor-
stößt, auf der das moderne Seebad La Baule liegt und die
beim Fischereihafen Le Croisic endet.

Die Entstehungsgeschichte der Presqu'île de Guérande,
wie die Halbinsel insgesamt heißt, ist ein Stück Naturge-
schichte. Die Region war seit vorgeschichtlicher Zeit in Bewegung. Wo sich jetzt Salzsümpfe ausbreiten, war Meeresspiegel. Orte wie Batz an der Küste und Guérande im Binnenland erhoben sich daraus als Inseln. Jede Flut trug jedoch
Schlamm und Sand von der Loiremündung heran. Dadurch
vereinigten sich die Inseln allmählich mit dem Festland. Der
heutige Naturschutzpark von La Brière stand ebenfalls unter
Wasser, er war ein Golf mit Inseln darin. Auch hier bewirkten
Sandmassen aus der Loire Aufschwemmung. Bei fortgesetz-
ter Anspülung wäre eine einzige Festlandsmasse entstanden.
Die schmale Passage, die sich an der Spitze der Landzunge
von Le Croisic auftut, genügt jedoch, um mit jeder Flut
Meerwasser weit ins Binnenland zu tragen und durch den
Gezeitenwechsel völlige Versandung zu verhüten.

Sandstürme haben ehemals an der Küste eine besondere
Rolle gespielt. Ein drei Tage und Nächte dauernder Sturm im
Jahr 1527 deckte das Fischerdorf Escoublac derartig zu, daß
die schon vorher vom Flugsand geplagten Einwohner den
Platz aufgaben und sich mehr landeinwärts in der Nähe an-

VERSANDETES MEER 383

siedelten. 1779 war das alte Escoublac unter den Dünen verschwunden. Die Legende weiß auch warum. Eines Tages
hatten zwei Fremde, ein alter Mann und eine junge Frau, um
Herberge für eine Nacht gebeten. Alle Einwohner von Escoublac weigerten sich jedoch. Da wurde der alte Mann zornig
und sagte den hartherzigen Fischerfamilien eine Katastrophe
voraus. Ein Sandsturm erhob sich. Die Leute konnten fliehen,
verloren aber all ihr Hab und Gut und die Heimat. Gottvater
persönlich hatte eingegriffen und die Bitte um Schonung der
ihn begleitenden Jungfrau Maria nicht erhört.

Mondänes und Bretonisches – La Baule und Le Croisic

In der Mitte des 19. Jahrhunderts wurden die Wanderdünen
bepflanzt und zum Stillstand gebracht. Das magere Kiefer-
gehölz, das sich jetzt im Hinterland von *La Baule* erstreckt,
erhielt den poetischen Namen Bois d'Amour. Hier bezogen
einige Naturfreunde aus Nantes schlichte Sommerhäuschen.
Als 1879 die Zweiglinie der Bahn von Saint-Nazaire bis Le
Croisic eröffnet wurde, erkannten der Bahningenieur Henne-
cart aus Paris und dessen Freund Darlu die Chance. Ein Seebad, mit dem Bois d'Amour im Hintergrund und Sandsträn-
den von fast acht Kilometern am Atlantik, sollte entstehen.
Die Pariser erwarben Terrain und parzellierten es. Ein Straßennetz wurde angelegt. Romantische Sommervillen mit Gie-
beln, Erkern und Türmchen verliehen La Baule den Charme
der ›Belle Epoque‹. Vereinzelt gibt es sie noch, aber an der
Meeresfront herrschen moderne Hochbauten vor. Groß-La
Baule hat rund 15000 Einwohner. Im Sommer verkehren
Schlafwagenzüge zwischen Paris und La Baule, das mit allem
ausgerüstet ist, was ein elegantes, aber dezentes Seebad den
Gästen zu bieten vermag. Urwüchsige Bretonen lehnen den
Aufenthalt an dem angeblich versnobten Platz allerdings ab.

Dagegen geht es in dem alten Fischereihafen und Städtchen
Le Croisic bretonisch bieder zu. Schon von weitem sichtbar,
zeichnet sich der 56 Meter hohe Kuppelturm der spätgotischen Kirche Notre-Dame-de-Pitié ab. Im Innern steht eine
Statue der Madonna mit dem Kind und einer Windrose in der

Hand. Diese Notre-Dame-des-vents wurde früher in der kleinen Kapelle Saint-Goustan am Strand von Le Croisic von den Fischersfrauen um guten Wind angefleht. Nach dem Gebet fegten sie den Boden der Kapelle, fingen den Staub auf und pusteten ihn in die Windrichtung, die für die Heimkehr der Fischer günstig war.

Le Croisic ist ein lang auseinandergezogener Ort mit drei Hafenbecken. Über dem hinteren Becken beim Bahnhof erhebt sich ein Hügel mit einem Aussichtspunkt. Dieser bepflanzte Mont Esprit wurde in den Jahren 1814 bis 1816 künstlich mit dem Ballast aufgeschüttet, den die Schiffe entluden, um Salz an Bord zu nehmen. Aus der sachlichen Bezeichnung ›lest pris‹, entnommener Ballast, entstand der wenig passende Name ›Esprit‹. Die Hauptstraße säumt die malerische Bucht Grand Trait, in der lebhafter Verkehr von Fischerbooten herrscht. Zwei kleine, vorgelagerte Inseln mit modernen Anlagen für Auktion, Fischverwertung und -konservierung sind mit dem Festland verbunden.

In den Straßen bei der Kirche und am Kai gibt es noch schöne, alte Häuser zwischen den banalen Wohnbauten und Geschäften eines auf Saisonbedürfnisse ausgerichteten Seebads. Im Rathaus, dem Hôtel d'Aiguillon aus dem 17. Jahrhundert, ist ein kleines Schiffahrtsmuseum untergebracht. Im Garten steht eine kunstvoll gegossene Kanone mit dem Wappen des Sonnenkönigs. Sie stammt vom Schiff ›Soleil Royal‹, das nach einem Sieg der Engländer unter Admiral Hawke über die französische Atlantik-Flotte 1759 bei Croisic unterging. Im Sommer 1955 fanden Froschmänner diese Kanone, die 1670 aus der Bronzegießerei hervorgegangen war.

Der Außenhafen wird durch eine Mole von 850 Metern Länge geschützt. Am Ufer erhebt sich ein zweiter künstlicher Ballasthügel in der Form einer erhöhten Promenade zwischen Baumreihen. Dieser Mont Lénigo endet in einem Rondell mit Bänken. An seinem Fuß wurde dem Steuermann Hervé Rielle ein Denkmal gesetzt. Der bärtige Mann mit Holzpantinen an den Füßen stemmt mit aller Kraft ein Steuerruder. Nach einer Niederlage zur See hatte er 1692 eine ganze

LE CROISIC

Flotte von 22 französischen Schiffen retten können, indem er sie nach Saint-Malo dirigierte.

Der Strand von Saint-Goustan liegt an der Westspitze der Landzunge am offenen Meer. Der heilige Goustan, Mönch der Abtei von Saint-Gildas-de-Rhuys, soll an dieser Stelle durch die Hilfe des Himmels heil einem Schiffbruch entkommen sein. Der erschöpfte Mönch streckte sich auf einem Stein aus. Dieser wurde weich wie ein Kissen und bewahrte die Vertiefung, die der Körper des Heiligen hinterlassen hatte. Der Strand geht in die Côte Sauvage über. Sie erstreckt sich über zwölf Kilometer, ist von Felsblöcken gesäumt und entspricht dem Namen als wilde Küste. Bei Port Lin sind kleine Strände ausgespart. Vom Bahnhof Le Croisic aus kann man Port Lin auf schnurgerader Straße schnell erreichen. Die offene See mit ihrem Anprall gegen den Fels steht im Gegensatz zum friedlichen Golf auf der Nordseite der Landzunge: Le Croisic hat ein Doppelgesicht.

Glitzernde Salzsümpfe

Die Salzsümpfe nördlich von Le Croisic bieten an wolkenlosen Sommertagen ein glitzerndes Bild. Dann ist Erntezeit für Meersalz. Das Meerwasser wird bei Hochflut zunächst durch einen Kanal in ein Staubecken und dann zur Verdunstung in unterteilte, immer flachere Klärbecken geleitet. Die Salzarbeiter, ›paludiers‹ genannt, schaufeln das kristallisierte Salz mit langen Rechen zusammen. Die kleinen Salzpyramiden werden abtransportiert und gelangen in Lagerschuppen oder werden an Ort und Stelle gegen die Witterung geschützt. Anschließend beginnt man mit der Raffination. Der Ertrag mindert sich ständig. Von insgesamt 2000 Hektar Klärbeckenfläche sind nur noch etwa 800 in Gebrauch.

Der Besucher hat vielleicht die Chance, die ›paludiers‹ bei ihrer Arbeit zu beobachten. Als Landschaftsbild sind die Salzgärten mit ihren Tausenden von Bassins monoton. Über die Klärbecken legt sich ein regelmäßiges Netz von niedrigen, schmalen Dämmen mit einer ovalen Plattform in der Mitte, auf die das zusammengeschaufelte Salz gehäuft wird. Was sich einprägt, ist die Exaktheit dieses Netzes auf einem teils spiegelnden, teils trüben und schlammigen Untergrund. Zur Erntezeit ist er weiß gepunktet bis zum Horizont.

Hauptort ist *Saillé* mitten in den Salzsümpfen. Ein altes Bild in der Kirche Saint-Clair erinnert daran, daß sich Herzog Jean IV. hier mit Jeanne de Navarre vermählte. Die Salzarbeiter von Saillé tragen an Festtagen die seltsamste Tracht der an ausgefallenen Trachten so reichen Bretagne. Die Pumphosen der Männer sind weiß. Eine rote Jacke wird über zwei farbig verzierte Westen gezogen. Der Dreispitz aus Filz mit abenteuerlich hochgeschlagener Krempe wird je nach dem Zivilstand des Trägers verschieden aufgesetzt, ob ledig, verheiratet oder Witwer. Die Frauen sind einfacher gekleidet und tragen flache Hauben zu breiten Spitzenkragen.

Ehemals machte der Salzhandel die Leute zwar nicht gerade reich, aber sicherte sie doch vor Not. Das Salz wurde zunächst verschifft und dann zu Wasser oder zu Land in der ganzen Bretagne verteilt oder in nordische Länder exportiert. In Batz und Le Pouliguen an der Landzunge wurde das Salz nicht erst gelagert, sondern von dort aus trotteten die Maultiere der Salzverkäufer mit der weißen Fracht in den Behältern über die Straßen des Binnenlandes. »Da kommt der Kerl mit dem gesalzenen Hinterteil«, sagten die Bauern. Jeder Salzarbeiter durfte ein bestimmtes zollfreies Maß an Salz gegen Getreide umtauschen, das er in seine Heimat zurückbrachte. Dieses von Herzog Jean V. verliehene Vorrecht war so wichtig, daß die Könige von Frankreich es später wiederholt bestätigten. Mit dem vermehrten Aufkommen von Salz aus Bergwerken und mit der Konkurrenz der Meersalzgewinnung in Südfrankreich, wo bessere Wetterbedingungen herrschen, lohnte die Arbeit der Paludiers immer weniger. Heute ernährt sie kaum noch den Mann.

Die Ville close von Guérande

Guérande im Norden der Salzsümpfe auf erhöhtem Gelände ist die Hauptstadt der Halbinsel. Sie ist fast kreisrund und nur durch vier Tore in der Umwallung zugänglich. Von den

MEERSALZGEWINNUNG 387

sechs Rundtürmen der Stadtmauer sind die Stümpfe erhalten. Als ›ville close‹ gehört das mittelalterliche Städtchen zu den besterhaltenen der Bretagne. Die unversehrte Umwallung aus Granit stammt in den ältesten Teilen aus dem 14. Jahrhundert und wurde in der Mitte des 15. Jahrhunderts ausgebaut. Die vier Tore entsprechen den vier Himmelsrichtungen. Wer von Le Croisic kommt und nach Norden will, fährt durch die Porte de Saillé in die Rue de Saillé ein und durch die Porte Sainte-Anne wieder hinaus. Von La Baule führt die Straße zur Porte Saint-Michel mit mächtigen Zwillingstürmen und dem Stadtwappen über dem Portal. Im ehemaligen Sitz des Gouverneurs an der Stadtseite der Türme wurde ein instruktives Nationalmuseum eingerichtet.

Guérande hat einen kriegerischen Ursprung. Die Römer, die hier eine Garnison unterhielten, widerstanden dem Druck der Bretonen bis zum Ende des 5. Jahrhunderts. Erst in der Epoche der Merowinger entwickelte sich die Stadt durch Zuwanderer aus Britannien. Bevor im 12. Jahrhundert mit dem Bau der *Stiftskirche Saint-Aubin* begonnen wurde, hatten schon zwei Kirchen an dieser Stelle gestanden. Die erste stammte aus dem 6., die zweite aus dem 8. Jahrhundert nach überstandenem Normannensturm. Diese Kirche barg schon als Schatz die Reliquien des heiligen Aubin, später Bischof von Angers. Von der dritten Kirche, die bis zum 16. Jahrhundert ständig erweitert und verändert wurde, sind noch romanische Reste im Schiff erhalten. Skulptierte Bänder mit Groteskmotiven laufen um die Kapitelle von fünf massiven Rundpfeilern. Das beliebte mittelalterliche Thema der Höllenstrafen ist hier besonders naiv und diabolisch dargestellt. Ein Sünder – oder Laurentius als Märtyrer – ruht mit angezogenen Beinen in gemütlicher Schlummerstellung auf dem Rost, während die teuflischen Henkersknechte schon das Feuer mit dem Blasebalg anfachen.

Unter Naturschutz: La Grande Brière

Der größte Teil der bauchigen Halbinsel wird vom Naturschutzpark La Grande Brière eingenommen. Er wurde 1970 gegründet. Das Gebiet ist nicht zersplittert wie der Naturschutzpark der Monts d'Arrée im Westen der Bretagne, sondern umfaßt einen ausgedehnten, einheitlichen Komplex. Der sumpfige Boden der Brière war in vorgeschichtlicher Zeit bewaldet, doch dann wurde er durch eine Naturkatastrophe unter Wasser gesetzt. Die Legende will wissen, daß der Wald an einem einzigen Tag unterging, und zwar durch das inständige Flehen der Prinzessin Mauve zum Himmel, um bösen Verfolgern zu entgehen. Wie bei der Entstehung der Landzunge von Le Croisic fanden in den folgenden Jahrtausenden geologische Veränderungen durch angeschwemmten Sand aus der Loire-Mündung statt. Aus dem Wasserbecken wurde ein Sumpfgebiet mit Mooren und einzelnen Inseln auf felsigem Untergrund, von denen man heute noch siebzehn zählt. Einer der Weiler, die auf den Inseln entstanden sind, verrät seinen Ursprung durch den Namen: *Ile* de Fédrun. Im Moor hat man uralte, versteinerte Baumstämme gefunden, deren Alter auf fünftausend Jahre geschätzt wird.

Die Grande Brière ist ein Fremdkörper innerhalb der bretonischen Landschaft. Es ist ein ernstes, melancholisches Gebiet, das früher kaum zugänglich war und erst allmählich mehr erschlossen wird. Straßenverbindungen sind schon vorhanden, aber vor allem ziehen sich Kanäle durch das Sumpfland. Der Besucher kann sich in flachen Kähnen durch stille Gewässer staken lassen und sich an urtümlichen Bildern bäuerlicher Behausungen sättigen. In Ile de Fédrun erfährt man schließlich alles über Geschichte und Kultur der Grande Brière, von den Lebensbedingungen der Menschen in dieser Einsamkeit und von der Eingliederung in die bretonische Bevölkerung.

Die Bewohner hatten das Land durch Abzugsgräben drainiert. Es brachte Erträge, von denen die Briérons leben konnten. Dabei stand das Torfstechen an erster Stelle. 1461 billigte Herzog François II. den Moorbauern den ungeteilten ge-

TORFSTECHEN 389

meinsamen Besitz und die Nutznießung des Landes zu. Nach der Vereinigung der Bretagne mit der Krone bestätigten die französischen Könige diese Bestimmungen, die noch unter Ludwig XVI. in Kraft waren. Die ›Charte de la Brière‹ ist bis heute erhalten.

Der Abbau von Torf diente ursprünglich der Beheizung, in jüngerer Zeit der Bodendüngung. Die Briérons schnitten Schilfrohr, um ihre Häuser zu decken und stellten Körbe aus Weidengeflecht her. Ihr Gebiet war überreich an Fischen und jagdbaren Vögeln. Alle Techniken, die der Moorbauer, aber auch der Fischer und Jäger in so eigenwilliger Umgebung für seinen Lebensunterhalt braucht, waren voll entwickelt und mit Spezialbenennungen belegt. Zunehmend entwickelte sich Landwirtschaft mit Kleintierzucht. Aus der Brière kommen die Enten, die als ›Canards nantais‹ in der französischen Gastronomie berühmt sind. In geringem Umfang besitzen die Bauern heute Schafe, auch Obstgärten, zur Ergänzung des Haushalts und zum Verkauf. Die Grundlage der Existenz hat sich aber entscheidend verändert. Die Männer arbeiten in Fabriken, vor allem in der Metallurgie, und gelten auf den Werften von Saint-Nazaire als besonders tüchtige Schiffsbauer. Für die Frauen gab es schon am Ende des 19. Jahrhunderts eine bescheidene, aber erfolgreiche heimische Industrie: die Herstellung von Orangenblüten aus Wachs. Sie sind gefragt als Kopfschmuck der Braut und werden sogar exportiert. Der Tourismus hat neuerdings die Besichtigung der Grande Brière in sein Programm aufgenommen. Flora, Fauna und bäuerliche Siedlungen bleiben indes im Naturschutzpark geschützt.

Hafenstadt Saint-Nazaire

Je mehr man sich der Loire-Mündung nähert, desto deutlicher zeichnet sich ein Wechsel im Bild der Landschaft ab. Flache Küsten, lockere Siedlungen anstelle isolierter Gehöfte oder Weiler, Häuser mit roten statt grauen Ziegeldächern, Industrieanlagen. All das wirkt zunächst nüchtern, aber auch großzügig, ja dynamisch. Man nähert sich einem industriellen Komplex, dem in der ganzen Bretagne nichts vergleichbar ist.

Die Stadt Saint-Nazaire, Vorhafen von Nantes, hat sich in
kurzer Zeit zu einer der wichtigsten Hafenindustrien entwickelt. Auf den Docks und Werften werden etwa 70 Prozent
von Frankreichs Schiffsbauten ausgeführt.

Die Stadt war seit der Mitte des 19. Jahrhunderts als Vorhafen stetig gewachsen, aber dann erfolgte durch den Zweiten
Weltkrieg eine tragische Unterbrechung. Während der ganzen Besatzungszeit unterhielten die Deutschen hier eine Basis
für Unterseeboote und verteidigten diese ›Tasche‹ hartnäckig bis zum 11. Mai 1945. Das zerbombte Saint-Nazaire
mußte vollkommen neu aufgebaut werden. Die Wohnviertel
wurden säuberlich vom Hafen mit seinen Industrien getrennt. Als neuzeitliches Wahrzeichen mag die ›längste
Brücke Frankreichs‹ gelten, deren schwungvollen Ansatz man
im Vorbeifahren von der Straße oder der Bahnstrecke aus
sieht. Seit 1975 ersetzt die Hängebrücke Saint-Nazaire–
Saint-Brévin die Fähre über die Loire-Mündung. Sie erhebt
sich in 60 Metern Höhe über den Wasserspiegel, ihre Länge
wird mit 3356 Metern angegeben. Diese Verbindung erschließt das nahe Gebiet südlich der Loire, das geschichtlich
vielfach mit dem bretonischen Schicksal verknüpft war.

Nantes – Metropole am Rand der Bretagne

NANTES ist die einzige Metropole der Bretagne. Mit einer Einwohnerzahl von rund 247 000 ist die Stadt der alten Rivalin Rennes nur leicht überlegen. Die Wirtschaftsregion, deren Mittelpunkt Nantes ist, umfaßt indes etwa 450 000 Einwohner und zählt zu den wichtigsten französischen Zentren für Industrie und Handel. Daß die Stadt in neuerer Zeit aus verwaltungstechnischen Gründen aus der Bretagne ausgegliedert und zur Hauptstadt des Département Loire-Atlantique gemacht wurde, spürt der Besucher nirgends. Allerdings ist Nantes ebenso wenig repräsentativ für die Bretagne wie Rennes. Beide Städte liegen im Osten, weit entfernt von den kleineren, urbretonischen Zentren für Tradition, Sprache und Sitten im Westen. Die Nantais, heimisch am Ausgang des Loire-Tals, waren seit je eng mit dem angrenzenden Anjou verbunden. Als Reeder und Seefahrer hatten sie sich auf ertragreiche überseeische Unternehmungen eingelassen. Ihre Interessen griffen weit über die Landesgrenzen hinaus.

Nantes als Einheit zu erfassen ist schwierig, selbst wenn man die ausgedehnten Industriesiedlungen zu beiden Seiten der Loire und flußabwärts ausklammert. Die lang auseinandergezogene Stadt hat zwei Zentren: die Altstadt mit Schloß und Kathedrale und die neuere Stadt mit der Börse und der Place royale. Darüber hinaus gibt es die städtebaulich imponierende Achse des Cours Saint-Pierre bei der Place Maréchal Foch, die breiten, modernen Boulevards, unter denen der Fluß Erdre in die Loire geleitet wird, und im Westen ein höher gelegenes Gelände mit belebten Geschäftsstraßen. Zur Orientierung dienen die Türme der Kathedrale im Osten und im Zentrum ein 24stöckiges Hochhaus an der Place de Bretagne. Die Eigenart der Bebauung hängt zum großen Teil mit der Naturgegebenheit zusammen. Inseln in den Seitenarmen

V

Jens Ferdinand Willumsen

Zwei spazierende Frauen. Bretagne, 1890

Öl auf Leinwand, 100 x 100 cm
Frederikssund, J. F. Willumsens Museum

der Loire waren zunächst Stützpunkte, um den Fluß zu überqueren, und wurden später dem städtischen Terrain einver-
leibt. Die teilweise abrupt wirkende Erneuerung der Bausubstanz ist eine Folge des Bombenschadens durch Angriffe
der Amerikaner im Zweiten Weltkrieg.

Von der Altstadt ist wenig erhalten. In der Fußgängerzone,
die von der Place du Pilori ausgeht, gibt es einige malerische
alte Gassen im ehemaligen Judenviertel, moderne Geschäfts-
häuser überwiegen jedoch. An der Place du Change fällt ein
stattliches Fachwerkhaus aus dem 16. Jahrhundert auf, in
dem jetzt das Fremdenverkehrsamt untergebracht ist. Im
Umkreis der Kathedrale ist die Porte Saint-Pierre, ein Tor
aus dem 15. Jahrhundert, erhalten. Hier verlief in gallo-
römischer Zeit die Stadtmauer, auf deren Basis das Tor errichtet wurde. Es gehörte zum Komplex des Bischofssitzes.

Saint-Pierre-et-Saint-Paul und ein herzogliches Grabmal

Die Kathedrale Saint-Pierre-et-Saint-Paul liegt am Rand der
ehemaligen Umwallung. Die Fassade beherrscht einen großen
Platz gleichen Namens. Der hochgotische Bau steht in der
Nachfolge von drei Kirchen an derselben Stelle. Die erste entstand im 6. Jahrhundert und fiel einem Brand zum Opfer, den
die Normannen gelegt hatten. Der gefährdete Bischof Gohard, der gerade die Messe las, kam auf wunderbare Weise zu
einem christlichen Begräbnis. Seinen Kopf, den ihm die
Normannen abgeschlagen hatten, nahm er unter den Arm
und begab sich an das Ufer der Loire. Dort bestieg er einen
von zwei Fackeln beleuchteten Kahn und ließ sich flußaufwärts bis Angers tragen. Mönche nahmen ihn in Empfang
und legten ihn in ein Grab. Während der Vorbereitung für
den ersten Kreuzzug erklärte der in Frankreich weilende Papst
Urban II. den Bischof Gohard zum Heiligen. 1095 ließ er es
sich nicht nehmen, die Gebeine des jüngsten Heiligen in
Angers als Reliquie zu verehren.

Im Jahre 1434 begann man mit dem Bau der vierten Kirche,
aber erst im 19. Jahrhundert war er vollendet. Zwei stumpfe
Türme rahmen den mittleren Teil der Fassade, den ein großes

Spitzbogenfenster mit schönem Maßwerk unterbricht. Drei
tief gestufte Portale führen ins Innere. In die Laibungen sind
Nischen mit Baldachinen eingelassen. Die kleinen Figuren in
diesen Nischen sind jedoch so verwittert, daß man ihre Aussage kaum noch versteht.

Das Innere der Kathedrale von Nantes ist sehr hell und
wirkt nüchtern. Der Chor blieb zunächst durch eine hölzerne
Wand abgesperrt. Ein Brand hatte 1972 das Kirchendach und
Teile des Schiffs zerstört. Der Stil der Hochgotik reißt den
Blick steil in die Höhe. Da für den inneren Ausbau kein Granit, sondern ein leichter zu bearbeitender Stein gewählt
wurde, konnte bis zu einer Höhe von 37 Metern gewölbt
werden.

Saint-Pierre wird von Kunstfreunden wegen des Grabmals
aufgesucht, das Anne de Bretagne für ihre Eltern, François II.
und Marguerite de Foix, errichten ließ. Es steht frei im rechten Querschiff und ist von einem Gitter umgeben. Der Sockel
ist so hoch, daß der Besucher keinen Aufblick auf die Liegefiguren hat. Die vier symbolischen Eckfiguren bieten sich
dagegen mit der ganzen kühlen Vollkommenheit der künstlerischen Behandlung voll dem Blick.

Michel Colombe, der 1507 das von der Herzogin in Auf-
trag gegebene Grabmal vollendete, gehört zu den großen
Künstlern der französischen Renaissance. Die Figuren des
Paars ruhen auf einer schwarzen Marmorplatte. Dem Herzog
liegt ein Löwe als Zeichen der Kraft zu Füßen, der Herzogin
ein Windhund als Symbol der Treue. Drei entzückende Engel
stützen die Kopfkissen der ruhenden Gestalten. Im unteren
Teil des Sockels laufen Nischen mit Statuen von Heiligen und
Schutzpatronen um. Weinende, zum Teil verstümmelte
Frauenfiguren stützen als ›Pleurantes‹ den Sockel.

Als künstlerisches Ereignis werden die vier fast lebensgroßen Verkörperungen der Kardinaltugenden gerühmt, die
das Grabmal umgeben. Der ›Gerechtigkeit‹ hat Michel
Colombe die Züge und das zeitgemäße Kostüm der Anne de
Bretagne verliehen. Sie stützt mit der rechten Hand ein auf-
gerecktes Schwert. Die ›Kraft‹ ist gepanzert, jugendlich und
lebhaft in der Gebärde. Der ›Mäßigung‹ hat man einen Zügel

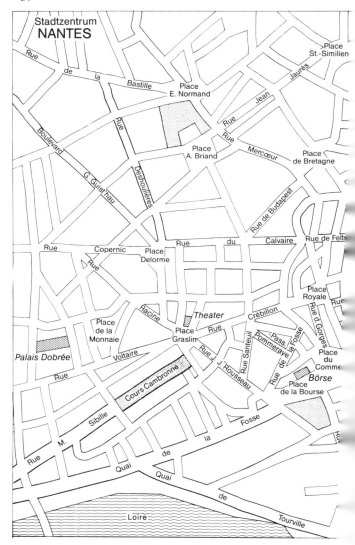

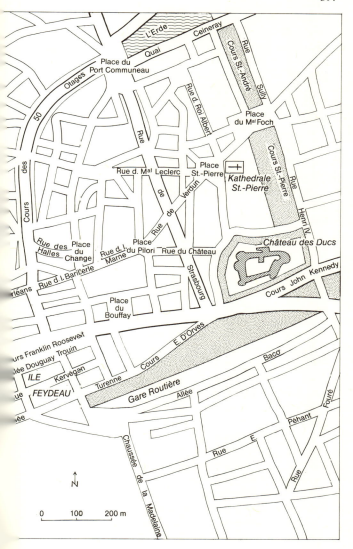

in die Hand gegeben. Die berühmteste dieser Figuren verkörpert die ›Weisheit‹. Sie hat ein Doppelantlitz, da sie vor-
ausschauend und rückschauend ist, um Lehren aus der Vergangenheit zu ziehen. Das kraftvolle Gesicht eines alten
Mannes scheint den Blick in die Ferne zu richten, während
der liebliche Kopf einer jungen Frau sinnend einem Spiegel
in ihrer Hand zugeneigt ist. Die heikle Verbindung der beiden
Hinterköpfe wurde durch eine sie umschlingende Drapierung
geschickt gelöst.

Das im linken Seitenschiff aufgestellte Grabmal für den
General Lamoricière aus Nantes wurde 1879 vollendet. Der
General hatte sich im Algerienkrieg in den siebziger Jahren
des 19. Jahrhunderts ausgezeichnet. Sein Grab ist ebenfalls
mit vier symbolischen Figuren geschmückt, die Gestaltung ist
prunkvoll und überladen.

Le Château des Ducs

Das imposante Herzogenschloß von Nantes blickt auf eine
bewegte Geschichte zurück. Die Umwallung des großen
Komplexes mit Wassergraben ist erhalten und wird von tief
liegenden Grünanlagen gesäumt. Seit dem 18. Jahrhundert
führt eine steinerne Brücke mit zwei Bogen zum Eingang. Der
rechte der beiden mächtigen Rundtürme an der Brücke, Tour
de la Boulangerie genannt, trägt an der Außenseite das prachtvoll skulptierte Wappen des Herzoghauses in spätgotischem
Rahmen. Die Südseite der Anlage, an der die Ostwestachse
der Stadt vorbeiläuft, ist besonders imposant. Der Lauf langer, hoher Mauern wird durch Türme unterbrochen. Der
nördliche Teil der Umwallung, der im 16. Jahrhundert ergänzt wurde, liegt weniger frei. Ausgrabungen im Innenhof
haben Reste älterer Festungsbauten mit einem Bergfried zutage gefördert. Unter François II. (1435-1488) behielt das
Château zwar seinen wehrhaften Charakter, erhielt aber nun
im Innern jene Wohnbauten und Gebäude für die Hofhal-
tung, die aus der Festung ein Schloß machten. Hier wurde
seine Tochter Anne geboren, die die Bautätigkeiten nach ihrer
Heirat mit Karl VIII. fortsetzen ließ.

FESTUNG UND SCHLOSS

Der Doppelcharakter ist gewahrt, der einheitliche Eindruck jedoch dadurch beeinträchtigt. Das erkennt der Besucher, sobald er den Durchgang im Gouverneursbau durchschritten hat und auf dem Ehrenhof steht. Eine Baumallee durchzieht den mittleren Teil. Eine architektonische Einheit gibt es nur im westlichen Abschnitt. Nachdem das Schloß im 18. Jahrhundert der Militärverwaltung zufiel und als Kaserne diente, hat man nochmals Umbauten vorgenommen. 1800 explodierte die Tour des Espagnols im Norden des Mauerrings und riß große Teile der Mauer mit sich. Man hatte den Turm als Munitionsmagazin benutzt.

Im Jahre 1915 erwarb die Stadt Nantes das Schloß. Drei Jahre später erhielt es eine neue Bestimmung als Museumskomplex. Seit 1979 arbeitet man an der Wiederherstellung des Wallrings, um ihn zur Promenade umzugestalten. Da ständig umfangreiche Restaurierungen im Gange sind, muß man damit rechnen, daß nur Teile des Schlosses zugänglich sind. Aber allein die Fassaden des Grand Gouvernement und des Grand Logis mit der Verbindung durch die Tour de la Couronne lohnen den Besuch. Als ein Beispiel früher Renaissancearchitektur sind sie in der Bretagne einzigartig.

Vom Ende des 15. Jahrhunderts bis zum 18. Jahrhundert hat das Schloß nur friedlichen Zwecken gedient. Hier unterzeichnete Heinrich IV. 1598 mit seinen Unterhändlern das Edikt von Nantes, das den Hugenotten freie Religionsausübung und befestigte Plätze zusicherte. Das Original des Edikts wird heute in den Archives Nationales in Paris aufbewahrt. In Nantes fand auch die Aussöhnung des Königs mit seinem alten Gegner Philipp Emanuel de Mercœur, dem Gouverneur der Bretagne und Anführer der Katholischen Liga, statt. Zum Entsetzen der rein blaublütigen Damen der Familie Mercœur kam sogar eine Verlobung zwischen Franziska und Cäsar, dem illegalen Sohn des Königs aus seiner Verbindung mit Gabrielle d'Estrées, zustande.

Zeitweilig hatte das Schloß aber auch als Gefängnis gedient. Vorwiegend waren es Intriganten vom Hof, die hier festgehalten wurden, aber auch berüchtigte Verbrecher wie Gilles de Rais, von dessen Greueltaten wir schon berichteten. Als dieser Kinderschänder und Mörder 1440 verhaftet und nach Nantes gebracht wurde, standen die Prunkbauten allerdings noch nicht. Der Prozeß gegen ihn fand in der Tour Neuve der alten Festung statt. Von dort aus wurde Gilles de Rais zum Richtplatz geführt.

Am Gouverneursbau führt eine elegante Treppe aus dem 17. Jahrhundert in zwei Schwüngen zum Obergeschoß. Vom Absatz aus gewinnt man einen Blick auf den ›Turm der Goldenen Krone‹, das phantasievolle Herzstück der Anlage. Es besteht aus einem vorspringenden, eckigen Treppenturm und einem gleich hohen Verbindungstrakt zu einem der Gebäude. Ihre sechs Stockwerke sind durch erhaben gerahmte Fenster gekennzeichnet. Der Verbindungstrakt ist darüber hinaus mit reich verzierten Doppelloggien geschmückt, deren Verwendung rätselhaft bleibt, die aber gerade durch den graziösen Widersinn gefallen. Der Gouverneursbau ist schlicht gehalten, das Grand Logis wird durch regelmäßige Fensterreihen in drei Obergeschossen gegliedert. Es hat hohe, sehr dekorative Dachlukarnen unter dreiteiligen Spitzgiebeln. Zwischen Treppenturm und Wohnlogis steht ein siebeneckiger Brunnen auf dem Hof. Über das Becken wölbt sich ein zierlicher, ehemals vergoldeter Baldachin aus Schmiedeeisen, der die Krone der Anne de Bretagne andeuten soll.

Das *Museum für bretonische Volkskunst* verteilt sich auf sieben Räume des Gouverneursbaus. Es zeigt Tradition und Lebensweise vom 15. bis zum 20. Jahrhundert. Dazu gehören Möbel, Trachten, Hauben der Frauen und Handwerkserzeugnisse. Die umfassende Sammlung mit interessanten Objekten leidet vorerst unter der ungünstigen Unterbringung in überfüllten, schlecht beleuchteten Räumen. Die Beschriftung ist mangelhaft, eine pädagogische Anordnung für den Rundgang nicht vorhanden, was in einem derartigen Museum, das stark von Schulklassen besucht wird, wünschenswert wäre. Durch Anschaulichkeit prägt sich indes ein Raum ein, in dem das Interieur eines Hauses der Salzarbeiter aus der Guérande dargestellt wird. Die Paludiers, von denen wir schon hörten, hatten besonders hohe Bettstellen, da ihre Behausungen oft durch Hochwasser überschwemmt wurden.

MARINEMUSEUM 401

Im Jahr 1982 wurden im Obergeschoß zusätzlich kleine, helle Räume eröffnet, in denen regionale Handwerksprodukte wie alte Kaminplatten und Fayencen in aufgelockerter Aufstellung dargeboten werden. Hier sieht man auch das Modell einer Töpferscheibe aus dem 19. Jahrhundert. Die Kunsthandwerker aus den Ateliers von Quimper, Le Croisic und anderen Orten haben mit diesem primitiven Instrument gearbeitet.

Das *Musée des Salorges* im Bâtiment du Harnachement befand sich in seinen Anfängen in der Rue des Salorges am Hafen. Louis und Maurice Amieux aus Nantes gründeten 1928 dieses Marinemuseum in der ehemaligen Fabrik eines Joseph Colin, der in der Bretagne moderne Methoden für die Konservenindustrie eingeführt hatte. Im September 1943 wurde die Museums-Fabrik schwer durch Bomben beschädigt. Man brachte die zum Glück geretteten Sammlungen 1954 ins Bâtiment du Harnachement, einem schlichten Nebengebäude aus dem 18. Jahrhundert. Der Name verrät, daß sich hier ursprünglich alles befand, was mit dem Zaumzeug und Putz von Pferden zu tun hatte.

Der restaurierte Bau beherbergt heute eine hervorragend präsentierte Sammlung für Schiffahrt, Überseehandel und frühe, regionale Industrieproduktion. Im ersten Stock öffnet sich ein riesiger Saal, allein schon sehenswert wegen der braunen Stützbalken für die Decke. Dem Eingang gegenüber sind zwei Galionsfiguren aufgestellt. Die Frauengestalt hat lange im Meer gelegen und ist entsprechend vom Salzwasser zerfressen. Die andere Figur, als Chinese stilisiert, stammt von einem englischen Schiff. Die Objekte in der linken Hälfte des Saales beziehen sich auf die Fluß- und Seeschiffahrt. Unter den historischen Darbietungen informieren Modelle über die jüngere Entwicklung des Hafens von Nantes. Die Objekte auf der rechten Seite des Saales künden vom ›goldenen Zeitalter‹ der Stadt im 17. und 18. Jahrhundert. Es ist die große Zeit der Handelsgesellschaften, der reichen Reeder, der kühnen Kapitäne, der Korsaren am Rande der Legitimität. Der Dreieckshandel zwischen Frankreich, Afrika und den französischen Kolonien in der Karibik stand in voller Blüte. Die Schiffe starteten mit allerlei Tand an Bord für die Häuptlinge an der ostafrikanischen Küste. Diese tauschten Negersklaven gegen den Tand ein. Mit der schwarzen Fracht an Bord segelten die Franzosen in die Karibik. Dort wurden die Plantagenbesitzer auf dem Sklavenmarkt mit Arbeitskräften beliefert. Die Schiffe nahmen Zucker und andere tropische Produkte an Bord und man setzte Segel für die Heimreise. Die Gewinne waren enorm, und Nantes war im Dreieckshandel unter allen französischen Häfen führend.

Unscheinbare Proben in den Vitrinen belegen diesen ertragreichen Wirtschaftszweig. Man sieht eiserne Fesseln für die Sklaven, bunte Perlen für die Häuptlinge, auch Arm- und Halsbänder für deren höhere Ansprüche und ein ›Document concernant la vente des noirs‹ von 1783, in dem der Verkauf von sechs Negern und drei Negerinnen säuberlich vermerkt ist. Auch ein Exemplar des ›Code noir‹ liegt aus. In dem für die Kolonien bestimmten Code von 1687 wurden den Siedlern vom Gesetzgeber bestimmte Einschränkungen bei der Ausbeutung der Sklaven auferlegt. Auch für die rühmlichen Taten der Korsaren sind Zeugnisse vorhanden. Der Korsar Duguay-Trouin, hoch gefeiert in Saint-Malo, hatte am 23. Oktober 1797 das Schiff ›La Cathérine‹ als Prise genommen. Der vorliegenden Versteigerungsliste entnimmt man jede Einzelheit des Inventars, das sogar Küchengerät umfaßt.

Ein früher Industriezweig in Nantes war die Herstellung bedruckter Stoffe, sogenannter ›indiennes‹, mit fortlaufenden Szenen. Illustrationen dieser Art zu dem beliebten Roman ›Paul et Virginie‹ von Bernardin de Saint-Pierre im sentimental verklärten karibischen Milieu passen gut in den Zusammenhang. Von den auch anderenorts ausgestellten Fayencen aus dem 18. und frühen 19. Jahrhundert bietet das Museum besonders charmante, naive Stücke. Das bevorzugte Motiv ist die Jungfrau mit dem Kind in den Farben blau, weiß und gelb. Manche Künstler haben sich damit begnügt, das Gesicht der Jungfrau nach Kinderart mit ›Punkt, Punkt, Komma, Strich‹ darzustellen.

Streifzug durch die neuere Altstadt

In Nantes sollte man viel zu Fuß gehen, selbst über längere Strecken. Nur so ist es möglich, die Fassaden der Reederhäuser in Ruhe zu betrachten. Sie sind in großer Zahl erhalten und zum Teil vorzüglich wiederhergestellt. Man findet sie im Westen der Stadt auf der überbauten Ile Feydeau und am Quai de la Fosse am Hafen. Manche dieser Häuser aus dem 18. Jahrhundert gleichen kleinen Stadtpalästen und bilden auf der Ile Feydeau noch ganze Ensembles. Hier haben die Häuserzeilen eine doppelte Fassade, einerseits zu den breiten Alleen Turenne und Duguay-Trouin und andererseits zu der engen Rue Kervégan, die den Block durchschneidet. Die hohen grauen Gebäude haben regelmäßige Fensterreihen mit geraden oder gebauchten, schmiedeeisernen Balkongittern. Skulptierte, allegorische Masken von Meeresgottheiten sind oberhalb von Fensterrahmen angebracht oder zieren die Portale. Seeungeheuer und maritime Tribute aller Art weisen schmuckvoll auf den Unternehmungsgeist der Nantais hin.

Mit den Reederhäusern besitzt Nantes einen architektonischen Trumpf, einen zweiten mit seinen öffentlichen Gebäuden, Plätzen und Straßenzügen aus dem späten 18. und frühen 19. Jahrhundert. Die Place du Commerce, die Place royale, die Place Graslin, alle im Zentrum der Stadt, sind noch nicht zu reinen Verkehrsknotenpunkten degradiert. Der Entwurf zu diesem Stadtbild entstand gegen 1720. Damals gab der Bürgermeister Gérard Mellier die Anregung für entscheidende Veränderungen und Erweiterungen. Die Wälle wurden niedergelegt, der Fluß Erdre kanalisiert. Architekten wie Ceineray und Crucy, Finanzleute wie Graslin trugen dazu bei, dem Zentrum von Nantes jenen majestätischen Charakter zu geben, den es bis heute bewahrt hat.

An der von Crucy geschaffenen Börse, 1815 vollendet, und am Theater Graslin triumphiert die griechische Säule. Die Tempel des Geldes und der Schauspielkunst weisen an ihren Fassaden eine Reihe sehr hoher, edler ionischer und korinthischer Säulen auf. Das Theater an der *Place Graslin* wurde 1796, neun Jahre nach seiner Eröffnung, durch Brand vernichtet. Auf Anordnung Napoleons wurde es 1811 wieder instandgesetzt. Der Financier Graslin ließ auf dem selben Platz auf eigene Kosten im Halbkreis schlichte Häuser im Stil des ausgehenden 18. Jahrhunderts errichten. Die Place de l'Odéon in Paris hatte ihn dazu angeregt. In den Cafés und Bars am Platz und in seiner Umgebung trifft sich heute die studentische Jugend der Stadt beim schwarzen Espresso und verfällt nach Begrüßung durch Wangenküsse sofort in lebhaftes Gespräch.

Das zweite von gleichmäßigen Häusern gerahmte Zentrum ist die *Place royale* mit einem Brunnen aus bläulichem Granit in der Mitte. Ducommun de Locle schuf 1865 diesen Brunnen mit seiner Fülle allegorischer Flußdarstellungen im unteren Becken und einer weiblichen Figur oben über der kleineren Schale, die Nantes in der Aufmachung einer Stadtgottheit symbolisiert. Wenn diese Fontäne am Abend beleuchtet ist und auf allen Seiten Wasser sprudelt und spritzt, erhält der Platz eine festliche Note. Dieses Zentrum hatte im Krieg schwer gelitten, wurde jedoch nach den alten Plänen von Crucy wieder aufgebaut. Noch wirken die Häuser, denen die Patina fehlt, reichlich nüchtern.

Die Rue Crébillon, eine besonders beliebte Geschäftsstraße, verbindet die Place royale mit der Place Graslin. Wie sehr das Gelände ansteigt, kommt dem Besucher erst zum Bewußtsein, wenn er oben an der Rue Santeuil die *Passage Pommeraye* betritt. Hier befindet er sich im dritten Stock eines Wohnblocks und gelangt über eine hölzerne Treppe in zwei Absätzen in das unterste Geschoß an der Rue de la Fosse bei der Börse. Die Passage von 1843 hat in unserem Zeitalter der Nostalgie eine gewaltige Aufwertung erfahren. Sie wird gehegt und gepflegt und ist zum Ausstellungsstück für Touristen geworden. Durch das verglaste Dach dringt helles Tageslicht ein, abends beleuchten Kugellampen die Treppe mit den ausgetretenen Stufen. Im obersten Stock gibt es erlesene Läden, im unteren ist das Angebot gemischt.

Das Kuriosum dieser anmutigen Passage besteht in der Verbindung mit einem Wohnblock, in dessen Innenhof man sich befindet. Über den Läden in jedem Stockwerk reihen

PASSAGE POMMERAYE

405

sich Wohnungsfenster mit schmucken Gardinen. Die Quer-
verbindungen im steilen Treppenhaus vermitteln pittoreske
Überschneidungen und amüsante Durchblicke. Der Höhepunkt der Verspieltheit wird im obersten Stock durch die
Puttengalerie auf beiden Seiten erreicht. Vor jedem Ampel-
pfahl steht die Gestalt eines halbnackten Kindes, dem Putten-
alter bereits entwachsen, in lässiger, koketter Haltung. Rechts
und links vom Treppenabsatz stemmen zwei Knaben den
Lampenpfahl mit seiner Kugel wie Jongleure mit dem Kinn
empor.

Das *Palais Dobrée* westlich der Place Graslin ist beispielhaft für die Kultur und den Geschmack eines reichen Reeders
und Sammlers im 19. Jahrhundert. Thomas Dobrée ließ sich
ein Palais im romanischen Stil in ein großes Parkgelände
setzen, in dem bereits ein Landhaus der Bischöfe von Nantes
aus dem 15. Jahrhundert stand. Das Museum im Palais umfaßt so viele verschiedene Kunstobjekte, daß man sich fragt,
worauf der Sammeleifer des Hausherren eigentlich zielte. Die
Gemälde- und Graphiksammlung enthält Arbeiten nordi-
scher und italienischer Künstler, darunter Porträtstiche von
Rembrandt. In einer anderen Abteilung ist das goldene, mit
einer Krone gezierte Gefäß ausgestellt, das einmal das Herz
der Anne de Bretagne barg. Die Inschrift zum Ruhm der
Herzogin und Königin in altertümlichem Französisch trägt
die Jahreszahl 1613. Es geht treppauf, treppab im Palais, von
Teilstücken alter Kirchenbauten zu Miniaturen der Familie
Dobrée in der getäfelten ehemaligen Bibliothek und schließlich im zweiten Stock zu einer historischen Sondersammlung
zum Aufstand in der Vendée.

Diese Dokumentation ergänzt die Überlieferung der
Chouannerie, des bretonischen Aufstands gegen die Republikaner. Unter dem Schlagwort ›Vendée‹ wird die straffere,
militärische Organisation der royalistischen Revolutionsgegner verstanden. Der Held der Vendée ist Charette. Er
wurde gefangengenommen und am 29. März 1796 in Nantes
erschossen. Porträtstiche zeigen ihn, auch Cadoudal und
andere Royalisten. Dann ist der schöne Kopf des jungen Generals Hoche und ein unheimliches Gesicht mit langer, schmaler

Nase zu sehen. Es stellt Carrier dar, der während der Schrek-kensherrschaft die gefangenen Gegner der Revolution mas-senweise in der Loire ertränken ließ. Zu den Objekten aus jenen Jahren gehören Geldscheine, Briefe, Teilstücke von Uniformen, geringe, aber authentische Dinge. Die Samm-lung ist der Herzogin von Berry gewidmet. Als Witwe Karl Ferdinands, des Herzogs von Berry aus dem Hause Bourbon, hatte diese resolute Dame die Vendée durch einen mißglück-ten Coup 1832 noch einmal aufleben lassen. Sie wurde in Nantes verhaftet.

Die ansehnlichsten Gebäude des späten 18. und frühen 19. Jahrhunderts häufen sich im Westen der Stadt, aber auch im östlichen Teil gibt es noble Straßenzüge. Das gilt vor allem für das *Quartier des cours* mit einer dominierenden Achse zwischen Loire und Erdre. Cours ist in diesem Fall am ehesten mit Korso zu übersetzen. Der Cours Saint-Pierre ist eine breite Esplanade mit Bäumen, zu der Stufen empor-führen. Sie stößt auf die Place Maréchal Foch und setzt sich jenseits als schmalerer Cours Saint-André fort. In der Mitte der Place Maréchal Foch, früher Place Louis XVI., erhebt sich eine 28 Meter hohe, kannelierte Säule mit der Statue des Monarchen. Es soll die einzige sein, die nicht vom Sockel ge-stürzt wurde. Die Plaketten am Sockel sind allerdings ent-fernt, man sieht nur noch den Rahmen. Am Platz und längs der Esplanade stehen würdevolle, wenn auch ziemlich düstere Wohnhäuser, die das wohlhabende Bürgertum einer vergan-genen Epoche repräsentieren.

Das östliche Binnenland

Die Dokumentensammlung von Redon

ALLE WEGE FÜHREN nach Redon, sogar die Wasserstra-
ßen. Die Stadt mittlerer Größe ist eine Drehscheibe für den
Verkehr. Alle Züge aus dem Süden in Richtung Rennes pas-
sieren Redon. Dort verzweigt sich die Strecke, die südöstlich
nach Nantes und westlich nach Quimper weiterführt. Daß
hier auch der Mittelpunkt eines strahlenförmigen Straßennetzes ist, merkt der Besucher am unausgesetzten Gedonner
der Lastwagen, die durch Redons Hauptstraßen rollen. Der
Fluß Oust, der einen Abschnitt des Nantes-Brest-Kanals
bildet, fließt hier mit der Vilaine zusammen. An der Mündung
regelt ein Schleusensystem die starke Strömung. Überhaupt
gibt es viel Wasser, viel Grün und Gelegenheit, an friedlichen
Ufern entlang zu spazieren.

Seit alter Zeit haben die Flüsse als Transportwege zur Bedeutung der Stadt als Marktplatz beigetragen. Schon früh
fanden hier ständig Märkte für landwirtschaftliche Produkte
und Gebrauchswaren statt. Gehandelt wurde unter anderem
mit Gemüse, Salz aus der Guérande, Wein, Getreide, Vieh,
Hanf, Lederwaren, Kürschnereierzeugnissen. Noch heute
zeugen alte Bauten in der Stadt von bürgerlichem Wohlstand.

Der große Ruhm ging jedoch von einer geistlichen Stätte
aus, von Abtei und Kirche *Saint-Sauveur*. Im Jahr 832 war
der später heiliggesprochene Priester Conwoïon mit einigen
Gefährten an diese Stätte gekommen, um sich vom Getriebe
der Welt zurückzuziehen. Ihm wurde am Zusammenfluß von
Oust und Vilaine ein Gelände zugewiesen. Bald darauf begann man mit dem Bau einer Abtei, was als Ursprung von
Redon gerechnet wird.

Es gibt kaum einen Ort in der Bretagne, dessen Frühzeit so
gut belegt ist. Eine Sammlung von Dokumenten, ›le cartulaire
de Redon‹ genannt, enthält insgesamt 450 Unterlagen aus der

FRÜHE ZEUGNISSE

Zeit von 830 bis 1144. Daraus gehen historische Tatsachen hervor, aber auch Belege für soziale und kirchliche Organisation, für Sitten und Gebräuche, verschiedene Arten des Anbaus, Lebensmittelpreise und anderes mehr. Besonders aufschlußreich sind Hinweise auf die Abkunft der Bevölkerung an einer bretonisch-französischen Nahtstelle. Überwiegend bretonische Namen in der Liste der Spender für die Abtei lassen auf eine reiche und gewichtige Schicht von Bretonen in der Region schließen, französische Namen auf die Zahl von Leuten gallo-römischer Herkunft. Historiker setzen schon für das Ende des 5. Jahrhunderts eine Unterscheidung zwischen reinen Bretonen und Gallo-Bretonen an. Es gab zur Zeit der Dokumentation bereits eine Tendenz zur politischen Unabhängigkeit vom herrschenden Haus der Karolinger. Sie gelang im Jahre 843 unter Nominoë, dem ersten bretonischen König. Er ist in Redon unvergessen, da hier seine entscheidende Schlacht gegen Karl den Kahlen stattfand.

Conwoïon starb 868. Er hatte noch den Ansturm der Normannen erlebt und sich durch Flucht gerettet. Sein Leichnam kam zur Bestattung nach Redon zurück. Die erneuerte Abtei wurde von den bretonischen Königen reich ausgestattet. 27 Priorate und zwölf Pfarreien hingen von der sich mächtig entfaltenden Benediktinerabtei ab, die ihrerseits dem Bischof von Vannes unterstand. Aus der Dokumentensammlung geht hervor, wie weit nicht nur die geistliche, sondern auch die weltliche Gerichtsbarkeit der Äbte von Saint-Sauveur reichte, und zwar über alle Jahrhunderte bis zur Revolution. Überhaupt hatte der Klerus kontrollierend oder beratend bei fast allen Gemeindeangelegenheiten die Hand im Spiel.

Im Jahr 1780 brach ein Brand in der Kirche aus, der katastrophale Folgen hatte. Ein völliger Wiederaufbau der ungewöhnlich langen romanisch-gotischen Kirche im alten Stil war unmöglich. 1790 wurden Teile der angrenzenden Abteigebäude durch einen weiteren Brand zerstört. Die Benediktiner glaubten sich bedroht und zogen aus. In den Überresten der Kirche wurde der Gottesdienst noch so lange aufrechterhalten, bis 1794 auf dem Höhepunkt der Revolution die

Feier des ›höchsten Wesens‹ im ›göttlichen Tempel‹ an seine Stelle trat. 1798 kaufte ein Händler aus Saint-Malo die Abtei und benutzte sie als Vorratslager, gelegentlich sogar als Pferdestall. Ein kleines Collège unter geistlicher Führung, aber auf staatlicher Grundlage, konnte ab 1804 die Arbeit im Abteigebäude aufnehmen. 1838 wurde diese Ausbildungsstätte von den Eudisten übernommen. Heute besuchen Schüler eines Collège secondaire die wieder hergerichteten Räume, die in Zukunft auch für kulturelle Veranstaltungen bestimmt sind.

Die *Kirche Saint-Sauveur* mußte nach dem Brand unterteilt werden. Dem Besucher bietet sich ein merkwürdiges Bild: Der gotische Turm mit Spitzhelm aus dem 14. Jahrhundert ist isoliert stehengeblieben. Er hat keinen architektonischen Bezug mehr zur Kirche. Man glaubt zunächst, daß es sich um zwei verschiedene Bauwerke handelt. Erst wenn man den Komplex umkreist, entdeckt man den Langbau und den eckigen romanischen Turm über der Vierung, das Wahrzeichen von Redon.

Vom Kreuzgang und Garten des benachbarten Collège aus bietet sich der beste Blick auf den Vierungsturm. Er baut sich in drei Stockwerken auf, die sich nach oben verjüngen. Das unterste Stockwerk ist mit Blendarkaden versehen und bewahrt den Charakter eines massiv gemauerten Sockels. Im Stockwerk darüber hat sich die Mauer in Rundbogenarkaden aufgelöst. Die vier Ecken, die im untersten Stockwerk schlicht gemauert waren, sind hier kunstvoll abgerundet. Für das oberste Stockwerk haben die Erbauer wieder eine andere Lösung gefunden. Die Ecken sind diesmal in niedrige Rundbogenarkaden rund um den Turm einbezogen. Jede wirkt wie ein Portal en miniature. Der ganze Aufbau ist in Stein mit Farbschattierungen von dunkelbraun bis beige ausgeführt. Vor allem wegen der abgerundeten Ecken ist der Turm von Redon einzigartig in der Bretagne, ja fast in ganz Frankreich.

Vor dem Brand erstreckte sich das Kirchenschiff über zehn Joche bis zur Vierung. Nach der Katastrophe mußte man fünf zerstörte Joche abbrechen und die Höhe der Mauern verringern. Von der erhöhten Promenade über der Rue de Richelieu aus überblickt man den langgestreckten gotischen Chor mit wuchtigem Strebewerk, erfaßt aber auch die architektonische Verstümmelung, die unverständlich bleibt, wenn man die Geschichte der Kirche nicht kennt. Dem restlichen, verkürzten Baukörper legte man eine unscheinbare Fassade vor.

Im *Innern* sind aus der romanischen Epoche schmucklose Rundbogenarkaden unter der mit dunklem Holz verkleideten Deckenwölbung erhalten. Sie imponieren durch die Wucht

der Pfeiler, die von je zwei Halbsäulen gestützt werden. An der Vierung sind die Pfeiler so massiv, daß man in einen von ihnen eine Wendeltreppe eingebaut hat. Vor allem erstaunt ihre Höhe bis zum Ansatz der Kapitelle. Aus dem sehr hellen gotischen Chor fällt Licht auf die kräftig skulptierten Voluten, die das vorherrschende Motiv der Kapitelle sind. Auf verblaßten Fresken im südlichen Seitenschiff ist ein thronender Christus zu erkennen. Insgesamt herrscht im Innern von Saint-Sauveur kompromißlose Nüchternheit vor. Durch die Veränderung der Proportionen nach dem Brand wurde dem Schiff vermutlich die ursprüngliche Wirkung beschnitten.

Die Rue de Richelieu endet am Quai Saint-Jacques der Vilaine. Wenn man ihn flußabwärts verfolgt, befindet man sich unterhalb der Befestigungsmauer, in die eine Plakette eingelassen ist. Sie ist König Nominoë gewidmet, der für die Bretagne eine Art Vaterfigur aus der Karolingerzeit ist. Verkürzt lautet der Text in der Übersetzung: »Zum Ruhm von Nominoë, des ersten Königs der Bretagne, Gründer der Stadt Redon 832 bis 834. Vorkämpfer für die bretonische Unabhängigkeit. Vom Volk zum Vater des Vaterlandes erhoben«. Stifter dieser Gedenktafel mit dem überschwenglichen Text ist die »dankbare Union régionaliste bretonne«, Anlaß gab am 8. September 1934 das elfhundertste Jubiläum der Stadtgründung.

Zwischen der Vilaine und dem Becken eines Binnenhafens liegt auf einer Landzunge ein stimmungsvolles altes Stadtviertel von Redon, das *Quartier du Port*. Häuser aus Stein oder mit Fachwerk säumen die Hauptstraße, über die Lampen am ausgespannten Seil hängen. Am Quai Duguay-Trouin entlang der Vilaine haben einige Reederhäuser aus dem 18. Jahrhundert ihre feinen Fassaden mit anmutigen Balkongittern bewahrt.

Die neuere Stadt wird durch den Strang der Bahnlinie brutal unterteilt. Es gibt große Plätze und enge Geschäftsstraßen mit einem besonders krausen Nebeneinander von alten und neueren Häusern. Redon ist heute als Zentrum für die umliegende Landwirtschaft von Bedeutung, besitzt aber mit Ausnahme der Kirche und des Quartier du Port kaum Züge, die sich einprägen.

Schloß Josselin – Denkmal eines stolzen Geschlechts

ES GIBT IM MITTLEREN BINNENLAND der Bretagne wohl kein historisch oder kunstgeschichtlich bedeutendes Bauwerk, das den Touristen zu einem Abstecher von seiner Route verführen könnte. Mit einer Ausnahme! Josselin zieht alljährlich viele Tausende von Besuchern an. Es ist tatsächlich ein unvergleichliches Bild, wie sich die Wehrmauern mit ihren Türmen im stillen Wasser des Oust spiegeln, wie sich auf der Parkseite die prunkvollste Fassade eines bretonischen Profanbaus vor dem Betrachter entfaltet. Ein Bezug kann allenfalls zu den Wohnbauten im Château von Nantes hergestellt werden, die etwa gleichzeitig entstanden. Josselin ist dem Herzogenschloß aber nicht nur durch seine Lage, sondern auch durch die raffinierte Ausführung der Einzelheiten an Schönheit überlegen. Während die Wohnlogis in Nantes der Obhut einer staatlichen Verwaltung mit beschränkten Mitteln für Restauration unterstehen, hält die Familie Rohan-Chabot ihren Privatbesitz Josselin bis zur Grenze der Vollkommenheit gepflegt. Diese Grenze ist zum Glück nicht überschritten. Josselin ist mehr als eine sterile Filmkulisse.

Wenn man aus westlicher Richtung kommt, kann man vom Tal des Oust aus den ersten Blick auf die Wehranlage mit ihren drei Türmen werfen. Die Fahrstraße führt unmittelbar am Fuß der Mauern entlang. Der Fluß, ein Teilstück des Nantes-Brest-Kanals, wird von der Brücke Sainte-Croix überspannt. Vom jenseitigen Ufer hat man den nötigen Abstand, um die Lage von Josselin noch besser zu erfassen. Das Schloß liegt auf einem Felssporn als Basis, aus dem die Mauern emporzuschießen scheinen. Über dem Zinnenband zeichnet sich das Dach des Wohnbaus mit seinen Lukarnen ab. Man erkennt das dunklere, rauhe Gestein als Unterbau der vorgewölbten Terrasse an der Südseite der dreieckigen

Anlage. Diese Mauern aus dem 13. Jahrhundert sind vom ältesten Kern übriggeblieben. Dort erhob sich ein Bergfried, der zur Zeit Richelieus nur mit großer Anstrengung gesprengt werden konnte.

Die tiefen, breiten Gräben an der Landseite sind in einen Park verwandelt worden. Auch der große Ehrenhof ist bepflanzt. Außer dem Wohntrakt gibt es kein anderes Gebäude im Mauerring. Von den neun Türmen der alten Festung sind die drei über dem Fluß und der Gefängnisturm erhalten, der isoliert an der nordöstlichen Ecke steht. Von den Zwillingstürmen an der ehemaligen Zugbrücke blieben nur die Basen übrig. Der ehemalige Standort der restlichen Türme ist nicht mehr zu erkennen.

Im Jahr 1008 beschloß Guéthenoc, Vicomte der Landschaft Porhoët, eine Festung über dem Oust zu bauen. Sein Sohn Josselin gab dem Wehrschloß den Namen. Auch der kleine Ort oberhalb des Schlosses erhielt ihn. Der erste Bau wurde 1168 durch den englischen König Heinrich II. Plantagenet gründlich zerstört. Fünf Jahre später kehrte der besiegte Besitzer, Vicomte Eudes II., zurück und ließ aus den Trümmern ein neues Wehrschloß errichten. Von nun an gewann Josselin Bedeutung als militärischer Stützpunkt. Die Zeit der großen Prachtentfaltung stand aber noch aus.

Im Jahre 1370 erwarb Olivier de Clisson das Schloß und machte es zu seinem bevorzugten Wohnsitz. Der Mauerring wurde nochmals verstärkt. Während der kriegerischen Auseinandersetzung der bretonischen Herzöge mit den französischen Königen hielt de Clisson zu Frankreich. Dadurch wurde Josselin zu einem wichtigen Vorposten beim Einsatz französischer Truppen. Das Schlachtenglück war dem alternden Connétable Olivier de Clisson aber nicht hold. Sein Schloß wurde von den Bretonen erobert, er mußte fliehen, durfte später zurückkehren und starb 1407 als gedemütigter Mann in Josselin. Der Draufgänger, der im Kampf ein Auge verloren hatte, war mit Marguerite de Rohan vermählt. Ein Porträt im Schloß zeigt Marguerite im reichen Gewand mit einem kostbaren Haarnetz aus Perlen und Edelsteinen. Die Unterlippe der Dame ist mürrisch vorgeschoben, die Hände sind

BAUGESCHICHTE 415

in der Haltung der Mona Lisa gekreuzt. Clisson vererbte das Schloß seinem Schwiegersohn Alain VIII. de Rohan.

Die Feindschaft zwischen den königstreuen Rohan und den souverän waltenden Herzögen der Bretagne flammte immer wieder auf. 1488 ließ Herzog François II., Vater der Anne de Bretagne, die Wehranlage zur Strafe für die Anhänglichkeit an das Haus Valois schleifen. Doch dann kam der Lohn für das Geschlecht der Rohan, das dem französischen Königshaus so viel Loyalität bewiesen hatte. Anne de Bretagne heiratete Karl VIII. von Frankreich und veranlaßte ihn, zum Wiederaufbau von Josselin beizutragen. Der König ließ dem damaligen Besitzer, Jean II., beträchtliche Einkünfte zufließen. Mit dieser hochwillkommenen finanziellen Hilfe erneuerte Jean II. das Wohnlogis und ließ es in den Jahren 1490 bis 1510 mit der berühmten Fassade schmücken.

Aber noch stand ein letzter gewaltsamer Eingriff bevor, wenn auch viel später und in einem anderen Zusammenhang. Während der Religionskriege, die auch nach dem Edikt von Nantes nicht erloschen waren, standen die Rohan auf der Seite der Hugenotten, waren also mit Richelieu grimmig verfeindet. Henri de Rohan hatte sich außerdem an einem Aufstand des Hochadels gegen Ludwig XIII. beteiligt. 1629 wurden auf Befehl des allmächtigen Kardinals der Bergfried und fünf der neun Türme geschleift. Eine boshafte Bemerkung Richelieus ist überliefert. Als er den ahnungslosen Rohan in Paris im Louvre traf, sagte er: »Herr Herzog, ich habe soeben einen Volltreffer in Ihrem Kegelspiel getan.«

Nachdem die Rohan im 17. und 18. Jahrhundert Josselin als Residenz aufgegeben hatten, verfiel das Schloß. Während der Revolution hielt die Stadtverwaltung hier ihre Sitzungen ab. Mehrere Räume dienten als Getreidelager. Im Gefängnis waren unterdes Aristokraten und andere ›ci-devants‹ unter so erbärmlichen Bedingungen eingesperrt, daß General Hoche eine Eingabe für die Unglücklichen beim Konvent machte. Der Verfall des Schlosses schritt bedrohlich fort, sogar Teile des Daches waren eingefallen. Im 19. Jahrhundert entschlossen sich die Besitzer zur Restauration. Das kostspielige Werk erstreckte sich über viele Jahrzehnte.

Das Gebäude, das Jean II. ausschmücken ließ, besteht aus einem langen Wohntrakt aus Granit. Über einem ziemlich niedrigen Erdgeschoß erhebt sich ein steil abfallendes Dach. In dieses sind zehn Lukarnen eingebaut. Jede ist ein kleines spätgotisches Meisterwerk für sich. Das Fenster liegt unter einem Spitzgiebel zwischen zwei Fialen. Durch verzierende Krabben und durch Strebebogen verkörpert jede Lukarne ein Stückchen Kirchenarchitektur am weltlichen Bau. Unter dem Lukarnenfenster öffnet sich ein zweites auf der Schnittlinie zwischen Dach und Erdgeschoß. Unter diesem ist wiederum ein schmales, hohes Fenster unter einem Kielbogen in die Mauer eingelassen. Die Fassade ist durch Fenster und Lukarnen regelmäßig und harmonisch vertikal gegliedert. Für horizontale Belebung sorgt eine durchbrochene Galerie in der Höhe der Dachtraufe zwischen den Lukarnen. In dieses Meisterwerk aus Steinspitze sind verschlungene Schriftzüge eingemeißelt, die an verzierte Initialen alter Buchmalerei erinnern. Man liest zum Beispiel ›A plus‹, die stolze Devise der Rohan. Ein anderes ›A‹ läßt sich aus den vegetativ wuchernden Lettern entziffern. Es ist eine Huldigung an Anne de Bretagne, die sich für den Wiederaufbau von Josselin verwandt hatte. Die Galerie und das Stück unter dem oberen Lukarnenfenster dienen als Spielfeld künstlerischer Phantasie, bald mit regelmäßigen Mustern, bald mit freien Motiven.

Auch auf den Schmuck der Kielbogen über den Fenstern und Portalen im Erdgeschoß ist große Sorgfalt verwandt worden. Die Krabben gleichen hier kleinen, krausen Kohlköpfen und heißen entsprechend in der Fachsprache ›choux frisé‹. Beim mittleren Eingang stützen liegende Gestalten das untere Ende des elegant ausschwingenden Bogens. Alles in allem ist die architektonische Konzeption des Logis in ihrer Regelmäßigkeit verblüffend einfach, die dekorative Ausführung dagegen von einem manirierten Raffinement.

Josselin wird noch bewohnt. Zur Besichtigung sind aber mehrere Räume im Erdgeschoß freigegeben. Sie wurden am Ende des 19. Jahrhunderts in einer Geschmacksrichtung ausgestattet, die man mit dem treffenden Namen ›Troubadour-

DIE PRACHT DER ROHAN

Stil‹ bezeichnet. Sie sind dunkel, jedes verwendete Material ist kostbar, heraldischer oder symbolischer Schmuck ist überreich vorhanden. Dafür eignen sich besonders die Hauben der großen Kamine. Im Salon findet man an der Kaminhaube das ›A plus‹ wieder. Im Eßsaal ist dem Kamin gegenüber das Relief einer riesigen Reiterstatue in die Wand eingelassen. Olivier de Clisson sitzt gepanzert zu Pferde und reckt das blanke Schwert in die Höhe. Oben links verkündet die Devise des Connétable »Pour ce qui me plaît«, wobei die Übersetzung »Wie es mir gefällt« nur ungenügend den aristokratischen Machtanspruch wiedergibt. Über dem ritterlichen Phantasiebild an dieser Stelle des täglichen Gebrauchs liegt eine leise Komik. Als der Bildhauer Emmanuel Frémiet die Reiterstatue der Jeanne d'Arc auf der Place des Pyramides in Paris schuf, hatte er entschieden eine glücklichere Hand.

Das Vorzimmer, der große Salon und die Bibliothek enthalten Mobiliar verschiedener Epochen. Während der Führung werden zahlreiche Porträtgemälde hoher Herrschaften ausführlich erklärt, was beim Besucher eine gute Kenntnis der französischen Geschichte voraussetzt. Unter den Bildern entdeckt man auch ein Porträt des Kardinal de Rohan, Bischof von Straßburg, der in die peinliche Halsbandaffäre der Königin Marie Antoinette verwickelt war. Der Besucher darf sich freilich nur hinter der abgrenzenden Kordel bewegen und muß sich mit flüchtiger Betrachtung eines erlesenen Mobiliars begnügen, wie es bei Schloßbesichtigungen in der Regel der Fall ist.

Das adrette Städtchen, das hinter dem Schloß im ansteigenden Gelände liegt, ist durch gepflegte Fachwerkhäuser und eine spätgotische Kirche geprägt, in der sich das Grabmal des Olivier de Clisson und seiner Gemahlin befindet. Die Kirche verdankt ihren seltsamen Namen *Notre-Dame-du-Roncier* einer Legende, in der ein Brombeergestrüpp eine Rolle spielt. Gegen 800 entdeckte ein Bauer am Ufer des Oust im Dornengestrüpp eine sehr alte Statue der Jungfrau Maria. Um sie zu hüten, nahm er sie mit nach Hause. Am nächsten Morgen fand er sie jedoch wieder im Brombeerbusch. Als sich die wundersame Wanderung zwischen Busch und Bauernkate

mehrfach wiederholt hatte, begriff der Bauer, was die Jungfrau wollte: Man sollte ihr am Ufer eine Kapelle errichten.

So geschah es. Das Oratorium aus dem 9. Jahrhundert
wurde im 11. Jahrhundert durch einen größeren Bau ersetzt.
Als dieser zerstört war, errichtete man eine dritte Kirche, die
die Statue der Jungfrau bis zur Revolution barg. Dieser
›Kultgegenstand des Aberglaubens‹ wurde von den Revolu-
tionären verbrannt. Statt Maria in den Dornen verehrte man
vorübergehend die Göttin der Vernunft. Ein Stück der alten,
wundertätigen Statue konnte jedoch geborgen werden und
wird in einem Reliquienschrein verwahrt.

Der am 8. September stattfindende Pardon trägt die seltsame Bezeichnung *Pardon des aboyeuses.* Die allerdings nur
zu Ostern ›bellenden Frauen‹ erleiden diese Strafe im Jenseits, weil sie so hartherzig waren wie die Fischersfrauen in
Escoublac am Atlantik. Wie diese hatten sie eine Bettlerin
abgewiesen und sogar Hunde auf sie gehetzt. In den Lumpen
steckte jedoch die Jungfrau Maria. Nach Wunderheilungen
von Fallsucht im ersten Drittel des 18. Jahrhunderts setzte
alljährlich eine Wallfahrt von Irren, Kranken und Epileptikern
nach Josselin ein. Die Einwohner von Josselin, so wird glaub-
würdig versichert, genossen die Abwechslung.

Brocéliande – Schauplatz der Artus-Legende

IM JAHRE 1948 gründete ein junger bretonischer Gelehrter, Henri Frappier, in Quimper eine wissenschaftliche Gesellschaft mit dem Namen ›Les fous du roi Arthur‹. Bis heute sind etwa 1550 Mitglieder dieser Gesellschaft in Arthur, den wir Artus nennen, ›vernarrt‹. Die Mehrzahl besteht aus Angelsachsen. Die Gesellschaft veröffentlicht jährlich ein wissenschaftliches Bulletin, das sich mit Fragen der Artus-Forschung und darüber hinaus mit keltischer Überlieferung überhaupt beschäftigt. Zum 14. Kongreß, der 1984 in Rennes stattfand, waren mehr als fünfhundert Artus-Narren aus aller Welt erschienen. Sie unternahmen eine Wallfahrt zum *Bois de Paimpont*, der vierzig Kilometer von Rennes entfernt ist. In diesem Wald sind Personen und Taten der Ritter der Tafelrunde angesiedelt.

Er heißt auch Brocéliande, was geheimnisvoll klingt, aber keinen legendären Ursprung hat. Es war der übergeordnete Begriff für eine riesige Waldlandschaft mit unbestimmten Grenzen. Der heutige Wald von Paimpont, immerhin der größte der Bretagne, stellt nur einen Rest dar. Das ganze Gebiet war lange Zeit fast unbewohnt, ein Horst zur Bewahrung keltischer Überlieferung und geeignet als Reich der Feen, Zauberer und Dämonen. Der Name Brocéliande entwickelte sich aus der Bezeichnung Bréchéliant für ein Teilgebiet. Der Normanne Robert Wace hat in seinem altfranzösischen ›Roman de Rou‹ von einer Reise in den sagenumwobenen Wald berichtet. Er nennt ihn Bréchéliant und fügt hinzu, daß er für die Bretonen ein Fabelland sei.

Die spärliche Einwohnerschaft blieb lange heidnisch. Christliche Missionare und ihre Anhänger drangen von den Küsten her nur langsam ins Binnenland vor. Die Abtei von Paimpont, im Herzen von Brocéliande, wurde im 7. Jahrhundert gegründet. Die Einteilung in La Basse Forêt im Nordosten und La Haute Forêt im Südwesten ist alt. 1066 nahm Raoul de Gaël, Herr von La Haute Forêt, am Feldzug Wilhelm des Eroberers gegen England teil. Auch andere Herren aus dem Umkreis von Brocéliande zogen mit. Raoul de Gaël kehrte nach einigen Jahren in die Heimat zurück. Die Annahme liegt nahe, daß die Bretonen auf britischem Boden mit dem Legendenkreis um Artus bekannt wurden und zu der Übertragung in die Bretagne beitrugen.

Die Weiler und Abteien, die inzwischen entstanden waren, wurden im Erbfolgekrieg abwechselnd von den Anhängern der Häuser Montfort und Blois verwüstet. Im Wald gab es strategisch wichtige Punkte, um die Wege nach und von Rennes unter Kontrolle zu halten. Erst nach 1400 waren La Haute Forêt und La Basse Forêt unter einer Herrschaft vereinigt. Die Herren von Laval aus dem Geschlecht der Gaël-Montfort sorgten für weitere Erschließung des Gebiets. Schlösser entstanden, Kirchen und Kapellen wurden gebaut. Brocéliande veränderte sein Gesicht. 1633 nahmen ›Les Forges de Paimpont‹ die Arbeit auf. Es waren Hüttenwerke zur Herstellung von Stahl aus heimischem Eisenerz. Sie produzierten bis 1843. Im 19. Jahrhundert setzte sich die Aufteilung und Bodennutzung verstärkt fort. Auch die Forstwirtschaft war aktiv. Um ödes Brachland zu bepflanzen, wählte man Nadelhölzer statt Laubbäumen. Jetzt birgt Brocéliande kein Geheimnis mehr, ist jedoch im flachen Becken des Département Ille-et-Vilaine immer noch ein Wunder der Natur. Eichen, Buchen, Edelkastanien wölben sich über Fahrstraßen zu Lauben. Hohe Farne bedecken den Waldboden. In stillen Seen spiegelt sich das bewaldete Ufer. Dazwischen ist der Waldbestand aufgelockert, es gibt Lichtungen, Felder und Buschwald.

Paimpont liegt an einer Hauptstraße, die den Wald von Norden nach Süden durchschneidet. Der kleine Ort gruppiert sich um einen See, durch den die Grenze zwischen La Basse Forêt und La Haute Forêt verläuft. Die schlichten Abteigebäude aus dem 17. Jahrhundert sind aus dem bläulich-grauen einheimischen Schiefer gebaut, der auch rosa Tönun-

VERWUNSCHENE STÄTTEN

gen annimmt. Das verschlafene Städtchen ist die einzige größere Siedlung. Bei der Fahrt durch den Wald trifft man immer wieder auf vereinzelte ärmliche, verfallene Häuser.

Die Schlösser Comper und Trécesson, beide am Rand von Brocéliande, liegen in großer Einsamkeit. Die Umwallung von *Comper* ist zur Ruine verfallen. Hier residierte Guy XIV. de Laval, ein Waffengefährte der Jeanne d'Arc. Dieser große Herr besaß angeblich magische Kräfte. Mit Hilfe der Quelle von Barenton im Wald konnte er Regenzauber treiben. Vom restaurierten Wohnlogis im Renaissancestil sieht man hinter den Mauern nur das Dach. Comper ist in Privatbesitz und nicht zugänglich. Im Teich am Schloß oder in einem anderen der nahen, verwunschenen, mit Seerosen bedeckten Teiche soll die Fee Viviane ihr Schloß gehabt haben. Dort erzog sie einen Knaben, den sie seiner Mutter, der Königin von Bénoic, entführt hatte. Er wuchs zu Lanzelot vom See heran und wurde zum kühnsten Ritter der Tafelrunde.

Auch *Trécesson*, ein Bau aus dem 15. Jahrhundert, ist nicht zugänglich. Es ist eines der bretonischen Märchenschlösser, wehrhaft, mit eckigen und runden Türmen, die alle spitze Schieferhelme tragen. Die Mauern aus hellem, ins Rötliche spielenden Stein sind schmucklos. Der Bau spiegelt sich im Wassergraben. Er bietet das beliebteste Fotomotiv von Brocéliande.

Freunde der Artus-Legende suchen die kleine Tradition von Tréhorenteuc auf. In ihrem Schiff findet man Mosaik stellt und Christentum unbefangen ver... im Chor er... die Quelle von Barenton mit den S... al. Der Kelch, Zauberer Merlin zu ruhen pfleg... von Engeln zu zählen dagegen die Geschicht... de gebracht. Ein der das Blut des Herrn e... en mit Hermelin... den Rittern der Tafel... s. Für ihre Hände oder naives Gemälde im ...braten... e leibliche sammlung von ... en Hühnchen kragen, manc... erheben s... Befrie... und O

Es würde zu weit führen, alle Stätten zu nennen, die in Brocéliande mit der Artus-Legende verbunden sind. Nur einige seien erwähnt. Auf der Pont du Secret, einer Brücke über das Flüßchen Aff, gestanden sich Lanzelot und Guenièvre ihre Liebe. Ein überwachsener Steinbuckel, Rest eines Dolmen, wird als Grab Merlins bezeichnet. Die Fee Viviane hat angeblich ihren früheren Liebhaber unter diesem Stein zum Dauerschlaf gebettet. Die Legende vom Ritter, der alle ritterlichen Passanten zu Ehren seiner Dame zum Zweikampf auffordert, ist doppelt durch Ponthus und Iwein, den Ritter mit dem Löwen, belegt. Paimpont, das verschwundene Schloß Barenton und die Quelle gleichen Namens sind die wichtigsten Schauplätze.

Das Val-sans-retour mit Bäumen und Sträuchern, Wasserlauf und Teich kann man nur zu Fuß erreichen. Seinen Namen ›Tal ohne Wiederkehr‹ verdankt es einer Legende aus einem Werk des 13. Jahrhunderts, dem ›Lancelot en prose‹. Morgane, Halbschwester des Königs Artus, war von ihrem Geliebten Guyomard verlassen worden. Um sich an den Männern zu rächen, verzauberte sie das Tal. Alle Ritter, die ihren Damen untreu geworden waren, hielt sie dort als Gefangene ›sans retour‹ zurück. Die von unheimlichen Visionen heimgesuchten Ritter wurden erlöst, als Lanzelot vom See eintraf. Dieser hatte noch nie die Treue gebrochen, und Morgane mußte den Zauber aufheben. Alle Ritter konnten heimkehren. Unter anderem Namen ist Morgane eine Muttergottheit, noch immer die Insel Avalun im Ozean, auf der es weder Alter noch Tod gibt und wo der tote Artus seine Ruhe findet.

Quellennachweis

Balzac, Honoré de: Les Chouans (Le dernier Chouan). Introduction et commentaires de René Guise, Paris 1972

Cäsar, Gaius Julius: Der gallische Krieg, München 1971

Chateaubriand, François-René de: Œuvres choisies par Ch. Florissone. Dixième édition revue et complétée par Victor L. Tapié, Paris 1948

Hélias, Pierre-Jacez: Le cheval d'orgueil. Mémoires d'un Breton du pays bigouden, Paris 1975

Die Hugenottenkriege in Augenzeugenberichten. Hrsg. *Julien Coudy,* Deutsch von Hildegard Krage, Düsseldorf 1965

Hugo, Victor: Les travailleurs de la Mer, Paris 1978

Hugo, Victor: Quatre-vingt-treize. Introd., notes, choix de variantes et bibliographie par Jean Boudout, Paris 1976

Larousse, La Bretagne. Découvrir la France. Par Roger Brunet, Armand Frémont avec la collaboration de Lucienne Brunet-Le Rouzic, Paris 1972

Le Scouëzec, Gwenc'hlan: Guide de la Bretagne mystérieuse. Les Guides noirs, Paris 1966

Loti, Pierre: Pêcheur d'Islande, Paris 1925

Nay-Scheibler, Elisabeth: Gesichter der Steinzeit. Ahnenfiguren und Tiergestalten, Stuttgart/Zürich 1981

Pittioni, Richard: Der urgeschichtliche Horizont der historischen Zeit. In: Propyläen Weltgeschichte, Bd. 1, Frankfurt/Berlin 1961

Reliquet, Philippe: Ritter, Tod und Teufel. Gilles de Rais oder die Magie des Bösen. Deutsch von Bernd Lächler, München/Zürich 1984

Renan, Ernest: Jugenderinnerungen. Deutsch von Hannah Szass. Mit einer Einleitung von Stefan Zweig, Frankfurt a. M. 1925

Rewald, John: Von van Gogh bis Gauguin. Die Geschichte des Nachimpressionismus. Deutsch von Ursula Lampe und Anni Wagner, Köln 1967

Sévigné, Marie de Rabutin-Chantal, Marquise de: La vie noble en province au XVIIe siècle. Choix de lettres. Le monde 10/18, Paris 1963

Sieburg, Friedrich: Chateaubriand. Romantik und Politik, Stuttgart 1959

Tillet, Louise-Marie: Bretagne romane. Avec la collaboration de l'Abbé Yves Pascal Castel et d'Henri Vié, Paris 1982

Tuchmann, Barbara: Der ferne
Spiegel. Das dramatische 14.
Jahrhundert, München 1985

Guide Michelin, Bretagne, 1984
Les guides bleus, Bretagne, Paris
1982
Illustrierte Broschüren der Verlage Ouest-France, Rennes und
Jos le Doaré, Chateaulin

Zur Artus-Legende un[...]
Kuhn, Hugo: Die Klass[...]
tertums in der Staufen[...]
bis 1230. In: Geschicht[...]
deutschen Literatur von den [...]
fängen bis zum Ende des Spä[...]
mittelalters, Stuttgart 1962
Lope, Hans-Joachim: Französische
Literaturgeschichte, Heidelberg
1978

Bildnachweis

Archiv Lala Aufsberg: 7, 12; S. 91, 101, 133, 315
Klaus D. Francke, Hamburg: 13
Jens Funke, München: 14, 16, 17, 24, 25
Werner Neumeister, München: 4, 8, 15, 20, 21, 26, 28, 33, 34
Berthold Schweiz, München: 18, 19, 23, 29-32, 36
Dr. Horst Westphal, Hamburg: 1, 2, 3, 5, 6, 9, 10, 11, 22, 27; S. 303
Die anderen Aufnahmen entstammen dem Archiv des Verlags.

Die Stadtpläne auf S. 58, 364 und 396-397, sowie die Übersichtskarte am
Buchende zeichnete Astrid Fischer, München.

Register

Abélard, Pierre 378, 379
Aber Benoît 208
Aber Ildut 208
Aber-Küste 20, *205-209*
Aber Wrac'h 208
Aiguillon, Herzog von 117
Alain Barbe-Torte, König der
    Bretagne 25
Alain Canihart, Graf von Cor-
    nouaille 264, 336
Aleth 21, 22, 105
Alignements *siehe* Steinalleen
Armorique, Parc Naturel
    Regional d' 236
Anne de Beaujeu 28, 29
Anne de Bretagne 29, 30, 51, 63,
    94, 110, 157, 197, 208, 269, 395,
    398, 405, 415, 416
Argent, Yan d' 262
Argol 226
Armor 9
Armorika 15, 18, 19, 22, 23
Argoat 9
Artus, König, Sagengestalt 34-36,
    307, 419-422
Aubert, Bischof von Avranches
    84, 85
Aulne, Fluß 223, 250, 251
Aumont, Marschall d' 231
Auray 10, *342-344, 346*

Balzac, Honoré de 74, 76
Barac'h, Sieur de 128
Bardinais, Porcon de la 108
Batz, Insel 201, 202, *204, 205*

Batz-sur-Mer 382
Beauchesne, Gouin de 107
Beauharnais, Alexandre de 209
Beaumanoir, Jean de, Herr auf
    Josselin 26, 27
Beauport, Abtei 139
Belay, Pierre de 262
Belle-Ile-en-Mer 349-351
Belon 46
Bemborough 27
Bernard, Émile 64, 262, 327,
    329-331
Blain, Schloß 31
Bodilis 184
Botrel, Théodore 142, 144, 325,
    326
Brasparts 238
Brennilis 236, 238
Brest 42, 54, *192-196*, 230, 231
Bretonische Heilige 37-40
Bretonische Sprache 16-18
Brignogan-Plage *205*, 207
Brizeux, Auguste 63
Brocéliande 33, 34, *419-422*
Brosse, Salomon de 60
Buffet, Bernard 208

Cadoudal, Georges 343, 346, 347,
    405
Caesar, Gaius Julius 14, 15, 18,
    19, 361
Cairn 13, 372
Calvaire 116, 125, 152ff., 214-217,
    219, 223, 238, 240, 246-248,
    254, 312-316, 331

Calvinisten 120
Camaret 232, 233
Cambry, J. 357
Caracalla, röm. Kaiser 19
Carhaix-Plouguer 10, 19, 20, 22,
    254, 255, 310
Carnac 13, 14, 40, 344, 352-360
    Kerlescan, Steinallee 353
    Kermario, Steinallee 353
    Le Ménec, Steinallee 352, 355
    Musée Préhistoire 11, 359
    Petit Ménec, Steinallee 353
    St-Cornély 355, 359, 360
    Tumulus St-Michel 358, 359
Carrier, Jean Baptiste 32, 33, 406
Cartier, Jacques 105, 106, 111
Caylus, Graf A. de 356
Ceineray, Architekt 403
Champ Dolent 81, 82
Charles de Blois 26, 343
Chateaubriand, François René de
    13, 63, 99-102, 103, 104
Châteaulin 223
Châteauneuf-du-Faou 40, 41, 250
Chèvre, Kap de la 230
Chouannerie, Chouans 32, 74-76,
    343, 344, 346, 347, 405
Chrétien de Troyes 35
Claudius, röm. Kaiser 19
Cléden-Poher 254
Cleuziou, H. du 357
Clisson, Connétable Olivier de
    121, 126, 414, 415, 417
Colbert, Jean-Baptiste 70, 193
Coligny d'Andelot, Adelsfamilie
    31, 66
Colombe, Michel 395
Combourg 99-102
Commana 242, 243
Comorre 255
Comper 421
Concarneau 42, 297, 320-324
Coriosolites 19
Cornouaille 23, 257 ff.

Corret, Théophile-Malot de 255
Corsen, Pointe de 209
Corseul 20, 21
Costaeres, Schloß 130, 131
Cottet, Charles 262
Cromlech 13, 352, 374
Crozon 228, 229
Crozon, Halbinsel 221 ff., 318
Crucy, Architekt 403, 404

Dahud, Sagengestalt 36, 297, 298
Daoulas 217-220
Davout, Fürst von Eckmühl 311
Dinan 10, 20, 92-98
    Château 98
    Cordelier-Kloster 94
    Place de l'Apport 93
        des Merciers 93
    Rue du Jerzual 92, 93
        du Petit-Fort 92, 93
    St-Sauveur 94-96
    Tour de l'Horloge 94
Dinard 115
Dobrée, Thomas 405
Dol-de-Bretagne 37, 38, 78-80
    Le Marais de 81
    Mont 82
Dolmen 12, 13, 375
Douarnenez 297-299
Duguay-Trouin, René 106, 107,
    402
Du Guesclin, Connétable Bertrand
    26, 59, 85, 96, 98, 324, 3-3
Dürer, Albrecht 186, 253

Eckmühl, Leuchtturm 311
Elisabeth I., Königin v. England 31
Enclos 153
Erispoë, König der Bretagne 25
Er Lanic 373, 374
Escoublac 382, 383
Espagnols, Pointe des 231
Estrées, Gabrielle d' 399
Eudes II., Vicomte 414

REGISTER

Fouesnant 319
Fougères *71-73*, 74-76
Fouquet, Nicolas 350
François II. von Montfort, Herzog
    der Bretagne 28, 29, 388, 395,
    398, 415
Franken 24, 25
Franklin, Benjamin 342
Franz I., König von
    Frankreich 29, 362, 363
Franz II.. König von
    Frankreich 204
Frappier, Henri 419
Fréhel, Kap 118

Gabriel, Jacques 61
Gaël-Montfort, Adelsfamilie 420
Galgal 13
Garangeau, Architekt 108
Gauguin, Paul 64, 206, *325-332*
Gavrinis, Insel 372
Geoffrey of Monmouth 35
Gesril, Joson 103
Gezeiten 113, 114, 257, 370, 382
Gilles de Rais 27, 28, 399, 400
Girodet, Anne-Louis 103
Gogh, Vincent van 328
Gondi de Retz, Adelsgeschlecht
    350
Gottfried von Straßburg 35
Gourin 256
Goyon-Matignon, Herren von 117
Gradlon, König 36, 37, 189, 226,
    259, 260, 268, 297, 298
Grand Bé, Insel 103, 104
Grand Mont, Pointe du 377
Graslin, Financier 403, 404
Grouin, Pointe de 114
Guenièvre, Sagengestalt 422
Guérande ;82, 386, 387
Guérande, Halbinsel *382-389*, 400
Guéthenoc, Vic. de Porhoët 414
Guilvinec 307
Guimiliau 153, *177-182*, 215-217

Guingamp 121-123
Guthierne, britann. Prinz 336
Guyomarc'h, Graf von Léon 218
Gwenc'hlan Le Scouëzec 39

Hartman von Aue 35
Haut-Bécherel 21
Heinrich III., König von Frank-
    reich 251
Heinrich IV., König von Frank-
    reich 31, 120, 160, 231, 299, 399
Hélias, Pierre-Jacez 42-45, 50
Hersart de la Villemarqué 63
Hoche, Lazare, General 344, 346,
    348, 405, 415
Huelgoat 239, 240
Hugenotten 30-32, 66, 324, 399,
    415
Hugo, Victor 74, 76, 83, 92, 110
Huysmans, Joris-Karl 28

Ile d'Arz 370
Ile aux Moines 371
Ile de Fedrun 388
Ile de Sein 302-304
Ile de Tristan 299
Ile Grande 131
Is 297-299
Isolde, Sagengestalt 310

Jacob, Max 63, 262, 263
Jean de Malestroit 27, 368
Jean de Montfort, Herzog der
    Bretagne 26, 27, 126, 197, 227,
    324, 343
Jean II., Herzog der Bretagne
    415, 416
Jean IV., Herzog der Bretagne
    121, 386
Jean V., Herzog der Bretagne
    28, 147, 337, 341, 362, 363,
    365, 386
Jeanne d'Arc 27, 85, 86, 421
Josselin, Schloß 32, *413-418*

Karl der Große, Kaiser 25
Karl der Kahle, röm. Kaiser
  25, 409
Karl VI., König v. Frankreich 126
Karl VII., König v. Frankreich 27
Karl VIII., König von Frankreich
  28, 29, 415
Karl IX., König von Frankreich 66
Karolinger 25, 79, 409
Katharina von Medici, Königin
  von Frankreich 66
Kelten 13-18, 21, 24, 356
Kerbreudeur 316
Kerfons 125, 126
Kerjégu, James 252
  Louis de 252
Kerléano 347
Kerloas, Menhir de 209
Kermaria-en-Isquit *136, 137*, 341
Kermovan, Halbinsel 209
Kernascléden 341

La Baule 383
La Clarté 131
La Fontenelle (Guy Eder) 299,
  308
Lagat-Jar, Steinallee 233
La Grande Brière, Naturschutz-
  gebiet 382, 388, 389
La Latte 117, 118
La Martyre 189-191
Lamballe 119, 120
Lamennais, Hugues Félicité
  Robert 63
Lampaul 211
Lampaul-Guimiliau 182, 183
Lancieux 116
Landerneau 187, 188
Landévennec, Abtei 226, 227
Languidou, Kapelle 300
Lanleff 134-136
Lannion 54, *123-125*
La Nouë, kalvin. Hauptmann 120
La Roche-Maurice 184-186, 191

Laval, Herren von 420
  Charles 328, 329
  Guy XIV. 421
Lanzelot, Sagengestalt 35, 36,
  421, 422
Le Conquet 209
Le Croisic 382, 383-385, 401
Le Faou 221
Le Faouët 336
Le Folgoët 196-199
Le Fret 230
Le Moal, Jean, Architekt 122
Le Moal, Jean, Maler 111
Le Nôtre, André 68
Léon 196-205
Leonorius, Eremit 115
Le Pouldu 329, 332
Le Rouzic, Zacharie 355, 357,
  359, 373
Lerrel, François 158
  Guillaume 158
Lesage, Alain René 376
Lesneven 197
Lespaignol, Jacques 158, 159
Les Rochers, Schloß 68, 69
Lettner 337, 338, 340
Le Yeun Elez 234-236, 238
Lilia 206
Locle, Ducommun de 404
Locmaria 264
Locmariaquer 361, 371, *374, 375*
Locronan 38, 40, *265-267,
  269-272*
Loctudy 305, 306
Lorient 42
Loti, Pierre 138, *141, 142*, 144
Loudéac 10
Louppe, Albert 192
Ludwig der Fromme, röm. Kaiser
  227
Ludwig XI., König von Frank-
  reich 28, 88
Ludwig XII., König von Frank-
  reich 29, 126

REGISTER

Ludwig XIII., König von Frankreich 415
Ludwig XIV., König von Frankreich 305
Ludwig XV., König von Frankreich 32
Ludwig XVI., König von Frankreich 389
Luminais, Evariste Vital 262, 298
Lusignan, Adelsfamilie 36, 73

Mané Lud, Dolmen 375
Mané Retual, Dolmen 375
Maria II. Stuart, Königin von England 204
Marke, König, Sagengestalt 299, 308-310
Malory, Thomas 35
Maurin, Antoine 107
Megalithe 12, 14, 370; *siehe auch* Menhire
Meliaw, breton. Fürst 177
Méllier, Gérard 403
Melusine, Sagengestalt 36
Ménez-Hom *221, 222,* 227
Ménez-Meur, Domaine de 326
Menhire 13, 81, 82, 132, 133, 233, 306, 349, 352-359, 374
Mercœur, Herzog Philippe Emmanuel de 31, 98, 120, 231, 399
Mérimée, Prosper 357
Merlin, Sagengestalt 36, 421, 422
Meyer de Haan 329
Minihy 129
Montagnes Noires 249-255
Mont-St-Michel 36, 39, 83, *84-91*
  Abteikirche 90, 91
  Klostergarten 89
  Krypta der dicken Pfeiler 87
  Refektorium 89
  Saal der Gäste 88
  Saal der Ritter 88
Monts d'Arrée 9, 234-248
Morand, Louis 139, 140

Morbihan, Golf von 318, 369-375
Morgane, Sagengestalt 36, 298, 422
Morgat 228-230
Morlaix 10, 22, *156, 157*
Moros, Noël 226

Namnetes 20
Nantes 20, 25, 31, 33, 57, *391-406*
  Château des Ducs 398-402
  Museen
    d'Art populaire regional 43, 400
    Palais Dobrée 405
    des Salorges 401, 402
  Passage Pommeraye 404, 405
  Place Graslin 403
    royale 404
  Quai de la Fosse 403
  Quartier des cours 406
Nantes, Grafen, Grafschaft 24, 26
Nantes-Brest-Kanal 223, 250, 251, 408, 413
Napoleon I., Kaiser von Frankreich 19, 33, 250, 251, 255, 311, 346, 404
Napoleon III., Kaiser von Frankreich 193
Nennius 34
Nicolas, Guillaume 226
Nizon 331
Nominoë, Graf von Vannes, Herzog und König der Bretagne 25, 79, 362, 409, 412
Normannen 25, 105, 146, 218, 227, 260, 336, 362, 378, 387, 394, 409
Notre-Dame-des-Anges, Kloster 208
Notre-Dame-de-la-Clarté 128
Notre-Dame-du-Crann, Kapelle 252, 253
Notre-Dame-de-la-Joie, Kapelle 311, 312

Odet, Fluß 257, 265
Osismi 19, 254
Ouessant, Insel 201, 209, *210-212*
Ozanne, Yves 247

Paimpol 31, *137-140*, 142, 143
Paimpont 419-422
Paimpont, Bois de 419
Paramé 112
Pays Bigouden 305-316
Pencran 188
Penhir, Pointe de 231, 232
Penmarc'h 307-310
Penmarc'h, Pointe de 311
Penthièvre, Fort 348
Perros-Guirec 127, 128
Perros-Hamon 140, 141
Peugeot, Armand 229
Phare de l'Ile Vierge 206
Pierre de l'Hospital 27
Pierres Plates, Dolmen 375
Pittioni, Richard 12, 13, 15
Plantagenet, Herrscherhaus 26, 71
    Heinrich II. König von England
    73, 414
Pleumeur-Bodou 131
Pleyben 153, 158, *243-248*
Plinius, d. Ä. 15
Ploërmel 10
Plogoff 301
Plonévez-Porzay 39
Ploudalmézeau 207
Plougastel, Halbinsel 213
Plougastel-Daoulas 214-217
Plougonven 240, 241
Plouha 134
Ploumanac'h 40, *127-130*
Pont l'Abbé 305
Pont-Aven 42, 325-329
Pont-Croix 258, 300
Pontivy 10
Port Haliguen 344
Port Navalo 361, 371, 375
Promodiern 259

Quelennec, Adelsfamilie 31
Quiberon 344, *348*, *349*
Quiberon, Halbinsel 348
Quimper 20, 37, 38, 253, *257-265*,
    401, 419
    Bischofspalast 261
    Faïenceries 263, 264
    Kirchen
        Notre-Dame-de-Locmaria
        264, 265
        St-Corentin 258-260
        Sancta Maria in Aquilonia
        Civitate 264
    Museen
        Heimatmuseum 21, 261
        Musée des Beaux-Arts 261,
        262
Quimperlé 333-336

Rance, Fluß 114, 115
Raul de Gaël, Herr von La Haute
    Forêt 420
Raz, Pointe du 301, 302
Redon 10, 371, *408-412*
Renan, Ernest 14, 63, *144-146*,
    148-150
Rennes 20, 54, *56-64*
    Hôtel de Ville 61
    Jardin du Thabor 62
    Justizpalast 60, 61
    Kirchen
        St-Melaine 59, 62
        St-Pierre 58, 59
    Museen
        des Beaux-Arts 62, 64
        de Bretagne 21, 22, 62-64,
        222
    Place des Lices 59
        de la Mairie 61, 62
    Porte Mordelaise 58
    Ti Koz, Haus 60
Rennes, Grafen von 26
    Grafschaft 24
Rhuys, Halbinsel 375-381

Richard I., Herzog der Normandie 85

Richelieu, Armand-Jean du Plessis, Herzog von 31, 126, 193, 415

Rielle, Hervé 384

Robert Jolivet, Abt von Mont-St-Michel 86

Robert Wace, Normanne 35, 419

Rohan, Adelsgeschlecht 31, 341, 416

Alain VIII. 415

-Chabot 413

Henri II., Herzog 31, 32, 415

Marguerite 414

-Soubise Benjamin de 31

Roland, Paladin Karls d. Großen 25

Römer 15, 18-23, 57, 105, 194, 222, 361, 362, 373

Roscanvel, Fort 231

Roscoff 203, 204

Sablières 190, 191, 246

Saillé 386

St-Briac-sur-mer 116

Saint-Brieuc, Gründer der Bretagne 37, 120, 244

St-Brieuc 10, 38, 54, *120, 121*

St-Cast 116, 117

Saint-Conwoïon 408, 409

Saint-Corentin, Gründer der Bretagne 37, 259, 260, 264

Saint-Cornély 358, 360

Saint-Derrien 186, 242

St-Drennec, Brunnen 320

St-Duzec, Menhir von 132, 133

Sainte-Anne 272

Ste-Anne-d'Auray 347, 348

Sainte-Anne-la-Palud 272, 297

Ste-Barbe, Kapelle 338-340

Sainte-Marie-du-Ménez-Hom 223, 226

St-Fiacre, Kapelle 337

Saint-Germain l'Auxerrois 244

Saint-Gildas 212, 255, 377, 378

St-Gildas-de-Rhuys 9, 362, 376-380

Saint-Gohard 394

Saint-Goustan 385

Saint-Guénolé 226, 297, 298, 324

St-Guénolé 11, *310*

St-Guénolé, Kapelle 214

St-Guirec 130

Saint-Gurloës 336

Saint-Houardon 187

Saint-Ildut 39, 244

Saint-Jacut 116

St-Jacut, Abtei 94

St-Jacut-de-la-mer 116

St-Lunaire 115

Saint-Magloire 82

St-Magloire de Léhon, Kloster 135

Saint-Malo, Gründer der Bretagne 37, 104

St-Malo 38, 103-112

Château 110

Les Escaliers de la Grille 110

Musée municipal 110

Porte St-Vincent 109

St-Vincent 111

Turm Qui-qu'en-groigne 30

Wälle 108, 109

St-Mathieu, Pointe de 209

St-Maur, Kloster 210, 379

Saint-Michel 39, 84

St-Michel, Montagne 237, 238

St-Michel, Réservoir de 236

St-Nazaire 54, *389, 390*

St-Nicolas-en-Priziac, Kapelle 340

Saint-Patern, Gründer der Bretagne 37, 362

Saint Pierre, Bernardin de 402

St-Pierre-Quiberon 348

Saint-Pol Aurélien, Gründer der Bretagne 37, 200-202, 212, 218

St-Pol-de-Léon 38, *199-203*
Saint-Ronan 267-269
Saint-Salaün 189
Saint-Samson, Gründer der Bretagne 37, 79
St-Servan 104, 110, *112*
Saint-Tanguy 209
Saint-Telo 39
Saint-Thégonnec 159
St-Thégonnec 153, *157-160*, 217
Saint-Trémeur 255
Saint-Tugdual, Gründer der Bretagne 37, 144
St-Vennec 116
Saint-Vincent Ferrier 363-365
Saint-Yves 39, 40, 144, *146-149*
Sarzeau 376
Sauvagère, F. de la 356
Sérusier, Paul 262, 328-330
Sévigné, Marie Marquise de 61, 68-70
Shaw, George Bernard 28
Sienkjewicz, Henryk 131
Simon, Lucien 262
Sizun 241, 242
Sizun, Cap de 302
Sombreuil, Comte de 344, 368
Sourdéac, René de 231
Spézet 252
Steinalleen 352-359
Surcouf, Robert 106, 107
Suscinio, Schloß 380, 381

Templerorden 38, 136
Térénez 221
Tiberius Claudius Drusus, röm. Kaiser 20
Tonquédec 126
Totentanz 137, 341
Toulbodou, Jehan de 339
Toullaëron, Roc de 249

Trécesson 421
Trégastel-Plage 131
Tréguier 37, 38, *144-149*
Tréhorenteuc 421
Trémalo, Kapelle 326
Trémazan 208
Trépassés, Baie des 302
Trévarez en Goazec 251, 252
Trévezel, Roc 237
Tristan, Sagengestalt 35, 310
Tronoën, Calvaire 312-316
Tumiac, Tumulus 376
Tumulus 12, 13, 358, 359, 372, 373

Valois, Herrscherhaus 28, 29
Van, Pointe du 302
Vannes 24, 37, 38, *361-369*, 409
    La Cohue 365, 366
    Musée archéologique 11, 359, *368, 369*, 375
    Musée des Beaux-Arts 366
    Place Gambetta 366
    Porte St-Vincent 366
    St-Pierre 363, 365
    Stadtwälle 367
    Waschhaus 367
Vauban, Sébastien de 193, 200, 232, 233, 324, 350
Vendée 74, 405, 406; *siehe auch* Chouannerie
Veneter 18, 19, 361, 376
Villemarqué, Barde 117
Vitré 31, *65-68*, 75, 120
Viviane, Fee, Sagengestalt 36, 421, 422

Wilhelm der Eroberer 420
Wolfram von Eschenbach 35

Zweig, Stefan 149